ちくま学芸文庫

フォン・ノイマンの生涯

ノーマン・マクレイ
渡辺 正　芦田みどり 訳

筑摩書房

フォン・ノイマンの生涯　目次

フォン・ノイマンの生涯

はじめに

ジョニー(ジョン)・フォン・ノイマンの人となりには、賛否両論の的になるところが二つある。伝記作者としては少しまずいのだが、筆者は、どちらの点でもジョニーは正しかったとみている。

その第一は、一九四九〜五五年の合衆国政府の中で、スターリンとその後継者が支配するソ連をどう封じこめるかが議論の的だったとき、ジョニーはまわりの誰よりもタカ派だったところ。多少なりともタカ派でなければ世界は絶対に守れなかった、と筆者は思う。本書の草稿に目を通してくれた識者の方々や、ジョニーと同時代を生きた方々のうちには、筆者のそういう思いに反発される向きもあった。ともあれ筆者は、お読みいただけばわかるとおり、無原則な平和主義を慎重に排除したジョニーを高く評価しながらも、あのころ政府の中枢にいて平和主義を唱えた善良な人たちを非難しているわけではない。

二つ目が、ジョニーはふと耳にした話がおもしろいと思ったらすぐ飛びついて、たちまち考えをはるか先まで進め、実用化につながる道すじまで見通す人だったところ。だから彼を「他人の仕事を盗む人間」だったとけなす人がいる。しかしそれは、筆者のみるところ、抜群の頭脳をもつ人間にふさわしいやりかただった。

ジョニーは、自分が生んだマシン、「処理量一〇〇倍、速さも一〇〇倍」（プリンストン高等研究所で開発を立ち上げたときのうたい文句）の計算をこなすコンピュータに大きな期待を寄せ、無限のエネルギーを生む核融合も、気象の自在な制御も、二〇世紀の末にはメドがついていると思っていた。そのどちらも気配さえない今、勝手なことを言いほうだいの人間だったとなじる人もいる。あと二〇年もすれば両方とも道が見えてくるのではと筆者は思っているが、いやとても無理だよとおっしゃる専門家もあろう。そういうご批判を受けるのも覚悟しつつ、本書の出版に踏みきった。

1　頭で世界を変えた男

巨人の五三年

一九〇三年一二月二八日、ハンガリーの首都ブダペストにノイマン・ヤーノシュの名で生をうけたその男は、一九五七年二月八日、ジョン・フォン・ノイマンの名をもって、第二の祖国アメリカ合衆国の首都ワシントンで息を引きとる。惜しんでも余りある、早すぎるがん死だった。故国の人々が愛称でヤーンチと呼んだように、合衆国でもまわりは愛称のジョニーで彼を呼んだ。世の中を一変させる偉業をなしとげながら――とはいえおおたの読者に彼の名前は初耳だろうけれど――偉ぶったところのない人となりをよく語る事実だから、本書でも終始ジョニーと呼ばせてもらう。ジョニーのような人間がどんどん出れば、お金をかけなくても豊かな世界が生みだせるだろう。

ジョニーは神童に生まれつき、とびきりできる学生時代を経て、短い五三年の生涯を終えるまで天才ぶりをどんどん上げていった。若き数学者として一九二〇年代の純粋数学界に新風を吹きこんだあと、理論物理と応用物理、意思決定理論、はては気象学・生物学・

経済学にも名を残し、合衆国政府の核抑止政策を引っ張りもした。それよりなにより、コンピュータの開発と応用にかけては先をいちばんよく見通せる人だった。そういう仕事のほとんどを、別の仕事もしながら仕上げたところがなみ外れている。

いつの世にも、ひとりでこつこつ問題を考え、黒板にちょっとした方程式を書いて世界を変えたひとにぎりの天才がいた。業績を上げ続けたという点でジョニーは二〇世紀屈指の数学者——どころか、人間がかつてない速さでものごとを処理できる道をつけたのだから、史上もっとも偉大な数学者だったといってもいい。

世界がもしジョニー抜きだったら、原水爆やミサイルに頼るアメリカの戦争抑止はもっと時間がかかって、遅れがたいへんな事態を生んだかもしれない。コンピュータも、とうてい今の高みにまでは届かず、ずっと幼稚なレベルのままだったかもしれない。死に先立つ一〇年ほどはトルーマン-アイゼンハワー両政権の要職につき、切れ者ぶりを知りぬいている人たちをふるえ上がらせた。ふるえ上がった人間のなかにロシア人がいたのは幸いだったが。

いま一九九〇年代、世界は平穏のうちに歩を進めている。狂って、ついには核武装にも走るスターリンの生んだ一九四五〜五三年の緊張が夢だったのではと思えるくらい静かだ。当時の一触即発の危機は、批判を受けながらもタカ派を貫いたジョニーの少なからぬ貢献でしのげた。ときには不謹慎なジョークを口にしながらも知性あふれる議論をくり広げ、興奮してわめきちらすだけの人々を説き伏せ、スターリン一派と秘密警察の支配をくい止めるべしと確信していた人たちを支えた。タカ派のひとり、もと銀行家の海軍提督ルイス・ストラウスなど、うす汚い人殺しだの阿呆だのと賢い学者たちにののしられて気が滅入っていたところ、冷静で理路整然としたジョニーの掩護《えんご》射撃にぐんと勇気づけられた。ジョニーが臨終を迎えたウォルター・リード陸軍病院では、「国防長官と副長官、それに陸海空軍の長官も参謀長たちもぐるりとベッドをとり巻いて、最後のひとことにじっと耳を傾けていた」とストラウスが振り返る。高官たちの輪の中で息を引きとろうとしている英雄は、ほんの二〇年と少し前にハンガリーからやってきた数学者なのだ。「知の巨星を讃える感動のシーンというか、とにかくあのときは胸がつまったよ」。

ジョニーの力量を簡潔明瞭に伝えたのが、死後一〇年を経てハンガリー国営テレビが放映した番組の中、ある人物の発言だろう。その人物とは、同じブダペスト生まれでノーベル物理学賞を受賞したユージン・ウィグナー。当時のハンガリーは共産国で、テレビもどこまで信用できるかあやしかったし、万事に控えめなウィグナーのテレビ出演も不似合いだったが、とにかくアナウンサーはこうきいた。一九五〇年代の前半、アメリカの核政策はわが国のノイマン・ヤーンチが決めたというのは事実ですか？　「全部が全部そうともいえませんけど、どんな問題もフォン・ノイマン博士が分析すればたちまち先が見通せたのは事実です」というのが、ウィグナーらしい正確な受け答えだった。故国の共産主義者たちはこの言葉を喜んだ。血は水よりも重水よりも濃いのだから。

物理学と数学の旅

一九二五年、若き天才数学者ジョニーは不隠な空気のドイツにいて、二〇世紀最大、頭を悩ませるところもとびきりの科学的発見に立ち会う。量子力学の誕生だ。原爆という鬼っ子も生んだとはいえ、エレクトロニクス革命を通じて今日の情報社会を拓いた理論。それから一〇年もしないうち狂気に向かって突っ走るドイツが誕生の地だった。

物理学者のひとりがジョニーの告別式でこうもらした。「量子力学にとって幸いだったのは、理論が生まれてすぐフォン・ノイマンという天才の琴線にふれたこと。たったひとりで、たった二年間（一九二七〜二九年）のうちに理論の数学面を仕上げ、斬新な解釈をうち立てたのだから」。

若いころのジョニーには先をやや甘くみるところもあったが（4・6章）、成果を学界に認めさせるにはそれなりの気配りもいった。一九二七年といえば、彼は弱冠二三歳で東欧生まれのユダヤ人、ところはお偉い教授閣下《ヘル・プロフェッサー》が学界を牛耳るドイツだ。数学者と物理学者は、内心で互いをせせら笑いながら、それぞれのタコツボ社会でそこそこのポイントをかせぐ、といった時代。ジョニーは、生涯変わらなかったもちまえの人なつっこさと抜群の明晰さで、他分野の学者からも手放しの讃辞を受ける史上初の数学者になった。そんな性格は後年の業績にもつながっていく。第二次大戦中の一九四一〜四五年にアメリカの原爆開発プロジェクトで進めた斜行《しゃこう》衝撃波と爆縮《ばくしゅく》レンズの研究も、四五〜五五年にコンピュータとミサイルを開発して第三次大戦をくい止めたのも、他分野の研究者の協力を仰げたからこそだ。数学者のジョニーは、物理学者、軍人、政府高官の尊敬を一身に集めながら驚異の速さであらゆることをしてのけた。三〇年、まだ数学がお粗末だったアメリカにジョニーが移住したのは、まったくもって神のお慈悲というべきか。

一九二六〜二九年の時期、物理で名をあげて職にありつきはしたものの、物理学はジョニーにとって副業にすぎなかった。ワイマール体制下ベルリンのナイトクラブだの、もっといかがわしい場所にもプレイボーイよろしく出入りしながら、早熟な天才の心は別のところにあったのだ。彼の野望は、古代ギリシャ人から延々二三〇〇年に及び数学を厳密の権化にしようとして先人が積み上げてきた公理の現代版を、無限次元まで（あわよくば一枚の紙の上で）拡張し、最高の数理論理学者になることだった。「厳密」とは、CがBからたしかに導かれ、そのBがAからきっちり導かれ……と、思考の流れ全体をまちがいなく追えるさまをいう。そうなれば数学はあらゆる合理性の基礎になる。場当たり的な問題解決だけにつかわれてきた数学に命を吹きこみ、その本来の姿に、つまり知の歩みを率いる道具に立て直したかった。彼が目標にしたのは、そのころ数学の最先端分野だったが見た目は矛盾だらけの集合論。それを公理化してやろう……。

ジョニーの試みは（当人いわく、幸いにも）挫折に終わる。大御所のクルト・ゲーデルが、数学の完全な公理化は不可能だと証明してしまったからだ。しかしジョニーの反応は並の学者とはちがった。ゲーデルの論文を読んだ三一年、論点をさっさと受け入れ、「ゲーデルはアリストテレスからこのかた最高の論理学者」とほめ上げて別の仕事に移ってしまう（数理論理学に打ちこんだ体験は、のちのコンピュータ設計にしっかり活きる）。ジョニーにはいつもやりたいことが山ほどあった。死んだときには、半分だけ手をつけてほうり出した仕事がトランクいっぱいに詰まっていた。

素顔のジョニー

読者にはこれから数百ページにわたってジョニーの生涯におつき合いいただくことになる。まずは彼の人となりを紹介しておこう。

脂が乗りきった晩年のジョニーは、「ころころ肥えて愛想がよく、ちょっと聞き分けのないところがいかにも教授らしい」、「今にも笑みをこぼしそうな顔に丸っこい茶色の目が納まった」人だったという。アメリカの自由欧州放送（Radio Free Europe）でハンガリー人のアナウンサーがそう語っている。かたや同僚教授たちはジョニーをむしろ銀行家とみた。いつもぱりっと背広を着込み、ラバの背に揺られてコロラドの山に登ったときもその格好だったから、「古着を買ってチョークの粉でもふりかけ、ちょっとはぼくらと同じふうにしろよ」と同僚が忠告したとか。

ジョニーにはつきものの逸話が三つある。いつも自信たっぷりで、記憶力は世界一、八桁と八桁のかけ算を暗算でしてのけたという話だが、どうやら話半分に割り引いたほうがよさそうだ。見た目は自信まんまんでも内心は自己にきびしく、そうとうな照れ屋だったらしい。自分より賢くない人間（ということは、人類の大部分）と言い争うのは大の苦手。事実をつきつけて相手をつぶすことになるからだ。言い負かせば相手は傷つくし、無礼だし、なによりも相手の機嫌をそこねてしまう。ノーベル賞学者だろうが合衆国大統領だろうが、はたまたウェイターだろうが、いったん怒らせると、次に何かしたいとき、してもらいたいときに困ってしまう。思慮深い人たちでもそのへんをわかっていないことが多すぎるね、とジョニーはよくこぼしていた。

他人との摩擦を避けるのはお手のものだった。とりわけ、ふんだんに覚えていたきわどい小話をもち出して話をそらし、場の緊張をほぐす腕が絶品だった。学問や政治の論争で誰かが彼を自分の味方につけようとしたら、「チチェスターの老司教みたいにウンチもらしそうだよ」なんて煙にまく（訳注：この司教は、決断力のなさで知られる一八世紀実在の人物。出典はエドワード・リア〔2章〕の五行詩らしい。「ウンチ……」の原文 feels his breeches stir は「股ぐらがむずむずする」とも解釈できる）。ご婦人が同席しているときはそうもいかないから、本題とまるで関係のない古代バビロンの奇談あたりではぐらかす。そのどちらでもなければ「さあ、もう一杯飲もうよ」。

記憶力は度外れていたけれど、それは恐ろしいくらい集中して覚えたものだけ。一五年前に読んだディケンズの『二都物語』を何頁も一言一句たがえずにそらんじたし、特定の項目なら『エンサイクロペディア・ブリタニカ』の記事もそうだった。どちらも、アメリカに渡る前、英語に馴れようと夢中になって読んだものだ。相手や話題にうんざりすればさっさと記憶回路を切ったから、ひどくぼんやりして見えたときもある。つい一日前に会った超有名人の名前さえ思い出せないこともたびたび。

ことがらの記憶にひきかえ、画像の記憶のほうは少々お粗末だったらしい。とりわけ退屈な人間の顔を覚えるのは苦手で、気の弱いたちだから、そのことで人を傷つけまいといつもびくついていた。一九五七年の『ライフ』誌に載った追悼記に、プリンストンで彼が主催した名高いカクテルパーティー(同誌の表現で「並の天才たちがほんものの天才フォン・ノイマンと親しく交わる会」)の紹介がある。記者はこう書いた。ジョニーは「酒好きできわどい小話を連発する、みごとなまでに世慣れたホスト役」で、「新しい客が顔を見せるたび、名前をまったく思い出せないままみんなに引き合わせて回った。紹介するときは、ご本尊の名前をちゃんと言っていないのがばれないように、しかつめらしくお辞儀しながら」。

ジョニーは抜群の記憶力をフルにつかって、めぼしい定数や方程式をどっさり覚えていた。われら凡人の覚えている定数はわずかだし、かろうじて九九が言えるくらいなのに、彼の頭は代数知識の宝庫で、それが驚異の計算力の源だった。名高い八桁と八桁のかけ算は、じつのところ、ほかの数学者に比べて——どころか、暗算を見世物にする寄席芸人に比べても——飛びぬけて速かったわけではない。けれども、頭に蓄えた定数や方程式を総動員して問題を解き、着想をくり広げるところではとびきりの才能を見せた。ロスアラモスでもどこでも、フォン・ノイマンが来るぞというニュースを聞きつけた科学者たちが「目下の超難問をかかえ、首をそろえて待ちかまえたものです。到着したとたん、超難問も端から片づいていきましたね」と某氏が思い出す。

とりわけ並外れていたのが、着想をふくらませる力だ。プリンストン高等研究所でコンピュータ開発を一緒にやったジュリアン・ビゲロウに言わせると、誰かがひとつ提案をしようものなら、「ひっつかんで、あっという間に五ブロック先まで行ってしまう」。大学院生だった某氏も、「自転車で特急を追いかける気分でした。(他人の) 発想をどんどんふくらませていくんです」と回想する。ジョニーの傑出した仕事には、そんなきっかけで始まったものが多く、だからときには発案者の立腹を誘うことにもなった。

計算の名人

のちに人から言われて少しは直したが、暗算するときのジョニーにはちょっと妙なくせがあった。座ってぶつぶつ言いながら、放心したように天井を見つめる。シンクタンクのランド研究所がコンピュータがらみの相談をもちかけたときもそう。ランドの担当は、黒板に数式をずらずら書いたりグラフをもち出したりして、懸案の問題が当時のコンピュータではまず解けそうもない、その理由をくどくど二時間もかけて説明した。が、ジョニーは(前出『ライフ』の記事によると)、

数分間ぼうっと——心ここにあらずの顔つきで——目を泳がせてから、おもむろに口を開いた。「答えが出ました。もうコンピュータはいりません」。あっけにとられた研究者の目の前で、すらすらと問題を解いてみせた。いつものように問題をかたづけると、いつものように言った。「さて、お昼にしましょう」。

別の折り、ある研究所がジョニーに課題を依頼することにした。が、訪問の日までに、半分徹夜で計算機を回したスタッフが解いてしまう。ジョニーは課題を読むなり例によって天井を見つめ、「最初の計算は……」とつぶやき始めた。そこでくだんのスタッフが、解はこれこれではないでしょうかと口をはさむ。ジョニーはしばらくひとり言を続けたあと、びっくりしたように「ほんとにそうです」。あとで誰かがジョニーに、彼が五分ですませた計算をスタッフは何時間もかけた事実を教えてやった。教えてもらわなければその

あと何週間も不機嫌でいたにちがいない、と中傷ぎみに言う同僚もいたが、そんな了見のせまい人ではなかった。

立ち話で何か問題をきくと、両足をダンスのように動かし始める。パーティーで飲み物をこぼしたりもしたが、おもしろい逸話も生んだ。たとえばこんな問題。南北一直線の道路上、二〇キロ離れた二台の自転車が、向かい合って同時に時速一〇キロで走りだす。その瞬間、北向きの自転車のタイヤからハエが飛びたって、時速一五キロで北に飛び、南向きの自転車のタイヤにタッチするなり引き返し、北向きの自転車に着けばまたUターン。それをひたすらくり返す。そこで問題――二台のタイヤにはさまれてお陀仏となるまでに、ハエは合計何キロ飛ぶか？

きまじめな人は、最初にハエが南向きの自転車に着くまでの距離を出し、次に北向きの自転車に着くまでの距離を出し……の無限回のくり返しで和を求める。みごとひっかかってその長たらしい計算をやる数学者もいるらしい。二台の自転車がきっかり一時間でぶつかると気づけばやさしく、ハエの時速は一五キロだから飛ぶ距離はちょうど一五キロ。ジョニーは問題を聞くなりダンスを始め、ややあって「一五キロ」と答えた。「なんだ、トリックを知ってたんですね？」と質問者はくやしがる。「トリックって？」とジョニーはけげんな顔になり、「ぼくは無限級数の和を求めただけさ」。一件をあとで聞いて、「やっぱり知ってたんでしょ？」とさぐりを入れる人には、その人を傷つけないように「ほんとの数値はもっと複雑だったからね」と答えたらしい。

歩いているときに質問を受けると、両手を背中に回し、妙な歩きかたをしながら頭の中で計算した。「早足じゃないが、せまい歩幅で、速くなったり遅くなったり」だったという。あるとき、金属の部品が炎天下の地面に丸一日ほうってあって、素手で拾い上げても大丈夫かどうか議論になった。ジョニーはすぐ独特のしぐさで金属部品のほうへ歩み寄りながら計算を始める。「ええと、太陽表面の温度は……すると一平方メートルの地面が吸収する熱は……」。目標にたどり着く寸前で計算は終わり、「拾わないほうがいいね」。

ジョニーの計算力についてはあとでもたびたびふれる。計算のいくつかは、彼お気に入りの言い回しで「この惑星をゆさぶりかねない」ものだった。

コンピュータと夢（1）

ジョニーに人並みの寿命があれば、一九九〇年代までは生きていた。そうなら、私たちの生活はもっともっと変わっただろうか？　まちがいなくそうだと筆者は思う。もちろん変革のありようは、彼のもとにもちこまれる着想の種類と、彼が「五ブロック」の何倍くらい先までジャンプできるかで決まる。未発表のものも多い晩年のメモから、そのへんを探ってみたい。

科学の歩みは自分の死後ますます加速すると彼は予想し、他の科学者の想像も及ばない可能性についてそのなかで何ができるか、死のまぎわまで考え続けた。ヒトの神経系にならったコンピュータへのアプローチ（自身の言葉で「どう研究を進めるべきか体系化した予想の集まり」）がそのひとつ。また、「数」の概念をコンピュータ時代にふさわしい姿にそっくりつくり直さなければいけないとも思っていて、それがまだ手つかずの現実に心を痛めていた。

たとえば、生物の細胞《セル》さながらにふるまう人工の素子《セル》集団に思いをめぐらしている。それぞれが独立性を保ったまま、活動期は動き休止期は休んで、隣の素子たちに自分と同じ行動を指令する素子の集まりだ。そんな素子をつかって、人間の脳くらい複雑で高速、エラーを数百年に一個しか犯さないオートマトン（自動機械）はつくれないか……。さらには、自己複製能力をもつコンピュータやロボットも考えている。人間の脳はクラゲの脳からダーウィン流に進化した。同じようにコンピュータやロボットも進化するはず。世代交代の折り、効率も環境適応性も親よりすぐれたコンピュータやロボットができ、適者生存型の進化を続けていく……。

人工知能の分野でニューラル・ネット（神経回路網）がもてはやされる昨今、こうした話を眉唾だと思う人はもう少ない。それぞれの能力を調整し合いながら望みの解に向かっていくコンピュータ・ユニットの群れ、そんなものが生まれ始めている。二〇世紀が終わるまでには、脳の機能のうち少なくとも視覚は、たとえ仕組みがすみずみまでわからなくてもコンピュータの上で再現できるようになるだろう。

二〇世紀前半で最大の科学革命（原子の理解）にジョニーは加わって、いち早く数学化を進めた。量子論の生んだエレクトロニクス革命でも、コンピュータ開発の牽引車になった。晩年の講演や遺稿から察するに、そのあと突破口が見込まれる三つの分野にも、コンピュータをひっさげて立ち向かう腹だった。どんな順序で進むかはともかく、脳の理解と、細胞（遺伝子）の理解、そして物理環境（気象）の制御だ。以上の四つ、つまり原子（核融合）、脳、遺伝子、物理環境への挑戦に加え、もうひとつ、たいしてあてにならない経済学と、それに輪をかけてあぶなっかしい社会科学のたぐいを、数学の厳密さをもちこんでまともな科学に育て上げたかった。

一九九〇年代までにはどの分野も格段に進む、とジョニーはみていた。だがほんとうに進んだといえるのは（彼の評価基準を推し量っていえば）遺伝子の分野だけで、それも数学を基礎にした進歩ではない。彼の予想どおり、遺伝子はコンピュータそっくりの単純な情報記憶装置だとわかった。けれども、たった四つの文字をつかい、三文字を単語にして、かくも簡潔に暗号が書いてある（また書き換えられる）とは、さすがのジョニーも一本とられた思いだろう。九〇年代になって、卵をハエの姿にする五〇〜六〇個の遺伝子の大半がつきとめられ、情報の書き換えさえ意のままだと知ったら、さぞ喜んだにちがいない。そして、ヒト遺伝子の全貌解明に向け、数学者として全力を傾けるだろう。友人二人に、ジョニーがいま生きていたら何をしているだろうかときいたら、異口同音にこう答えた。「分子生物学にのめりこんでいるんじゃないか。むかし量子力学に興奮したのと同じように、分子生物学を数学化しようとしてね」。奇しくも彼のたったひとりの孫息子はハーヴァード大学医学部の分子生物学者だ。

筆者の推測では、アイゼンハワー政権の核抑止策を仕上げてからのジョニーは、いろいろな学問分野の数学化を推し進めたかっただろう。数学は物理学を前に進めるのに絶好の武器だったけれど、精神医学とか、ヒトの学習能力の向上などにはまだこれといって役に立っていない。ジョニーは、同じ教授だとはいえ、経済学のような分野に、ものごとは因果関係で進むという単純な事実をわきまえた人が少なすぎるのにいらついていた。

死の床で著した『電子計算機と頭脳』にはこう書き残す。学問分野あれこれにめぼしい進歩がないのは、数学がまだ熟していないからではないか。数学はただでさえ特殊な言語で、自分なら英語やドイツ語のようにすらすらわかっても、数学の話をすると「なんだか日本語でも聞いている気分ですね」と言われたりするのをこぼしていた。言語は、その顔つきの多彩さからわかるとおり、歴史の偶然が生んだものにすぎない。「ギリシャ語やサンスクリット語が歴史の産物にすぎず絶対の必然性などなかったように、論理学や数学も歴史の産物、たまたまできた表現とみるのがたぶん正しい」。またこうも考えた。「数学も二次言語だといえる。脳の中枢神経系には根源の一次言語があり、数学も、その上に構築された言語のひとつにすぎない」。一次言語の本性をつきとめ、いずれはそこから力強い二次言語をつくりたかったのだが、志なかばで歩み去ってしまう。

生涯を通じてジョニーは、新しい概念と表現を追い求めた。人間にとってよりよい道具になり、科学革命を前に進めるための概念と表現。ことに、コンピュータを駆使して多様な分野をまともな姿に立て直したかった（そういう分野の教授たちが顔をしかめるのは承知のうえで）。オスカー・モルゲンシュテルンと『ゲームの理論と経済行動』を書いたとき、彼にしてはめずらしく遠慮会釈のない口ぶりで経済学の無知をあげつらった。「経済用語は雲をつかむようで、問題の所在さえわからないことも多い。こんなていたらくでは、数学化などハナからお手上げだ」。経済学を始めとする社会科学は一七世紀の物理学に比べてもずっと立ち遅れている、と彼は断じている。一七世紀、それは神が「ニュートンよあれ」とのたまって力学が産声を上げ、科学革命と産業革命が興ったころだ。

ニュートンを始祖とする物理学の数学化は「微分の発見につながった。微分は科学革命と切っても切れない関係にある……つまり、こうした分野（経済学などの社会科学）を格段に進めるには、微分に肩を並べる数学手法の発見が絶対……もっとも、物理でうまくいったやりかたに倣うだけでは、社会現象の解明などしょせんはおぼつかないが」。ほかの分野、たとえば化学はもう少し甘くみていた。「物質系のふるまいを表す量子力学の方程式を積分できさえすれば、化学の大部分は実験室から数学の領分に移せる」。

ジョニーの死から三五年たつ。ソフトウェアの進歩は彼の期待どおりではなかったかもしれない。だがチップが奇跡の進歩を遂げたおかげで、ハードウェアは彼の夢想さえはるかに超して高度化し、小型化し、安くなった。他界した五七年当時の最新鋭コンピュータは大部屋をひとり占めする図体だったのに、現在のたった一〇〇ドルのポケット電卓に比べて性能は見る影もなかった。そんなお粗末な計算機をつかいながらジョニーは、地球の気象を自在にあやつるなど、とほうもないことを夢見ていたのだ。

コンピュータと夢（2）

一九五〇年代初頭の物理学では、非線形偏微《へんび》分《ぶん》方程式を楽に解くのがみんなの悲願だった。なにしろ始末の悪い、嫌われものの方程式で、解き始めたとたんに式の中のいろんな要素ががらがら変わってしまう。迷宮から脱け出ようとしたら壁がぐにゃぐにゃ変形するようなもの、といえようか。身近な気体（空気）や液体（水）のふるまいが、そんな非線形偏微分方程式に従う。

第二次大戦中の四一～四三年、ジョニーは通常爆弾の解析にかけて全米一の権威になった。いきおい非線形偏微分方程式と格闘するはめになり、方程式の物理・数学的な規則性に気づいて心が躍る。そうした規則性（パターン）が、流体力学から核融合やハリケーンまで、たいへん幅の広い現象のコアに見えたからだ。コンピュータは、解析力を何万倍か上げさえすれば、そんな問題に立ち向かう強力な武器になるぞ……。

ジョニーの夢は、流体力学（空気力学）ではもう現実のものとなった。コンピュータをつかえば、新型航空機も、人を月面の一地点にぴたりと届けるロケットも設計できる。航空機が音速を超えたら何が起きるかも、テスト飛行士の命をむざむざ落とさずにわかってしまう。建築や設計の諸分野も同じ。だがジョニーは絶筆の論文で少し口をすべらせ、少なくとも気象学と核融合、この二分野の専門家には評判が悪い。ほんの二〜三〇年もすれば、コンピュータを駆使して、気象学者は天気予報だけでなく気象を手玉にとれるようにもなって、制御された核融合も実現する、と書いてしまったのだ。核融合については、原子の内部に隠れているエネルギーが解き放たれ、人類は「錬金術に立ち戻り、元素変換をして」「メーターなどつけず、湯水のように」新しいエネルギーをつかえるようになる、と予想した。

今や時代のキーワードとなった地球温暖化もジョニーは予言している。石炭や石油を燃やして二酸化炭素をどんどん出せば、次の世代あたりには「セ氏〇・五度くらい地球の気温が上がる」。勢いあまって「八度も上がれば、グリーンランドや南極の氷が解け」、場所によってはありがた迷惑の洪水や亜熱帯気候に見舞われよう。

温暖化よりは知名度の落ちる「寒冷化」も気にかけていた。一八八三年の大噴火でクラカタウ山（インドネシア）の噴き上げた粉塵が、もし成層圏に（現実には三年だったが）

一五年も漂っていたとすれば、太陽光線が遮断されて地球の温度が三度くらい下がっていただろう。「一万一〇〇〇年前に終わったいちばん最近の氷河期、北米とヨーロッパ北西部がグリーンランドや南極のように氷にすっぽり覆われていた時代さえ、今より八度低かったにすぎない」とジョニーは指摘した。クラカタウ級の噴火がこの先いつ起こるかを知るのは、だから人類の死活問題になる。自分のコンピュータを四〇年間つかい続けてもそのへんがまだ手つかずだと知ったら、がっくり肩を落とすだろう。

温室効果や寒冷化という大問題に気づきながら、いかにもジョニーらしいのは、それを嘆くのではなく、むしろチャンス到来と受けとめたところ。もちまえの「好機をつかめ」精神で、さっそく研究計画を提案した。色で立ち向かう、というのがそのひとつ。「大氷原がいつまでもなくならないのは、氷が太陽光線を反射するいっぽう、土よりも地球内部のエネルギーを逃がす効率が高いからだ。氷の表面とか、そばの大気中に着色物を少し撒いてやれば、反射も放射も減って気候が変わり、氷も解ける」。一九九〇年代にはそのくらいできるようになっている、と期待していた。まさかアイスランドがハワイにはならないまでも、「中緯度地域に流れこんで寒波を生む寒気団とか、熱帯のハリケーンのように一過性のものは、きれいさっぱり撲滅させるか、少なくとも抑えるのは可能になる」。こうした「無責任きわまる」発言に、現代の科学者は眉をひそめる。だが生きていたらきっと、コンピュータを駆使して、どれほど無責任なのか、なぜだめなのか追求してみようとするにちがいない。ジョニーは、ソ連が「北米大陸を氷漬けにするぞ」と脅す「気象戦争」を心配したのだが、計算のむずかしさまでは見通せなかった。

もしも現世に戻ってきたら、ジョニーは自分のコンピュータがこんなにもふえ、威力を増しているのに喜んだろう。もっとも、用途の広がりに驚く半面、科学の進歩をさほど手助けしていないと知ってがっかりするにちがいない。

彼のお嬢さん、ゼネラル・モーターズ社の副社長を務める経済学者マリーナ・フォン・ノイマン・ホイットマン博士がこう言った。「工場やオフィスのコンピュータは数えきれないし、年産八〇〇万台の新車には何個かずつコンピュータを積みます。自動車さえそんな調子だと知ったら、父はさぞ驚くでしょうね。ビデオゲームは若者を堕落させる、なんてコンピュータを毛嫌いする大人もいるけど、父はビデオゲームに夢中になるんじゃないかしら。遊び好きな子供みたいだったから」。

筆者の想像は少しちがう。ジョニーはたぶん、純粋科学研究者のほとんどが、コンピュータでモデル化できる部分はいくらもあるのにモデル化をせず、自分の時代と同じく明け方から深夜まで働きバチだというところに驚くはず。かたや応用科学——経済学とか、ローマクラブばりのエコロジー——の研究者はモデルを乱用しすぎで、そのモデルときたら、ガラクタをほうりこんでガラクタを出すだけのしろものだ。真実の発見というより、感情論に白黒をつける都合のいいデータがほしい一心でキーをたたく風潮にも不満いっぱいだろう。そしてきっと、悲観や絶望をこの世からなくすための武器にコンピュータをつかってほしがるにちがいない。科学研究に悲観と絶望は罪悪、と彼はみていたからだ。

とびきりの数学者たちは今、なんだかレトロっぽくこんなことを言う。ものごとは、コンピュータ誕生前の数学者が思っていたよりずっと複雑な道をたどって進む。きょう北京で一羽のチョウが羽ばたけば、その羽ばたきかたは、来月のニューヨークを見舞う嵐のパターンを左右する。つまりこの世は「うるわしいカオス（混沌）」に満ちあふれ、どうあがいてもすっきり解き明かせはしないのだ、と。

ジョニーはもう九歳のころから、他人がカオスとしかみない世界に秩序をうち立てようとしてきた。彼なら、ぴったりの方程式と新しい言語をつくり上げてカオスの根元を解きあかし、チョウがどこでどう羽ばたくかも予測したがるのではないか。むろん隅々まで正確な天気予報は無理にしても、せめて統計を足がかりにした平均的な予測はきっちりできるようにしたいと思うだろう。「不可知」があたりまえ、しかも美しいと考える人たちがいる。他方には、それは不合理だから打ち破るべきだと考える人たちがいる。両者の断絶は、二五〇〇年の数学史のなかで珍しいことではなく、もしかしたら周期的に現れる現象なのかもしれない。

たとえば数学史家のＥ・Ｔ・ベルが、ジョニー誕生前の数学、もちろん今のカオス理論学者もまだいないころの数学について、『数学をつくった人びと』の中にこう書いている。

「いつの世にも、考えかたが一八〇度ちがう二派がいた。足元のぐらつきにびくついて石橋もたたきどおしの人たちと、宝物や理想郷を求めてクレバスを飛び越える勇敢な人たちと」。古代ギリシャなら、慎重派の筆頭はさしずめエレアのゼノン(BC四九四~四三五)か。のそのそ這うカメをアキレスはけっして追い越せないと「証明」し、かのアリストテレスを悩ませた人物だ。カメが地点Aにいて、それをアキレスが追いかける。アキレスが地点Aに着いたとき、カメは少しだけ先に行っている。次の段階も同様だから、どこまでいっても追いつけない……。ゼノンほどの頭脳が、1、1/2、1/4……と続く無限数列の和が有限値になり、だからアキレスもカメに追いつける、というところまで考えつかなかったという事実にジョニーは心底驚いたらしい。

同じ古代ギリシャで、(ジョニーのように)危険をものともせず跳んだ数学者がアルキメデス(BC二八七~二一二)だ、とベルはみる。円周率πを計算し、静水力学の原理を見つけ、微積分発見の一歩手前まで行った人物。彼が当時の数学界になした貢献は、ジョニーが二〇世紀の数学になした貢献より大きいといえるかもしれない。アルキメデスはローマの艦隊を迎え撃つための投石機を発明し、あろうことかその投石機が打ち出した巨石を頭にくらって落命した。そういうところも、最高の数学者・武器設計者だったジョニーに似ている(彼の命を奪ったがんは、たぶん原爆実験に立ち会ったせいなので)。

慎重派と大胆派はどちらも必要だが、多くをなすのは大胆派のほうだ。長い目で見れば、慎重派はおおむね「まちがいは少ないけれど、真実の発見もそれに輪をかけて少ない」。いっぽうアルキメデスのように勇敢な人間は「きわめつきの業績を挙げて合理的思考をうち立てる。ただし、ときにはこてんぱんにたたかれる」、とベルの言葉。ジョニーがまさにそうだった。

天才の比較——ジョニーとアインシュタイン

第二のジョニーは、つくれないわけではない。紙と鉛筆さえあればよく、人類がてっとり早く豊かになるいちばん安上がりの道だ。プリンストン高等研究所でジョニーの同僚だったアルベルト・アインシュタインは、実験室の場所をきかれて自分の額を指差した。「先端実験装置はどこですか?」には、万年筆を胸のポケットから出して見せた。ジョニーとアインシュタインには共通点が多い。もっとも、一九四五〜五六年の世界に身を置いた人のなかには、心が広く夢見がちなアインシュタインとジョニーが政治面は水と油でよかった、と胸をなで下ろす人もいる。アインシュタインの夢見る心は、宇宙の本質に迫り、科学を根底からくつがえす大発見を生んだ。理性というよりは、直感のひらめきだった。自分はどうやっても理性の枠をはみ出せないとわかっていたジョニーは、アインシュタインの才能をうらやんでいた。

「考えるときも話すときも、フォン・ノイマン博士はとことん明晰を貫きました」と、助手だったブダペスト生まれのポール・ハルモスが回想する。「明晰に考えるのは誰にもできるけど、まあそこそこだし、ときには手を抜きます。フォン・ノイマンの明晰さは凡人とは桁ちがいで、とにかくいつでも明晰そのものでしたね」。ハルモスは、アインシュタインはト短調フーガの作曲者（バッハ）そっくりの神がかった大科学者だと書き、「フォン・ノイマンは、人間として偉大でした」とつけ加えた。

神ならぬ人間ならば、幼児期からの教育でつくれる。ひと月に産声を上げるおびただしい赤ん坊のうち、アインシュタインやバッハに育つ子供はゼロかもしれない。が、遺伝の仕組みをみれば、ジョニーくらいに突出した集中力と知性と精神でものを考える人間も必ずつくれる。

残念ながら、たとえ見込みのありそうな子が生まれたとしても、ジョニーほどの仕事ができる人間に育つケースはきわめて少ない。両親や教育に問題があったり、思春期に自信をなくしたり、長じては上司や配偶者や友人が行く手をはばんだりして、あたら才能もつぶれてしまうからだ。天才児の心理の解明などまだまだ先のことだから、彼らの独創性あふれる、そのせいでときに突飛にみえる考えや発言を周囲が（本人さえ）もて余したりもする。

本書で筆者は、万事に絶妙のバランスをみせたひとりの人物を解剖する。彼は押しの強さや宣伝などにいっさい無縁のまま、いつの間にか絶大な影響力をもつ数学者になっていった。その精神を培ったのはまさに激動の時代で、舞台は時期と場所で四つに分かれる。順にいうと、第一次大戦の敗戦にあえいでいたハンガリー（一九〇三～二一年）、ワイマール体制下のドイツ（二〇年代）、大恐慌時代のプリンストン（三〇年代）、そして第二次大戦と冷戦の時代（四〇～五〇年代）だった。

ヨーロッパからアメリカへ

第一の舞台は、ハンガリーの首都ブダペスト。ジョニーは願ってもない両親と教育に恵まれた。生家は裕福だったが厳格ではなく、くつろいで笑い声の絶えない家庭だった。加えて二〇世紀初頭のハンガリーには、世界に誇る教育システムがあった（その状況をぴたりと再現したのが戦後の日本だといえよう）。しかしハンガリーは、第一次大戦で敗者の側についたばかりに領土の三分の二を失い、過去の繁栄も根こそぎ夢と消える。ジョニーが一五歳のときには、短命ながら共産主義革命も起こった。どさくさのあと、白馬にまたがった反ユダヤ主義の将軍が首都を制圧し、以後の長期政権につながる。故国ハンガリーにとどまるかぎり、ジョニーが世に出るチャンスはまずありえない。ありきたりの人間なら身の不運を嘆くだけのところ、彼はちがった。母国語と、完璧にマスターした二つの外国語で、生き残りの道を自力で拓いていったのだ。

次の一〇年はワイマール体制下のドイツが舞台。貴族に叙せられたユダヤ人として、ほぼひと月ごとに科学の難問を突破していく同僚とともにきらめく知の世界に浸りながらも、忍び寄る狂気とホロコースト（ユダヤ人大量虐殺）をまざまざと予見していた。

大不況時代の幕を開けた一九二九年の株式大暴落の直後、ジョニーはアメリカに招かれる。大親友のひとり、ほぼ同じころ渡米したウィグナーに言わせると、そんなご時世だというのにジョニーは、「着いた最初の日からアメリカに恋をした。ここの人たちは正気だし、無意味なごたくを並べたりもしない、と思ったんです。アメリカの物質主義はヨーロッパに輪をかけてひどいもんでしたけど、それさえ気に入ったんですね」。ふつう、賢いけれども聖人ではない人間は物質的な豊かさを好む。たしかにジョニーも、賢くて、しかし聖人ではなかった。

晩年の一〇年は、狂ったスターリンの出かたを冷静に見張る仕事についた。スターリンは、ジョニーも見知っていた裏切り者クラウス・フックスをつかって原爆の秘密を手に入れ、その原爆で地球を吹き飛ばすか、人類を核の奴隷にしかねない独裁者だった。地球の破滅はどうあってもくい止める、とジョニーは、ときに同僚たちの感情を逆なでしながらも、決然と、冷徹にことを処した。ウィットを片時も忘れることなく。

人間じゃない？

本書には問題が二つある。ひとつは、ジョニーには及ばないとはいえ、筆者（とおおかたの読者）よりはずっと賢かった当時の科学者諸氏に礼を失する恐れがあるところ。そしてもうひとつが、ジョニーをほめすぎるところだ。

第一の心配は、ジョニーが誰に対してもたいそう礼儀正しかったという事実が救いになる。ただその礼儀正しさも、人類の半分を占める女性を前にしたときはどこかへ置き忘れたようで、でっぷりした五〇歳の分別盛りのころでさえ、あたりもはばからず若い女性の脚をじろじろ見つめる人だったらしい。女性といえば、気苦労の絶えなかった二人の奥さんに同情する人も多いだろう。

第二の問題（ほめすぎ）については、ほめすぎるとジョニーは「ネビッチ・ツー！」と叫ぶだろうなと思いながら、多少は筆を抑えた。「ネビッチ（nebbitch）」はイディッシュ語（ドイツ以東出身のユダヤ移民の言葉）「ネビッシュ（nebbish）」をジョニーが改造した単語で、「つまらぬもの」の意味。ジョニーは、科学の話を聞きながら、内容のくだらなさ加減を「ネビッチ1」から「2」「3」「4」までランクづけし、話し手にとっては迷惑だろうけれど、自分にはそれなりに有意義な暇つぶしにする癖があった。もったいぶっているくせに無内容な話はネビッチ4（最悪）になる。後年、自分の論文もそうやってランクづけする。

名のある数学者はまずうぬぼれ屋なのに、ジョニーは不思議なほどそれがなかった。かのアイザック・ニュートン卿（一六四二〜一七二七）などは絵に描いたようなうぬぼれ屋で、若いころ、誰からも何ひとつ盗んでいないと「証明」するのにやっきだった(じつは盗んでいたからだ)。中年の一時期、見た目は公正な委員会をつくって(報告書は自分が執筆)、ライプニッツ(一六四六〜一七一六)の著作はことごとく自分の研究の盗作だと報告させる。たしかに、ライプニッツが微分学を見つけたとき、着想の一部はニュートンも温めていた。しかし書き物にはしていないから、ライプニッツがニュートンの着想をこっそり参考にするなどありえなかった。

それにひきかえジョニーは、いつも相手を立てながら、あらゆる人からあらゆる着想を堂々と拝借した。盗んだ、のではない。ライプニッツやニュートン、アインシュタインのように奇抜な着想を生む頭ではなかったけれど、他人が思いついてまだおぼろげな姿でしかない発想を引きとっていち早く細部まで仕上げ、学問や人類に役立てようとした。彼はそれを、賢い人間の義務であり最大の娯楽でもあると心得ていたから、新聞や市民が自分の業績を讃えなくても気にしなかった(新聞はずいぶん見くだしていたらしい)。時間を有効につかおうと、ジョニーは妙手をあみ出した。退屈な部分はまわりの誰かにやらせる。これをやればすごい話だよ、とおだててその気にさせるのだ。

ジョニーの世評が割れる原因の一端はそこにある。自尊心だけは高くてもしょせん一流には手の届かない共同研究者は、ジョニーをあまり評価しない。かたや知力で肩を並べる一流の人たちはジョニーを絶賛する。たとえばノーベル経済学賞をとったサミュエルソンが「フォン・ノイマンほどの人間は知らない。この分野にちょっと顔を出しただけで経済学の世界をがらりと変えた」と讃え、別の経済学教授も一九八三年、「フォン・ノイマンは数理経済学の分野で史上最高の論文を書いた」と発言して、ジョニーの論文など知らなかった学者たちをどぎまぎさせた。

筆者はロンドンで哲学の先生がたを前にジョニーについて講演したことがある。そのときアムステルダム大学哲学科のジョン・ドーリング教授が、「フォン・ノイマン博士は自分を哲学者だとみていませんでしたか？」と質問して座を驚かせた。ジョニーは二〇世紀屈指の哲学者だといっても過言ではない、というのが教授のご意見だった。「哲学の六つほどの分野で、フォン・ノイマンは抜群の貢献をしました。おぼろげだった問題を数学できちんと処理できる姿にしたわけです。今世紀、六つもの分野で成果を上げた哲学者は誰ひとりいないというのに」。また一九九〇年、三五歳の教授が筆者にこう述懐した。「数学の勉強なんか恐ろしくない、と教えてくれたのがフォン・ノイマンでしたね。今までいろんな先生に教わったけど、あんなもの教育じゃない」。

一九五〇年代、物理学者のハンス・ベーテは「フォン・ノイマンの頭は常軌を逸している。人間より進んだ生物じゃなかろうか」と本気で思いこむ。ベーテは核融合の研究でノーベル賞をとり、ロスアラモスでジョニーの先輩だった人。ベーテが首をひねったころ、プリンストンではこんな噂が広まっていた。ジョニーは人間ではなくまあ半神半人といったところだが、「人間をよくよく研究して、人間そっくりの立ち居ふるまいができるんだ」。もうひとり、やはりノーベル賞学者のウィグナーは、故郷のブダペストで同じ学校に通っていたころからジョニーにひどい劣等感を抱いていた。きっかけはある日曜の午後、散歩の道すがらジョニーに群論を教わったこと。そのときウィグナーは一二歳、ジョニーは一一歳だった。

ジョニーの数学

こうしたエピソードは、ジョニーを「あらゆる分野に数学で切りこんだ大教授」に思わせてしまう。けれど死の直前、全米科学アカデミーが業績を三つあげるようご当人に依頼してきたとき、ジョニーの返事はその印象とはだいぶずれていた。そのころ彼はデジタルコンピュータの父と呼ばれ、数値気象学の創始者としてもつとに知られていた。また、アメリカの核抑止政策の牽引車として、ソヴィエト・ロシアがスターリンからより穏健なフルシチョフ路線に移行するよう策を練っていた。世界でいちばん賢い男、という世評もあった。

ところがジョニーはアカデミーに、自分の最も重要な仕事は次の三つ、と回答した。ヒルベルト空間の自己随伴《ずいはんさ》作用素《ようそ》の理論、量子論の数学的基礎づけ、それにエルゴード定理の数学的基礎づけ。思わず「たったそれだけ?」と声を上げた読者も多いだろう。こんなふうに、ジョニーの物語では、まずは意外な話に面食らうことも多いのだけれど、それがやがてぞくぞくするおもしろさに変わってくる。筆者もそうだったし、たぶん読者もそうだと思う。

ただものではない人物に共通して、その言葉をのみこめる人間が当初は数百人しかいない、という事実がある。アルキメデスもそうだったが、古代ギリシャなら教養人はせいぜい数百人だからしかたない。ジョニーが一九二〇年代に書いた二つの論文「超限《ちょうげん》順序数の導入について」と「集合論の一公理化」を理解できたのも世界中でたぶん三〇〇人くらいしかいなくて、それも、ジョニーに先を越されて不満たらたらの、権威を自任する数学者たちだった。

そういう状況は時を追うにつれて悪化を続け、ジョニーにも悩みのタネになった。死を前にした五〇年代にこう嘆いている。「二〇年代の数学者は、数学の問題ならたいてい理解できた。今はもう無理」。「今の数学者は、数学のうちどれくらいの割合がわかるのでしょう?」と誰かがきいたとき、ジョニーは例によって一〇秒くらいぼうっとしてから、「二八パーセントくらいだね」。

ジョニー自身は二八パーセントよりたくさん理解していただろうが、それはともかく、専門誌に次々と印刷される膨大な数学理論を理解することなど神業に近いのは、一九五五年当時すでにそうだったし、今はもっとそうだ。しかしジョニーの本領は、意外性のあるおもしろい仕事を見つけるところにあった。ありきたりの仕事にはまるで興味を向けない。つまらない講演を聞かされるときは、あたりをはばかる小声で「ネビッチ」とつぶやき、いつもの礼儀正しさはどこへやら、いびきをかいて眠りこむ。けれど、数学のめぼしい発想を小耳にはさんだらすぐさま飛びついて、もっと正確なものにする道を追い求める。数学以外の問題になると、彼はさらに奇抜なアイデアを思いつき、議論をふくらませる手助けをした。

世界を守る

ジョニーは共和党のがちがち右翼だった、と思いこんでいる人が多い。だが大統領選では、順に一九四〇年のローズヴェルト（民主党）、四八年のトルーマン（民主党）、五二年のアイゼンハワー（共和党）に、つまり国民の大多数と同じ人に票を投じている。

また、ジョニーを白い目で見る人たちは、戦争屋だったとか、軍部のごますりだったとかきめつけたがる。一九四五年から五三年にかけ、対ソの核抑止策を強引に進めるあまり、もう一歩で地球を滅ぼした男だという悪評もある。しかし実際の彼は、冷徹な論理を貫き、人間の自由をゆるがせにしないところで終始一貫していた。

ジョニーはヨーロッパ生まれのユダヤ人で、家族を危機一髪でアメリカに移住させた経歴をもつ。ベルリン暮らしの経験から、一九三〇年代にはホロコーストもくっきり予見していた。三三年、ヒトラーが独裁者になったとき、「残念ながらこの集団（ナチス）はしばらく勢いを保って」恐ろしい事態を生む、と手紙に書いた。三〇年代後半には、ブダペストに住む物理学者のルドルフ・オルトヴァイに宛て、ヨーロッパはほどなく戦乱に突入し、ドイツ領内のユダヤ人は、トルコ軍のアルメニア人大量虐殺（一九一六年）と同じ運命に見舞われるでしょう、と書き送っている。

大不況に見舞われた三〇年代、同僚科学者たちの多くは、スターリン率いるソヴィエト・ロシアを労働者の楽園とみていた。だがそれは、現実を知らない人間のたわごとにすぎない。ジョニーは講演会でソ連を訪れた折り（三五年）、スターリン治世の恐怖を目のあたりにしている。また一九一九年、ロシアを後ろ盾にブダペストでベーラ・クンがつくった共産主義政府の残虐非道も知りぬいていた。

一九四一年から四五年にかけ、ジョニーは友人たちに、アメリカは自由世界のリーダーとして「ドイツとソ連を相手に三角戦争をしている。敵どうしが戦ってくれるのは結構なことだ」と語っている。戦後の五四年には、グレイ委員会（オッペンハイマーの査問会）でも同じ意見を吐いた。ずっと前の三九～四〇年ごろも、弱体なフランスはドイツにあっさり踏みにじられる、とぴったり予言した（フランスのひ弱さは、講演で渡仏したときに実感していた）。

彼のこうした発言は、西欧やソヴィエト・ロシアの甘っちょろいおとぎ話を信じたがる人たちには不評だった。いっぽう、思慮深い人たちの目には、頼りがいのある予言者として映る。アメリカの軍部も政府高官も彼に次々と助言を求めた。頼りにされるのが好きなジョニーは「ヘリコプターが庭にドシンと音をたてて」降りるのを楽しんだ。彼は官僚というものを、いささかドイツふうの、尊敬の目で見ていたらしい。気象学にかかわっていた当時、「たかが気象局ふぜいに、大げさにへつらうこともないんだよ」と、ジョニーの姿勢を同僚のひとりが非難している。

彼の予言は、一度だけは幸いにも外れた。一九四五〜五三年ごろ、米ソはたぶん戦争に突入する、とジョニーはみていたのだ。そんな悲劇を迎えても、合衆国を始めとする自由諸国の破滅をくい止めるのが自分の務めだ、と思い詰めながら。

ジョニーが産婆のひとりとなり、「不義により孕《はら》み、耐えがたい陣痛を伴って」産み落とされた原爆は、広島の一〇〇〇倍も破壊力をもつ武器に成長するのが目に見えていた。そこでジョニーは、ロスアラモスの夢見る左翼たちが何をしようとしているのかに思いをめぐらす。理想主義の権化クラウス・フックスが、スターリンに地球破壊のパワーを献上しようとしていた。スターリンがそんなおもちゃをもつのにふさわしい男かどうかは、あまり知られていなかった。しょっちゅう飲んだくれてベッドにころがりこんだあげく、気分がよくならないといっては医者を殺してしまうような男だったのに。スターリンのそんな性分を知っている少数の人たちはスパイに神経をとがらせたが、ジョニーはそれほどでもなかった。まともな教育を受けた人間なら、ロシア人だろうとなかろうと原爆の原理などたちまち見抜く、とわかっていたからだ。

いずれソ連も原爆をもつ。それにどう立ち向かうかがジョニーの宿題となる。四五〜四九年、共産主義はユーラシアを席巻し始めていた。どこかの時点でスターリンに「そこまでだ」の通告をつきつけるべし、と結論を出す。やがては万人が納得することになる結論だった。故国ハンガリーはもうスターリンの餌食になっている。これ以上の犠牲をくい止めるため、また遠からずスターリンが原爆をもつその前に決断したほうがいい、とジョニーは合衆国政府に進言した。

このあたりの言動が、ジョニーはソ連に先制攻撃をしかけようとしていた、という誤解のもとだが、彼の書き物を隅々まであさっても、そんな意図をにおわす文言は見あたらない。アイゼンハワー時代の前（一九五二年以前）、まだ政府内でそれほど発言力もなかったジョニーを、タカ派の一味とみる人がいた。政府の重要な委員会のメンバーになったころ、ソ連はもう原爆をもっていて、反ソ連がアメリカ対外政策の柱だった。対外政策を論じる委員会で、ジョニーはタカというよりは冷徹で利口なフクロウの役回りを演じる。鋭い爪を隠さないフクロウではあったが。

このころ、対ソ戦が避けられないならアメリカがまずつかうべきは通常兵器か核兵器か、が議論の的だった。ジョニーはひるむことなく、冷徹な数学で、どの兵器をまずくり出すのがいちばん有効かをはじき出した。さらに、ソ連が先制攻撃をかけてくる可能性もある。そのときアメリカは、ソ連を上回る報復ができるぞと脅す力をもたねばならない。だからこそエドワード・テラーの水爆開発の呼びかけに応え、開発の手助けもした。ここでも冷静な数学者として、どんな配備が最善かを計算した。何を言い続けなければいけないかをジョニーは知りぬいていた。

一九三八年、ヒトラーが配下の将軍に戦争突入を宣言したとき、反対者はごくわずかだった。ほとんどの将軍は(まあ論理的に)フランスの弱体をみて、らくらく勝てるとはじき出す。そんなことをすれば核の報復で自分たちが皆殺しになると知っていたら、おじけづいてヒトラーに対しても別の返事をしただろう。四五年以降ジョニーは、ソ連の指導者たちに、戦争を始めればすぐに核報復があることを思い知らせるよう全力をつくした。スターリンは五三年に没し、その四年後にジョニーが他界したころ、ベリヤの大粛清時代を経たソ連もだいぶましな国になっていた。

ジョニーは、世界の破滅をくい止めてくれた人たちのうちでもいちばん思慮深い人物のひとりだった、と筆者は確信している。

同僚科学者たちの多くは平和主義路線を支持した。自由というもののもろさも、ソ連でくり広げられていた権力闘争の醜さも彼らは知らなかった。そんな身近な平和主義かぶれが、政府のタカ派たちよりずっと人間味のある人たちだっただけに、ジョニーもずいぶんと思い悩む。言い争いは性に合わないから、親ソ連派との議論などはなるべく避けるようにしていた。求められて助言するほうがずっと好きだったし、助言を求めない人との言い争いはいやだったから。

政府委員会で議長に就任した当初はこの性分が災いした。内気で他人を傷つけたくないジョニーは、委員の無用なおしゃべりに歯止めをかけようがなかったのだ。だが死の三年前、委員を人選できるようになってからは、うってかわって名議長の名をほしいままにする。もち出す問題は明快そのもの。抑止の実効を上げるにはどれだけの爆発力が必要か？ ミサイルはつかえるか？ などなど。そして、事実だけをもとに議論を進めた。ルイス・ストラウスが回想している。「超難問をとり上げて要素に分け、ものごとが誰にも単純しごくに見えるようにするところがすごかった。なぜ今までこんな当然の答えを思いつかなかったんだろう――とみんな首をひねったものだ」。

論争ぎらいを彼の弱点とみる人もいるけれど、はたしてそうだったのか。エンリコ・フェルミ（水爆の問題ではジョニーと逆で、開発に反対した物理学者）の妻、歴史家のローラがこう書き残す。地球の破滅をどうやってくい止めるか議論していた科学者のうち、「フォン・ノイマン博士は、誰からも批判めいたことを言われないところが、たいそう珍しい方です。見かけはこれといった特徴のないひとりの人間の中に、あれほどの沈着さと知性が共存できるなんて」。その沈着な心こそ、ジョニーがことをなすうえで最強の武器だった。

ジョニーを二〇世紀の傑出した偉人とみる、その理由をもう読者はうすうすおわかりだろう。人格円満な人で、よき友、よき市民でもあった。死後三五年を経た今、彼の歩んだ道を公平な目でじっくりとたどる、その機がついに熟したといえよう。

2 ブダペストのお坊っちゃま（一九〇三—一四年）

花の都ブダペスト

史上、天才をいちばん多く輩出したのは、第一次大戦を目前にひかえた経済成長期、ベル・エポック（美しき時代）のころだった。ジョニーの生まれた一九〇三年のブダペスト市がまさしくそうで、科学・文学・美術・音楽、さらには国際ビジネスを仕切る天才をきら星のように送りだした。一都市が生んだ天才の数でブダペストに肩を並べるのは、イタリア・ルネサンス期の都市国家くらいなものだろう。一八六七年から一九一三年までの四六年間、ブダペストはヨーロッパ一の経済成長率を誇り、内にこもりがちの民主主義ではない、のびのびとした金権政治が、街いっぱいに陽気さをかもし出していた。

青きドナウをウィーンから下ってくる音楽とオペレッタの波に乗って、ブダペストは二〇世紀を迎える。工業都市ながら「春にはまだスミレの匂う」この街には、一九〇〇年当時六〇〇軒を数えたカフェ（コーヒーハウス）と輝かしいエリート教育が、知の躍動感をみなぎらせていた。街はドナウが二つに分ける。低地のほうをペストといい、そこではジョニーのような金持ちの利発な子が一〇歳になるまで国際色ゆたかな家庭教師の導きを受け、あとは出来ぐあいと親の資力に応じ、世界でもトップクラスに入る三つ以上の高校のどれかで学ぶ。川向こうは、「絹の衣装をまとった女と、毛皮の帽子で赤い軽騎兵服の伯爵が辻馬車で駆けぬける古戦場、ブダの丘」。そこには「中流の中」より上の人たちが優雅な暮らしを楽しんでいた。

有名高校はたいていキリスト教会の経営だったが、卒業生のうち名をなした学者の大半はユダヤ人だ。なにしろハンガリーのノーベル賞学者六人のうち五人までを、一八七五〜一九〇五年生まれのユダヤ人が占める。当時のハンガリーはなぜこれほど多くの天才を生んだのでしょう？ という質問をノーベル賞受賞者のユージン・ウィグナーにぶつけてみたら、「そのご質問は少し的外れですよ。天才といえるのはただひとり、ジョニー・フォン・ノイマンだけです」という答えが返ってきた。

ウィグナーの私見はさておき、ハンガリー国民は、この時代が天才をがんがん出したと思っている。読者はこれからさまざまな場面で、ジョニーと同時代を生きたハンガリー人の活躍に出合う。彼らは世界じゅうで、ことにアメリカで、数学・医学・工学・理学・音楽・美術・芸能・経済学などありとあらゆる分野をひっくり返していく。ほとんどは、一九世紀後半から二〇世紀初めまでほぼ五〇年間にブダペストの「中流の上」の家に生まれ、三つの高校のどれかで学んだ男たちだ。

天才のうち一〇人は自然科学者になった。ジョニーやウィグナーとちがう分野に進んだのは三人しかいなくて、内耳の仕組みをつきとめたジェルジ・ベケシ、物理も医学もわきまえた生理学者アルベルト・セント゠ジェルジ（ビタミンCの発見で一九三七年ノーベル生理学医学賞）、そしてホログラフィー（立体画像技術）でノーベル賞を得たデニス・ガーボル。残る七人（うち六人がユダヤ人）はことごとく、新生の量子論につながる数理物理学の本流で名をなした。

七人は生年の順に、テオドル・フォン・カールマーン（一八九三年、ミンタ校に入学）、ジェルジ・デ・ヘヴェシ、マイケル・ポランニー、レオ・シラード、ユージン・ウィグナー、ジョニー、そしておしまいがエドワード・テラー（一九一八年、ミンタ校に入学）。

三〇年代、アメリカに移住したテラーは、さっそく誰かから妙な噂話を聞きこむ。あんたたち、アメリカ科学界ののっとりをたくらんで、ほんとはハンガリーじゃなく火星からやってきたんだってね……。すかさずテラーが切り返す、「まずいな、ばれちまったか。さてはフォン・カールマーンさんが言いふらしたんだな」。

ブダペストとニューヨーク

ブダペストが天才を——あるいは火星人を——次々と生んだ秘密は、そのころ同じように繁栄していたニューヨークと三つの点で比べると見えてくる。うち二点でブダペストはニューヨークと瓜二つだった。国に勢いがあって市民が自信たっぷりだったところと、移民を自由に受け入れたところ。だがしかし、残る一点はとてつもなくちがう。ハンガリーには民主主義がなかったのだ。封建主義と能力主義の間で揺れながらも、みごとなエリート教育システムをつくりあげた国、それが当時のハンガリーだった。

まずは市民の自信をみよう。一九〇三年にジョニーが生まれる三五年ほど前から、ブダペストは経済発展がヨーロッパ一の都市だった。全世界を見渡しても、ニューヨーク、シカゴと並んでいちばん発展していた都市だといえる。ニューヨークとシカゴは、一八六五年に南北戦争で勝ちを収めてから自信をつけ、豊穣な大平原をバックに、古ぼけたヨーロッパに追いつき追い越せを進めた。同じくハンガリーも、六七年三月、オーストリア＝ハンガリー二重帝国の成立で自信をつけたあと、やはりあり余る食糧を生む穀倉地帯を基盤に、古ぼけたオーストリアに追いつき追い越せを始める。ハンガリーの自治は、一八六六年のわずか数週間の戦争でオーストリアを軍門に下らせたビスマルクの贈り物にすぎなかったのだけれど、とにもかくにも奇跡は起きた。

一九世紀末の三〇年間、ヨーロッパの国民総生産（GNP）の伸びをくわしく語る資料はあまりないが、ハンガリーの経済発展が抜きん出ていたのはまちがいない。歴史家ジョン・ルカーチの著書『ブダペスト一九〇〇年』を引くと、たとえばハンガリーの鉄道貨物輸送は、一八六六年の三〇〇万トンが九四年には二億七五〇〇万トンと九〇倍の増で、乗客数は一七倍の増。小麦の生産高は一八七〇〜一九〇〇年の三〇年間で二倍以上になった。ほかの穀物の反当収量も家畜数もほぼ倍増し、輸出は三倍にふえている。一八九〇年代のブダペストの製粉業は世界一で、ミネアポリスに抜かれるまで首位を独走した。一八八〇年代、ハンガリーは突如世界一の小麦粉輸出国にのし上がり、輸出先ははるかブラジルまで及んだ。ジョニーが生まれた一九〇三年は、工業化のスピードも世界一。ブダペスト市の工場労働者は、一八九六年の六万三〇〇〇人が、一四年後の一九一〇年には三倍近くの一七万七〇〇〇人にふくれ上がっている。

一八六七年に自治を得たとき、ブダペスト市の人口（二八万人）はヨーロッパ第一七位だった。それが一九〇三年には八〇万人を超して六位に上がり、そのときブダペストをしのいだのはロンドン、パリ、ベルリン、ウィーン、サンクト・ペテルブルクだけ。つまりブダペストは三六年間にローマ、マドリッド、ナポリ、ハンブルク、リスボン、リヴァプール、バーミンガム、マンチェスター、グラスゴー、ブリュッセル、アムステルダムを抜き去ったのだ。一八六六年から一九〇五年までに三倍増した大人口をかかえるブダペストで、ヨーロッパ一きびしい都市計画基準――六階以上の建物は許可されなかった――にもかかわらず、建物の数はその三九年間に倍増している。

ブダペストとニューヨークの最大のちがいは、ハンガリーに民主主義がなかったところ。ジョニーの誕生からほどない一九〇六年の選挙で、選挙権をもつ国民はたった五パーセントしかいない。一八七一年から七二年にかけ、ブダペストは貴族政治から独特の金権政治に変わった。そのころ公布された法律が、市会議員四〇〇人のうち半数の二〇〇人は高額納税者リストの上位から選ぶこと、と定めている。そんな形の金権政治は長続きせず、たちまち昔話になるのがオチ、と思うのがまともな感覚だろう。しかし、民主主義国にいる私たちにはわかりにくいのだけれど、少なくともこの時期のハンガリーでは金権政治が目覚ましい成果を生んだのだ。

番付は年ごとに入れ替わりながらも、愛国主義者と成り金を主体にするブダペストの高額納税者たちは私財を惜しげもなくつぎこみ、ウィーンに負けるものかと、文化的で美しい街の建設に乗り出した。とはいっても、一八七一〜一九一〇年に市政を牛耳っていた人たちは、成り金・皇帝・旅行者のような俗物だけに受けるばかでかいものを好んで、趣味のよい人たちの眉をひそめさせた。ジョニーが生まれたとき、ブダペストには世界最大の議事堂とヨーロッパ最大の証券取引所があった。空き家がちな宮殿などはほうっておかれたらしい。一八九七年、いわば後見人だったドイツのヴィルヘルム（二世）皇帝がブダペスト行幸の折り、たいした繁盛は結構だが銅像が少なすぎるぞ、とひとこと。市はさっそく一〇年かけ、ありとあらゆる広場に銅像を建てまくる。どのみちそうした銅像も、やけにモダンで、金権政治を見守るのにぴったりのものばかりだったけれど。

一八九〇年代、ブダペストのシャンゼリゼ、アンドラーシ通りの地下にヨーロッパ初の電気式地下鉄が開通する（訳注：一八六三年にできたロンドンの地下鉄は、まだ石炭で走っていた）。やがて乗合馬車の廃止で不衛生な馬糞が一掃され、世界に先駆けて路面電車も走る。一九〇三年には、橋脚のない橋では世界最長のエルジェーベト橋がドナウにかかる。オペラハウスは客席数こそウィーンに二〇〇くらい負けたものの、音響効果がずっとよくなるよう科学的にしっかり設計されていた。ナイトクラブと音楽バーを足して二で割ったような「オルフェウム」という店も、知識人のたむろするカフェも、ブダペストにパリのムードをかもし出す。そんな雰囲気を、右に挙げた事実・数字とともにルカーチが活写している。カフェのうちで文人のいちばん集まったのが、その名も「カフェ・ニューヨーク」という店だった（訳注：今も営業中）。店の一隅に陣どって書いたのだろう、ギュラ・クルーディの叙情あふれる文章を紹介しておく。

> 劇場に行けばダンスは絶品。ムショ帰りの奴をさえ、誰もが紳士にみてくれる。医者の治療はよく効くし、弁護士なんかも世界一。どんな小さな部屋だって、ちゃんと風呂までついている。店のおやじは機転がきくし、警官はまともに治安を守る。……街の灯りは朝までギラギラ。街の外れに行きたけりゃ、路面電車に一時間も乗ればいい。女どもは演劇雑誌を隅から隅まで読んでいて……店の売り子は「奥様は世界一の美女ですわ」なんて真顔で言ってくれる。ナイトクラブやカフェの女は政治談義もお

となしく聞く。……ついにこの世とおさらばするときにゃ、葬儀屋の口に三二本の金歯がぴかり。

娼婦さえ「若くてべっぴん、ベルリンくんだりなら王女様」。娼婦は自営もいたし「オルフェウム」にもいたほか、性病検査の行き届いた売春宿もあった。そんな売春宿が、いっときイギリスの下院にスキャンダルを起こす。一九〇七年、ハンガリー政府がイギリスの下院議員ご一行をブダペストにご招待申し上げた。自国の金権政治について色よい報告を書いてもらおうとの魂胆で、ピカ一の売春宿で一夜を過ごしていただいた。払いはハンガリー政府持ちだと信じて疑わない議員が何人か、食い逃げのまま帰ってしまう。頭にきた売春宿の主がそんなお客の名簿を公開した。本国に戻った議員たちを、ぷりぷり怒る奥方たちと、大喜びの新聞記者がお出迎え。

「カフェ・ニューヨーク」にたむろした作家は、政治思想も、ロマン主義に染まって下層階級に同情するところも、左派ディケンズ主義者といったふうな人たちだった。そういうところから、一八六七〜一九一三年当時を、田舎の貴族政治と、首都の金権政治プラス貴族政治が貧民をしいたげた時代、ときめつける人も多い。

しかし、ルカーチの挙げている数字をつらつら見ると、少なくとも首都ブダペストはそうではなかったとわかる。一八六九年から一九〇〇年にかけてブダペストの乳幼児死亡率は半減し、腕利きの医者が掃いて捨てるほどいるウィーンよりも衛生状態がよかった。国民の識字率は、田舎のルーマニア人やルテニア人なら一九一〇年でも三割そこそこだったのに、ブダペスト市にかぎれば九割という高さ。犯罪の発生率も、貧困地区の火災発生率も、病死の率も、一八六七年から一九一三年までの四六年間に、悲惨な東欧のレベルから、ずっとましな西欧の平均レベルに落ちている。労働者の食生活もウィーンを出し抜いていた。第一次大戦の末近く、ウィーンを飢えが見舞ったとき、オーストリア＝ハンガリー帝国内部で食糧をめぐる内紛が起きたほど。ブダペストを一九〇〇年に訪れたある旅行者が、庶民の身なりもたいそうきちんとしていた、と感心している。

ブダペストの問題は、年を追って開きを増す階級間の差だった。一九世紀の末、「中流の中」クラスの家庭は、同レベルの比較でウィーンの二倍、ベルリンの三倍の召使いを抱えていた。一九一〇年当時、三部屋以上のアパートを借りる資力のある家はたいていメイドを雇っている。懐が温かくなれば俗物根性に染まりがちなものだが、ブダペストにはひとつ大きな救いがあった。それがニューヨークとの第二の共通点、いちばん重い共通点だったといえる。

一八七〇〜一九一四年当時、ブダペストとニューヨークは、実力のあるユダヤ人が移り住むのにもってこいの街だった。一八九〇年代、ユダヤ人が実力に見合う収入と地位を得たのは、その二ヶ所を除いて世界中にほとんどない。ブダペストのユダヤ人はたちまち頭角を現し、医者や弁護士のような専門職になったり、商売で成功したりした。ユダヤ人は、一八九〇〜一九一四年の起業革命時代にうってつけの資質をもっていた。その点、いま一九九〇年代に西欧へ押し寄せる東アジアの人たちと似ている。どちらも家族のきずなを大事にし、知的好奇心が旺盛で教育を重んじ、受け入れ国に迷惑をかける政治運動などに走らず、階級の差があまりなく、分をわきまえ、ここ一発に賭ける。今世紀の初め、もう二世三世もできていたブダペストのユダヤ人は、ニューヨークと同じく、洗練され、美術と音楽を好み、そこそこにユーモアがあり、教養が高く、たいていはリベラルな中流階級だった。なかには育児を乳母にまかせきりの裕福な家庭もあった。

そういう恵まれた社会、恵まれた家庭にジョニーは生をうける。

両親の時代

ハンガリーふうに姓・名の順で、ジョニーの父はノイマン・ミクシャ、母は娘時代の名をカン・マルギットという。ハンガリー人の名前は、ほかの国の名前とすぐには対応をつけにくい。「ミクシャ」は英語圏ならマキシミリアンかマックスだけれど、親友は原語の愛称でマキシと呼んだ。「マルギット」は英語だとマーガレットにちがいないが、生家ではギッタと呼ばれ、夫や子供たちはギトゥシュと呼んで、意味はともかく響きは「キティ」に近い。本書では以後、英語圏の慣行どおり名・姓の順で、ジョニーの両親をマックス・ノイマン、マーガレット・カン（旧姓）と呼ぶことにする。ジョニーは、つまりヤーノシュ・ノイマンは、一九〇三年のクリスマスの三日後、この二人の間に誕生した。

父のマックスは一八七〇年に生まれ、八〇年代の末、今のクロアチアとの国境にほど近いペーチの町からブダペストに来た。ペーチはローマ時代にできた小さな町で、先ごろ一九九〇年、同地のサッカーチームが意外にも国内予選をすいすい勝ち上がり、イギリスの強豪マンチェスター・ユナイテッドを迎え撃つことになって、ヨーロッパじゅうのテレビに顔を出した。ほんの一瞬の出来事だったけれど。

マックスは人あたりのいい、ハンガリーで四世代以上続いたユダヤ人だが、ユダヤ教をそれほど重くはみていない。地方のシトー修道会系ギムナジウム（有名高校のひとつ）で古典教育を受け、オーストリア＝ハンガリー二重帝国時代をうまく泳いできた陽気なインテリだった。食事の席では生活やビジネスの話、はては国内外の政治問題を即興の二行詩に仕上げ、シュトラウスやシューベルトの曲に乗せて歌った。ときおりは嫌味たっぷりに、ドイツの軍歌に乗せたりもする。彼の即興詩は、エドワード・リア（訳注：イギリスの滑稽詩人、一八一二～八八）やモンティ・パイソン（訳注：ブラックユーモアで売る英国のコメディグループ。BBCのテレビ番組が有名）さながらの野趣と知性があったという。

マックスは司法試験にかるがるパスし（のち法学博士）、銀行の顧問弁護士として身を立てる。多くの友に恵まれ、そのうちとくに仲良しだったのが同級の若い法学博士、やがて義理の弟になるアウグスト・アルチュティ博士だ。家柄はマックスよりもよく、ブダペストで最高の、だから目の玉が飛び出るほど授業料をとるミンタ校というギムナジウムを卒業する。アルチュティは内気で控えめ、彼がマキシの愛称で呼んだマックスは元気いっぱいの男。ジョニーの物語では、アルチュティの存在がじつに大きい。

そのひとつ。アルチュティは判事を振り出しに、ブダペストの控訴裁判所長にまで上りつめる。いずれは最高裁長官になる男、とまわりの法律家たちはみていた。しかし、のち一九三〇年代、ユダヤ人社会とつき合ったかどで政府ににらまれ、ナチス時代には強制退職の憂き目にあう。共産主義時代には人民の敵とレッテルを貼られて年金もそっくり没収された。見かねた娘（キャサリン・ペドローニ）が嫁ぎ先のアメリカに呼び寄せ、合衆国市民として一九六三年、九二歳で他界する。だから彼はジョニーより長生きし、天才の甥が国際的名声の頂点をきわめるのを目のあたりにした。にもかかわらず、死の間際まで、自分の知っているいちばんの才人はジョニーの父マックスだと言い張り続ける。アルチュティの娘に言わせると、「私たちみんなジョニーが天才だと知ってたし、天才は『頭のいい人』とはちがうから」、ジョニーは勘定の外だったのかもしれない。それはともかくマックスの鬼才は、一八九〇年代、青きドナウのほとりにいた秀才たちに知れ渡っていた。ジョニーは、教育環境に恵まれただけでなく明らかに父の天分も受け継いだのだ。

第二に、アルチュティは高校から大学までの時代、ペストの上流階級の若者仲間に知り合いがたくさんいた。そのうち、ヤーコプ・カンの娘二人にマックスを引き合わせた。陽気なマックスはたちまち年上のおとなしいマーガレット（一八八〇年生まれ）と恋に落ち、やがて結ばれる。もうひとり、リリーの愛称で呼ばれた十代の末娘ヴィルマはアルチュテイに恋し、すねたりじらしたりしたあげくとうとう彼にプロポーズさせる。一九四五年、アルチュテイ夫婦が落ちぶれてアメリカに渡ったあと、娘時代はひどい甘えん坊だったヴィルマが女丈夫に変身を遂げ、夫の晩年をしっかり支えた。「お前みたいに変わり身の鮮やかな女は知らん」がアルチュテイの口癖だったという。

マーガレットとの結婚でマックスはすばらしい人間関係を手に入れる。義父のヤーコプ・カンは、共同経営者ヘラーとブダペストで興した農機具会社がＧＮＰの急伸をさらに上回る成長を遂げ、大富豪になっていた。初めに手がけた挽き臼《うす》が、一八九〇年代に郊外の製粉業が世界一になったこともあって売れに売れる。カン－ヘラー社のもっと大きなヒットが、アメリカのシアーズを見習って始めた通信販売だった。富農をお客にしたカタログ販売でたちまちハンガリー有数の小売業にのし上がる。田舎生まれのマックスは、こうしてユダヤ人資産家の親族になった。

貴族と農奴とユダヤ人

中部ヨーロッパでは、当時でもユダヤ人に生まれると辛い思いをしがちなものだったのに、前にも述べたとおり、ハンガリーだけは別だった。それを、ハンガリーがいちばん自由だったためと思ってはいけない。中部ヨーロッパ諸国のなかでも、ハンガリーは封建制がもっとも長く続いた国だったので。

一九一三年の統計で、ハンガリー国土の半分は、六〇ヘクタール以上もつ大地主のものだった。大地主は二種類いて、ひとつは誇り高いほんものの貴族、そしてもうひとつが、称号は捨てながらもあの手この手で父祖の土地にしがみつく「もと貴族」の郷紳《きょうしん》（ジェントリー）だ。「もと貴族」は「サンダルをはいた貴族」とも呼ばれ、プライドを捨てきれないところから、自分たちにふさわしいと思った国家公務員の職に殺到する。まあ「サンダルをはいた貴族」というのは上品にすぎる訳語だろう。というのも、原語のボチコロシュ（bocs-koros）は、足をボロ布で包み紐で縛っただけの、サンダルも買えない昔の貧農のことだから。

一八四八年の革命まで、ハンガリー国民の大部分は土地に縛りつけられた農奴だった。革命で自由市民になったものの、たいていはその意識も薄く、とくに地方では相変わらず金持ちの地主にぺこぺこしていた。貴族たちは、サンダルをはいていようといまいと、兵役の義務は果たしても税金はほとんど払わずにすむ。だが一八六七年のオーストリア゠ハンガリー二重帝国成立後の近代化にとっては、産業を興してくれる実業家とか、医者・法律家・バレエ振付師などのような実入りのいい職業について税金を払ってくれる市民が、なによりも必要だった。

当時ユダヤ人の数はまだ少なく、勢力も小さかった。ハンガリーに入りこむユダヤ人はしがない商人がせいぜいで、貴族に脅威を感じさせることもなく、農民たちの敵にまわることもない、空気のような存在だった。しかし一九世紀も過ぎゆくにつれ、ユダヤ人は貴族階級の同盟者になっていく。地方住民のほとんどはハンガリー語（マジャール語）が母語ではなく、クロアチア人、ルーマニア人、ルテニア人、セルビア人、スロヴァキア人を自称していた。中部平原は別にして、彼らはハンガリーの主要民族マジャール人の文化を受け入れたがらず、ことあるごとにたてついた。いっぽう都市のユダヤ人は、マジャール文化を進んで受け入れ、不平をならす気質もない。だから一八六七年に内政の自由を得たとき、ユダヤ人はそれなりの見返りを得ることになる。そのひとつとしてさっそく翌年、ユダヤ人を締め出していた法律が廃止された（一九一九年まで廃止のまま）。これで一八八〇～九〇年代に、ニューヨークと同様、ユダヤ人移入の波が生まれる。

二〇世紀初頭、マックス・ノイマンの故郷ペーチは、ハンガリーに移住するユダヤ人の通り道にあたり、ユダヤ人が人口の四割を数えた。公務員のどんどんふえるブダペスト市も、ユダヤ人が人口の四分の一以上を占める。ハンガリーの総人口（一九〇〇万余）のうちユダヤ人は五パーセントにすぎなかったが、それは地方にユダヤ人がほとんどいなかったからだ。都市部ではユダヤ人が「中流の中」から上をどんどん占めるようになる。「中流の中」は、貴族が脅威を感じない、農民もことさらに憧れない階級だった。

ユダヤ人の活躍

一九一〇年の時点でブダペストの医師・法律家・銀行家は、しめて六割がユダヤ人だった。政治家や公務員になろうとしたユダヤ人は少ない。民主政治ではないし、公務員は「サンダルをはいた貴族」が独占していたからだ。そのかわりユダヤ人は美術・文学・音楽・映画の分野を独占し、だからブダペストは「ユダペスト」とからかわれたりもする。世界の、とりわけアメリカの音楽と映画を変えたのはそんなハンガリー人だといっても過言ではない。シカゴ交響楽団のフリッツ・ライナーとゲオルグ・ショルティ、フィラデルフィア交響楽団のユージン・オーマンディ、クリーヴランド管弦楽団のジョージ・セル、ダラス交響楽団のアンタール・ドラーティ……みんなブダペストのせまい社会から出た人たちだ。

アメリカ英語の「ムーヴィー（映画）」さえ、マジャール語の「モージー（mozi）＝映画館」が語源らしい。ブダペストの映画ブームを火種にして、一九一三〜四三年にアメリカへどっと押し寄せたハンガリー人がハリウッドを生む。のち四三〜五三年にハンガリー人がつくった水爆だってこれほどの破壊力はなかった、と皮肉る人もいる。映画スターのうち、ザ・ザ・ガーボルやポール・ルーカスがハンガリー出身だと知る人はいても、ヴィルマ・バーンキとかラースロー・スタイナー、まして、どこから見てもイギリス紳士のレスリー・ハワードもそうだと知る人は少ない。スクリーンの外でも、初期のハリウッドを仕切ったフォックスとズーカー、プロデューサー兼プロダクション経営者のコルダ、名作「カサブランカ」の監督カーチスがいる。ほかに多くの脚本家も、ブダペストのモージーや「カフェ・ニューヨーク」をたまり場にしていた映画好きの人たちだった。若いころ二行詩を歌うのを得意としたのちの銀行家マックス・ノイマンもそんな人たちとつき合いがあり、映画や劇場経営に融資している。

一九一〇〜三〇年代のブダペストでもうひとつ花を咲かせたのが、自然科学と数学だ。どちらもユダヤ人が非凡な才能を活かして縦横無尽の活躍をした。そういう人たちは、人間の感性を問題にする世界ではなく、合理的・統計的な数値に接しやすい環境にあった。アインシュタインが自然科学を、「あなたがた」や「われわれ」から「それ」への逃避、と哀惜の念を込めつつ形容している。ブダペストにいたジョニーと同年輩のユダヤ人から著名な数学者や科学者がひきもきらずに出たのはなぜか、さまざまな推測が行われてきた。共通点は、えり抜きの両親をもったおかげだといえる。一八九〇年代にニューヨークではなくブダペストを目指した親たちだ。

一八七〇〜一九一〇年の時期、彼らがエリス島（連邦移民事務所の所在地）経由のニューヨークでなくブダペストを選んだのにはわけがある。ブダペストはニューヨークのイーストサイドよりずっと洗練されていた。ブダペストには世界屈指の高校があったけれどニューヨークにはない。ブダペストならすぐ召使いを雇えるのに、ニューヨークではまず無理な相談。ブダペストには晩餐会の文化があった。また、ブダペストに入るには長い船旅もいらない。そんなわけでユダヤ人は、帝政ロシアのゲットー（ユダヤ人居住区）や虐殺から逃れ、帝国ドイツやドレフュス事件当時のフランスで甘んじていた格の低い市民権から自由になろうと、われがちに移動を始める。

一八九〇年代には、アメリカ航路は高嶺の花でもなくなっていた。船賃がぐんぐん下がり始めたからだ。もっとも、それは安いクラスにかぎってのこと（訳注：このときの値下げ競争は、エコノミークラスは下げてもビジネスクラスは下げない、今どきの航空運賃によく似ている）。ハンブルク―ニューヨーク航路のダンピング競争で三等船室の料金は一八九〇年の二〇ドルから一〇ドルまで下がっても、上のクラスは据え置きだったし、タイタニック号のような沈みそうもない（訳注：といいながら一九一二年の処女航海で氷山に激突して沈没）豪華船ではとりわけそうだった。だから三等船室にしか手の届かないユダヤ人はニューヨークを、金持ちはブダペストを目指すパターンが生まれ、そして理想の高校教育制度と相まって天才たちの世代を生みだした。

幸せなユダヤ人

ジョニーのユダヤ出自を強調しすぎてはいけない。ユダヤ人だということは、生涯もち続けたユーモア感覚を別にして、彼にはさほどの意味をもたなかったからだ。彼の娘は十代になるまで自分がユダヤ系だとは知らなかった。なるほどジョニーは一九三〇年に結婚したときカトリックに改宗したが、娘が知らなかった理由はそれだけではない。中産階級になっていく家庭によくあるとおり、ノイマン家も、ジョニー誕生のころでさえ、宗教にきびしくはなかった。ジョニーと二人の弟は一三歳になって月並みに成人の儀式（バル・ミツバ）を祝ったものの、幼時に宗教を押しつけられてはいない。ヤーコプ・カン夫妻も、娘や孫たちにユダヤの伝統を押しつけはしなかった。ヤーコプはせいぜい年に一度ユダヤ教会に顔を出すくらいだし、妻は贖罪《しょくざい》の日（ヨーム・キップール）に断食をしても翌日はけろり、一家揃ってケーキを食べ、こってりした泡立てクリーム入りのココアを楽しんだ。なにしろ娘四人のうち二人までをキリスト教徒に嫁がせている。

おじいちゃんやおばあちゃんのやってたこともやめたのに、なぜうちはまだユダヤ人を名乗るの、と息子にきかれたマックスの答えは、「しきたりさ」。アルチュティ家は早々とキリスト教にくら替えしている。アルチュティの娘に言わせると、一九一〇年ごろ「マックスおじさんは賢いから、ヒトラーみたいなのが出てくるともうわかってたみたい」なのだが、それでもユダヤ教を捨てていない。ユダヤ人排斥の嵐が吹き荒れそうになったとき、自分たちのようにしっかりした人間が踏みとどまれば仲間は絶対に元気が出るんだよ、とアルチュティに語っている。そんなノイマン家も一九二九年、マックスの他界を機にそろってキリスト教に改宗した。

ジョニーはよく同僚の数学者をユダヤ式ジョークの餌食にした。プリンストン時代、ある非ユダヤ人の仕事を評してスタン（スタニスラウ）・ウラムに「なんと異教徒がこの定理を証明しちまった」と言ったらしい。こんな仕事はウラムや自分のようなユダヤ人がやるべきだった、という意味だろうけど、信者の言葉というよりはユダヤ人ウラムとの連帯意識の現れだろう。かといって、あくまでも論理学者だったジョニーは、並の論理学者ならどっちつかずですますところ、神の問題さえきちんと考えて白黒をつけずにはおれない。ただしそれは、晩年を迎えてからのことだが。早すぎる最期と向き合ったとき、「たぶん神はいる。いるほうが、いないよりも、いろんなことが説明しやすいから」と母親にもらしている（15章）。数学界の先頭を駆け抜けた最高の頭脳も、死に臨んでやっと宗教に本気で心を向けたらしい。

話を誕生のころに戻す。幼いジョニーをとりまく環境は、同時代の中部ヨーロッパに生まれたユダヤ人の子供たちと比べても群を抜いて恵まれていた。当然のようにいい教育を受け、大学に進み、どんな仕事も思いのままに選べた。反ユダヤ主義から逃れきるわけにはいかなかったが、ほかのユダヤ人のように残酷きわまりない人種差別に押しつぶされて心を病むこともない。科学や数学など、業績を正当に評価する分野にどっぷりつかりながら人生を歩み、しかもその方面に抜群の才能があった。銀のスプーンをくわえて生まれ、望みどおりのものを口にできたお坊っちゃま、それがジョニーだったのだ。

一九〇三年から一三年まで、マックスとマーガレット・ノイマンは、これ以上は望めない一〇年間を最初の息子に与えた。歴史の恵みに加えて、自分たちがどれほど価値のある贈り物をしたのか、すぐにはわからなかったにせよ。

ジョニーが生まれたころ

カン-ヘラー社は当時、ヴァーチ通り六二番地にそびえるビルの一階をほぼそっくり占めていた。この通りは、第二次大戦の幕が下りた一九四五年、ハンガリー・ナチスに殺されたレジスタンスの英雄にちなんでバーイチ・ジリンスキー通りと名を改めて今に至る。ジョニーの子供時代はいっとき、第一次大戦の盟友ドイツの皇帝に敬意を表してカイザー・ヴィルヘルム通りとも呼ばれた。ブダペスト都心からヴァーツ市に向かう大通りで、両側には四階建て五階建てのがっしりしたビルが立ち並んでいた。たいていは一階が事務所、上がアパートで、通りには商業の活気がみなぎっていた。一画は「中級の上」クラスの住宅地でもあり、マックスとマーガレットのような若夫婦が自分たちの稼ぎだけで住むにはとうてい手の届かないところだった。ヤーコプ・カンはもう一八九〇年代からかなりの資産家で、超高級住宅街の公園にあった貴族の旧邸を買ったりもできたのだが、自分のように仕事で稼ぐユダヤ人には分不相応と考えてヴァーチ通りに落ちついた。だからジョニーは、二二年後のマーガレット・サッチャー（一九七九〜九〇年の英国首相）と同じく、店の上のアパートで大きくなった。商業の活気は子育てにうってつけの環境だった。

ヴァーチ通りの半ブロックを占める大きなビル、その一階がカン－ヘラー社の売り場で、上の三階分がカン家とヘラー家の住まい。のちにヘラー家はビルの二階をそっくり占拠し、カン氏の後妻（一九一四年没）にだいぶいやな顔をされる。ヘラー家の親戚だった先妻の存命中はカン家も広い面積を占拠していたが、先妻が亡くなるとカン氏は娘四人と後妻を引き連れ、アパートの上の二フロアに移った。

カン家の四人の娘は次々と嫁ぎ、みな同じビルを新居にする。新婚のノイマン夫婦とアルチュティ夫婦が引っ越してきたとき、長女はモルナール姓、次女はアールドル姓になり同じ屋根の下で暮らしていた。カン氏は近所にもビルを買って大勢の親類を間借りさせていたが、一家の核はあくまでも「六二番地」だった。やがてジョニー、マイケル（原語ミハーイ）、ニコラス（原語ミクローシュ）が生まれると、ノイマン家は最上階の、風呂場なども入れて一八部屋の広々としたアパートを占める。アールドル家も同じ階で、娘の生まれたアルチュティ家はモルナール家と一緒にその下。ヤーコプ・カンは気の向くまま四つの家にしじゅう出入りした。親友どうしが姉・妹と結ばれてできたノイマン家とアルチュティ家はさすがに仲がよく、お互いひとつ家のように行き来した。

そういう温かい「家庭集合体」の中で一九〇三年にジョニー、四年後にマイケル、そのまた四年後にニコラスが生まれ、育っていく。一九〇五年ごろマックスは、銀行業にとどまらず首都の社交界でもめきめき頭角を現していた。ゆくゆくは銀行をやめて仲間と会社を興し、実業家の道に入るつもりでいた。のみならず彼は生まれつき偉大な教育家でもあった。

家庭教師たち

『弟のみたジョン・フォン・ノイマン』という洞察あふれる本で、末弟ニコラスは「父は精神生活を重んじた」と評価する。そんなマックスの姿勢は、家庭教師を選ぶときも、食卓での過ごしかたにもよく表れている。ノイマン家の昼食と夕食は活発な討論の場でもあった。いろんな学問や時事の問題がもち出され、マーガレットも子供たちも、マックスの機転に満ちたひとことやエドワード・リアばりの即興詩を堪能した。

当時のヨーロッパで「中流の上」クラスの家には、子守りと、住み込みや通いの家庭教師が欠かせない。就学年齢が一〇歳のハンガリーではとりわけそうだった。カン氏の孫たちに、ジョニーのまたいとこたちも加わって、ヴァーチ通りのビルは教育施設の趣を帯びてくる。子供たちはまず何はさておき外国語をたたき込まれた。ハンガリー語しか話せない若者は、情勢がだんだん悪くなっていく中部ヨーロッパで成功するのはおぼつかないし、そもそも生き残れない、というのがマックスの信条だったから。

ジョニーの最初の子守りは愛称を「ツィバカーザのマリー」という。ツィバカーザは彼女の出た村の名だ。このマリーのほか、カン家には子供たちが尊敬と親しみをこめてマリーおばちゃんと呼ぶ年寄りの召使いもいたから、区別するための呼び名だった。ツィバカーザのマリーの次は、ブレスラウ（ブロツラフ）生まれの若いマルテ・オットーが来て、ドイツ語を教えながらやさしく子供たちの面倒をみた。マルテはこの家がすっかり気に入り、妹のヘレーネも呼び寄せて手伝いにした。のちマルテもレーネ（ヘレーネの愛称）もアメリカに移住して、ノイマン家、アルチュティ家と親しくつき合う。姉妹はのち一九五〇年代、解放後の西ドイツに戻って永眠する。

「ティティおばちゃん」と呼ばれたオーギュスティン・グロジャン嬢は、ジョニーが六歳のときフランス語教師に雇われた。教養ある女性で、アルチュティもむかし六歳のときから教わっている。イタリア語の先生はプーリア夫人。英語はトンプソン氏とブライス氏で、授業にはマックスも加わった（のち第一次大戦のさなか、勾留されかかった二人を助ける）。戦争が始まると、フランス語の先生をどこから連れてくるかが問題になった。アールドドル家の発案で、ドイツ帝国に（一九一九年まで）併合されたアルザスのフランス人なら敵じゃないから大丈夫、ということになる。しかし、かえってやっかいな問題を背負いこんでしまう。雇ったアルザス人の女家庭教師はがちがちの愛国主義者で、ドイツ人の家庭教師とは口をきこうともしない。ドイツふうにツリーや贈り物でにぎやかに祝うノイマン家のクリスマスにも白い目を向ける。こうしていろんな先生が、ジョニーが学校に上がる一九一四年まで入れ替わり立ち替わり雇われた。数学の手はどきも家庭教師から受けている。

一九一〇年ごろのマックスは口髭をたくわえた色黒の陽気な紳士で、いつも水玉模様の蝶ネクタイできめていた（ちなみにカン氏は黒のネクタイ、アルチュティは黒と白のネクタイが好み）。背が低いこともあって太りだしたのをずいぶん気にかけ（二〇年後のジョニーは父親よりはるかに太めだったけれど、気にもしなかった）、運動しようと一念発起（ジョニーは絶対にしなかった）、「六二番地」にフェンシングの先生をお呼びする。家具を片付け道場に衣替えした大広間で、元気なマックスと子供たちがひとりずつ、先生に突き・受けの指導を受ける。このときプロフェッサーと呼ばれた先生が、まるで上達の気配もないジョニーにサジを投げ、あるいはそのせいか後年ジョニーは「プロフェッサー」と呼ばれるのを徹頭徹尾いやがった。

音楽の先生もジョニーには手こずった。まずピアノがだめ、チェロは輪をかけてひどく、いつまでたってもドレミファばかり、両親もがっくりと肩を落とす。あとでわかったが、レッスンの最中、ジョニーは譜面台に数学か歴史の本をこっそり忍ばせ、指をおざなりに動かしながら読みふけっていたのだ。その癖は死ぬまで直らず、長じては車を運転しながら本に熱中した。だがニコラスはこう弁護する。兄は音痴だったわけじゃない。ノイマン家に音楽嫌いはいなかった。マックスが得意の歌を披露するとジョニーはいつも調子を合わせたし、いかにもオーストリア゠ハンガリー人らしく、しじゅうオペラのさわりを口ずさんだりもした……。たしかにジョニーはプリンストンでも音楽はよく楽しんだ。ときには調子に乗って、アインシュタインが仕事をしている隣でドイツ軍歌のレコードをがんがんかけ、ひんしゅくを買ったこともある。ドイツの軍歌は、皮肉屋の父親を偲んでかけたのかもしれない。

ラテン語とギリシャ語

父はジョニーにあと二つ、のちのコンピュータ設計にぴったり役立つ知識も植えつけた。ラテン語とギリシャ語だ。オーストリア゠ハンガリー時代のハイカラ紳士マックスは、音楽と詩と銀行業を楽しむかたわら、古代ギリシャ・ローマの言語・文芸・歴史も趣味のうち。のちのプリンストン時代、ジョニーは同僚に、六歳から昼食のとき父親と古典ギリシャ語でおしゃべりして家族を煙にまいたんだよ、と得意げに語っている（そんな覚えはない、と家族は口を揃えるのだけれど）。

当時のハンガリーでラテン語は、一流の高校（ギムナジウム）なら最重要教科だった。毎日一時間、月曜から土曜までびっしり、八年の間じゅうたたき込まれた。一四歳からはギリシャ語も必修になる。ラテン語の教授法は何世紀もの伝統があったから、地方高校もブダペストの有名校に負けず劣らずいい授業をした。それにひきかえ物理のように——数学もいくぶん似ているが——日進月歩の科目ではそうもいかず、地方と都会の格差は広がるばかり。だから地方高校の秀才たちは、ラテン語とギリシャ語こそが重要科目とみがちだった。マックスもそのひとりで、ラテン語は言語の規範だと信じ、現代語のだらしなさを嘆いている。この父の見かたをジョニーが受け継いだのは幸いだった。いずれ彼が生むコンピュータの言語は、人類が五万年間につくりだした言語のなかで、数学を別にすれば普遍性のもっとも高いものなのだから。

ラテン語は、数学の公理さながらに、合理性をとことん凝縮した言語——そのことを、マックスの同世代人で子供のころラテン語に手を焼いたウィンストン・チャーチル卿（一八七四〜一九六五）の自伝が語る。十代のハロウ校時代、グラッドストン（父親の政敵）はホメロスを原語で読むのが趣味だと誰かに聞いて、あのボンクラじいさんならお似合いだね、なんて感想をもらしたのだが、あとでこう反省している。

英語はそれなりに気のきいた言葉で、短い単語をつなぎにして主要単語どうしの関連をつける。だが厳格を好む古代ローマ人は、そんなやりかたは手ぬるいとみた。ある単語の姿を、前後に置かれた単語に応じてこまめに変えるルールをつくり上げ、どんな状況も表現できるようにすべきだと考えた。これで、英語などより耳にも目にもはるかによく訴えかける言葉が生まれた。単語たちは文章の中で、磨き上げた機械部品どうしのようにぴたりとはまり合い、フレーズにぐんと重みが出る。幼いころからたたきこむのはたいへんだったろうが、それをしたからこそローマ人は、そしてギリシャ人も、死後の名声をかちえ、哲学の祖、文学の祖となった。人生や愛・戦争・運命・礼儀などに思いをはせて生んだあまたの標語もエピグラム（警句）も、こうしたふさわしい言語だったからこそ永遠に長らえ、彼らの名声を不死にもしたのだ。こんなことは学校で誰も教えてくれなかった。大人になってから自分で考えてやっとわかった。

マックスもジョニーも、ドイツの学者ふうに、「単語の姿を、前後に置かれた単語に応じてこまめに変えるルールをつくり上げ、どんな状況も表現できるようにすべき」と考えるたちだった。歴史はくり返すというのか、これは今の情報化時代にもぴったり当てはまる。「ラテン語なんか習ってどうするの？」——そんな質問を子供は（大人も）よく投げるけれど、「ものごとをきちんと考えるようになって、コンピュータなんかの発明に役立つんだよ」と答えればいい。

ジョニーには母方の祖父ヤーコプ・カンもかけがえのない教師だった。水色の目をしてあごひげを生やし、小柄な体に背広かベルベットの上着をきこみ、金時計を金鎖で下げていた。娘の家四軒を訪れたときはきまってまず子供部屋へ入る。クラシック音楽のレコードをかけながら子供たちとよく話しこんだ。ジョニーは祖父のもうひとつの特技にも心を奪われる。商業高校を出てすぐ実業界に入ったヤーコプは神業めいた計算能力があり、大きな桁数の足し算、六桁七桁のかけ算を暗算でやってのけた。六歳のジョニーは鉛筆と紙でうんうん言いながら計算しては、おじいちゃんの計算あってたよ、と嬉しそうに言うのだった。のちにジョニーの暗算力も知れ渡るが、ヤーコプの暗算力にはとてもかなわないと自分自身わかっていた。楽しさあまりの誇張も少しはあったにせよ、ジョニーがこんな思い出話をするときはとても幸せそうだったという。

そういう環境のもとでジョニーは、ギリシャ語やシューベルトまで組みこんだ多言語の多彩な勉強を、とりたてて苦労せずに身につけていく。それだけではない。まだ一〇歳にならないというのに、大人さえ縁遠い領域に足を踏み入れていた。数字というものが、計算などよりずっと奥深いのに気づいたのだ。奇数や偶数、素数、平方数などは、それ自体におもしろい性質がある。おもしろさは2＋2＝4の比じゃない。こうしてジョニーはだんだん数の世界のとりこになり、それを察して父のマックスが、数学に強い家庭教師を雇い入れる。けっして押しつけがましくはなく、だが十分な目配りのもと、父は息子の将来の道を用意してくれたのだ。

父母の助け

マックスよりは肩の力を抜きながら、母のマーガレットも息子の成長を助けた。家事の切りもりを楽しみ、夫ほどの厳格さはなく、芸術が趣味、やせぎすで、のちへビースモーカーになるが「エレガンス」をひたすら追い求める女性だった（＊エレガンス」は、数学者になってからのジョニーが、水爆設計のようなきれいな計算に向けた最高の讃辞）。息子たちの世話をやいたり守ったりを何よりも楽しんだ。いちばん手のかかる子をいちばん愛してくれた、とマイケルが懐かしそうに回想する。あまり手のかからなかったジョニーも、きびしい父より母がずっと好きだった。マックスも他界してブダペスト暮らしが苦しくなったころ、ちょうど第二次大戦の直前、ジョニーがアメリカに呼び寄せる。ジョニーの出世をその目で見守り、悲しいことに、健康をむしばまれていく姿もじっと見守った。息を引きとったのは、ジョニーの命があといくばくもないとわかった一九五六年夏のこと。母親にしてみれば、息子に先立たれるよりはよかっただろう。

一九〇三～一四年当時のジョニーを覚えている人はもう少ない。学校に上がってジョニーは終生の友を何人かつくり、学校時代の彼を知る人もまだ少しなら生きている。とはいえ就学前の幼なじみは、履歴を思えばしかたもないが、世界に飛び出してからのジョニーの心にはあまり残っていない。ヴァーチ通りはユダヤ人が多く、幼なじみは四十代にホロコーストで次々と無念の死を遂げた。学校時代のジョニーを覚えている人は、あの子は仲間の輪から少し離れたところにいた、と思い起こす。頭の回りがよすぎて、みんなと一緒に遊びたがるふうではなかった。なんだかぼくらをじっと見つめているようで気味悪いところもあった、と言う人もいる。三つ子の魂百まで、といったところだろうか。成人後は、友達はそこそこの数いても、人間関係を切りぬけるのは(家庭内でも)苦手で、仕事をてきぱき進めたのとは裏腹にどことなくぎこちなかった。

ジョニーが乳離れしてほどなく数学好きになったのは確かだが、それだけではない。身近なものを手当たりしだいに理解しようとした。母親がぼんやりしているのを見て「何を計算してるの?」ときいたのが六歳のとき。八歳のころは歴史にのめり込み、本をすらすら読めるようになると歴史の本を欲しがった。息子の才能を見抜いた父親は喜んでさっそく本を買い与える。

マックスも本の虫だった。あるとき仕事でケーニヒという資産家と知り合う。ケーニヒ氏は失明して、蔵書を手放したいんだがとマックスにもちかける。その白眉がドイツの名高い歴史家ウィルヘルム・オンケンの『世界史』全四四巻だった。マックスは「六二番地」の一室に天井まで届く本棚をしつらえ、家族のほかの蔵書と一緒に『世界史』を収めた。「ケーニヒ図書館」と名づけられたその部屋が、家族の読書室になり、勉強部屋にもなる。

弟のマイケルによると、ジョニーは『世界史』を隅から隅まで読み進んだ。マイケルが読み始めたころ、ジョニーのつけた付箋《ふせん》が全巻にびっしり残っていたという。それどころか中身もしっかり頭に入れ、何十年か後、一章まるまる一言一句たがえずにそらんじて友人を驚かせている。歴史好きは死ぬまで変わらず、読み続け、覚え続けた。二六歳で渡米したとき、南北戦争にかけてはアメリカ人も顔負けの知識をもっていた。暇を見つけてさっそく古戦場に足を運び、本で得た知識を肉づけしてもいる。一九二〇年代～五〇年代、政治問題で言い争いになりそうな場面では、政治の一寸先が闇だと教えてくれる紀元前五〇〇年のエピソードをもちだして、険悪な空気をやわらげたという。

夕食の席でジョニーは『世界史』など、読んだ本のミニ講義をした。内容のおざなりな紹介ですますこともあったが、自分の意見もたびたびつけ加える。たとえばこんな調子。オオトカゲは、しっぽのつけ根に中枢神経が集中しているから巨大なしっぽを振れるんじゃないか？　目の網膜と写真フィルムの差にも気づいている。網膜にできた像の情報は視神経に入り、いったん水晶体のほうへ進んでからバックして脳に向かうけど、フィルムでは情報の流れが一方通行だ。また、目は情報をマルチチャンネル・二次元でとりこむのに、耳に入る音の情報はシングルチャンネル・一次元だという事実に首をひねった。内耳の蝸《か》牛管《ぎゅうかん》は、周波数の変化ではなく、入ってきた音の波形をまるごと、あるいは少なくとも周波数以外の何かをとらえているんじゃなかろうか？……　中枢神経の作動原理と、機械やオートマトン（自動機械）の作動原理のちがいは、ジョニーが一生を通じて関心をもち続けるテーマになる。

食事どきのセミナー

食事どきのセミナーが絶頂を迎えるのは、ジョニーが一〇歳で学校に上がってからのこと（次章）。とくにここで紹介しておく理由は、父マックスの「セミナー」が、幼児期から息子たちの成長にかけがえのない役割を果たしたからだ。現代の家庭にはもうほとんど見かけないそういう教育環境が、末弟ニコラスの回想録『弟のみたジョン・フォン・ノイマン』に活写してある。テレビも通勤電車もないころは、家族全員が顔を合わせ、たっぷり時間をかけて昼食や夕食をとった。昼食がすむと父親は職場に戻るけれど、子供たちは学校に戻らなくていい。ハンガリーの学校は、午後はスポーツか個人授業か自習だった。夜にはまた家族全員が集まってゆっくりと夕食を楽しむ。

マックスは、自分も含めて家族めいめいがその日に見聞きしたことのうち、おもしろいと思ったテーマを発表させ、分析と討論をさせた。たとえばニコラスが「ケーニヒ図書館」で読んだハインリッヒ・ハイネの詩について話したあとは、反ユダヤ主義が自分たちの将来にどれくらい影を落としそうかの分析になる。マーガレットの十八番《おはこ》、息子たちもお気に入りだったのが、おじいさんのカンが貧困から身を起こし、毎日「不可能を可能にし」ながら会社を築いた立志伝だった。他人が不可能とみる数学の問題にジョニーが生涯とり組んだ原動力もこのへんから芽生えたのでは、というのがニコラスの（たぶん図星の）感想だ。

ある日ニコラスは、ちょっとした不調がもしなければタイタニック号も沈没しなかった、という調査報告を紹介した。そういう「もし……なら」の仮定を嫌うジョニーはこう口をはさむ。そんなふうに思っていいなら、反対に、別のちょっとした不調が重なって事故はもっと悲惨な姿になったかもしれないじゃないか……。また別の折り次弟のマイケルが、新築の橋は「以後五年間に一度も落ちない」安全率を見込んでつくる、という構造工学の先生の話をおもしろおかしく紹介したりした。ジョニーはいつか経費の話をもち出して、安全率を五とか一〇に上げる際の問題を論じ、統計論にのっとってほぼ一〇〇パーセント安全にするのはたやすいけれど経費がかかりすぎるから誰もやろうとはしないだけ、と結論している。

しかしジョニーの十八番は、なんといっても得意な科学の話。最初の何分間かはものをいちばん知らない聞き手に合わせてゆっくり話し、全員のレベルが低すぎるとみるやたくみに話題を切りかえた。また、わからないことは素直に「わからない」と言った。賢い長男は、弟が同席しているときは、難問にぶち当たっても悔しいから正直に告白したりはしないものだけれど、家庭の温かい雰囲気が正直に言わせたのだ。ジョニーは事実いろんな問題に困っていた。ハンガリーでも日本でも赤ん坊はだいたい同じくらい時間がたつと母国語を話せるようになる。だとすれば頭の中に「言語のもと」といったものがありそうだが、それはいったい何なのか? 自転車が走る原理は恐ろしく複雑なのに、論理も理性もつかわず無意識のうちに乗れるようになるのはどうしてだろう? トーキー映画の音声は、画面に見えないマイクからスピーカーを通って出てくるのに、俳優の口から出ているように見えるのはなぜだろう?……

座をもり上げるところではジョニーもいい線をいったけれど、主役はやっぱりマックスだった、と、よく同席したアルチュティの感想が残る。マックスはその日にやった銀行の仕事を説明し、この融資をどう思うか、赤字になるリスクはどれくらいと思うか、なんて幼い息子たちにきく。そんな対話から、融資に値する事業を助ける社会的責任と、株主や社員を食べさせていく責任を秤にかけることの大切さを教えたのだ。どの仕事をどの社員に任せたか説明したあと、「お父さんはどれくらいの裁量権を残しておけばよかったんだろうね?」などときいたりもした。

融資先のベンチャー企業の商品見本をもち帰ることもあり、たまたま融資先のひとつが「ハンガリー・ジャカード織物会社」だった。ナポレオン治世のフランスで一八〇五年、ジョゼフ＝マリー・ジャカードが、模様の形に孔を開けたカードをつかう織機を発明していた。鉤針《かぎばり》(フック)がカードの下から孔を通り抜け、色糸をひっかけてから下に戻り、シャトル（杼《ひ》）の動きも同期して望みの模様が織り上がる。英国の短気な天才チャールズ・バベッジ（一七九二〜一八七一）はその織機にいたく心を動かされ、「人間の思いつくどんなデザインも織り上げる」と日記に書いた。このときバベッジの頭に、倉庫《ストア》（記憶装置）と製粉機《ミル》（処理装置）をもつ解析機械がつくれる、とひらめいたのだ（12章）。まず「倉庫」に入れた変数を、「フック」をつかって一群の「カード」に通し、「望みの計算が望みの順序で進むようにすれば、どんな数式も計算できるぞ」。「フック」の動力には蒸気機関をつかえばいい……。

ジャカード織機の会社に父親が融資したおかげで、ジョニーはそんな話を一〇歳になるやならずのころ昼食の場で学んだ。さらには銀行の仕事にロマンを見るようにもなる。おおかたの現代科学者とちがって、ジョニーは幼いころから自分の仕事を社会貢献の目で見るくせをつけたから、仕事が他のやりかたよりコストが低いかどうかいつも気にする人間になったのだ。

マックスは、ドイツやイギリスの取引先と家でする会食、今ふうにいえばビジネスランチやビジネスディナーにも息子たちを同席させた。話題はそのときどきでちがったが、中部ヨーロッパが第一次大戦に向けてだんだんきな臭くなるのをわかっていたマックスは政治談義は避け、知的な話題にかぎるよう心がけた。ミュンヘンの会計士やマンチェスターの製粉会社社長、マルセイユの船主、ウィーンの劇場主がやってくる。豪華な食事ではなかったから客も気楽だったけれど、別の面でちょっと悩まされた。ジョニーがお客に「宇宙でいま新しいことは何？」などとしきりに質問し回ったからだ。「さあ、私は宇宙から来たわけじゃないからね」なんて答えをもらうと、ジョニーはがっかりしたという。

地元ブダペストの人々もよくお客にきた。マックスが引き寄せた上客ばかりで、外国人客のようにがっかりさせられることは少なかった。常連客のひとり、アルチュティの妹と結婚していたシャーンドル・フェレンツィは、ジグムント・フロイトの弟子でも五本の指に入る精神分析医だった（ジョニーは後年、コンピュータと脳の関係に熱中したとき、フロイト的すぎると批判された。幼いころ「抑制」のことなどを考えぬいたせいだろう）。ほかに、物理学者のルドルフ・オルトヴァイ、ブダペスト大学数学科のリポート・フェイエール教授もお客だった。マックスはお客にジョニーを自慢するでもなく、ジョニーの興味をそそりそうな話をお客から引き出すのがうまかった。とりわけ、学者とはちがう芸術畑の客だと気楽なもの。マックスが融資したことのあるハンガリーの劇場チェーンの関係者が来たときなどは初日から話がはずんで、ウィーンのマックス・ラインハルトの実力はどうか、劇作家フェレンツ・モルナールの芝居はどうかと、きらきらした会話がくり広げられた（ちなみにモルナールの作品は一九二〇年代、何本か同時にブロードウェイにかかる）。同席した息子たちは、劇場経営者や銀行が喜ばない芸術というのはどういうものかも認識するようになった。「舞台っていうのは、空想と現実の架け橋だね」なんて大人びたものの言いかたをするジョニーは、劇作家や監督のなかにそれをわかっていない人がいるのを見抜いていたのだろう。

貴族になる

一九一〇年を過ぎると、夕食に並ぶ顔ぶれがいっそう豪華さを増す。まだ若いマックスがブダペストの大実力者にのし上がったからだ。カールマーン・セール大臣の特別顧問として、躍進する経済の問題を政府に助言する立場についていた。その功績で一九一三年、四三歳のマックスは貴族に叙せられ、子孫ともどもドイツ語ならフォン・ノイマン（von Neumann）と名乗るのを許された。オーストリア゠ハンガリー帝国の後期には、大物銀行家や企業家が続々と貴族の称号をもらい、ユダヤ人にかぎっても一九〇〇～一四年の間に二二〇人が貴族となっている（一九世紀の一〇〇年間でも一〇〇人そこそこだったのに）。たいていの人は、民族の臭いを消す願ってもないチャンスだと姓も変えたが、マックスはわざと改姓はしなかった。ヨーロッパ人の称号なんてたいがい政治献金で買ったものさ、と冷笑するアメリカ人がいる。マックスはちがうけれど、それはともかくヨーロッパ人の目から見れば、そんなアメリカ人の意見は俗物根性の裏返しにすぎない。合衆国の政権政党にどかんと寄付をして、どこかの国の大使になった金持ちがごろごろいるじゃないか。官職を金で売って社会に害毒をまき散らすのに比べれば、名前に敬称をつけさせるくらいかわいいものだろう……。まあどんな雑音があろうと、ジョニーは「フォン」を気に入っていた。店で買い物をするときにみんなの目が集まるからだ。しかし二人の弟は渡米後、まわりの目をずいぶん気にした。末弟ニコラスは「フォン」を重くは見ず、スペルを続けたうえ末尾のn一個も落として姓をフォンノイマン（Vonneuman）に変えている。また次弟のマイケルは「フォン」をつかいたがらず、故国でもアメリカでもマイケル・ノイマンで通した。

マックスが貴族になった経緯には、愛情物語がひとつ秘められている。「フォン・ノイマン」はドイツふうの表記にすぎない。ハンガリーで貴族になると、伝統に従い、国内にある町の名を姓の前につける。マックスが選んだ町はマルギータ（今はルーマニア領）で、だから貴族名がマルギータイ・ノイマン・ミクシャ（英語にするとマックス・ノイマン・オヴ・マルギータ）になる。ジョニーはチューリヒにいたとき、自分の名前マルギータイ・ノイマン・ヤーノシュをそのままドイツ語にしてヨハン・ノイマン・フォン・マルギータと名乗り、夫を亡くして間もないころのマーガレットも公の席でマキシミリアン・ノイマン・フォン・マルギータ博士夫人と名乗っている。だが「マルギータの町」は、マックスには縁もゆかりもなかった。生まれ故郷ペーチの町の象徴だったマルギッタという名の古城も関係はない。マックスは、妻の名前マルギットにそっくりだからとマルギータの町を選んだ。新貴族は家紋もつくらなければいけない。ありふれた獅子の紋章などに興味はないマックスは、野に咲く三本のマーガレットを家紋に決める。マックスはたいへんな愛妻家だったのだ。

ブダペストの都心から数マイルの郊外に、マックスの栄華の跡が残る。家族がそのころ夏を過ごした二軒の家で、自動車時代の幕開きまではカントリー・ホームとか別荘（ヴィラ）とか呼ばれていた。一軒は広い庭に二つの建物を配したカン家のもの。そしてもう一軒が、急な坂道を上った丘の中腹に立つ、ずっと優美なマックスのカントリー・ホーム。みごとな石造りの階段を一〇メートルほど上ると、マーガレットの家紋をはめこんだ豪奢な玄関にたどり着く。玄関をくぐったすぐの両側は窓が三つずつの柱間になっていて、窓の上のほうに雄鶏と猫、ウサギが浮き彫りにしてある。三匹の動物は、マックスが三人の息子につけたあだ名だった。鶏がときをつくるようにいつも騒々しいジョニーが雄鶏、マイケルは顔つきがなんとなく似ているから猫、そして末っ子のニコラスは甘えん坊だからウサギだというわけ。

二軒からほど近い別荘で夏を過ごしていたケヴェシ家に、マリエットという娘がいた。やがて家ぐるみの交際が始まり、二〇年ほど後の一九三〇年、マリエットはジョニーの妻になる。その結婚が破局を迎えるとジョニーはブダペストに戻ってまた幼なじみの女性と結婚する。幸せだった子供時代のハンガリーを、彼はいつまでも心に抱き続けた。

ノイマン家の子供たちの遊び場だった別荘はいまブダペスト郊外の子供たちの遊び場、

レクレーション施設になっている。玄関の家紋と、浮き彫りになった動物の由来を知る人はもういない。近所の人たちが知っているのは、だいぶ昔に金持ちの銀行家が建てたという噂だけ。そんな時のうつろいを、マックスならラテン語のうまい常套句でも借りて言い表しただろうに。

姓がフォン・ノイマンとなったばかりの一九一三年、ジョニーは入学の準備をしていた。一〇歳になるやならずやの少年はもうどこから見ても学者の卵だった。まわりがそう見るのにはもちろん理由があった。学校に上がれば同級生と競争が始まる。その手始めの競争が、ノイマン・ヤーンチの天才ぶりをまざまざと見せつけたのだ。

3　ギムナジウム時代（一九一四―二一年）

ギムナジウム

ジョニーはいずれ大学に進む、とまわりはみんな思っていた。それにはまずgymnasiumに行く。gymnasiumを英語ふうに読んで、体育館に行ってどうした？　と首をひねる人もいようが、中部ヨーロッパではギムナジウムと読む。

ギムナジウムは古代ギリシャに発する言葉で、若者たちを裸にしてスポーツをさせる、あるいは競技の練習をさせる施設をいう（それが英語圏の「体育館」につながる）。二〇〇〇年後のドイツ人はこの言葉を借りて、大学を目指す生徒に高度な勉強をさせる学校をギムナジウムと名づけた。もちろん生徒にはちゃんと服を着させてだが。ドイツにはすばらしいギムナジウムが多く、その秘密は学校間の競争にある。各校は地元でとびきり賢い子供を入学させようと競い、有名大学の入試によい点をとらせようとしのぎを削る。実績をつくれば、未来の（授業料を払ってくれる）親たちが、賢い息子を（たまには娘も）ぜひ母校に入れたいと思うはずだから。

オーストリア゠ハンガリー二重帝国を始めとするヨーロッパのドイツ語圏や、ドイツの教育制度を採り入れた国々ではエリート校をギムナジウムと呼び、ほかの諸国は自国語の呼び名をつけた。フランスではリセという名になる。イギリスは少々ややこしくて、おもに公費でまかなう学校をグラマー・スクール、かたや私費が主体の学校を、真逆に聞こえるパブリック・スクールと名づけた。近代の日本は、ギムナジウムの制度を行きすぎたほどの形でまね、行きすぎたほど目覚ましい成果を上げた。日本で一二歳から一八歳の子供が通う学校は中学校・高等学校という。見た目は誰でも入れるアメリカのハイスクールのようでも実態はまるでちがう。

ギムナジウム制度の欠点は、一〇歳や一一歳で子供の進路を二通りのどちらかに決めてしまい、その後はまず変更がきかないところ。大学に行きたい生徒は特別な学校に入り、そうでない子供はふつうの学校に入る。かつてはアメリカも似たやりかたをしていたが、機会均等を旗印にする国とは相性が悪い。

ギムナジウム制度のいい点は、最高の学校なら子供の能力をぎりぎりまで伸ばす教育をするところ。民主主義国の高校にはめったにないきびしい知の鍛錬をやり、有名校だと教師の社会的地位もすこぶる高い。研究に格別の才能はないが教育には抜群の腕をもつ学者や科学者なら、一生を高校教師のまま過ごしても引け目を感じることはない。ブダペストのミンタ校やイギリスのウインチェスター・カレッジで実力派の教師なら、六〇歳の定年を迎えるとき、自分が育てた超有名人が国中にひしめいていることになる。

史上いちばん民主的なギムナジウム制度は第二次大戦後の日本で花開いた、という見かたもある。当初の歩みはのろかったが、一八歳の生徒の九割を世界でもっとも賢くする教育制度をつくりあげた。日本の中学と高校は、生徒がのんびり楽しめる場所とはいえないにしても、とにかくおそろしく効率がいい。

エリート養成用のギムナジウム制度で古今東西いちばんの実績を上げたのは、おおかたの読者には意外だろうが、一八九〇〜一九三〇年代のハンガリーだ。出来のよくない九割の子供たちには冷たかったとはいえ、残る一割をほんもののエリートに仕立てあげたのだから。

戦後の日本と戦前のハンガリーがともに成功を収めた秘密は、熾烈なトップ争いにある。今の日本では、生徒をたくさん東大に入れた高校はテレビに校名が出る。親たちは地元でどこがいちばんの進学校か、また、勉強が苦手で進学しない子なら、その子がブルーカラーとして地元の大企業に入りやすい高校はどこか、ことこまかに知っている。日本の学校は何か強みがないとつぶれてしまう。だからこそ、欧米に比べて学校数も少なく、一クラス四〇人もの詰めこみ教育をしながら、ほぼ例外なく高いレベルを保つ。いい高校に入れたい一心で東京の親は子供をさらに塾や予備校での競争に送りだす。

戦後の日本で花開いたこの学校教育は、むろん意識して似せたはずはないが、大不況の前に繁栄したブダペスト中産階級の意気をぴたりと映し出す。一九一四年から二一年までの八年間ジョニーが通ったギムナジウムは、一クラスに四八人の生徒がひしめいていた。日本の子供は高校に入るのに塾に通い、ジョニーの場合は家庭教師に鍛えられた。戦後の日本は、にっくきアメリカを見返そうという国家主義に燃えて教育改革を進め、一八九〇年以後のハンガリーも、にっくきオーストリアを見返してやろうという国家主義で教育改革を進めた。

日本は数学のように結果がはっきり見える学科にやや力を入れすぎる気味があって、一八歳の高校生は、上位一パーセントを除けばアメリカの同い年の高校生より数学ができる。第一次大戦が始まるころのブダペストも似ていた。日本では、大学入試の結果が高校のランクを決める。ハンガリーでは、飛びぬけた生徒はヨーロッパじゅうの大学へ散ったから、単純なランクづけはできない。そのかわりハンガリーでは数学と物理の競争試験が毎年あり、母校の名誉を担って賢い生徒が一番を争った。その競争試験は、一八九〇年からブダペスト大学の改革を率いたエトヴェシュ男爵父子の名をとって「エトヴェシュ数学賞・物理学賞」と呼ばれた。エトヴェシュ賞をもらったジョニーは後年、ほかの国も（アメリカなら州ごとに）そんな賞を設けたらどうかと提案している。

当時のハンガリーは、戦後の日本と二つの面でちがう。子供たちが一〇歳から一八歳までギムナジウムの一貫教育を受けたところと、有名ギムナジウムはたいてい宗教団体が創設・運営したところ。もっとも宗教面の差別は思いのほか少なかった。ユダヤ人のジョニーが一九一四年から二一年まで通ったギムナジウムは通称ルーテル校、正式名は「アウグスト信仰の福音学校」という優雅な名前だった。「アウグスト」は、マルチン・ルーテル（ルター）が所属したアウグスチノ修道会の名にちなむ。学籍簿を見ると、ジョニーが卒業した一九二一年、在籍者しめて六五三人のうち半数を超す三四〇人までがユダヤ人だった。ルーテル派の子供は一九八人だけで、プロテスタント他派の子供が五四人、ローマ・カトリック派の子供が六一人いる。第一次大戦が終わる一八年まで、授業料だけを宗派ごとに変えていた。ルーテル派がいちばん安くて次がカトリック、そして金持ちのユダヤ人がいちばん高かった。

一九一九年ごろからユダヤ人に向けた別の規制が社会に忍び寄る。ノイマン家の子供たちはユダヤ人で通しながらも、学校ではラビ（ユダヤ教の導師）とキリスト教聖職者の両方から宗教教育を受けることになる。父マックスは子供たち自身に宗教を選ばせたかった。キリスト教に改宗するほうが得だと考えたユダヤ人はずいぶん多い。ルーテル校の二一年の学籍簿でユダヤ人は五二パーセントだが、たぶん七〇パーセント以上はユダヤ教とユダヤ文化で育った。

一八九〇～一九三〇年のハンガリーの教育がみごとな成功を収めたおもな理由は、こうした数字にある。オーストリア＝ハンガリー二重帝国の成立（一八六七年）以降、ハンガリー政府はユダヤ人の中産階級をどしどし登用した。支配階級のマジャール人が、国民の大半を占める非マジャール系の農民を見くびっていたからだ。優秀で教育熱心なユダヤ人がヨーロッパの各地からブダペストに集結する。ロシアの草原、ビスマルク治世のドイツ、ドレフュス事件当時のフランスから、もちろんハンガリーの片田舎からも、教養があって上昇志向の強いユダヤ人が続々と集まり、自分たちに手の届かなかった高等教育を息子に授けようとした――娘の教育に熱心な親は少なかったけれど。ユダヤ人がどっと押し寄せた一八九〇年代は、ハンガリーの貴族も聖職者も、優秀な学者や教養人をウィーンよりひとりでも多くつくろうと燃えていた時代だ。こうして、きわめて優秀な集団が、きわめて優秀な教育システムになだれこんでいく。

世代の近い仲間たち

ジョニーが就学年齢に届いた一九一四年、ブダペストにはノイマン家にふさわしい高度なギムナジウムが三つあった。どこも授業料は高かったが、銀行家の息子に学資の額は問題ではない。どこに入っても、賢い少年ならヨーロッパ中の望みの大学にらくらく行ける学力がつく。

三校でいちばんの有名校がミンタ校だった（「ミンタ」はモデル＝規範の意味）。三〇年ほど前、モール・フォン・カールマーン博士というユダヤ人貴族がつくった学校だ。博士はギムナジウムのあるべき姿や経営についてしっかりした理念をもち、規律と厳格さをことのほか重視した。ミンタ校の教育がどんなものだったかを、博士の息子の一生が語りつくす。息子のテオドル・フォン・カールマーン（一八八一〜一九六三）は、アメリカにもっとも早く移住したハンガリー人科学者で、流体力学の先駆者として長らくカリフォルニア工科大学で研究を続け、みごとな成果を上げた。研究顧問業の発明者、とけなす向きもあるにせよ。

一九一四年当時、ミンタ校よりわずかに格下だったのがルーテル校。創設はミンタ校より古いものの、ミンタ校を文字どおり「モデル」に整備が進められた。フォン・カールマーン博士は、そうやってギムナジウム全体を改革しようとしたのだった。

三番手をレアール校という。「レアール（Reál）」は、「時代に合わせた」や「実用的な」を意味する。ブダペストにいくつかあったレアール校では、ラテン語はあまりやらず、ギリシャ語はもっと少なく、そのかわり現代外国語や製図などの実用科目を重視した。ジョニーの祖父ヤーコプ・カンが通った商業高校もそんな学校のひとつ。一四年当時、レアール校のうち一校が抜群の実績を誇り、世評ではミンタ校やルーテル校と肩を並べていた。古典的ではなく技術系の大学、アメリカならさしずめ（ハーヴァード大学やスタンフォード大学ではなく）マサチューセッツ工科大学やカリフォルニア工科大学に卒業生を送りこむ学校だった。

父のマックスはジョニーにルーテル校を選んだ。マックス自身が重んじるラテン語やギリシャ語もみっちり教えたからだ。まわりの目はともかく、マックスはジョニーの数学の才能を絶対視してはいなかった。ジョニーは歴史も好きだったし外国語もよくできたから、九歳や一〇歳で別の道を閉ざしてしまいたくはない。息子には古典中心の人文教育を授けよう。……となればミンタ校かルーテル校のどちらかになるが、叔父のアルチュティがミンタ校に待ったをかける。ミンタ校出身のアルチュティは、母校が実験的・進歩的にすぎ、教科書の選びかたも場当たり的なところに不満を感じていたのだ。こうしてジョニーの学校が決まった。

ジョニーがルーテル校に入った一九一四年、ブダペストのギムナジウムは教育成果の絶頂期にあった。そのことが、いずれアメリカでもてはやされる神話につながる。ブダペストの同じ地区に生まれ、同じ学校に通って抜群の科学者になり、同じころ渡米した四人の若いユダヤ系ハンガリー人が、他人の手をほとんど借りることなく原爆をつくった、という神話だ。

ご多分にもれずその神話も真実からはやや遠い。年格好の似た四人のハンガリー人がアメリカの原爆開発に大活躍したのは事実だとしても、ブダペストにまるで縁のない科学者もずいぶん活躍したのだから。

ハンガリー四人組の最年長がレオ・シラードで、一九〇八年レアール校に入り、一六年に出た。ジョニーに言わせると、最初は目立たなくてもいつの間にやら先頭を切っているブダペストっ子の典型だという。シラードはレアール校を卒業したとたんに徴兵され、フランツ・ヨーゼフ皇帝率いるオーストリア＝ハンガリー軍で、いかにも似合わない騎兵士官になった。あるとき病気の届けを出して休んだら、自分の部隊が前線で全滅してしまう。その一件を、シラードらしい抜け目なさだと評する向きもあるけれど、実のところ、なにか妙な出来事には真っ先に顔を出すのが彼、という逸話のひとつにすぎない。けっして仮病ではなく、しかも歴史に残る病気だった。たぶんスペイン風邪の第一号患者で、その猛威は三年後、ヨーロッパで数百万人の命を奪うのだから。

リチャード・ローズ著『原子爆弾の誕生』の冒頭に登場するのもシラードだ。大恐慌のさなかの一九三三年、ロンドンのサウサンプトン・ローで道を横切ろうと歩道から一歩を踏み出した。ローズの格調高い表現を引こう。「目の前に時がはじけて、未来の顔がほの見えた。世界の終焉《しゅうえん》、われらが苦悩、やがて来るべきものの姿……」。道を横切るシラードの心にこんな着想が浮かぶ。一個の中性子を吸収して原子が壊れ、そのとき二個の中性子が出る——そんな原子が見つかれば、中性子は二個から四個、八個……とネズミ算式にふえ、「莫大なエネルギーが出て、たぶん爆弾になる」。シラードは他人が思いつく前にその着想を特許にしたいとすぐ英国海軍に申し出た。第二次大戦中、ヒトラーやロスアラモスに向かって、おい待て、世界をぶっ飛ばすと俺の特許の侵害だよ、と言いたがったという証拠はないけれど、とにかく他人より先に特許をとるのが大好きだった。

シラードは四三〜四五年、アメリカの原爆開発プロジェクト（マンハッタン計画）に加わった。計画の責任者レズリー・グローヴス准将は賢明にもシラードの採用に猛反対する。准将はシラードを「どんな雇い主でも即刻クビにしたくなる厄介者」とみた。あるときシラードの挙動をあやしんだ准将は、ひょっとすると奴はナチのユダヤ人スパイじゃないか、それなら牢屋にぶちこんでやろうと行動を起こす。シラードの尾行にあたったＦＢＩ捜査員は、意外や意外、心ここにあらずのシラードがやる失敗ばかり見て腹のよじれる時間を過ごす。ローズの本にはそのくだりが活写されている。ウィグナーは同書をこんなふうに評した。「過小評価されがちなレオ・シラードの業績を著者はしっかり理解しているが、そのあまりちょっと過大評価に及んでいるところがなかなかに印象深い」。ウィグナーの判断が外れたことはめったにない。その彼が、ロスアラモスでいちばんの切れ者だったのはジョニーだとみていた。

ウィグナーは四人組のうち二番目に年長で、ジョニーの前年、一三年にジョニーと同じルーテル校に入った。渡米後はプリンストン高等研究所とテネシー州のオークリッジ研究所に勤め、原子爆弾のもとになった複雑な物質の合成法で理論上の貢献をする。六三年にはノーベル物理学賞をとった。

年齢で三番目のジョニーのあと、一八年にミンタ校入学、二六年に卒業したエドワード・テラーがもっとも若い。アメリカに水爆を、そして強い対外姿勢をもたせた立役者が彼だった。気のいい人たちの神経を逆なでする性格は玉にきずだったけれど。その反対にジョニーは、こちこちの石頭が雷を落としたときでさえ丸くおさめる特技があった。

四人は、似た環境に生まれ育ち、とびきりの頭でとびきりの仕事を残したところはそっくりでも、性格のほうは四者四様だった。一九九二年にもプリンストンにいたウィグナーは(訳注：一九九五年没)、照れ屋で痛々しいくらい控えめ、たいそうもの静かな人だ。テラーはしじゅう争いの種をまき、感情に走りやすくて外向的、人の目を引きたがる性格。シラードは情熱屋で、ひねくれていて人をこきつかいたがり、まわりの怒りを買う才能が天下一品だった。ジョニーは三人の誰ともちがう。終始一貫、何を考えているときも、次の瞬間をいちばん実りあるものにしようと心がけていた。

恩師の導き

ルーテル校は、それを生んだ教会の隣に今もある。ハンガリーの共産党支配が終わった一九八九年に学校として復活した。さっそく発注されたジョニーとウィグナーの肖像画が講堂に飾ってある。共産党政権の時代は教育省が接収して教育研究所につかい、ルービック・キューブの発明者ルービック博士がいっとき勤めていた。共産党時代でさえ、ジョニーがいたころの数学教師ラースロー・ラーツを讃える大きな銘板が、一階から二階に上がる階段の踊り場に飾ってあった。

委細をつくすその銘板の記事よりもずっとよくラーツ先生を覚えている生徒が少なくともひとりいる。ウィグナーだ。一九七〇年代の末、つまり卒業して六〇年もたったころ、来客が「ラーツ先生を覚えてます?」ときいて、「ここにいますよ」とウィグナーが指差す先の壁にはラーツの肖像画があった。八九年に筆者が面談したときも、ウィグナーはラーツの名前を六回は口にした。また六三年、ストックホルムのノーベル賞受賞講演では、子供のころ影響を受けた人としてラーツとジョニーの名を挙げている。

ラーツ校長は、研究面の業績に見るべきものはないけれど、ブダペスト大学の教官にも名の売れた優秀な数学者だった。ルーテル校では体育も担当した。アメリカなら逆に、数学も教えるフットボールのコーチはいるだろうけれど。

ウィグナーの回想――ラーツ先生はジョニーの数学の才能をたちまち見抜いた。知っているはずのないことまで知っていたのだ。そこですかさず手を打つ。父親のマックスを訪れてこんなふうに勧めた。私どもの教育がいかに優れていても、ご子息にふつうの数学だけ教えるのはもったいないし、犯罪だと申してもよろしいでしょう。もしご異議がなければ、私自身の責任でご子息がもっと高度な数学を学べるようとり計らいます。だからといってほかの学科に障りが出るようなことはいたしません。ヤーンチには本校の授業はみんな受けてもらいますので。

マックスは二つ返事で承知した。そんな成り行きを期待していたのかもしれない。ラーツはジョニーをブダペスト大学の名だたる数学者に引き合わせた。そのひとりヨージェフ・キュルシャーク教授が、別の大学のガブリエル・セゲー講師にこう手紙を書く。ルーテル校に才能抜群の生徒がいます。わが国の英才教育の伝統にのっとって、その子に大学レベルの授業をしてやってくれませんか?

セゲー自身は、とりたてて目を引く逸話は書き残していない。週に一、二度ノイマン家に通い、お茶をしながらヤーンチと集合論や観測理論を語り合って問題をいくつか解かせる、といったくらいだという。だが実際はそんなものではなかったらしい。若き天才に会った最初の日、帰宅した夫の目に涙が浮かんでいたとセゲー夫人が思い起こす。ためしに出した問題をなんともみごとに解いたからだった。このときジョニーが答えを書いた父親の銀行の便箋が、いまブダペストのフォン・ノイマン資料館に保存してある。

のちセゲーは二〇世紀ハンガリー人数学者の上位六人に入る業績を上げた。三三年、ケーニヒスベルク大学の教授だった彼はナチに追われてアメリカに渡り、スタンフォード大学に勤める。セゲーが主任教授になってから、それまで無名だったスタンフォードの数学科は世界のトップレベルに躍り出る。四〇年、スタンフォード大学はハンガリーから数学者のジェルジ・ポーヤ（ジョージ・ポリア）も呼び寄せた。シリコンヴァレー物語の一部はそこに始まる。

初め一九一五年から一年ほどセゲーだけがジョニーの家庭教師をし、以後はブダペスト大学の俊才数学者たちが個人教授を受けもった。ジョニーはキュルシャークと知り合い、大数学者アルフレート・ハールとも少し交流し、世界に名だたるフリゲシュ・リースとも一瞬だけ出会ったが、いちばんよく接したのはミヒャエル・フェケテとリポート・フェイエールだという。ハンガリー語でフェケテは「黒」、フェイエールは「白」だというのがおもしろい。ユダヤ人に生まれ、そのときの名はレオポルト・ヴァイス（ヴァイスはドイツ語の「白」）だったフェイエールが教授候補に上がったとき、反ユダヤ主義者でキリスト教徒の教授が、教授会で冷ややかにこう質問した。「この候補者は、うちの神学部のイグナチウス・フェイエール神父と何か縁でもありますかな？」。すかさずエトヴェシュ学長が切り返す。「そう、私生児だよ」。エトヴェシュはそんな話にケリをつけるのがうまかった。

高校を出るまでにジョニーはブダペスト大学のたいていの数学者から同僚なみに扱われていた。一七歳のときにはもう初めての論文を書く。フェケテと共著で、テーマはそこいらの一七歳が夢中になりそうにもない「ある種の最小多項式の零点と超越直径の問題について」。以前フェイエールが提出していた、チェビシェフ多項式の根の位置に関する定理の一般化がテーマだった。論文は一九二二年、ドイツ数学会雑誌に「ある最小多項式の零点の位置について」の題で掲載される。一七歳の少年に触発されてか、フェケテは以後も長らくその問題にとり組んだ。

ラーツ先生は約束を守り、ジョニーが数学以外の科目もちゃんと勉強するよう目を配った。ラテン語、ギリシャ語、歴史はもちろん、数学の授業もみんなと一緒に受けさせる。ジョニーはおとなしくラーツに従い、大学でやっていた問題を後回しにしてもやさしい代数の授業を受けた。授業を心から楽しんだばかりか、そこから何かしら学ぼうと真剣な顔だった、と同窓生のウィリアム・フェルナーが思い出す。もっとも、ジョニーが数学の授業で学ぼうとしたのは授業の内容そのものではない。内容ならギムナジウムに入る前にぜんぶ知っていたのだから。

竹馬の友、ウィグナーとフェルナー

学校仲間のうち、ジョニーが生涯つき合った友が二人いる。ルーテル校の一級上でノーベル賞受賞者のウィグナーと、一級下でチューリヒのスイス連邦工科大学（ＥＴＨ《エーテーハー》）時代をともに過ごしたフェルナーだ。フェルナーはＥＴＨのあとベルリンで経済学の学位をとり、ブダペストに戻って事業を始める。一九三八年、ご承知の事情でアメリカに逃れ、カリフォルニア大学バークレー校を経てイェール大学の経済学教授になり、学問上のみごとな業績を上げたほか、フォード大統領の経済諮問委員会（ＣＥＡ）委員を務めた。その前任者（ニクソン大統領時代）がなんとジョニーの娘、三五年生まれだからはるかに若いマ

リーナ・フォン・ノイマン・ホイットマン教授。歴史の偶然というか、はたまた賢者の世界は狭いというのか。フェルナーは以後も政府の要職にあり、他界した八三年に研究員をしていたワシントンのアメリカ事業経営研究所は、レーガン、ブッシュ両政権が自由経済路線に立ち戻る牽引車になった組織だ。

ウィグナーもフェルナーも学校時代からジョニーとのつきあいが長い。フェルナーがブダペストで製造企業の共同経営者だったころ、ジョニーは夏ごとに帰省して彼に会った。ウィグナーも今なお、親友の情愛と、数学・物理学などに多彩な活躍をした大学者へのかぎりない尊敬を込めてジョニーを語る。ノーベル賞を得た六三年、量子力学史料館の求めで科学哲学者トマス・クーンのインタビューに応じたウィグナーは、「記憶力はいいんでしょうね」と尋ねるクーンに「フォン・ノイマンほどではありません」と答え、先立ったジョニーに劣等感をもっているようにさえ見えた。「どんなに賢い人間も、フォン・ノイマンと育ったのでは気後れするんだろう」というのがクーンの感想。

ウィグナーに劣らず、フェルナーもジョニーに愛情と驚嘆の目を向け続けた。スタン・ウラムと一緒にジョニーの未成年時代を調べたスティーヴン・ホワイトは、フェルナーとウィグナーから思い出話を聞いている（未発表。**3章注記**）。本書の初めの部分の多くはホワイトによっている。学校時代を要約するとだいたい次のようになる。

学校時代、ジョニーはみんなに好かれようと懸命だった。友達より上だというそぶりを見せたりはしなかったけれど、ウィグナーもフェルナーも、ほかの仲間も、ジョニーがみんなとちがうのを知っていた。一二歳のころには二人のはるか先を歩いていたが、それをおくびにも出さない。天狗にはまったくならなかった、自分の知の世界にこもって同級生を無視したこともない、とフェルナーとウィグナーが異口同音に言っている。

けれど、大好きな同級生と気楽につき合おうとしても、思うようにはいかない。内気でもやきもち焼きでもないけれど、遊びの輪に入るよりは遊びを外から眺めているたちだった。まだ後年ほど太ってはいなかったのに、運動は何をやらせてもだめ。少なくともその面でラーツ先生は失敗した。なぞなぞや心理ゲームやパズルなど、体をつかわないゲームには夢中になったが、ほかの子の出番がなくなってしまう。長じてからと同じで、ものごとをきっぱり断定し、答えをずばりと言ってしまう性格だった。嫌われはしなかったものの、人気者でもない。とにかくジョニーはほかの子とちがっていた。どんなにがんばっても、みんなと同じにはなれなかった。

ウィグナーが十代前半を振り返って話してくれた逸話のひとつが、ジョニーの人となりをよく語る。あるときウィグナーは、ある数論の定理に夢中になった。数論はおもしろい半面、難解しごくなところも多い。ウィグナーはジョニーにその定理の話をした。一つ下のジョニーがもう数論を知っていたのには驚かなかった。「でも、証明はできるかい？」とウィグナー。証明にはほかの定理をつかうのがいいと思うけど、君はこれこれの定理を知ってる？　とジョニー。うん、知ってる。じゃあこれこれの定理は？　知らないな。……問答の末、ウィグナーは数論の定理をかなり知っているけど知らない定理もある、とわかった。そこでジョニーはほんの少し考えこみ、ウィグナーの知っていた補助定理だけをつかってくだんの定理を証明してみせた。不器用な証明だったが、その気になればウィグナーにもできたはずだった。

ジョニーが問題を考えるときの集中ぶりはすごかった、とウィグナーが回想する。部屋の隅に行って壁と壁の合わせ目をじっと見つめ、なにやらぶつぶつ言いながら身じろぎもしない。数分経過。ジョニーはまだ振り返らず、心の中で対話を続ける。ついに振り返るのは答えが出たときで、たいてい、ふつうは思いつかないような解きかただった。

紙も鉛筆もつかわずに五桁のかけ算を暗算でやる見せ物を見たよ、とウィグナーがジョニーに話したことがある。ぼくのおじいさんも暗算が得意だけど、ぼくはやったことない、とジョニー。でもやってみようか。そこでウィグナーが適当な数を選ぶ。自分は紙と鉛筆でふつうに計算し、ジョニーは例によって部屋の隅に行く。やっかいな計算だった。ジョニーは何分かぶつぶつ言ったあげく、振り向いて答えを言った。ウィグナーはにっこりする。すごいじゃないか、感心したよ。で、合ってたの？　とジョニー。いいや。じゃ、なぜすごいなんて言うんだよ？　ウィグナーはあわてずにこう言った。だって、ほとんど合ってたからさ。

というわけだから、ジョニーは暗算の天才だったわけではない。数学者はみんなかけ算や割り算の天才だと世間は思いがちだけれど、そんな人ばかりではない。心を病んでいながら、超一流の数学者よりずっと暗算のうまい人もいる。ジョニーは、ほかの問題と同じくらい暗算にも興味をもっただけ。あれこれくふうの末、数学の定数をいくつも覚えて代数の公式をつかえば途方もない計算ができるとわかり、それを実行したのだ。だからジョニーのやりかたは、カンおじいさんとはまるでちがう。ただし欠点もあった。複雑なものごともジョニーには複雑とはみえないため、やさしい問題でも、ふつうの人にはひどく複雑に見える回り道をつかったりするところだ。ある講義の最中、黒板に式を書いていたジョニーの手がふと止まる。ううむ、とジョニー。この証明は三通り知っているけど、まずいことに四つめを始めてしまった。

今どきの数学者には、奇妙な形を重視して考えを進める人が多い。ジョニーの発明したコンピュータをつかって、どんどん妙な形を生み出す(訳注：フラクタル理論などを指す)。だがジョニー自身はそんなやりかたを好まない。整った数式にもちこめない数学は、厳密さも論理性も忘れてあらぬ方向に進みやすいと信じていた。そんな考えを、のちにウラムがこう鋭く分析している。

　集合論がらみの話をするときでさえ、フォン・ノイマンは形式にこだわりがちだった。たいていの数学者は、そんな問題に伴う抽象的な観念や変換を、図形のイメージとか、触感といってもいいくらいのイメージにまず替える。つまり心の中に直観的な枠組みをつくる。それにひきかえフォン・ノイマンは、形式からいっさい外れずに演繹を順々に進めていくふうだった。そういう一本気なやりかたで新しい定理や証明を生む直観力を備えた数学者はめったにいない。ポアンカレのように、数学者を視覚的直観の人と聴覚的直観の人に分けるなら、たぶんジョニーはあとのタイプだ。聴覚的といっても、むろんすぐれて抽象的な直観だろう。あるいはこう言っていいのかもしれない。数学記号の集まりをつかってするゲームの形式的な姿が一方にあり、もう一方にその意味を解釈する営みがある。フォン・ノイマンの直観は、両者が渾然一体になったような直観だ、と。現実のチェス盤を思い描くだけのレベルと、コマの動きを代数表現で心に思い描くレベル――そのちがいに似ているだろう。

そんなはたらきの頭脳がジョニーの業績を生んだ、と思いながら本書をお読みになれば、話もたぶんわかりやすくなる。純粋数学の新しい分野を生んで、アメリカがスターリンを封じこめるにはどうすればいいかはじき出すときも、心の中に置いたチェス盤の上でルールにのっとった手順に従い、超高速の演算を進めていったのだ。

そういうやりかたは、嫌う人がいる半面、別の人には自信につながったりもする。ジョニーが生涯の友にした人はみな、彼の才能にひれ伏しながらも媚びたり妬んだりはせず、陽気に冗談を飛ばす人たちだった。そんな雰囲気だと、自分にも友達にも自信がついてくる。ギムナジウム時代のジョニーも、長じてからほどではないにしろ、小さいながら自信をもっていた。ラーツ先生を始め、ブダペスト大学の数学者たち、ウィグナーのような賢い同窓生……たくさんのすばらしい頭脳に囲まれた日々の中で、ジョニーは少しずつ目に見えて自信を深めていく。

ラーツは、自力で歩み始める前だったジョニー少年をしっかりと導いた。成人前のジョニーにとって、道を踏み外すのはたやすいことだったろう。神童といわれながら道を踏み外す数学者は多いし、ジョニーのようにいつもまわりから好かれるわけでもない。ジョニーは堅実な家庭に育ち、父親のすばらしいお客と夕食を共にする幸運にも恵まれた。それでも実社会に巣立つまでは、しっかりした導き手が必要だった。ギムナジウム時代にはラーツ先生がその役目を果たしている。

大学でどんな勉強をしていようとも、ギムナジウムでジョニーはあくまでふつうの生徒として扱われた(もちろん首席だったが)。ルーテル校には、杓子定規というほどではないにしろ最低限ともいえないかなりきびしい校則があって、ジョニーもそれに従わなければいけない。今に残る成績簿を見ると、「優」がずらりと並ぶ中に例外が三つある。習字・体育・音楽はいつも落第すれすれの「可」。素行評価は「優」より「良」が多い。弟のニコラスがこう思い返す。いつも優等生のジョニーがつい昨日の宿題の中身をときどき忘れるのに担任の先生は首をかしげていた。宿題はたしかにやるのだけれど、さっさと終えてしまったあとはほかのことに熱中し、やったのを忘れてしまうのだった。ジョニーには熱中することがありすぎた。

第一次大戦とフォン・ノイマン家

ジョニーのギムナジウム時代、裕福なカン一族はヴァーチ通りの家でつつがなく暮らし続けた。夏は郊外の丘に立つ別荘で過ごすのも年中行事。家庭生活はジョニーにとって人生の一部だった。どの国のどの町で仕事していようとも夏になれば必ずブダペストに帰省し、それまでの生活を切り替えてなるべく長い時間を過ごした。どんどん数学にのめりこんだギムナジウム時代も、小さい子供が走りまわって騒がしい部屋で勉強した。子供たちは勉強のじゃまどころかむしろ楽しみのもとだった。生涯変わることのなかったすさまじい集中力を見せながらも、まわりで何が起こっているかには気づいていた。たしかに彼のまわりではいつもいろんなことが起こっていた。

十代のころは気立てのいい少年だった。ものを考えているときだけは別人のようになったらしいが。父親の夕食会で出る話もレベルと幅が広がり、ますます引きつけられていく。チェスの得意な父マックスを見て、負けず嫌いのジョニーはゲームにのめりこむ。いかにも彼らしく、まずルールをきっちり押さえ、一手一手ゆるがせにしないやりかたで戦術を組み立ててはときどき父に向かって成果を試す。幸い、父親は手抜きなどせずに一四歳の息子をきっちり負かし、戦術の見直しをさせたという。

夏休みになると一家は外国のヴェニスとか、国内のゼメリング峠（オーストリア領）や保養地カールスバートなどあちこちに旅行し、たいていジョニーも一緒に行った。旅先では仮装パーティーや室内ゲームなど楽しいことがいっぱいあり、彼はいつも中心にいた。なにごとであれ学ぶのが好きだった。数学はもちろんのこと、弟たちの家庭教師からもフランス語、英語、イタリア語を習った。旺盛な好奇心はときに滑稽なエピソードを生む。従妹のひとりが、ばらすのはまずいわねと言いながらこんな話を教えてくれた。あるときジョニーは本を二冊抱えてトイレに入った。なぜ？　ってきいたら、いま読んでいるほうをトイレの途中で読み終えたら困るだろ……。

こうしてジョニーの高校時代は平穏に過ぎた。ハンガリーの内政が混乱のきわみにあったことを思えば、不自然なほど平穏だった。第一次大戦は一九一四〜一八年、ジョニーが一〇〜一四歳のころ続き、ハンガリーは敗戦国側についたせいで戦後は辛酸をなめる。一五歳になった一九年には一三三日間に及んで共産主義政権が支配し、そのあと反ユダヤ寄りの右派に代わった。一六歳の二〇年、トリアノン協定でハンガリーは領土の三分の二を失う。翌年、つまりジョニーのギムナジウム最終年には、国土が減ったせいで、農民が得意先だったカンおじいさんの商売はあがったりになる。打撃は父のマックスも受け、地方の銀行業務がぐっと落ちこんでしまう。機転の利くマックスはさっそく、経営規模はやや小さいながら銀行の主力を国際取引に移した。こんな時代に天才少年が送った平穏な日々をもう少しくわしく眺めておこう。

東部戦線膠着のころ

第一次大戦はフォン・ノイマン家にさほど打撃を与えていない。休暇は例年どおりオーストリアの湖畔に旅したりしている。オーストリア＝ハンガリーの穀倉地帯だったハンガリーでは、戦時の物資不足で穀物が値上がりしたものの、商売のうまい連中はかえって金持ちになった。

オーストリア＝ハンガリー二重帝国は、西部戦線にはそれほど兵力を送っていない。激戦地は東部戦線だった。初期は南ポーランドでロシア軍とぶつかり、やがてセルビア、イタリア、ルーマニアと戦った。戦いの中でドイツ帝国がロシアを破り、ロシアはオーストリア＝ハンガリーを破ったけれど、どちらも敵地深くには食いこめない。ロシアもオーストリアも、兵士や銃、大砲、砲弾、馬を列車に満載し前線の鉄道終点めがけて送りこむ。血戦を制したロシアも、手中にしたポーランドが荒野と化したせいで列車を動かせず、鉄道の終点からだいぶ手前に張りついたまま。そんなわけで、ブダペストのような都市はひどい危険にさらされなかった。

二国がゆるく合体したオーストリア゠ハンガリー二重帝国の政治情勢は、全面戦争にしてはややのんびりしたところがあった。たとえば一九一六年のある日、アインシュタインの同級生で後援者でもあったフリードリッヒ・アードラーが、ウィーンのホテル「マイセル・ウント・シャードン」でオーストリア首相シュトゥルク伯爵を射殺した。その動機をアードラーは、オーストリアの戦争継続が是か非かを議論するきっかけにしたかった、と釈明。彼は即刻死刑を宣告されるも、やがて、いかにもオーストリア゠ハンガリーらしく、懲役一八ヶ月に減刑される。いくらなんでも軽すぎる量刑だが、それはアードラーの父親、社会民主党の創設者が息子の減刑を嘆願して聞き入れられたからだ。息子はきっと気が狂っているんです、なにせアインシュタインの相対性理論を認める論文など書いたほどですから、というのが父親の弁明だった。アードラー青年は要塞に入れられて快適な監獄暮らしをした。一九一八年、こんなご時世だと塀の外より中のほうがずっとましです、とアインシュタインに書き送っている。

ノイマン家の一同はこう思っていた。戦争に勝てばドイツの圧力が強まるが、負けるのはもっと怖い。負ければ反ユダヤの帝政ロシアが中部ヨーロッパまで押し出してくる。

――そんななかでもマックスは夕食の折り、フランツ・ヨーゼフ皇帝率いるオーストリア゠ハンガリー軍の苦戦を茶化す戯《ざ》れ歌をつくったりする。鉄道の終点から敵地深くに攻め入った軍が炭鉱地区のタルノーポリ（現在はウクライナ領）で孤立し、弾薬も食糧も断たれた事件があった。マックスはそれを歌にして、ジョニーと一緒にシューベルトの旋律に乗せて歌った。「われらが兵隊いざ進め、タルノーポリに、タルノーポリに。おもちゃの兵隊じゃないんで、スープ飲みたい、石炭食えぬ」。オーストリア最高司令部もこんな方針で作戦を立てれば、あるいは苦戦も少なかったかもしれない。

一〇歳から一四歳までのジョニーは、地図にピンを刺したりしながら戦争の成り行きを追いかけた。方眼紙に道路や要塞を描いた戦争ごっこを考案して家族と遊んだりもした。ときには古い戦史からとったうまい戦術をくふうして勝ち負けを競う。勝っても負けてもべつだん喧嘩になることはない。興が乗るとジョニーもマイケルも、従弟の誰かもドイツ軍の制服みたいなものを着て遊んでいた、と母方の従妹にあたるキャサリン・ペドローニ（旧姓アルチュティ）が懐かしそうに思い出す。

戦争末期〜戦後の内乱、ジョニーの卒業

戦争の終盤にはハンガリーの内政もおかしくなる。ブダペストでは一九一八年の前半だけでゼネストが二度あった。略奪や暴動もあるなかを、一四歳のジョニーは歩いて通学した。一八年一一月の休戦時、ミハーイ・カーロイ伯爵が革命政権を樹立する。ローズの本によれば、そのころ「革命さえも伯爵さまのお仕事」なんて戯れ歌が流行ったとか。連合

国側は民主国家ハンガリーを大歓迎して平和条約を結んでくれる、とカーロイは踏んでいた。カーロイ派の暴徒が、戦争をいやがりながらも首相の座にいた政敵のティサ伯爵を殺してしまう。カーロイは、これ見よがしに大きな花輪を遺族に贈る。遺族も遺族で、これ見よがしに花輪をゴミためにほうりこむ。ほどなく連合国も、寛大な平和を求めるカーロイの願いをあっさりと蹴った。一九年三月、がたがたの政府がつぶれるや、待ってましたとばかりにベーラ・クンの共産党が政権を握り、状況はどんどん醜悪になっていく。

ベーラ・クンは宗教心の薄いユダヤ人で、戦時中ロシアの捕虜になった折り、熱烈な、つまりは無知なレーニンの信奉者になった。一九年の初め、革命派の労働者と兵士の群れがブダペスト中をトラックで走りまわり、インターナショナルを歌ってフランス革命の再来だとわめきたてた(東部戦線がすっきりと幕を引かなかったせいで、兵士の武装解除もすんでいない)。レーニン・ボーイズと呼ばれたならず者どもが徒党を組んで銀行家に襲いかかる。裕福なフォン・ノイマン家は夜汽車に乗ってさっさとアドリア海岸の別荘に引っこみ、マックスはウィーンに赴いてホルティ提督率いる反革命軍に接触した。ホルティは八月、意気揚々とブダペストに再入場を果たす。

だがマックスの期待は裏目に出た。ホルティは穏健政策はとらない。どころか、ベーラ・クンが五〇〇人を殺した赤色テロのお返しだと、白色テロをやって五〇〇〇人を惨殺した。あるハンガリー人歴史家は言う。赤色テロは「無知で粗暴な男どもの野蛮な残酷さ」をさらけ出し、かたや白色テロでは、優雅な軍服に身を包む士官たちがもっとひどい拷問を沈着冷静にやった、と。士官はたいていマジャール人貴族の出で、その憎しみはユダヤ人に向く。なにしろクン政権は、政府の人民委員五五人のうち三五人がユダヤ人だというほどユダヤ色いっぱいだった。サンダルを履いた貴族がベーラ・クンを恐れて政府の要職をなげうったあと、代わりが務まるほど教養ある人材はクンと同じユダヤ人しかいなかったからだ。こうして一九二〇年に成立したホルティ政権は、ハンガリーに半世紀ぶりの反ユダヤ政策をもたらす。あげく、たとえば大学入学者の内訳は「国家の民族・国籍分布をできるかぎり忠実に反映するよう」定められた。

その規則なら大学に入れるユダヤ人はたった五パーセントになってしまう。弁護士・医師のような知的職業の半数から八割がユダヤ人の国だから、不合理でしかない。いつも上位五パーセントにいたジョニーはどの大学にも入れたけれど、それでも反ユダヤ主義は彼にとって衝撃だった。テラーは当時一一歳で、共産主義の時期をずっとハンガリーで過ごした。金持ちが豪邸を独り占めするのは許されず、テラー家も兵士二人に部屋をいくつか供出するはめになる。やってきた二人は隠し財産を探して家中を荒らし回り、植木鉢に小便をした。テラーの両親は、ユダヤ人が革命政権《コミューン》で目立ちすぎるようになったのを心配する。「ちょっとやりすぎね、そのうちひどい仕返しをされるかもしれない」がテラーの母親の思いだった。

ホルティにつぶされる前、ベーラ・クンもとり巻きの士官も、ロシアの捕虜時代に革命戦士の訓練を受けていた。軍務命令は詳細をきわめていながら非能率そのもの。本書の数学上のひどい誤りを指摘してくれたニューヨーク大学のピーター・ラックス教授から、こんな話を伺っている。父君は共産政権の時代、前途ある若手の医師で、赤軍の人民委員メーサーロシュ将軍（なんと意味は「虐殺者」）の腸チフスを治してやった。回復したあと白色テロに倒れたから治療もそう役には立たなかったのだが、将軍は感謝のしるしだとラックス医師に自分のいちばん大事な品を贈る。革命の心得を書いたレーニンの手紙だった。「農民にはこれこれの約束をせよ……プロレタリアートにはこれこれの公約をせよ……ブルジョアにはこれこれの保証をせよ……ただし、約束や公約や保証に縛られる必要はなし」といった露骨な内容だったらしい。一九四一年、日本の真珠湾攻撃の前、ラックス一家はアメリカに移住する。その途中、出港地リスボンまでナチの占領下を通らなければいけない。ビザのある人間にドイツ軍は丁重な対応をしたとはいえ、ナチの領地をユダヤ人がレーニンの革命指南書をもって通るのは危ない。そう思ってラックス医師はブダペストを離れる前に手紙を燃してしまった。惜しいことをした。もしブダペストからアメリカに郵送していれば、送り手の名前が書いてなくてもまず確実に届いたはずだった。四一年当時でさえ、ハンガリーはおおかたの想像よりずっとのんびりしていたのだから。

ジョニーは後年、自分と同じ世代の同郷人は「ロシアに恐怖と嫌悪を抱いている」と語る。だから冷戦時代のジョニーもそんな心で断固たる態度をとった、とみる向きもある。だが「感情」という言葉を、論理を重んじるジョニーはいつも嫌っていた。感情ではなく頭脳で動く人間だったので、人やものごとを心底から憎むことはない。社会民主主義に少し染まり、クン政権で大学行政の次官をしたテオドル・フォン・カールマーンも生涯の友だった。

とはいえ、共産主義がうまくいかないことをジョニーはもう一九年ごろには確信していた。のち小説家になるアーサー・ケストラーが当時一四歳でブダペストに住んでいた。貧しかったせいで初めは共産主義に共鳴したけれど、そのうち彼の家族も、政府の配給票や紙幣では食べ物もろくに買えないと気づく。一九年夏、価格統制のないバニラ・アイスクリームだけはたっぷりあって、ケストラー家では朝食がわりにアイスクリームをなめたという。

そんな経済や政治のでたらめぶりはジョニーにショックだった。生まれてこのかた一五年間ハンガリーの経済は発展を続け、衣食の足りた社会には礼節がゆきわたっている。第一次大戦のさなかでさえそうだった。それがいまや道理をわきまえない阿呆どもが天下をとり、片手に菊の花(ハンガリー革命のシンボル)、もう片方の手にはレーニン・ボーイズらしく銃を振り回す。「われらこそ貧しき者の味方なり」と叫びまわっても、貧乏人の暮らしはどんどん惨めになるばかり。共産主義革命のご多分にもれず、「労働者の知的指導者」はことごとく金持ちで無能だった。クン政権の文化担当人民委員を務め、マルクス派歴史学者とされている偉大なジェルジ・ルカーチは、ジョニーと似て父親が銀行の頭取だったが、腰のすわっていないところがつとに有名だった。

クンとルカーチのあと、新しい指導者ホルティがそういう阿呆を一掃する。しかし、先の恨みを晴らそうとばかりに輪をかけて野蛮な政策を進め、ユダヤ人を排斥することで経済をますます落ちこませる。共産主義時代に活躍した人たちは一九年八月以降そろってロシアに逃げこんだ。ハンガリーの上流階級にはたいてい、そんなさまよえる羊になる親戚がいた。当初は親戚どうし自由に手紙をやりとりしていたものの、ソ連で国際郵便をちょくちょく受けとると命にかかわる、どうか何も送らないでほしい、という声がやがて聞こえてくる。こうして一九年以降、ハンガリー人はソヴィエト・ロシアに無理からぬ恐怖心を抱くようになっていく。

クン政権もホルティ政権もハンガリー国民に惨めな暮らしを押しつけ、二〇年にはヴェルサイユ宮殿のトリアノン離宮で結ばれたトリアノン協定により領土の大半をはぎとられる。愛国主義というより国際主義を奉じるノイマン家にとって政治事件はどうでもよかったが、商売は打撃を受けて、農機具を売るカン＝ヘラー社は経営不振に陥る。愛国者のカンは一八年以前オーストリア＝ハンガリー二重帝国の戦時国債に大金をつぎこんでいたため、個人資産も打撃を受けた。

マックスが共同経営者だったハンガリー担保銀行の経営も行き詰まり、経営仲間との関係もぎくしゃくしだす。幸い実力のあるマックスは投資業界への再就職には困らなかった。アドルフ・コーナーの息子が経営し他国にも業務を広げた投資会社に就職を決めたとき、マックスはこんな小唄をつくって喜んだ。「店は燃え落ち、借金の山。まあ一夜明ければ平気の平左、コーナー商会に押しつける」。ジョニーと同じく、マックスも自分の実力を信じていた。

それでも、ジョニーがギムナジウムの卒業試験（マトゥーラ）を受けた二一年六月、家計のやりくりに多少の不安があったから、首席で卒業できるかどうかは大問題だった。名誉をかけた試験がすんで教室を出るとき、ジョニーは設問二つでミスをしたのに気づく。だが問題はなかった。その二問を除けば出来は完璧だったから。エトヴェシュ賞の試験にもかるがると合格。二〇年ほど前にテオドル・フォン・カールマーンが、少し前にはシラードがもらい、数年後にはテラーももらう賞だ。こうしてヤーンチ・フォン・ノイマンは、以後の人生を飾りたてる数々の栄誉の第一号を手にして高校を終えた。

4　獅子の爪をもつ学生（一九二一―二六年）

型破りの進学プラン

ジョニーがルーテル校の最上級生になって、父マックスは息子の進学先をテオドル・フォン・カールマーン博士など多くの人に相談した。クン共産政府で道化同然の大臣を務めたカールマーンもマックスは頼りにしていた。銀行家らしい多面的な検討のすえ、ジョニーの専攻は工学系の応用化学と決まる（訳注：原文 chemical engineering は、日本の化学工学より広い学科なので「応用化学」とした）。第一次大戦の目覚ましい戦果を支えたドイツの化学が、第二次大戦後の核物理のような注目を浴びていた。そうはいっても、ジョニーに化学や工学の才能があるかどうかわからないから、ちょっと妙な選択ではあった。しかしマックスは同時に二つの道を用意してくれた。ひとつは守りの道、そしてもうひとつが、攻め味たっぷりの賢明な道だ。

守りの選択はよくわかる。当時がたがたのハンガリーで、賢い子供は応用化学に進むのが最善だった。一級上のウィグナーもそうなる。何になりたいかと父親にきかれたウィグナー少年は、理論物理学者、と答える。じゃあいったい、この国に理論物理学者の口はいくつあると思うかね？　と父親。四つかな、と一七歳が答えて談判は決着、ベルリン大学の応用化学に進むことになる。一級下のフェルナーもスイスのチューリヒで応用化学を学んだ。二人とも化学の分野にいたのはほんの短い間だったけれど。

応用化学の勉強にまずベルリン大学へ、そのあとチューリヒへ送り出されたジョニーも、化学分野に長居はしていない。ウィグナー家が安全な道を求めた気持ちは、一九五四年のグレイ委員会（ロバート・オッペンハイマーの査問会）でジョニーがした分別あふれる証言からもうかがえる。なぜハンガリーを出たのか、の質問に彼は答えた。「初めは化学技術者になるつもりでした。なっていたらハンガリーに戻ったでしょう。けれどもやがて数学者になろうと心を決め、そうなると故国には職もなさそうでしたし、かたやドイツならいくつも働き口がありましたので、ドイツに行くことにしたわけです」。

応用化学は現実的な選択だった。マックスは実際向きの男だったし、ジョニーも幼いころから豊かな暮らしの基盤が何かをよく知っていた。ハンガリーの数学教師にはとうてい手の届かない暮らしだ。父親の月収は高くてもこれといった資産はないし、銀行が左前になっては大金がこの先ころがりこむあてもない。嵐に備えて錨を下ろしておくのはいいことだ。

マックスは、嵐に備えるだけでなく、息子が凧を高々と揚げるのも許してくれた。応用化学者になるため、ベルリン経由でチューリヒへ旅立つ前に、ブダペスト大学大学院の数学科に応募させてくれたのだ。ヨーロッパの大学制度はアメリカみたいに窮屈ではなかったものの、一七歳のジョニーの計画は誰が見ても型破りだった。なにしろ大学と大学院に一度に入り、一年か二年先には一辺ほぼ七〇〇キロの正三角形をなす三つの都市でおよそ関連のない二分野の勉強をしようというのだから。そのうえジョニーがブダペスト大学で博士論文のテーマに選んだのは、ゲオルク・カントールの集合論の公理化だった。当時の数学界に大きな論争を起こしていたテーマで、名だたる数学教授を発狂させるくらいの難問だ。一七歳の青二才が、仕事の合間にスニーカーでエヴェレスト登山をするくらいの気分でそれに挑もうというわけだった。

いっぽうで応用化学を身につける退屈な道も歩く。ベルリン大学の聴講生になって化学を学んだあと、一九二三年の秋、チューリヒのスイス連邦工科大学（ETH）でとりわけ難関の応用化学科に、それも一年をとばして二年に入る試験を受ける、という筋書きが二一年に決まっていた。ジョニーがこのときたどった道は、同じETHを受けたもうひとりの天才と好対照をなす。

二〇年近く前の一八九五年秋にETHを受けて落ちたのが、かのアルベルト・アインシュタイン。予備校に通って翌年は受かったものの、入試の失敗はいつまでも尾を引き、あまりできない人間だとまわりがみて、研究費も稼げないためスイス特許局の職員として薄給に甘んじる。そのころ学者とも交わらず安下宿にこもって考えついたのが相対性理論だった。アインシュタインはETHの入試に落ちたのをこう言い訳している。「地道な職につけと父親が言ったから受けたが、いやでいやでたまらなかった」。ジョニーには実学を軽くみる気持ちはなかった。ジョニーとアインシュタインの間にあった、実務能力と、財政援助に頼る度合いの大差は、以後の世界にとっても大きな意味をもつ。大差の根元には、父親の生きざまが植えつけた心象風景のちがいがある。

ジョニーの父マックスは腕利きの事業家で、大きな事業を手がけては広げていった。親族の多い家系の伝統どおり、収入は姉妹や従兄弟や叔母たちにも惜しみなく分け与える。いっぽうアインシュタインの父親は小さな事業に手を出してはしくじり続け、従兄弟や叔父叔母からの借金でしのぐ人だった。アルベルトが役に立たない学問をする費用も、そうやってひねり出した。

ジョニーは事業の成功にロマンを見、アインシュタインは事業の成功など他人の悪い冗談とみた。ジョニーはお金が人間の自尊心を育てると考え、アインシュタインは落ちこぼれが援助をもらうのは当然の権利だと考えた。しかしジョニーもアインシュタインも、自分は落ちこぼれにはならないと若いころからはっきりわかっていた。自分こそ人類の知の深化に貢献する人間だ。まだ一七歳のジョニーは、カントールの集合論の公理化に向けた手始めの考察がみごとな実を結びそうに見えたこともあって、もう心にそんな自信がみなぎっていた。

一九二一年の九月、ジョニーは父親と一緒にベルリン行きの列車に乗っていた。のちウォール街の銀行家になる人物が乗り合わせていて、「お見受けするところ、ベルリンに数学の勉強に行かれるようですな」とジョニーにきいた。「ちがいます」と一七歳の答え、「数学ならもうわかってます。化学の勉強に行くんです」。

ジョニーのベルリン行きは、ノーベル化学賞受賞者フリッツ・ハーバーのもとで勉強するためだった、という説がある。ハーバーは、毒ガスなどの発明者としてドイツ国民の尊敬を一身に集めていた化学者だ。コンピュータを発明したジョニーと同じくハーバーも、二〇世紀の世界に巨大な足跡を残しながら知名度はそれほどでもない、といった数少ない大物のひとり。空気中の窒素をアンモニアや硝酸に変え、さらには爆薬にもする技術を彼が発明しなければ、第一次大戦で孤立したドイツはたぶん一九一五年には降伏していた。一九一五年に毒ガスを発明したとき、ハーバーは「これで終戦が早まればおびただしい人命が救える」と語っている。三〇年後のロスアラモスで聞こえた言葉も同じだった。

だがジョニーがハーバーに弟子入りしたとは考えにくい。ベルリンで化学をやったのは、チューリヒのETHに入るのに必要な「ベルリン大学在籍抄本」の写しを手に入れるだけのためだったから。事実、ジョニーの青年時代を調べたホワイト（巻末の注記参照）にフエルナーが語ったところによると、ジョニーはベルリンで化学の勉強をほとんどしていない。二二年にはもうチューリヒに行き、フェルナーと同じプラッテン通りのアパートに入って、ETHの二年次編入試験に備え一年次の講義内容をさらっている。こんなふうにつかわれた二一〜二三年をジョニーの「無駄な二年間」とみる人もいる。けれど、二一年九月から二年間にジョニーが何をしなければいけなかったか、そして世界で何が起こっていたかを考えれば謎もかき消え、無駄だったなどとはいえなくなる。アインシュタインでさえ落ちた、そして結局は「成績抜群」で受かりはしたもののきびしいETHの入試に備えてジョニーは勉強していた。化学の勉強は高校であまりしていないし、高校の化学の授業はハンガリー語だった。だからジョニーはこの期間、化学と応用化学のドイツ語教科書と首っ引きだった。とはいえハーバーみたいな大物に教わる必要はなく、通信講座のように、ほんのときたまベルリン大学に顔を出しただけだが。

もうひとつ、二一〜二三年当時、とくにその後半は、銀行家の息子にとって、スイスを拠点にして動くのは得だった。ワイマール共和国はひどいインフレにあえぎ、朝はドイツマルクの預金がそこそこあっても夕方にはニンジンひと山しか買えないありさま。けれど外貨があれば、二三年ならわずかなお金で一等車のドイツ周遊もできた。だからジョニーもこんな発言をしたことがある。「ただの金持ちではだめ。スイスに銀行口座をもつのが絶対でしたよ」。

ドイツは今にも内戦が始まりそうな雲行きで、反ユダヤ主義もたぎっていた。たいていは不成功に終わるにしても、暴動があちこちで勃発する。ベルリンでは黒服の国防軍が暴れまわり、ミュンヘンではヒトラーのデモ隊がビヤホールを襲った。故郷を離れたばかりの賢いユダヤ人少年が、ドイツは自分の居場所ではないと思っても不思議ではない。化学を学ぶのにドイツに常住する必要もなかった。当時のベルリンは、外貨をもつ外国人の若者をねらう安手でみだらな性が巷にあふれていたから、なにか悪い噂がジョニーの実家、ブダペスト市ヴァーチ通り六二番地に伝わることもあっただろう。それに、二年間の化学の受験勉強はジョニーを夢中にさせるものではなかった。

数学に惹かれる

三つの大学に籍を置き、およそ関連のない二分野をやる——それがどれほど不可解に見えようと、はっきりしていることがひとつある。高校を出たての一九二一年、ジョニーはもう自分の行く道をくっきりと見定めていた。数学で世界に名を上げてやるんだ……。スタン・ウラムが回想する。「数学研究の初心者は、二つの道のどちらかを選ぶ。ひとつは既存の大きな分野で業績を上げることで、名高い難問を解けば手っとり早く名声が得られる。もうひとつは未踏の荒野に新しい道を拓くこと。……若いころのジョニーは最初の道を選んだ」。銀行家の息子らしく堅めの道に歩み出し、当時の有名な問題を解く人間になろうとした。もっとも晩年は、自分の発明したコンピュータにそんな人生観をひっくり返されるのだけれど。

一九二一〜二三年、手早い成功につながりそうな課題として、ジョニーは純粋数学界に熱い論争を起こしていた問題に目を向ける。これしかない、という問題があった。論争の中心人物は、かたや「形式主義」の旗頭でドイツ数学界の重鎮、ゲッチンゲン大学のダーフィト・ヒルベルト教授（一八六二〜一九四三）、こなた「直観主義」の教祖、オランダのL・E・J・ブロウエル（一八八一〜一九六六）の一派。おおざっぱに言えば、ヒルベルトはカントールの集合論を含めた現代数学をまるごと公理化し直し、もっと厳密で役に立つものにしたかった。だがブロウエルは、集合論の一部は厳密からはるかに遠く、安心してつかえるものではない、と叫んでいた（訳注：ブロウエルは一九〇八年に「論理学の原理への不信」なる論文を出し、「命題は真か偽のどちらか」という一見してあたりまえのこと＝排中律《はいちゅうりつ》＝さえ疑ってかかる）。ジョニーはヒルベルトの側についた。

何世紀にもわたって、厳密な数学はあらゆる問題を解決できる、と言い張る数学者が入れ替わり立ち替わり登場した。ヒルベルトはその最後の大物、ライプニッツが築いたドイツ数学の伝統を継ぐ人だ。そのライプニッツがこう言っていた。あと三〇〇年もすれば「哲学者の議論も会計係の議論もまったく同じになるだろう。鉛筆を握って石盤に向かい、（必要なら証人を立てて）『計算してみよう』と言えばすむ」と。この「哲学者」は、理性あるすべての人間を指す。ライプニッツは、三〇〇年後つまり一九九〇年代には、政治の議論も男と女の問題も、美や芸術をめぐる話も、むろん科学の進歩にかかわるどんな問題も石盤上の計算でかたがつくと思っていたようだ。今や石盤のかわりにジョニーのコンピュータがあると知ったら、さぞや驚くことだろう。

ヒルベルトは数学をそこまで万能とみたわけでもないにせよ、数学が昔どおり科学の歩みを先導すべきだと考えた。それにはまず現代の数学をもっと科学的に、もっと公理化されたものに変えなければいけない。公理化とは、いついかなるときもAならBが言え、それならばCが言えて……とまちがいなく断言できる状況にすることをいう。ドイツに行って間もないころのジョニーはそんなドイツ流の考えかたが気に入っていた。

世紀末の一九〇〇年、パリの第二回国際数学者会議でヒルベルトは、二〇世紀数学の課題としてつごう二三個の未解決問題を提示する。その中には、数学と自然科学を公理化するためにカントールの数学を厳密化する必要がある、も含まれていた。公理化を進めないかぎり――AがBになり、さらにCになるのかを理路整然と証明できるようにならないかぎり――数学の優位も「衰退の一途をたどる」。彼は言った。「数学が衰えるとは思いたくないし、そうなってほしくはない。数学は森羅万象をきちんとつかむ基礎だから。数学がその使命を果たせるよう、新しい世紀には預言者と弟子が出でんことを。天才が現れんことを」。ヒルベルトは考えた。次の世紀に、若い数学者は新しい道具を手にするだろう。新しい道具で、数学のほか物理など「数学に頼るすべての科学」も公理化できる。この方法で自派の数学者たちは、古典数学と近代数学（集合論）のどちらも整合性があり、「どちらも矛盾がない」と証明してほしい。そのとき初めて、あらゆる科学がどこまでも歩み続けるための環境が整うのだ、と。

だが二〇世紀が二〇年を過ぎても、数学はヒルベルトの願う向きにはきっちり進んでいない。それどころかいよいよ乱れ、百家争鳴の日々を迎えていた。

集合論の「カエルとネズミの戦い」

論争の種はカントール（一八四五〜一九一八）がまいた。サンクト・ペテルブルク（レニングラード）に生まれ育ち、ハレ大学などヨーロッパの三流大学で教え（神経症で一流大学の職にはつけなかった）、第一次大戦中ドイツの精神病院で息を引きとるまで波瀾万丈の一生を送った人。数学者シュテファン・バナッハ（一八九二〜一九四五）によれば、しじゅう神経衰弱を起こしたカントールは「有名人がうち立てた原理をぶちこわすのに快を覚えるユダヤ人」で、その有名人にはキリスト、マルクス、フロイトのほかなんとカントール自身も入っていたらしい。E・T・ベルは著書『数学をつくった人びと』の中、「失われた楽園？」と題する最終章で、ライプニッツの夢が崩れ去ったのをこう悲しむ。「ゲオルク・カントールが一八七四〜九五年につくったあぶなっかしい集合論（ことに、無限集合とかその部分集合とか）は、……美しい原理の崩壊を象徴するものだ。一九世紀の洞察力あふれる預言者たちは、大災害は別にして、自然科学から民主政府まで森羅万象が根元では調和しているはずだと信じていたのに」。

ひとことカントールの弁護をしておこう。集合論はべつに彼自身の発明ではない。すでにカントール登場の前、集合論は物理と化学の分野で芽生えていた。一九世紀の化学者と物理学者は、気体を始めとする分子ひとつひとつのふるまいを解き明かそうとする。分子をひとつひとつ数えるのは無理にしても、分子の集まり全体のふるまいがわかれば役に立つ。そこを系統立てて、また単純化してとり扱う数学が生まれ、ひとり立ちすることになった。

単純なところでは、ある集合と別の集合があるとき、それぞれの要素（元《げん》）の数が同じかちがうか、というくらいで満足する。たとえばこんな例。ホールに男の子と女の子が数えきれないくらいいるとしよう。そこでジャーン！　とバンドが鳴る。ダンスが始まるよ、さあパートナーと組んで！

相手がいなくて壁際に立ったままの男の子（または女の子）の数はひと目でわかり、それが集合の要素の差になる。もっと不粋な例として、大きな会議場を思い浮かべてもいい。椅子がみんな埋まり、ひとりも立っていなければ、人間や椅子をいちいち数えなくても椅子と人間の数は同じだとわかる。

こういう「集合の要素と要素の対応」を考えるのが役立つようになった。和集合（合併

ないのだ。

集合）や積集合（共通集合）を考えるのも同じ。ただし、要素をひとつずつ数えないので、きれいで厳密なふつうの数学から離れることになる。AがまちがいなくBになり、それからCになる、と科学者が言えるような話ではない。だからほんとうの意味の公理化ができないのだ。

カントールは、近代数学の最重要分野になりかかったころの集合論にとびつき、「無限」を考えるところまで集合を拡張した。それが古い学者たちを悩ませる。常識に合わないことが出てくるからだ。単純な例を幾何から引くと、たとえば直線には無限個の点が含まれる。そうすると、長さ一ミリのハイフンも、果てしなく伸びる直線も、同じ無限個の点の集合だから、どちらもまったく同じものだと見なければいけなくなって、首をひねるしかない。一次元の直線はまだいい。無限次元の空間の話ともなれば混乱も無限に広がってしまう。別の単純な例として数を考えよう。自然数の半分は偶数だが、どこまでも続く自然数と偶数を考えたとき、総数はどちらが大きいだろうか？　少し考えればわかるとおり、偶数は自然数の半数しかないと言うのも、自然数と同じだけあると言うのも矛盾になってしまう。バートランド・ラッセルのような大数学者が何人も、それで気が狂うほど悩んだ。カントールは無限にもいろんな種類があることに思い至り、「無限よりも大きい数」を考えなければいけないと提唱した。

さて読者は、精神病院で死んだカントールと同じく筆者もついに狂ったか、といぶかるかもしれない。八〇年前にドイツの教授たちはそんなつまらぬことでどなり合っていたのか、と。じつはアインシュタインもそんな気分でいて、この論争を「カエルとネズミの戦い」とからかった（訳注：イソップ物語のひとつ。ネズミを溺れさせようと、互いの足を葦でつないでから池に飛び込んだカエルが、ネズミもろともトンビにさらわれてしまう話）。けれども教授たちはけっしてつまらぬことで争っていたのではない。まかりまちがえば以後の科学技術の歩みから数学を切り離しかねない、そんな声を上げる人たちもいたのだから。

当時、純粋数学は有限世界を扱うだけではいけない、実際問題として無限も考える必要がある、と解析学者が気づきだす。しかしブロウエルやヘルマン・ワイルの一派は、解析に無限をもちこむのは悪魔に魂を売るに等しい、などと言った。計算に無限の概念をとり入れ、解けない問題を次々と生み出すのはけしからん、と彼らは不満たらたらだった。厳密でまっとうな数学者なら、どんなにもっともらしく見えようと、無限の概念をつかってした証明など受け入れるべきではない。そもそも無限について確言できることなど何もない。論理屋が自分のつくったワナに落ちこんでいるだけだ……。そんな発言に喝采を送る「厳格」な科学者もいたけれど、これではたいへんまずい状況が生まれる。解析学を含め、当時の数学の大部分を不適切・不健全と切り捨てるはめになってしまうのだから。

そこでゲッチンゲンのヒルベルトは、臆病者どもに宣戦布告した。カントールは天才だ。

ブロウエルやワイルの態度は「自分の趣味に合わないものをことごとく切り捨て、禁止令を出すに等しい。そんなやり口は数学をだめにする。そのあげく科学全体がばらばらになり、われらの貴重な財産が失われてしまう」。ヒルベルトはさらに叫んだ。「カントールがわれらに拓いてくれた楽園を守ろう！」。そして、新しい発想に立ち、カントールの数学が厳密で、公理化でき、有用だと証明してくれるよう、若い数学者たちをけしかけた。

一九二一年、一七歳のジョニーはヒルベルトの呼びかけに共鳴した。ぼくならできる、と確信しつつ。

獅子は爪跡でわかる

ジョニーが二つ目の論文「超限《ちょうげん》順序数の導入について」（一九二三年印刷）を書いたのはその一九二一年、まだ高校生のときだった。順序数とは、第一、第二、第三……というふうにつかった数で、一とか二とか三とか、ただの数は「基数」という。「超限基数」のほうは当時もう、無限集合の大きさ（濃度＝要素の数）を表すのにつかわれていた。

この論文も冒頭がジョニーらしい。「本論文は、カントールが提唱した順序数の概念を具体的かつ厳密に考察することを目的とする」。続けて、カントールがやった少々あいまいな定式化をもっと厳密なものに手直ししなければいけない、と書いた。ジョニーは順序数を、それより小さい順序数のすべてからなる集合だと定義した。こうすれば無限の概念でつまずかないようにできる。本論文には「などなど（et cetera）」といったあいまいな言葉は一度もつかっていない、とジョニーは胸を張る。彼の予想どおり、東プロイセン出身のヒルベルトとその学派は、そういう厳密なやりかたをいたく気に入った。

そんなジョニーだから、二一年にベルリン大学応用化学科の学生になっても、たぶん毒ガスの発明者ハーバー教授の門をたたきはしなかった。そのかわり数学者エアハルト・シュミット教授の門をたたいた。シュミットはもう二〇年来ヒルベルトの弟子で、集合論の公理化でとびきりの仕事をしたエルンスト・ツェルメロの友人でもある。ツェルメロの仕事は、のちのジョニーのような厳密さに欠ける部分もあったが、いわゆる「選択公理」の必要性を論じていたため、ジョニーには学ぶところが多かった。ツェルメロは、のちジョニーが『ゲームの理論』にまとめた問題の芽になる仕事をしていたともいう。ジョニーは後年、若手のまだぼんやりした発想をかっさらって数分のうちに五ブロック先まで進んでしまうという評判をとるけれど、若いころは有名教授の発想をもそうしていたのだ。

ジョニーは二二年に学位論文の第一稿を仕上げていた。そのことを、ジョニーの死から数年後、ヘブライ大学のハーバート・フレンケル教授がスタン・ウラムに書き送った次の手紙が語る。

一九二二～二三年ごろ、マールブルク大学（ドイツ）の教授だった私のもとに、べルリンのエアハルト・シュミット教授が長い論文の草稿を送ってきた。著者の名ヨハネス・フォン・ノイマンに覚えはない。題名は「集合論の公理化」で、のち彼はこれで学位をとる。……よく理解できないので意見を聞かせてくれという話だった。私も隅々まで理解できたわけではないが、水際立った仕事だということは一目でわかった。「獅子は爪跡でわかる」とはまさにこれ。――そんなふうに返事をし、若者にマールブルクで会いたいと書いた。やってきた彼といろいろ話したすえ強くこうすすめた。論文は今のままでは手が込みすぎている。要点をかみくだいて、問題に迫る新しい方法と結論の骨子をわかりやすくまとめたらどうかね。若者はその線に沿って「集合論の一公理化」という論文を書き、二五年にそれを私は、副編集長をしていた『数学雑誌（Zeitschrift für Mathematik）』に載せてあげた。

「獅子は爪跡でわかる（Ex ungue leonem）」。これは二五〇年も前に、スイスの数学者ダニエル・ベルヌーイがニュートンを評した言葉（ラテン語）だ。ベルヌーイはあるとき無署名の数学論文を目にして、それがニュートンのものだと一目で見抜いた。

ジョニーにとって三つ目の論文「集合論の一公理化」も、書き出しがまた彼らしい。「本論文は、公理を基礎にした集合論の扱いを反論の余地ない形で行うことを目的とする。まず、集合論の公理化が必要な諸問題について論じたい」。なにやら神学専攻の大学二年生が、神の存在について論理的に反論の余地ない証拠をつらねた論文を提出しようとしている趣がある。

かけだしの神学生がそんな論文を書けば、まずまちがいなくへまをする。残念ながら、やはりかけだしのジョニーも集合論の公理化でへまをやり、他人もそのへまに気づかなかった。「集合論の一公理化」には、長い目で見たときと短い目で見たときと、二つの意義がある。前者は次章でとり上げ、ときおりは論理の道を踏み外しながら歩んだ二五〇〇年来の論理学と数学の通史の中で、若き論理屋ジョニーの仕事にどんな意味があるかを眺める。ジョニーがどうまちがったかだけでなく、そこからどのようにして後のコンピュータの発明につながる知の基盤を得ていくのかもおぼろげにわかってくるだろう。

短い目で見た意義は、もちろん老ヒルベルトをいたく感激させたこと。「集合論の一公理化」は二五年に印刷される前から数学者のサークルで回し読みされ、若き大学生はいちやく有名人になる。ヒルベルトの伝記によれば、このころからジョニーはしきりにヒルベルトを訪ねるようになったらしい。「四〇以上も歳の離れた二人の数学者が、ヒルベルト家の庭や書斎で何時間も話し合った」のだ。K・O・フリードリクスが後日ラックスに語ったところでは、ゲッチンゲンの古手数学者にはそれに眉をひそめる人もいたという。にこやかで若いジョニーは、彼らの目にはただの一発屋と映る。そうはいっても二四年当時、ヒルベルトのお眼鏡にかなうのは、若き数学者にとってこの上ない名誉だった。

ヒルベルトは年来、科学技術を引っ張る車の運転席に昔どおり数学を座らせるには、集合論の公理化が必要だと唱えてきた。さて今、大学も出ていない若者がその公理化を前に進めたふうに見えた。当時をジョニーの「無駄な二年間」と呼ぶなら、一六六〇年代のペスト禍のときリンカーン州の田舎に引きこもっていたニュートンの二年間のようなものだった。ニュートンはそこで近代科学のほとんどの基礎を築いたのだから（次章）。

数学の博士号と化学の学士号

一九二三年の九月、ジョニーは予定どおりチューリヒに行き、スイス連邦工科大学（ETH）応用化学科の編入試験にすんなり合格した。今に残る学籍簿を眺めると、翌年にかけての冬学期、ジョニーは全科目で最高評価の「6」をとっている。有機化学も無機化学も、分析化学、実験物理、高等数学も、そしてドイツ語圏スイスの必修科目だったフランス語も。

ジョニーはETH在学中の後半は工学がらみの講義を根気よくこなした。工学の講義にのめりこみはしないまでも、出された課題にはすさまじい集中力を見せた、と同級生のフェルナーが回想する。最終試験に落ちたらどうしよう、と言ってもまわりは本気にしなかった。ETHで上げた別の実績は、実験室のガラス器具を割って突きつけられた請求書の額。以後しばらくは破られなかった記録だ。大人になってからの車の運転と同様、ジョニーはよく実験中にほかのことを考えてうわの空になった。

ＥＴＨでは別の建物に数学教授のワイルがいた。ヒルベルトとジョニーが打ち倒そうとしたブロウエル学派の重鎮だ。「聖なるヘルマン」と呼ばれたいかめしいワイルは、のちアメリカのプリンストン高等研究所でジョニーの同僚になる。ワイルは入学したジョニーを温かく迎え、研究室は彼にとって第二の知的居間となった。ワイルがチューリヒを離れた折り、学生のジョニーが講義を代講したこともある。そのころＥＴＨのもうひとりの数学教授がハンガリー人のジェルジ・ポーヤ（ジョージ・ポリア）だった。講義で未解決の問題を解説したところ、授業のあとジョニーがやって来て解いてしまった、という逸話がある。またこんな伝説も残っている。あるときワイルが、以後二回の講義で難問に挑むぞと宣言したら、ジョニーがたちまち紙一枚に数式を並べて解いてしまう（ジョニー自身はそれを否定したらしいが）。ともあれ、こんなふうに数学界の若獅子になっていたジョニーは、それだけ応用化学科学生としての日々も楽しめたにちがいない。

チューリヒの大学に近い居酒屋では夜な夜な学生がたむろして一杯二杯、話がはずめば九杯くらいのジョッキを干した。ジョニーのもうひとつの才能がここでみごとに花開く。猥談と、下品きわまりない短詩だ。フェルナーのみるところ、化学より出来がよかったが数学には及ばなかった。つまり吟遊詩人の格で息子は父マックスを出し抜けなかったらしい。

ブダペスト大学のほうは、ほとんど出席しなかったのに進みは快調そのもの。出席が絶対のときだけブダペストにとんぼ返りしていた。夏休みの帰省もいつもどおり。チューリヒで博士論文を推敲して仕上げ、ブダペストで学位の最終試問に臨み、最高ランクで一九二六年に博士号を得た（訳注：ヨーロッパでは今でも、博士号の試験にはきびしい評点がつき、のちのちの就職や昇格に影響する）。その直前にチューリヒで応用化学の学士号をとっている。まだ二三歳にもなっていない。

二つの学位を手にしたジョニーは、アメリカのロックフェラー財団の奨学金を得て、ヒルベルト一派の待つゲッチンゲンに向かう。これがアメリカの世話になる初体験だった。当時のゲッチンゲン大学にはとびきりの学者たち、とりわけ物理学者がひしめいて競争をくり広げていた。そんな環境で数学の若き天才が鍛えられたのは、本人にも、ひいては人類すべてにも幸いだった。ジョニーはその地で、肩肘をはらず、成果を鼻にかけず、抽象に走りすぎることもなく、発狂もせずに才能を伸ばしていく。

5　心のゆとりと数学者たち（BC五〇〇―AD一九三一年）

氏より育ち

　本書で筆者は、ジョン・フォン・ノイマンの心の歩みを浮き彫りにしたい。この章は少し趣を変え、必ずしも時を追わない書きかたで、ジョニーの能力の源を三つの面から探ってみよう。大学を終える一九二六年までに彼が父親から得たもの、数学の方法論を身につけていった道すじ、そして憧れてやまなかった古代ギリシャ以来二五〇〇年間の数学史から彼が何を学んだのかだ。

　数学の神童に生まれ落ちた子は、幼いころにまわりから重圧を受けやすい。ジョニーは幸い父マックスと家族の情愛に包まれ、ゆったりとものを考える人間になった。天才児を育てることになった親は、その子に①落ちつきとユーモアの感覚、②考えるのが楽しいと思う心、を植えつけるのが肝要だろう。マックスにはそれがよくわかっていた。

　はからずも天才児を授かったあと、①や②でしくじる親は多い。よけいな重圧をかけて、神経質で落ちつきのない鼻つまみ者にしてしまう。また、兄や姉や、自分たちよりもその子が賢いのは許せない、なんて思ったりする親もいる。

ジョニーは、同時代を生きた数学者と物理学者のうちでは、フェルミや若きファインマンのユーモア感覚を好み、若いウラムとも意気投合した。シラードやオッペンハイマー、アインシュタインとは距離を置いていたようだ、と某ノーベル賞学者の証言がある。

ジョニーがアインシュタインを煙たがった理由の一部は、彼の政治観にある。アインシュタインと親しくチャーチルの科学顧問だったフレデリック・リンデマン卿が筆者にこう述懐した。知性の並外れた二〇世紀科学の巨人だが、「政治のことになると天真爛漫な子供でしたね。わかってもいないくせにつまらぬ運動に名前を貸し、下心ある連中の差し出すわけのわからない宣言だの何だのにどんどん署名していましたから」。

ジョニーは若いころから、左右思想の同僚たちがアインシュタインと同じことをするのを見てきた。ひとつは一九二六年ごろ、ゲッチンゲンの俊英科学者の中に、思慮のないことを言いながらナチズムを受け入れ、ついにはナチに協力もした人たちがいる。もうひとつは三三年以後、尊敬していたアメリカの友人たちがスターリンを弁護して愚かしい熱弁をふるった。ナチや共産党の口車に乗った賢者は、たいてい笑うことを教わらずに大きくなったのだ。

数学者ジョニーの人生は、かけだし時代（集合論の公理化と格闘中）と円熟期（コンピュータ関連で脳を勉強中）に、ひとりずつ超大物と交差する。機知に富む詩人マックスのような父親をもたなければこうなる、という生きた見本だ。ひとりには真の友情を感じたものの、二人の中に神童をつぶしかねない異常な情熱を見た。二人ともジョニーより先に生まれて後に死ぬ。どちらもジョニーのようにずば抜けた数学の才能をもって生まれたが、敗戦後のハンガリーでひどい苦境にありながらユーモアと知にあふれるマックスのもとで育ったジョニーにひきかえ、二人はイギリスとアメリカのずっと平和な環境に生をうけた。二人だが育ちかたのせいで、せっかくの能力も感情のねじ曲がりの中に埋もれてしまう。二人を今なお崇める方々、弟子・友人諸氏のお怒りは覚悟しつつ、二人の生涯をきびしく分析してみたい。今もおびただしい神童が二人と同じくまずい育てられかたをし、将来の芽をつまれている。生家が貧乏でも、それはたいした問題ではない。

ひとりは右派の前イギリス首相が、もうひとりは左派のハーヴァード大学教授が育てた。イギリスのバートランド・ラッセル（一八七二〜一九七〇）と、アメリカのノーバート・ウィーナー（一八九四〜一九六四）だ。

バートランド・ラッセルの波瀾万丈

まず、バーティの愛称で呼ばれたラッセルをみよう。彼はジョニーより前に集合論の公理化を手がけた。むやみに長たらしい形の公理化をし、そんな形は必要なかったとあとでわかっても頑固に非を認めない。ジョニーは簡潔しごくの公理化をし、非を悟るとあっさり認めた。希望が絶たれたときの反応をみても性格の差がよくわかる。

バーティは三歳で三流新聞の種になる。兄の家庭教師、好色で結核もちのD・A・スポールディングのせいだった。自伝によると両親は、スポールディングが「結核だから子供をつくらせちゃいけない。かといって禁欲を強いるのはかわいそうだ」と、「純粋理論にもとづく決断」をする。そこでバーティの父は開放的な美しい妻に向け、自分たちにふさわしいノブレス・オブリージュ（貴人の義務）としてときどきスポールディングの相手をしてやるよう熱心にそそのかす。むろん家庭教師は天にも昇る心持ちで応じた。ただし「母がその関係を心から楽しんだとは思えない」と自伝にある。

やがて両親が若くして急死する。父親の遺書は、スポールディングともうひとりの無神論者を、幼い息子二人の後見人に定めていた。「宗教の悪影響を受けずに育てよ」の親心か。養育権を求めて祖父のジョン・ラッセルが訴訟を起こし、ヴィクトリア朝イギリスの醜聞になる。結局ラッセル家の子供たちは、わくわくした国民が見守るなか、大法官府の一時預かりとなったあと、一八七六年、厳格でうるさ型の祖父に引きとられる。この祖父がイギリス首相を二度も務めた伯爵だから新聞も大喜び。ワーテルローの戦い（一八一五年）のころ彼は前途洋々たる保守派の若手政治家だった。その息子がバーティの父になったのだから、ナポレオン戦争を境にひどい世代間断絶が生じたとわかる。似たような世代間断絶は、ドイツ皇帝支配の後、そしてヒトラー以後、ホー・チミン以後にもあった。

賢くて聞きたがり屋のラッセル少年は、こうして祖父母に引きとられた。家庭の哲学問答はこんな調子で進む。「もの（matter）って何？　気にしちゃいかん（Never mind）。じゃあ心（mind）は？　くだらんものさ（No matter）。わかるかな？」。ラッセル自伝の冒頭――「私の生を進めたのは、心にのしかかっていた単純ながら圧倒的に重い三つの情熱だった。愛への渇望、知の希求、そして人類の苦しみへのやみがたき共感。三つが暴風のごとく襲いかかり、この身をところかまわず吹き飛ばし、苦悩の深海を越えて絶望の断崖にぶち当てた」。なるほど、じっくり数学をやれる心境でもない。

聡明ながら病的なふさぎの虫が、病的なほど舞い上がった瞬間がある。一九〇〇年、集合論の公理化を目指していた二十代のころだ。ついに成功した感激をラッセルはこう記す。一九二二年初めのジョニーも似た気分だったにちがいない。

知の陶酔というのか……順序数や基数など、数学の基本概念を私は苦労しながら分析してきた。何年も考えあぐねた問題にいきなり、ほんの数週間で最後の解答らしいものが見えてきた。道すがら、新しい数学の技法も姿を現した。その技法をつかえば、哲学者のあいまいな考察にゆだねられてきた問題も解け、正確かつ精密な表式で記述できる。一九〇〇年九月、私は人生の知の絶頂にあった。

ラッセルはしかし以後数ヶ月のうち、かわいそうに「今までの人生でいちばん深い絶望の淵」に落ちこむ。絶望のひとつは一九〇一年二月、心を惹かれていた少年を襲った悲劇のこと（フロイトなら手際よく解説できる種類の話）。ほどなくもうひとつの悲劇がラッセルを見舞う。

二月に味わった心の激痛と似た知の激痛を五月に味わう。最大数は存在しない（訳注：いくらでも大きい無限がある、の意）とカントールが証明したのだ。しかし私には、世界の万物を合わせた数（訳注：自然数の行きつく先、の意か）が最大数に思えた。そこでカントールの証明をつぶさに追いかけ、宇宙にあるさまざまなものの類（クラス）に当てはめようとがんばってみた。すると、自分自身を要素に含まない類があって、その類の全体は、自分自身を含むとしても、含まないとしても、矛盾に陥ってしまうとわかる。その矛盾を乗り越えるのは造作もない、推論のどこかでつまらない勘ちがいをしたのだと初めは思ったが、そうではないと少しずつわかってきた。……古代ギリシャでクレタ人のエピメニデスがもち出した「クレタ人はみんな嘘つき」に似ている。表に「この裏の文章は嘘」、裏に「この裏の文章は真実」と書いた紙なども本質は同じ矛盾だ。いい歳の大人がこんなつまらぬことに悩んでどうするとも思ったが、どうすればいいのか見当もつかない。

ラッセルはやがて、特段の問題もなさそうな万事にしじゅうかみつく人となる。一九五〇年代はアイゼンハワーの政策に異議を唱えた。戦後はイギリスの一方的な核廃棄を要求する運動の旗を振り、六一年にはケネディ大統領とマクミラン首相を「ヒトラーどころか……史上最悪のやから」とこきおろす。まだ講義をしていたころのラッセルは、紳士のはずなのに、彼より賢くない人にも理不尽とわかることを、頭ごなしの調子で学生にまくしたてていたらしい。

人工の頭脳、ノーバート・ウィーナー

一九一三年、ケンブリッジ大学で教鞭をとるラッセルは、自分を年がら年じゅう不快にする学生につき、ブリン・モーア大学の女性教授にこんな手紙を書いている。「ハーヴァードを出たウィーナーという神童が私のところにいて、歳は一八。……甘やかされて育ったらしく、自分を全能の神だと思っているようです。……いったいどちらがどちらに教えるのかと、いつも苦々しく思っています」。

ここで二人目の天才、やはり親に恵まれなかったウィーナーの登場となる。スティーヴン・J・ハイムズ教授は『フォン・ノイマンとウィーナー――2人の天才の生涯』で、二人の歴史貢献を私とは真逆に評価した。とはいえ教授が二人の生涯について集めた資料には圧倒される。子供に君臨したウィーナーの父の話もくわしい。父親は一九歳だった一八八一年、菜食主義・人道主義・社会主義を旗印にする共同体をつくろうと決めてアメリカに移住。上陸時ポケットに二五セントしかなかったため、ひどい苦学をしたあげくハーヴァード大学のスラヴ語の教授になる。ラッセルの祖父母は孫に読書をさせまいとしたが、ウィーナーの父は息子が生まれた一八九四年に記者会見し、とことん本を読ませて天才に仕立てますと宣言する。こうして息子は九歳で平均一六歳の仲間と高校の授業をうけ、一四歳で大学を卒業しハーヴァードの大学院に入学。家では一歳からみっちり教育された。自伝によると家の教育はこんなふうだったらしい。

まずはくつろいだ会話で始まる。だが私がひとつでも数学のミスをしようものなら雰囲気はがらりと変わり、ふだんはやさしい父が悪鬼の形相になって、不注意をきびしくとがめる。「なんだと?」……私は震え上がって泣きだす。……やがていつもの場面になる。父は怒りにふるえ、私は泣き、母は必死に私をかばう。だが勝負は決まっていた。母はときには、大声はご近所に迷惑よ、誰か文句を言いに来たわ……と止めに入った。

そんな子供時代を送ったせいだろう、ウィーナーは頭は切れても心はろくに成長しなかった。びくつきどおしの幼児期から死の床につく六九歳まで、ほとんど変わっていない(ウィーナーはストックホルムで死んだ。ノーベル賞の根回しに行ったのさ、という意地の悪い声もある)。

一九二六年、二二歳のジョニーがゲッチンゲンに来たとき、三一歳のウィーナーは入れちがいに去るところだった。教授たち、とりわけ偉大なるリヒャルト・クーラントが自分の研究を盗んだと喧嘩を売ったあげくの離脱だった。若いジョニーなら、指導教授が発想を盗んでくれたらかえって喜んだだろう。ウィーナーの書いた小説(幸いながら、また当然にして出版はされなかった)に、老教授(クーラント)が若者の着想を盗む一場面がある。自伝も書いたが、あまりにもたくさんの人を罵倒しまくる内容だったので、民事弁護士にばっさり削られた。

ジョニーは一時ウィーナーの才能に心酔している。もって生まれたものは自分より優れているとさえ思っていた。だから一九四五年以降、ウィーナーがサイバネティクス(人工頭脳など、生物に学ぶ工学)の研究を始めるや共同研究に加わる。コンピュータ開発にも関係あったからだ(13章)。しかしやがてジョニーは、生物学を前に進めるには細胞を調べるほうがいいと気づいて(彼はDNAの解読を予想していた)、四〇年代の末ウィーナーに長い手紙を書き、あなたの方向はある面でまちがいではないか、と指摘した。その直後、共通の友人から、ウィーナーが怒り狂うと「理詰めの説得はもうお手上げになる」と注意され、手紙を書いたのを心から悔やむ。だが時すでに遅く、案じていたとおりのことが起こる。以後ジョニーがこのテーマで講義をするたび、同席のウィーナーはこれ見よがしに落書きしたり、たぬき寝入りをきめこんだ。

第二次大戦が幕を引いた一九四五年にも、ウィーナーはジョニーをいらつかせる態度に出る。核兵器を即刻廃棄し、世界の歩みを止めろ、俺はこんな世界にいたくない、と。ウィーナーは次にソ連と戦うかもしれないのを恐れていた。四五年一〇月、「そんな対立のただ中で働くのはまっぴら」と公言し、二日後マサチューセッツ工科大学学長に宛てて辞表を書く。「科学の仕事からすっかり足を洗うつもりです。田舎に引っこんでなんとか生計の道をみつけます。うまくやれる自信はありませんが、良心に照らしてほかの道はありえません」。書いた辞表はもちろん提出はしなかった。病的な鬱状態もやがて終わり、そのとたん病的な熱情がぶり返して、次の「これこそ」の研究にとりかかる。

こうした事実を暴いたからといって、浅薄な保守主義者のように、ラッセルやウィーナーやその他たくさんの数理科学者の知性をおとしめるつもりはない。とはいえ庶民としては、ラッセルのように暴風のごとき感情に襲われ、ところかまわず吹き飛ばされ、苦悩の深海を越えて絶望の断崖にぶち当たってしまう感情的な学者よりは、目の前の事実を冷静に見つめながら動く科学者のほうが安心できる。

ジョニーの数学観

ジョニーは暴風とは無縁だった。彼を戦争屋とみる人はずいぶんいたにせよ、二〇世紀に活躍した数学者のうち、安心して超大国の運営(まあ貧相な露店の切り盛りといい勝負だろうが)を任せられた人間はジョニーだけ、と歴史がいずれ証明するだろう。彼は若いころから、数学を論理に至る道とみていた。数学の始まりは、太古の祖先たちが、豆を五つ数える段階を脱して、「どんなものでも2と2を足せば、(たいてい、ではなく)いつも必ず4になる」のを発見した瞬間だ、と考える。人類が論理的思考力を手にした画期的な事件。犬もゴリラもイルカも、あるいは政治家諸氏のうち一部も、まだそのレベルに達してはいない。

2+2=4を知って、賢い人たちは「いつもそうなるもの」がほかにもないかと考え始める。つまりは抽象的な証明を追求した。残念ながらそんな賢人たちは、ともすればわれら無知な人間とは別の道を歩き、抽象概念の純化を目指したがる。目の前にある問題、たとえばさいころを振ったらどうなるか考えるようなときも、賢い数学者はすぐ現実から目をそむけ、なるたけ現実世界とかけ離れた抽象の問題にして扱おうとする。数理経済学者も、そんなやりくちで経済学を混乱のきわみにしてしまった。

ジョニーはそんな誘惑にいつも抵抗した。彼は数学の概念の歩みが三つの段階をたどるとみた。経験に即した段階、美を求める段階、誤りをすなおに認める健康な段階、の三つだという。

数学を進める三つの段階

第一段階についてジョニーはこんな言いかたをした。「数学の概念はみな経験に源をもつ。誕生したあとの長い系譜は、おぼろげにしかたどれないけれど」。経験とは、抽象的な証明でなく観察と実験を基礎にすることで、この発言は、自分はそんな下世話なことと無縁だと思っている純粋数学者や抽象数学者の不興を買った。ほかの分野でも、数学的処理法を前進させたと自負している科学者たちが、そんな前進は何もなかったと言うジョニーに腹を立てた。一九四九年にあった流体力学のセミナーで彼は、「雑なやっつけ仕事」をこう糾弾している。やみくもに公理化を――数学的な厳密化を――目指した昔の心意気を反省していたのかもしれない。

古今の文献を当たってみると、この分野(流体力学)は厳密さもだらしなさもじつに幅が広い。……ずばり言うなら、確信できる点がなく、数学面は不確実性の連続にすぎない。ふつうの問題は、解が存在してしかもひとつに決まる。だがこの分野では残念ながら、そんな好ましい例があったためしはないし、見た目はそれらしいものもたいていまちがっている。……

続けてジョニーは、流体力学で名を売る某大家の高説を「もっともらしいがでたらめ」と斬り捨てた。早い話、「問題が正しく記述してあれば、唯一の解に達する条件の組が必ず存在する。だが流体力学では、条件の組が何なのかを物理の直観で手探りしているだけ。だから万事に焦点が絞れない。なにか解を得ても、はたして自然界に存在しうる解かどうかまるで闇の中なのだ」。

当時はジェット機が音速を超そうというころだから、むっとする専門家もいた。しかしジョニーが流体力学に関心をもったおかげで、一九九〇年代の今も少なからぬ人が命拾いしている。飛行機は彼の発明したコンピュータで精密に設計され、テスト飛行士が死ぬこともない。飛ばない飛行機をつくってみすみす何億円もドブに捨てずにすむのも、彼が拓いたコンピュータ時代のおかげだ。

ジョニーが実用数学の感覚をもてたのは、学位取得後のゲッチンゲン時代、まわりに優秀な物理学者がひしめいていたからだ（6章）。物理学者たちは初めのころ愛想が悪かった。かつてイギリスのある大蔵大臣が経済学者を「体位は三九四種類も知っているくせに女と寝たことのない」人種だと評したが、二六年ごろゲッチンゲンの物理学者も数学者にそんな目を向けたし、ジョニーの思いも似ていた。だがやがて、物理学者はある意味で運がいいのだと見抜き、のちにはそれを強調するようにもなる。先端の理論物理学者はたいていつも、ほんのわずかな具体的問題にとり組んできた。つまり、物理実験でなにかおもしろい、あるいは不可解な結果を見つけたあと、理由を解明したり応用を考えたりする。それがみごとな共同研究につながる。ジョニーが加わった一九四三〜四五年の原爆開発もその好例だった（10章）。

それにひきかえ数学者は、共通の問題をめがけてみんな一緒に走ることはまずない。かけだし数学者のころ、ジョニーは集合論の公理化でそんな競走の先頭を切っていると自負していた。だがやがてそれはまちがいだったと悟る。彼は言う。ふつう数学者は「おもしろい分野が目の前にたっぷりあって、さてどれをやろうかと考える自由を楽しみ」、問題は「おもに美の感覚で」選ぶ、と。ジョニーらしいくつろいだ感じの結論だ。その「美」が、数学を前に進める第二段階になる。

ジョニーは一九二〇〜三〇年代の純粋数学に大きな足跡を残す。研究の動機を、静かな男の興奮を行間ににじませながらこう書いている。

数学の定理も理論も、ばらばらな無数の特例をすっきりとまとめ分類しただけのものではない。記述し分類するにあたっては、構成や構造上の優雅さも欠かせないのだ。問題の設定はやさしくても、理解し、解こうともがくうちにはとてつもない壁にぶつかる。やがて思いがけないところにいとぐちが見つかって、目前に大なり小なりの道が拓ける。……延々と続くこみ入った推論の中にも、なにかしら単純な原理が隠れているものだ。その原理が、入り組んだ細部を解きほぐし、一見ばらばらなものを少数の単純な要素に還元する。……創造的な芸術もそんなふうにして生まれた。背景には経験に即した現世のモチーフがあり、往々にしてはるか遠くにあるその背景を覆うようにめまぐるしい展開が起こって、迷宮に似た重層構造ができ上がっていく。この段階に至った数学は、経験科学から、純粋で単純な芸術に近づいたものだといえよう。

ジョニーがいつも陽気で現実に目を向けていた理由のひとつは、一九二〇年代の早く、勝手きままに純粋数学を楽しみながら美も楽しむゆとりを身につけたことだ。カントールの矛盾のような、とりついた人間を狂わせてしまうような問題もそんなふうに楽しめた。純粋数学者は罪の意識を感じる必要はない、むしろ辛抱強くなるべきだ、とジョニーはみんなにすすめている。微分幾何も群論も「抽象的でおよそ役に立たないしろものだと思われていたし、みんなもそんな気分で研究してきた。だが微分幾何は一〇年後、群論は一〇〇年後に、物理でみごとに役立ったのだから」。

次が第三の段階。がらくたを見抜くジョニーの敏感な触覚とセンスが、暴走の歯止めになった。くだらなさ加減を「ネビッチ」と名づけ、自分の仕事も「ネビッチ1」とか「ネビッチ2」「ネビッチ3」と評価した。ジョニーのこんな言葉には、賢い同僚たちも頭を抱えたらしい。

数学が原初の経験段階から進みすぎると……落とし穴が待ちかまえている。いよいよ純粋な美、芸術のための芸術に近づくからだ。その分野が、経験をまだ忘れていない関連諸分野と隣り合わせなら、あるいはセンスのいい指導者がいるなら問題ない。けれど危険が三つある。ともすればいちばん楽な道を歩んだり、大河を無意味な方向に分流させたり、せっせとゴミの山を積むだけになったりする。つまり、経験に即した原点を離れるにつれ、または抽象に走るにつれて数学は堕落の危機に瀕する。振り出しが単純な古典形式でも、バロック化の兆候を見せて屋上屋を重ねだしたときに赤信号が灯る。バロック化がとめどなく進行した例はおびただしい。……その段階に来たら、とるべき手段はたぶんひとつしかない。また原点に戻ること。そして、多少なりと直接経験に裏打ちされたアイデアを再注入することだ。

一九二六年、新しい量子力学の発見に沸いていたゲッチンゲンの物理学者たちは、ジョニーのために「アイデア再注入」のお膳立てを整えていたといえよう（次章）。

古代の数学──ピタゴラスからユークリッドまで

次にジョニーの有能さを、冒頭にあげた第三の面で、つまり歴史から何を学んだのかを検証しよう。古代ギリシャから始め、一九二一〜二六年に若い翼で高みに舞い上がり、それだけ激しく地面にたたきつけられた「カエルとネズミの戦い」（4章）の物語まで。

二五〇〇年の数学史を駆け足でおさらいし、アリストテレス、ガリレオ、ニュートンなど超大物とジョニーを比べてみよう。ジョニーが自分の頭脳は三人に並ぶと言ったことは一度もないし、筆者もそんなことを言うつもりはない。だが彼は三人の思考の歩みをつぶさに調べ上げ、成功した秘訣と、世のしがらみの中で犯した誤りを探っている。ジョニーのように科学の先端を切り拓く数学者は、過去二五〇〇年のどんな天才も思いつかなかった発想を日々出している営みに至福を味わう。いわば古典的な学者としてジョニーもそのことを強く感じていた。と同時に、偉大な先達が時折りはまった落とし穴にも興味津々の人だった。

語源をたどると数学（マセマティクス）はギリシャ語で「学ぶことがら」、哲学（フィロソフィー）は「知を愛すること」を意味し、最初につかったのはBC五〇〇年ごろのピタゴラスだった。「万物は数だ」の言葉で名高いピタゴラスは、算術（アリスメティク＝数をあやつること）を幾何（ジオメトリー＝土地の測定）よりも重んじた。小中学校だとピタゴラスの名は、当人が軽んじた幾何の分野、直角三角形の定理でお目にかかるのは皮肉だけれど。

ジョニーはピタゴラスと同様、形で考えるよりは数で計算するほうがやさしいと思っていたから、数の合理的処理法をもたない古代人がそんな結論を出したのに驚嘆した。ローマ人の暗算はたいへんだ。なにしろCCLXV掛けるXLIVを頭の中でやるのだから。ただそれもエジプトの象形文字に比べればずっとましだろう。エジプト文字で百は巻き縄、千はハスの花、一万は指差す手、十万はオタマジャクシ、百万はバンザイ男で表す。三、四五六、七八九という数を書こうとすれば、三人のバンザイ男、四匹のオタマジャクシ、五つの指差す手、六つのハスの花、七本の巻き縄、八個の円、九本の垂直線をずらりと並べなければいけない。この記号で一九九二年度のアメリカ財政赤字を分析したい経済学者は、まず四〇万人のバンザイ男を並べることになる。

ピタゴラスは数学者のほかにもいろんな異名をもつ。天文学者、哲学者、自由主義者、ファシスト、聖人、黒魔術崇拝者、学者、ペテン師、預言者、伝道者、はたまた大馬鹿。後代の非主流派数学者には菜食主義者が多いが、ピタゴラスも厳格な菜食主義者だった。魂の輪廻《りんね》を信じ、動物の肉には亡くなった友人の魂が宿っていると考えたからだ。アメリカの数学史家カール・ボイヤーは、ピタゴラス以降「数学は日常の必要から離れ、知への愛を基礎にしたものとなり、そのまま連綿と続いてきた」とみる。ジョニーはピタゴラスのそんな影響をいやがった。コンピュータ開発を始めたとき、プリンストンのピタゴラス教徒は「やかましい計算機」に冷たくあたったし（13章）。

ピタゴラスの一〇〇年後、BC三九九年に毒ニンジンの杯をあおいで死ぬソクラテスは、数学は善なるものの探求の邪魔になるからと軽んじた。死を前にした数時間、彼は数学がはたして役立つものになったのかどうかに思いをめぐらせ、二三六〇年後のジョニーも死の床で同じことを考えた。しかしソクラテスの愛弟子プラトンは、自分の建てた学校の戸口に「幾何を知らぬ者は入るべからず」と書く。プラトンと、弟分アリストテレス（BC三二二年没）はともに、数学と哲学の祖として知られる。見ようによってはアリストテレスは純粋数学の発明者で、数学者は「何がわかっているか？」ではなく「どうすればわかるか？」をまず問うべきだと考えた。ジョニーはアリストテレスが気に入って、一九三一年、自分をうち負かしたゲーデルを「アリストテレスからこのかた最高の論理学者」と讃えている。

ピタゴラス、ソクラテス、プラトン、アリストテレス――この四人のギリシャ人は（そしてアルキメデスも）ものごとをつきつめて考える心をもち、数学者というより哲学者の趣が強い。しかしBC三〇〇年の少し前アレクサンドリア大学に来たユークリッドは、厳密この上ない数学者だった。研究者でも管理者でもなく、今どきの大学にはとんと見かけない優秀な教師だった。「どうすればわかるか？」の教授法をみごとに集大成し、一三巻の『原論』に著す。筆者のような著述業には妬ましい本で、二三〇〇年間ずっと幾何の教科書につかわれてきた(本書は絶対にそうならない)。聖書を除けば、史上いちばん版も刷りも重ねてきたのが『原論』だった。そんな本はどこかで編集者が改竄《かいざん》しそうなもので、たしかに紀元四〇〇年ころその危機に見舞われながらもどうにか乗り越え、厳密な公理系に基づく方法がギリシャ以来の論理教育の基礎になってきた。

ユークリッドは、扱うことがらの定義から始める(ジョニーの一九二〇年代の論文もそれを忠実に守った)。次に、宇宙全般について、とりわけ数学について誰にも異議がないと確信できることを述べる。次に、当時わかっていた幾何の全貌と少し先までを、明快な定義と公理をもとに展開していく。こうして、見た目や直観ではどれほど突飛に思える定理も、基礎をなす公理系から出たものだから信じるしかなくなる。

ユークリッドの公理系には今なお批判がある。傲慢、独断、窮屈、表面的、空間と時間の概念を狭くする、などなど。妥当ではないと証明された公理もあったが、BC三〇〇年の作だから仕方もなかろう。ユークリッドは直線でできた形を好んだ。直線でできた形や円は公理化がやさしかったからだ。ユークリッド批判者に言わせると、そのせいで人間はいまだに四角く区画整理された街で、四角い家の四角い部屋で四角四面の暮らしをしている。私たちはとかく直線と平面でものを考えがちだし、ものごとはすべて因果律で動くと信じたがる。詩人や芸術家はそうでないことを知っているけれど。

ジョニーはユークリッド批判者を相手にしなかった。ユークリッドの定理を柔軟に受けとめたから、公理をつかいながらも二次元にとらわれていない。無限次元を考えながら公理とたわむれるのもお手のもので、それができない人にはやや冷たくあたった。古代ギリシャから受けついだ数学が文明の発達に決定的な役割を演じた、とたびたび真顔で言ったりもしている。ユークリッドの最大の美徳は、感情や倫理や政治を離れたところで数学を成立させたところにある。それをもとに、威圧するだけの政治家や聖職者にならなくても、筋道をたててものを考える科学者や学者になれば人の上に立てるようになった。

ユークリッドが拓いた道、公理化をもとにした真理探求の道こそ、欧米と、その知の伝統を受けとった国々が次々と技術革命を進めた真の理由だといえる。だから欧米は世界に先駆けて生活水準を上げ、野蛮な専制政治や部族社会から脱し、寛容で科学的なやりかたを生んだ。代々の知識人が、ものごとを公理化して考える、つまり「これをしたら論理的帰結はこうなり、次にこうなる」と考える伝統を偉大な先人たちから受けついで、私たちに大きな利益をもたらしたのだ。

ほかの古代社会にはそれがなかった。ヨーロッパがまだ形もなさないころの古代中国は、火薬も印刷技術も羅針盤も生みながら、その原理を考える哲学がなかったせいで歩みが止まってしまう。ユークリッドの伝統に無縁なもっと未開の社会だと、抜群の頭脳をもつ人々は、科学者や研究者ではなく魔術療法師やブードゥー教の教祖になった。近年でさえ、非数学的な社会では、迷信深い小心な国民に、自分のドグマ（キリスト教の異端審問、マルクス・レーニン主義、ことなかれ主義など）こそが真理だと信じこませた。そんな社会の指導者は、ともすれば独裁者の地位を脅かす賢人を恐怖と迷信で縛り、ものを考えないようにする。

ジョニーは、ユークリッドへの思いをかるいジョークに紛らせはしても、聖職者やボルシェビキをことさらに攻撃はしていない。だが彼はヨーロッパ史を知りぬいていた。紀元四〇〇年から一四世紀末までの暗黒時代、ヨーロッパの学問はほとんど進んでいない。絶大な力を誇ったのがさまざまな宗教で、その最後に登場したのがキリスト教だ。折り折りの聖職者たちは、常識に挑む賢者に寛大ではなかった。中世最大の科学者ロジャー・ベーコン（推定一二二〇〜九二）は、ニュートンの光学に近いことを考えていたし、火薬の配合を工夫して（ジョニーと同じく）安上がりの殺人法を見つけようともした。黒魔術に手を出したかどで投獄されたこともある。しかし来たるべきヨーロッパの技術革命を支えたのは、何よりも数学だった。その曙は一五八三年のある晩、一九歳の数学好きな聖職者（ただし後年、私生児を何人もつくる）ガリレオ・ガリレイが礼拝のためピサの大聖堂へ行ったときに訪れる。

ガリレオ・ガリレイ

ガリレオは一五六四年のイタリアに生まれた。同年シェイクスピアがイギリスに生まれ、ガリレオの没した一六四二年にはニュートンが産声を上げる。一五八三年、ピサ大聖堂の信徒席に座ったガリレオは、祭壇の吊り下げランプが揺れるのを見て脈拍を頼りに周期を計ったら、揺れ幅に関係なくひと揺れの時間は同じだと気づいたらしい。やがて、ひと揺れの時間が振り子の長さで決まるのをつきとめ、それが精確な時計の発明につながる。当時は最高性能の時計も日に一五分は狂ったけれど、ガリレオの死後三〇年もしないうち日差一〇秒にまでなった。かつてアメリカ議会図書館の司書だったダニエル・ボースティンは「時計は機械の母」と言ったが、まさに至言だろう。時計は精密機械のさまざまな部品を生み、ねじもギアも歯車も、時計のために開発された。時計の出現が技術に時間の次元をもちこんで、科学も静力学から動力学の時代に入る。

アルキメデスやジョニーのようにガリレオも数学の教授となり、はては国でいちばん科学に強い武器製造者になった。一六〇〇年ごろオランダの眼鏡造りたちが、凸レンズと凹レンズを目から適当に離してのぞくと、教会の屋根にある風見がとてつもなく大きく見えるのに気づく。倍率は三倍ほどだった。彼らは一六〇九年、軍艦の襲撃の備えになります、とヴェニスに新技術を売りこもうとする。それに、商人の方々にとりましても、大聖堂の鐘楼から見張っていて二時間後に入港する商船がお目当ての船だとわかれば、シャイロックのような高利貸にびくつく時間もそれだけ短くなりましょうし。オランダの遠眼鏡よりいいものがほしいとヴェニス市当局にねだられたガリレオは、たちまち倍率一〇倍の望遠鏡をつくってしまう。一九四四年、ジョニーが合衆国陸軍の兵器局をぶらりと視察したあとでコンピュータの性能が一変した話（12章）を思い出さずにはいられない。

ガリレオは望遠鏡で夜空をのぞき、木星の衛星を発見した。見ろ、動いてる！　計算してみたら意外や意外、地球も動いていることになってしまう。ボースティンの本によると、その少し前、名高い数学者が当時としてはまっとうなこういう意見を吐いていた。

地球が自転するとか、太陽の周りをよたよた回転しているなんて考える人間は、気がふれているか、物理知識のかけらもない手合いだ。地球のように重くて大きなものが動くわけはない。少しでも動けば、家々も要塞も街も、山々も振り落とされてしまうはず。……地球が動くなら、天に向かって矢を射ても、塔の上から石を落としても、まっすぐ落ちてくるはずはない。前か後ろに落ちるだろう。

そんなご時世だから、庶民も教会の声を理不尽だとは思わない。（前からいろいろ教会を怒らせてもいた）ガリレオは、異端審問所で恐ろしい拷問具を見せられたあげく、ヴァチカンにひれ伏して「太陽は世界の中心に静止し、世界の中心でない地球は動く」という異端の考えを述べたのを撤回するよう迫られた。

ジョニーだったらどうしただろう。独裁者が拷問具をちらつかせ、フォン・ノイマン環

（6章）の最新成果を否定するよう求めたら？　たぶんすぐさま従った、と筆者はみる。ラッセルやウィーナーなら抵抗しただろうけれど。ジョニーは、否定するのが理にかなっていると考えたはず。ガリレオは真実を書き残した。その真実をいずれ聡明な誰かが前に進めてくれる。まさにそれが起こった。ガリレオが死んだ年のクリスマスに、ニュートンが生まれたのだ。

アイザック・ニュートンの足跡

ガリレオよりも、そしてまちがいなくジョニーよりも、歴史を変えた数学者といえばなんといってもニュートンだろう。だからジョニーの伝記（本書）にとって両人の比較はおもしろい。占い師なら、二人ともクリスマス生まれだったことを指摘するだろうし。

ニュートンの少年期は、父マックスがジョニーに恵んだような幸福で知的な環境にも縁がなかった。母親は幼な子をリンカーン州の実家に送りつけ、ニュートンは祖母に育てられる。無学な実父が亡くなるや母親はすぐ牧師と再婚するも、二度目の父親は子供ぎらいだった。アイザックが一一歳のとき、母親は息子が学校をやめて働きに出るのを望んだけれど、校長（ルーテル校のラーツ校長のような人？）がかばってくれて一六六二年、苦学生としてケンブリッジ大学に入る。

やはり田舎出のラザフォード卿（一八七一〜一九三七）に似て実際面にたけたニュート

ンは、実験器具を自作したりして遅れを帳消しにした。ジョニーにその芸当はできなかった。政治面は保守派で、政府の要職に進んでついたのはジョニーと同じ。ニュートンは、無学な父親が貴族の出であるはずもないのに、先祖に貴族がいると嘘をつく。ニュートンはベルリン時代と同じく、ニュートンも二三歳から二四歳までのんびりしながらも多産な二年間を過ごす。ケンブリッジを卒業した一六六五年、ロンドンを黒死病（ペスト）が見舞う。ニュートンは田舎に疎開し、そのとき三つの偉大な発見をした。重力と運動の法則、色彩の理論（詩人キーツは、虹を歌う詩の味わいをぶちこわしたニュートンに怒り心頭だった）、そして微分学（無限小算法）だ。

ジョニーが一六六五〜六七年にリンカーン州の田舎に引きこもっていたら、同じような発見をしただろうか？　ひとつはできたと思う。彼の精神構造からして、当時なら重力の秘密に挑んだろう。少なくとも、こんな問題があると誰かに聞いたら、答えを求めて五ブロック先まですっ飛んだにちがいない。1章で紹介したように、ジョニーは日射下の地面一メートル四方に届く熱量をたちまち計算してのけた。その早業は、ニュートンがリンゴの落ちるのを見て重力理論を発見したときの計算と似ている。ジョニーもニュートンもお気に入りの数学定数をよくつかった。ニュートンは考える。リンゴは地球の中心に引かれて地面に激突するのに、月が（幸い）そうならないのは地球から遠いせいだ。それなら両方に共通の運動方程式で軌道を計算できよう。当時、地球の中心から測って月はリンゴの六〇倍ほど遠くにあるといわれていた。すると自分の見つけた逆二乗則（万有引力の法則）で、月にはたらく重力の加速度は六〇の二乗だけ小さく、リンゴの三六〇〇分の一になる。

ニュートンは地球の半径を最初まちがえていたが、正しい値をつかってからは万事うまくいきだす。惑星や銃弾の軌道も、コマの回転も、機械の動きも運動方程式で説明できた。こうして、産業革命の大部分はニュートンの築いた数学が進めた。概念の定式化と計算法が確立されると、ニュートンの仕事は電気学、音響学、光学に言葉と道具を恵んだ。シュレーディンガーの波動方程式（次章）も基礎はそこにある。ニュートンのような人物がもっと出れば、世界にとって結構なことだったろう（ただしニュートンの知人を除く。なにしろひどい鼻つまみ者だったから）。

ニュートンは多彩な仕事を残す。ジョニーは、自分にはニュートンのかけらほどの独創もないと自覚していた。晩年は、自分の発明したコンピュータが、もっと多くのニュートンが活躍できる時代をやがて開く、と期待してはいたが。ニュートン時代に発達した数学のおかげで一六六〇〜一九五〇年の物理は幸せだった。いつの日か微積分に並ぶ計算法が生まれ、経済学などの社会科学も現在の無知な状態から脱するだろうとジョニーは期待した。ニュートンの時代にも、ドイツのゴットフリート・ヴィルヘルム・ライプニッツ男爵（一六四六〜一七一六）がほぼ同じペースで微積分にとり組んでいた。

ユークリッドの公理系は、動く物体の解析には非力だった。一六六七年ごろ、ものごとの変化を扱える数学、変化率をきちんと記述する数学が必要になる。距離の変化率（速度）、速度の変化率（加速度）、勾配の変化率（曲率）などで、それをニュートンの微分法が提供した。ある瞬間からごくわずかな時間ののちに生まれる変化を数学で記述する方法をあみ出し、そこに論理の厳密さをもたせたのだ。

ニュートンもほかの多くの数学者たちも、新しい計算法が一見してユークリッドの認める形にならないのを悩んでいた。厳密な公理化論者で通るジョニーはそのことをどうみたのだろう。

彼は笑い飛ばした。世には「ニュートンの微分法は数学的にそれほど厳密に定式化されたものではない。以後一五〇年間でそれを基礎にしたのは、不正確な物理学もどきだけ」という見かたがある。ジョニーはこの見かたにうなずき、不正確・不十分な基礎しかなくても、その一五〇年間（一七三〇〜一八八〇年）で数学に基づいた産業革命を花開かせるのに不足はなかったと言った。

次の技術の進歩は何を基礎にするのが最善か、ユークリッドの厳密な数学か、ニュートンの少々くずれた数学か、それともカントールの集合論か、とみんなが議論していたとき、ジョニーは意外な言葉を吐く。三つにはそれほどの差はない、ニュートンの仕事は「記述の形式どころか、本質の一部もユークリッドそっくり」だと言った。ニュートンはたしかに物理の直観と実証をもとに理論を築いた。だが、と彼はこんなおもしろい考えをした。「ユークリッドもそうやった。しかも、あんな古い時代、幾何学が今のような二〇〇〇年に及ぶ不動の地位と権威を得る前のことだ。不幸にして今の理論物理の殿堂にはユークリッド幾何学ほどの権威がない」。厳密でない先端数学も日常的にどしどしつかうべし、というのがジョニーの熱い信念だった。だから先端数学のつかい勝手をよくしようとの一心で、（後年のもっと手際よくやれた論争に比べると）かるがるしく「カエルとネズミの戦い」に首をつっこんだのだろう。

　大学生のころ書いた論文では、ジョニーはたしかにヒルベルトの（つまりはライプニッツの）ドイツふう価値観にのっとって、数学はあらゆる問題を解けると考えるふうがあった。イギリス人のニュートンはちがっていた。自分を含めた数学者が「真理の大海」の発見に近づけるとは思いもよらず、「海辺で遊ぶ子供のようなもの、ふつうのものよりつるつるの小石やきれいな貝殻を見つけて楽しんでいる」だけ、と自己紹介している。ジョニーが後年、純粋数学をやる動機は「おもに美的なもの」だと言ったのに通じる。

　ニュートンはやがて純粋数学をすっぱり捨てて高級官僚になり、通貨を管理する造幣局長官の地位に上りつめる。また、権力側に立つ（反カトリックの）百万語を超す神学論を著し、過去の天体の動きをもとに聖書の話が現実の出来事だと証明したがるなど、奇矯な行動に走る。ジョニーの言いかたを借りると、ついにニュートンもバロックの大伽藍《がらん》に引きこもった、というところか。

ニュートンは深く考え、またその適性もあったのに、残念ながらこの手の逸話が多い。不幸な子供時代のせいで感情の起伏が激しく、身近な人たちはみな彼を嫌った。ライプニッツが自分の計算法をごっそり盗んだという文書に他人を署名させたが、その文書は自分が書いたものだった。そんな言動が目に余って、一八世紀から一九世紀にかけ、イギリスの数学者は大陸から孤立してしまう。そのため一九世紀、大陸に先駆けて産業革命をなしとげた国でありながら、数学ではドイツの後塵《こうじん》を拝するようになる。そしてドイツの教授たちも国粋主義と排外主義をますます強めていく。

「カエルとネズミの戦い」の流れと結末

ジョニーがゲッチンゲンに来た一九二〇年代初めは、まさにそういう国粋主義の勃興期だった。貴族の名「フォン・ノイマン」を名乗れば通りがいいこともわかった。ジョニーがドイツ人に人気があった理由のひとつは、ラッセルやアーサー・エディントン卿（アインシュタインの後援者。相対性理論の実証実験をしたものの、以後は数学を理解しなくなる）などイギリス人の面目をつぶしたことだ。「カエルとネズミの戦い」でヒルベルト派の旗手を務めはしても、先駆者の気負いはなく、海岸できれいな貝殻を拾っているくらいの気分だった。以下、ジョニー自身の言葉を「　」に入れ、彼がたぶん言いたかったことを地の文にして、「カエルとネズミの戦い」を要約しよう。

彼は一九五〇年にこう書いた。「一九世紀末から二〇世紀初頭にかけ、抽象数学の新分野だったG・カントールの集合論が壁にぶち当たる。論証の一部に矛盾が出てしまったのだ。集合論の中核でも有用部分でもないし、なにか形式的な基準を設ければ、見た目の矛盾は解消できる。けれど、問題のないほかの部分に比べてなぜそこだけが集合論的に弱いのか、どうにもよくわからない」。そのころブロウエルがつくった数学体系は「集合論として難点も矛盾もない。ただし現代数学のほぼ半分、しかも最重要の――当時まで誰も問題と思わなかった――部分、とりわけ解析学の内容が粛清を受ける。数学はつかいものにならなくなるか、難解な回り道をしないかぎり正当化できなくなった」。

事態の深刻さはいくら強調しても足りない、とジョニー。彼が数学者になった二〇年代、ブロウエルもワイルも「数学の大家。数学とは何で、何のために何をするものか、誰よりも深く広く知っていた。その二人が、数学的厳密さの概念や、正しい証明には何が必要かの概念を変えなければいけないと主張したのだ」。そのあげく次の四つが起こった、とジョニーは言う。

「まず、日ごろの研究に新しい過激な基準をつかおうとした数学者は多くない。たいていの人は、ワイルとブロウエルは第一印象では正しいとしながらも、昔ながらの楽な数学をつかい続けた」

「第二に、ヒルベルトが現れ、ブロウエルとワイルを満足させるには何をすべきか提案した。大勢の数学者が一〇年くらいはヒルベルトの宿題に取り組んだ」。ここでジョニーは謙虚になりすぎている。彼自身、もう十代でその挑戦に手を染めていたのだから。

一九〇一年、神経衰弱の寸前からなんとか立ち直ったラッセルは、「存在する万物の類《クラス》」の内部矛盾を解消しようとして大著の執筆にかかる。アルフレッド・ノース・ホワイトヘッドと書いた『プリンキピア・マテマティカ』は一九一〇～一三年に出版され、おおかたの矛盾はつぶせたものの、冗長で一部は無用の長物だし、大戦のあと外国人嫌いになっていたドイツ人たちは、いかにもイギリス的で阿呆くさいとみた。ジョニーは『集合論の一公理化』（一九二五年出版。執筆はそれ以前）でその問題に取り組み、学位論文『集合論の公理化』（一九二八年出版。これも執筆はずっと前）で仕上げた。高価な『プリンキピア』を買って格闘するのに二の足を踏んでいたドイツの学生にとって、ジョニーの論文は天の恵みだった。ドイツやアメリカの教授に言わせると、ジョニーは大著の中身をたった一ページの公理に置き換えたことになる。

ジョニーの公理系は、ラッセル－ホワイトヘッドのバロック構造——命題の型（タイプ）や位数（オーダー）や階層といった構造——をいっさい必要とせず、その大半を、集合（セット）と類（クラス）という二概念の再定義で代えた。どんな集合も類だが、一部の類（ラッセルを苦しめた「すべての集合の集合」など）は集合ではない。また、ある集合は、その濃度（要素の数）が自然数の濃度と同じでないときにかぎって存在できる（つまり矛盾を生まない）。

ジョニーの論文は「カエルとネズミの戦い」の平和条約だ、これでヒルベルトの宿題も解ける、と考えるドイツ人がいた。この学生が数学の新技法を提出し、今まであいまいのままほうっておかれたものが正確な定式化で解析できるようになった、と彼らは思いたがった。だが、ジョニーは一度もそんなことは言っていない。次の（第三段階の）展開があったとき、ああ言わなくてよかったと彼は胸をなで下ろす。

第三段階の主役はゲーデル、とジョニーは言う。ゲーデルは、いかに厳密な数学をつかおうとも、ある種の数学定理は証明も反証もできないことを、「次の言明は証明不能」といった命題の数式化をもとに初めて示した。厳密な数学を基礎にしたものだったから、結局のところ数学だけですべてを証明するのは不可能だとわかる。ジョニーはすぐゲーデルの正しさと価値を認めたのに、おおかたの研究者はできなかった。

ラッセルの反応はどうだったのか、大いに興味がある。三五年後に書いた自伝で、あの育ちならさもありなんといった反応を見せている。まずゲーデルにふれた部分でこう不満をぶつける。「ゲーデルは正真正銘のプラトン主義者だとわかった。天上には永遠のイデア『否 not』が存在すると信じきっている。純潔な論理学者なら来世でその『否』と出合う楽しみもあるだろうが」。そしてもう一ヶ所では泣きごとも言い、「ゲーデルの弟子たちは、『プリンキピア』執筆に(二人で延べ)二九年も注いだ努力が水の泡だと言ったようなものです」と一九六三年、ニューヨークのある女性に宛てた手紙に書き、そうは思わないという返事をもらって機嫌を直している。

「カエルとネズミの戦い」も第四段階になると、ジョニーも肩の力が抜けてくる。「第四段階では、古典数学を正当化する大きな夢がついえたとはいえ……おおかたの数学者はやはりこの(古典)体系に頼ることにした。古典数学はエレガントで有用な結果を生んでいたし、昔ながらにいつも必ず正しいとは言えなくなったにせよ、電子の存在を保証するくらいには健全な基礎があった。つまり、自然科学を受け入れる心のある人なら、数学の古典的体系も受け入れてよい」。ジョニーは続けて言う。このたびの一件で、たいていの数学者がひどく厳密さを欠いているとわかった。しかし自分は彼らを責める立場にはない。「私もそのひとりだったし」。そして、「カエルとネズミの戦い」の四段階を「くわしく述べたのは、数学は絶対に厳密だと当然のように思いこむのがどれほど危いかを示す好例だと思ったからだ。なにしろこれは現代の事件だし、その中で、数学の絶対真理についての私の考えがみっともないくらいあっさりと、しかも三度もたて続けに変わったのをよくわかっているから」。

この告白を、ジョニーは若いころ数年の研究生活を無駄だったと思っている、というふうに解釈する人もいる。彼は無駄だとは思わなかったし、読者もそうみてはいけない。若いころの冷や汗体験が、デジタルコンピュータ開発に役立ったのだ。このとき逐次操作というものをしっかりつかんでもいたから。

12章のコンピュータ開発物語では、登場する腕利きエンジニア二人のうち、切れるほうのひとりに同情を捧げることになる。遅れてやってきたジョニーが、自分たちが戦時に開発した試作機に対面してすかさず追い抜くようなことをしなければ特許でもっと稼げたろうに、と不平を鳴らした人のこと。だが一九四四年当時のエレクトロニクスは、AならばBになる、とすらすら言える天才を待っていた。コンピュータ開発には最後の偉大な公理主義者が待ち望まれ、そこでジョニーが本領を発揮する。彼は「アリストテレスからこのかた最高の論理学者」ゲーデルの着想もどんどん借りた。論理文を数で符号化したゲーデルに倣い、ジョニーは数をつかってコンピュータに入れる命令を符号化した。

ジョニーはいつも陽気だった。二〇年代に何度かつまずいたからといって、少しでも落ちこんだと思うのはまちがっている。彼の心中はその正反対だった。

一九二六年、若きジョニーが躍進途上の数学で名をなしたとき、世界は変革のさなかにあった。大きな概念の変革がひきもきらずに起こり、何世紀も真実と思われてきたことがひっくり返る。自然科学でいちばん厳密なはずだった物理をアインシュタインと量子力学研究者が、そして行動科学をフロイトと（異論はあるにせよ）マルクスが、それぞれ根元からくつがえす。物質面の変革と概念の変革が併走する時期でもあった。電話・ラジオ・飛行機・ブラウン管が知の伝達を加速し、新しい知の形成を促す。それに、二六年当時は政治情勢も落ちついていた。物質と精神のおびただしい犠牲を払いつつ永遠に続くかとみえた第一次大戦が昔話になりかかり、インフレや軍国主義など、戦後の恐怖も影をひそめようとしている。人間のエネルギーも別のことに振り向けられよう。人間の自尊心に密着した数学はいつも競争の激しい仕事だった。ますます多くの人材が熾烈な競争を繰り広げるだろう、という気分に満ちていた。

一九三九年に再発した大戦がジョニーの才能をほかの面で必要とするまでの間、二二歳の彼を包みこみ、心の最前線を占めた世界がこれだ。ゲッチンゲンにやってきたジョニーの目前で、ヴェルナー・ハイゼンベルクが量子力学を打ち立てようとしていた。

6 ゲッチンゲンの量子力学（一九二六―三二年）

量子力学誕生の時代

一九二六年の初秋、ゲッチンゲン大学には興奮が渦巻いていた。前年、ドイツ青年運動の半ズボン姿で野山を歩きたがる二三歳の神童、そばかす顔のヴェルナー・ハイゼンベルクがひとつの理論を発表し、それを教授たちが「量子力学」と名づけていた。ところが二六年、ハイゼンベルクの定式化は完璧にまちがっている、とスイスでエルヴィン・シュレーディンガーが声を上げたのだ。

ジョニーがゲッチンゲンに着いてまもなく（数ヶ月前に短期滞在したときという説もある）、ハイゼンベルクは自分とシュレーディンガーの理論のちがいについて講演した。老境を迎えていた数学のヒルベルト教授は、この若者はいったい何を言ってるのかね、と助手の物理屋ロタール・ノルトハイムに問う。ノルトハイムがくれた論文もヒルベルトは理解できない。ハイムズの本に、「それを小耳にはさんだフォン・ノイマンは、数日でヒルベルト好みの簡潔な公理形に書き直した」というノルトハイムの言葉が引いてある。ヒルベルト空間の考えをふんだんにちりばめた書き物だったから、老教授はいたく喜んだ。

何の話かわからない読者のために、しばらく量子力学の話をしよう。あとのほうでヒルベルト空間もざっと説明する。量子力学の誕生は、二〇世紀でいちばん胸を躍らせる科学物語だ。マックス・プランク、アインシュタイン、ニールス・ボーアなど十指に余る大物が登場し、若きジョニーもやがて加わる。量子力学の歴史はリチャード・ローズが『原子爆弾の誕生』に手際よくまとめていて、筆者もだいぶお世話になった。

黎明のころ――プランクとボーア

二〇世紀初めの科学界には、もう電磁気の問題はあらかたわかった、という気分が満ちる。楽観ムードの源は、短命だったイギリスのジェームズ・クラーク・マクスウェル（一八三一～七九）の方程式。電荷が振動すると、池に小石を投げこんだときのように、一定の速さ（光の速さ。秒速三〇万キロ）で四方八方に伝わっていく波（電磁波）ができる。波長（波の山から山までの長さ）が一メートル以上の電磁波はラジオにつかう。波長がずっと短くて、〇・〇〇〇八ミリからその半分までなら可視光、さらに短いと紫外線やX線など、役に立ったり危なかったりする電磁波になる。アインシュタインはマクスウェルの法則を「物理学でニュートン以後最大の発見」と正当に讃えた。けれども、実のところは説明しきれない問題もずいぶん残っていた。

ひとつが、星や炉の中のような高温物体の問題だった。高温物体は、素材の粒子が振動してエネルギーの大きさは振動数（光の速さを波長で割ったもの）に比例する。振動数の値に制限はないため、無限に大きい振動数もありえ、高温物体からは無限大のエネルギーが出ることになってしまう。すると、①そばに近寄れば黒焦げになって死ぬ、だが②幸いそうならないからには、どこかがおかしいことになる。

一九〇〇年、長命だったベルリン大学のプランク（一八五八〜一九四七）が謎を解く。光もX線も、あらゆる電磁波は一定のエネルギーをもつ粒の集まりだと考え、その粒を「量子（quantum）」と名づけた。quantumは「いくつ？」を意味するラテン語の中性形だ。光速度で飛ぶ量子一個のエネルギーは、波の振動数に比例する。振動数があまりに高い波は、量子のエネルギーがとてつもなく大きくなるので存在できない。だから私たちは高温の物体に近寄っても黒焦げにならずにすむのだ。

そのころ原子物理学の世界で、最先端の研究者は不可能を信じなくてはいけない境遇にあった。ニュージーランドに生まれ、聖歌を歌うのが得意なラザフォード卿が初めて原子の中に踏みこむ実験をして、原子は太陽系に似たつくりだと証明していた。プラス電荷をもつ重い原子核のまわりを、マイナス電荷の軽い電子が回っている。だが物理の常識だと、そんな状態は長続きできない。いちばん単純な水素原子を考えても、回る電子は電磁波（エネルギー）を出し続け、たちまち失速して原子核に落ちこむはずだから。

一九一三年、デンマークの若き俊英ニールス・ボーアが、ジョニーと同郷のジェルジ・デ・ヘヴェシと難問にとり組んだ。プランクの量子説は、原子核のまわりを回る電子のようなぐっと小さな物体にも当てはまるにちがいないと考え、電子は、プランクの関係にのっとって、ある許された軌道から別の軌道に「量子の飛躍（ジャンプ）」をするはずだと見抜く。だから原子核に落ちこみはしない。

ここに至ってもアインシュタインはボーアの量子説を「あやふやで矛盾だらけ」とみていた。光が粒（光子）の集まりだとして光電効果を一九〇五年に説明し（その業績で二一年ノーベル物理学賞）、量子論の生みの親のひとりでもあったはずだから、なんだか妙な発言だった。とはいえ彼の偉大な業績になる特殊相対論と一般相対論（光に近い速さで動く物体の妙なふるまいを説明する理論）は、ボーアらが解き明かしていたミクロ世界の秘密と組み合わさって、ニュートン力学では想像もできない技術を生もうとしていた。

ニュートンのつくった古典力学は、今なおたいていの場合に当てはまる。超高速の世界には相対論が、極微の世界には量子論が効いてくるだけの話。物体の速度が音速の一〇倍なら、相対論の補正は一〇〇億分の一もない。目に見える大きさの世界には依然としてニュートンが君臨し、一〇〇〇分の一ミリ以上の粒子なら量子論の補正も必要なくて、運動はほぼ完璧に古典力学で書ける。だが一九〇九年生まれのヘンドリック・カジミールが言うとおり、「惑星も衛星も石も振り子も、運動はみなニュートン力学で計算できるが……

原子や分子や電子の運動は量子力学に従う」。物理学者は「原子の不思議の国」に踏みこんでエレクトロニクス革命を生み、カジミールも、オランダの大企業フィリップスの社長になって奇跡の電子製品を売りまくる。

けれど一九〇〇〜三〇年代にはまだ、量子理論の大家たちが口角泡を飛ばしてばらばらのことを言い合っていた。そこにジョニーのような鋭い数学者の出番が回ってくる。なぜかというと、科学者たちは一見まるでちがう言葉をつかいながら、じつは同じことを言っていたからだ。

ボーアは第一次大戦中、デンマークのコペンハーゲンで「孤独すぎる科学」の日々を送っていた。ものを書くのは下手くそ、校正刷りにどんどん赤を入れながら中身もどんどん変え、ついには何を言いたいのかわからなくなる編集者泣かせだった。得意なのは、科学者どうしのセミナーで議論し、相手に論点を見直させるところ。それで自信を深める人もいる半面、かわいそうなアメリカのロバート・オッペンハイマーのように失意のどん底に落とされる人もいた。二二年にノーベル賞を得たボーアは、第一次大戦のすんだ一九年から数年は孤独から奇跡的に脱し、「諸国のあらゆる世代の理論物理学者とのユニークな共同作業」という「忘れがたい経験」をする。

コペンハーゲンには新生ソ連の科学者も来たから、第二次大戦の終盤、チャーチルはボーアに白い目を向けた。しかし二〇年代の仲間はおもにゲッチンゲン大学の俊英科学者たちだった。当時のゲッチンゲン大学は、数学科には老ヒルベルトが君臨し、クーラントの磁力がアメリカなど世界中から人材と金を引き寄せるかたわら、物理学科も世界に類のない圧倒的な陣容を誇っている。ヒトラーが覇権を握る一〇年前、原子力時代開幕の二〇年前だと思えばぞっとしないでもないが、当時まだそんなことは誰の念頭にもなかった。

ハイゼンベルク登場

ゲッチンゲンで物理学を率いたのがマックス・ボルン（訳注：歌手オリビア・ニュートン＝ジョンの祖父）。師ヒルベルト仕込みの厳密な数学を物理の突飛な発想と組み合わせ、他大学だと没交渉になりがちな二分野をうまくまとめた雰囲気を生んでいた。一九二六年ごろは、のち原爆開発に駆り出される有力科学者の大半（フェルミ、オッペンハイマー、ジョニー、ウィグナー、テラー）が奨学金で短期滞在したほか、常勤研究者にヴォルフガング・パウリ（一九四五年ノーベル賞。抜群の理論家だが手先はジョニーに輪をかけて不器用）、ジェームズ・フランク（一九二五年ノーベル賞）、パスキュアル・ジョルダン、それに働き者の若手ハイゼンベルクがいた。古典学教授の息子で聡明なハイゼンベルクは、まかりまちがえば世界史を、それも最悪の向きに変えた人物だろう。第二次大戦中はヒトラーの膝元で科学を仕切り、総統にじきじき意見を具申した。ヒトラーとそりが合わず、だからヒトラーも彼の意見をときに聞き流したのは幸いだったが。

一九二二年、当時ミュンヘン大学の学生だったハイゼンベルクは、教授（アーノルト・ゾンマーフェルト）に連れられてボーアの講義を聞くためゲッチンゲンに赴く。話にすっかり心を奪われ、量子力学に一生を捧げようと心を決める。二〇年代にボーアを見知った研究者は多くが同じ道を選んだ。「（ボーアの）慎重な言葉づかいは、やや舌足らずなところもあったが、背後の深い思考と哲学をにじませていた。とにかくおもしろい発想だった」。若いながらも鋭いハイゼンベルクは、ちょっと疑問に思えた点をボーアに質問する。ニュートンとちがう心、つまりジョニーに似た心をもつボーアは、考え直すヒントをくれるような学生を好む人で、その午後ハイゼンベルクを長い散歩に連れ出し、コペンハーゲンにちょくちょく訪ねて来なさいと誘う。

ミュンヘン大学を出たハイゼンベルクはゲッチンゲン大学の私講師（訳注：講義をもち、学生の聴講費で暮らす教師。講義の腕で学生の集まり具合が、つまり収入が変わる）。やがて二五年五月には「絶妙の美あふれる原子の内奥」を記述する一連の数式を書きくだす。その数式は厳密かどうか自分でもあやふやなものだった。数学の得意なボルンは、それが行列代数にほかならず、開発者は誰あろうゲッチンゲン大学の老数学教授ヒルベルトだとハイゼンベルクに教えてやった。

以後三ヶ月、ハイゼンベルク、ボルン、ジョルダンの三人が数式にとり組み、ついに九月、ハイゼンベルクの言う「原子物理をすみずみまで統一的に説明する数学的枠組み」を仕上げる。三人はこれで原子物理学の混沌世界もすっきり説明できたと思い、その枠組みを「量子力学」と名づけた。同年の夏イギリスのケンブリッジで講義したハイゼンベルクは、反物質の予言者ポール・ディラックから、その着想の数学面を整理するための助言をもらう。ゲッチンゲンではパウリが、ハイゼンベルクの量子力学は当時の数少ない精密な実験結果にぴたりと合うのを証明する。パウリはさらに、ボーアが一三年におぼろげな直観で出した仮説は結局のところ正しい、と断じた。階段をとばして三段ずつ昇り降りする癖のあったボーアは、このときばかりは月にも飛んで行くくらいの気分だったろう。

一九二五年に発表されたその定式化（行列力学）を、世の科学者の半分は喝采で迎え、半分はあざ笑う。いちばん手きびしく反発した物理学者がシュレーディンガーだった。数学者の反発はさほど強くはなく、ゲッチンゲンに来たばかりの研究員ジョニーがたちまち撃退する。まず、シュレーディンガーが何を言ったかをみよう。注目度では明らかに彼の仕事のほうがずっと大きかった。

シュレーディンガー対ハイゼンベルク

シュレーディンガーは人好きのするウィーンっ子で、当時はスイスにいた。大半の物理学者と同じく「ハイゼンベルクの代数に肝をつぶした」彼は二六年、原子の物理的性質をもとにした理論を発表する。礼儀正しいはずのハイゼンベルクが「むなくそ悪い」と言ったらしい。シュレーディンガーの着想は、ハイゼンベルクやボーアの、そしてプランクの量子論さえもち出さなくても電子の波動方程式をつくれるというものだった。ゲッチンゲンとコペンハーゲンの物理学者はその着想を嫌ったけれど、彼はデタラメを言ったわけではない。原点は、フランスのルイ・ド・ブローイが書き、アインシュタインもお墨つきを出した一見奇妙な論文だった。シュレーディンガーの考えは、ヒルベルトとシュミットの初期の研究とも直接つながる。ゲッチンゲンでも、数学者の一部（ヒルベルトの正統派行列代数をつかうハイゼンベルクの理論は正しい、と請け合うボルンに反発した連中）はシュレーディンガーに耳を貸し、物理学者はシュレーディンガーを無視したがった。

やがてシュレーディンガーの式も実験結果に合うとわかる。ハイゼンベルクの理論と同様、たとえば水素原子のスペクトル線を完璧に説明できたのだ。証明した人がチューリヒ・スイス連邦工科大学の「聖なるヘルマン」・ワイルで、彼はむかしシュレーディンガー夫人とつき合っていた（人間模様も数学に負けず劣らず複雑なのです）。ケンブリッジではウィリアム・ローレンス・ブラッグが電磁気学についてこう皮肉を飛ばす。「月・水・金は神が波動論でつかさどられ、火・木・土は悪魔が量子論で仕切る、というわけですかな」。ある問題ではシュレーディンガーの方程式が、別の問題ではハイゼンベルク理論のほうがつかいやすかったという意味だ。

原子と電子を意のままに操れば世界は変わる。神と悪魔のどちらが世界を動かしているのか、科学者は決めなければいけなくなった。年配の物理学者はおおむねシュレーディンガーびいきだった。二六年夏の終わり、シュレーディンガーをやりこめてやろうと、ハイゼンベルクはミュンヘンのセミナーに出た。そのとき、ノーベル賞受賞者の座長が、若い生意気なハイゼンベルクをこうたしなめる。「量子の飛躍だとか原子の神秘だとか、わけのわからんことを言うのはもうよしなさい。いま私が指摘した問題もシュレーディンガーがたちまち解くよ」。コペンハーゲンのボーアと、大学を出てゲッチンゲンに来たばかりの二二歳のジョニーは、もう少し論理的な結論をもっていた。実験結果に合うなら両方とも同じことを言っているはずだ、と（シュレーディンガーの名誉のために言っておくと、彼も初めはそんな気分だったが完全には納得できなかっただけ）。

以後のなりゆきをローズが『原子爆弾の誕生』に手際よくまとめている。ボーアはシュレーディンガーとハイゼンベルクをコペンハーゲンに招いた。そのときのもようを、もちまえのユーモアをとり戻したハイゼンベルクがおもしろおかしく書き残している。温厚で世話好きのボーアも、いざとなれば「狂ったように追及する悪い癖がある。問題をとことんつきつめようとするあまり、相手が震え上がるまで容赦なく追及した」。彼はシュレーディンガーを徹底的に追い詰めた。気分が悪いと引き揚げたシュレーディンガーの寝室に押しかけ、ベッドの端に掛けてしぶとく粘る。「でも君はこれこれなら認めるだろう？」。哀れなシュレーディンガーが言い返す。「量子の飛躍なんてものを認めるくらいなら、原子理論の研究から足を洗ったほうがましですよ」。ボーアもすぐに愛想よさをとり戻してこう言った。君は、私も世界中の物理学者も、みんなを考え直させてくれたんです。みんな君に感謝しているんですよ。

神はさいころを振る

納得しないままシュレーディンガーが帰ったあと、ボーアとハイゼンベルクは膝つき合わせ、自分たちの理論のどこが弱いかを考えぬいた。もちろんあらゆる実験事実に合わなければいけないのだが、そんな事実はまだ多くない。一九二七年二月、ボーアは恒例のスキー旅行に出かけた(彼はジョニーがおじけづくほど運動が好きだった)。ハイゼンベルクは夜な夜なコペンハーゲンの街を長いこと歩き回る。もう半ズボンではなかった。この散歩で彼は、「ハイゼンベルクの不確定性原理」と呼ばれることになる着想をつかむ。

電子のようにうんと小さい物体の速度や位置を知るには、なにか道具を使う。たとえば光を当ててもいい。プランクが証明したとおり、そのときどんなに少なくても一個の量子(光子)が欠かせない。かりに一個の光子でも、動いている粒子にぶつかって、その速度や位置を変えてしまう。どう変わるかは予測できない。位置を正しく決めようと頑張れば頑張るほど速度があいまいになり、速度を決めようとすれば位置がぼやける。

量子力学のように革命的な理論が正確な測定につながらない、ありうる複数の結果それぞれの確率を言えるだけ――賢い科学者たちはそんなことを認めたくなかった。そのひとりだったアインシュタインも「神はさいころを振らない」と叫ぶ。コペンハーゲン学派の総帥、ハイゼンベルクの守護神ボーアは、後日アインシュタインに私信でぴしゃりとやり返す。「神がこの世をどう治めたまうべきか決めるのは、われわれ下界に住む人間の仕事ではない」。

ジョニーは一九二六年、コペンハーゲン学派側の公理化屋として量子論の数学面に切りこむ。仕事をまとめて三二年にドイツ語で出した本『量子力学の数学的基礎』を批判する人たちは言った。この若造は教条主義者で、自分のやりかたが「決定版」「完璧」だとしじゅう言っていたようだな、と。念のために言い添えると、彼はそんな批判さえも喜んで受け入れた。

量子力学では今日に至るまで「決定版」を出した人はいない。たとえばだいぶ後でアメリカの物理学者ファインマンが、量子力学を視覚化する巧みな方法をあみ出している（ジョニーはひょうきんなファインマンとウマが合った）。粒子は地点Aから B まで、時空のあらゆる可能な経路を通って到達しようとする。行く手が波の山か谷になる道は障害があって進めない。障害のない経路もあり、それがまさにボーアの軌道――そのあたりを図で表す方法だった。二六年以降、素粒子についてもどんどん新しい事実がわかってくる。スティーヴン・ホーキングがいみじくも言ったとおり、ノーベル賞のうちかなりのものは

（ジョニーのプリンストン時代の同僚・李政道《リーツンタオ》と揚振寧《ヤンチエンニン》も含め）「宇宙は思っていたほど単純ではないという事実をつきとめた人間」に贈られた。いずれは統一された量子理論が現れるかもしれない。その「万象理論」にアインシュタインは晩年の三〇年をかけたのだが、見るべき成果は出せなかった。

話を当時に戻そう。若いジョニーがそのころ何をしようとしていたのか、世間にはかなりの誤解があるようだ。

ヒルベルト空間に切りこむジョニー

量子力学が生まれた一九二六年当時、二三歳のジョニーは、時代遅れになりかけた公理化の大家ヒルベルトの弟子だった。と同時に、時流にうまく乗りたい若者でもあった。ボーアと同じくジョニーは、ハイゼンベルクの理論もシュレーディンガーの理論も結果が似ているからには、水と油みたいな二人もじつは同じことを言っているはずだとたちまち見抜く。その当否を確かめるにあたって、人にものをきくのはボーアより礼儀正しかったけれど、いったん考えが固まればボーアよりもきっぱりと発言した。量子力学は人類の幸福に役立つと確信し、数学者としてかつての「カエルとネズミの戦い」のような泥仕合はごめんだと思った。あやふやな新理論などものの役に立たない、と叫んで進歩を阻む数学者はいつの世にもいる。当時もそうだった。

二六年のハイゼンベルクの講義に出たあと、ジョニーがヒルベルトとノルトハイムのために解説を書いた事実は前に紹介した。たぶんその経験が、ハイゼンベルクの思想を数学者にわからせるにはどうすればいいかを彼に教えた。シュレーディンガーの発想も同じ枠組みに納まるはずだろう。まだ誰も気づいていない直観だ。ポール・ハルモスを引けば、それは「ヒルベルト空間内のベクトルの幾何学は、量子力学的状態と同じ数学形式をもつ」という直観だった。

こんなおぞましい言葉は聞きたくない、という気分の読者も多かろう。たぶん皆さんは、筆者もそうだけれど、一五歳あたりでもう高校の数学についていけなくなったはずだし。それでも勇を奮って、ヒルベルト空間をなんとか解説してみたい。

以下はもちろんひどく単純化してある。まず、一五歳に戻ったつもりで二元連立方程式 $x+y=12$ と $3x-y=16$ をお考えいただきたい。解きかたは二つある。ひとつは、両方の式を足す。すると y が消えて $4x=28$ つまり $x=7$、だから y $(=12-7)=5$ となる（初めの式に入れれば、合っていますね）。もうひとつのやりかたは、グラフ用紙に $x+y=12$ の線を引く。$x=11$ なら $y=1$、$x=10$ なら $y=2$……とやりながら直線にする。同じく $3x-y=16$ の直線を引いて、二本の直線が交わるところを探せば、めでたく答えの $x=7$、$y=5$ が見つかる。こういう、二つの変数がつくる空間（今の場合は平面）を「二次元の空間」という。

変数が三つの場合を考える。たとえば図形をつかって$x^2+y^2+z^2=29$（球の方程式）に合う整数を見つけたい。紙の上にx軸とy軸を引き、交点に竹ひごでも刺してz軸にすると「三次元の空間」になる。簡単でもないが、うまくやれば$x=2$、$y=3$、$z=4$が解のひとつだとわかる。

変数が四つ以上、つまり四次元以上の空間を思い浮かべるのは、ふつうの人にはもうお手上げになる。それなのにヒルベルトは、無限個の変数をもつ方程式を考えよ、と数学者に命じた。ここに無限次元の空間、すなわちヒルベルト空間が生まれる。その空間の中に、無限個の成分をもつ行列（マトリックス）を思い浮かべよ……。オクスフォード英語辞典を見ると、「マトリックス」の語源は「繁殖につかうメスの家畜」らしい（訳注：母mother も同源）。だからヒルベルト空間の行列もすばらしい子孫をたくさん生んだのだろう。子孫のうちにはひどい頑固者もいた。だいたいヒルベルト自身、二六年当時には、自分の名で呼ばれるこの空間にひそむ秘密にほとんど気づいていなかったといってよい。

ふつうの人は、そんな仮想空間の話などごめんこうむりたいと思うだろう。しかし挑戦しがいのあるおもしろいものだと思う人種もいて、ジョニーがそのひとりだった。以後一〇年余りの大半をヒルベルト空間の知的探検につかい、F・J・マレーなど俊英との共著も含め六〇篇に迫る論文を書いて、たぶん一〇〇〇に余る斬新な着想を引き出した。ほとんど未踏の荒野を進んで新しい着想や発見を重ねるのは純粋な喜びだったし、発見を応用する道を見つけるのも速かった。

最初のころ無限行列と有界行列（以前ヒルベルトの弟子が調べていたもの）を研究していたジョニーは、ほどなく研究対象を非有界行列と自己随伴《ずいはん》（自己共役）行列に絞りこみ、さらには（のちのプリンストン時代）、行列の中の作用素《さようそ》（オペレータ）や作用素環《かん》へと発展させる。そうした仕事の集積が、ヒルベルト空間に力強さをもたらした。空間の次元構造を決めるのが空間内で許される回転群だとつきとめたあと、次元が連続的に変わる空間について公理をつくった。これらは今、「連続幾何学」と呼ばれる数学の一分野になって、ジョニーが見つけた方程式群は「フォン・ノイマン環」と呼ばれている。ジョニーは無限次元の算術をあみ出しただけでなく、三分の一次元とか、ルート二次元とか、π次元などといった妙な次元を含め、ありとあらゆる実数の次元で（考えられる人だけには）考えられるようにした。連続幾何学などの研究は、今のところ、ジョニーが期待したほどは重要視されていない。これからなお広がる可能性はあるにせよ、ヒルベルト空間の深みに落ちこんだ彼もまた、バロックの大伽藍《がらん》をこしらえてしまったようだ。

混迷を解きほぐした数学

一九二七～二九年、ジョニーは他人に先駆けてスペクトル理論にも取り組んだ。つまりは振動をきちんと扱う理論で、楽器の出す音なども振動だが、量子力学の世界では原子が吸ったり吐いたりする振動をいう。そういう振動の本性がわかって初めて、原子物理も正しくつかえるようになる。ヒルベルトがつくった有界な対称作用素のスペクトル理論は、有界でない作用素の対象性をジョニーがつきとめるまで、まずものの役に立たなかった。彼は有界でない自己随伴作用素のスペクトル理論をつくってそこに風穴を開けた。

……いったい何の話？　と混乱した読者もいるにちがいない。ジョニーが量子力学にどんな貢献をしたか知るには、有界でない自己随伴行列だの何だのがわからなくちゃいけないのか？　と。ご心配には及びません（理由は少しあとでわかります）。さしあたりは、二〇年代の後半まで、かのゲッチンゲン大学にさえ、ボーアとハイゼンベルクの量子力学は数学的に誤りだと講義していた数学者がいたこと、そしてジョニーがそんな数学者たちを量子力学の船に乗せたことをおわかりいただければよい。

そんな懐疑派数学者のひとりだったK・O・フリードリクス教授が一九七九年に、当時の混乱ぶりをこう語っている。「ハイゼンベルク、ボルン、ジョルダンが量子力学の基本式をつくったとき、ゲッチンゲンの数学者のうちには、そんな式が成り立つわけはない、ヒルベルトの無限行列理論で考えりゃ一目瞭然だよ、とあざ笑う人たちもいた」。だがハイゼンベルクの式はヒルベルトの行列代数から生まれたはず。「クーラントの一派」は、ハイゼンベルクとボルンの式に出てくる記号PとQは無限行列だから、ヒルベルトが証明したとおり、そんなふうにはつかえない、と主張したのだ。

フリードリクスは続ける。「彼らのミスは、ＰとＱが有界だと頭から仮定していたところ。そこがダメ。それに気づいていたボルンも、有界であろうとなかろうと行列には同じ規則が当てはまると考えていた。しかしそれも正しくはなくて、有界でない行列に関するそれまでの研究は満足なものじゃなかったというのが要点。有界でない無限行列の扱いを完璧に仕上げたのはフォン・ノイマンだ」。そしてジョニーはヒルベルト空間の扱いかたも明らかにした。

その仕事は時間がかかった。フリードリクスに言わせると、二九～三〇年当時でさえ「われわれクーラントの仲間は（当時ジョニーが量子論でしていた）抽象的な仕事にずいぶん疑いの目を向けていた」。だが「フォン・ノイマンの抽象的な論文に目を通して愕然とした。じつは私もスペクトル理論の論文を書き上げ、見てもらおうとクーラントに渡したばかりだったんだが、その原稿をとり返し、フォン・ノイマンの抽象言語で書き直した。私の以後の仕事（スペクトル理論と偏微分方程式の研究）はほとんどがそこに始まる」。こんなふうにしてジョニーは数学者たちを次々と新しい世界に導き入れる。そして、もっと実際的な物理学者たちがこうした動きにそっぽを向いても、怒るどころか喜んでいた。

大戦後、ヒトラー難民だったフリードリクスは、ヒトラー体制下で最高の科学者だったハイゼンベルクに出会った際、昔ゲッチンゲンの数学者があなたの理論を誤解していて悪かった、と詫びを言う。でも幸い、有界でない自己随伴作用素とただの対称作用素のちがいを解明したのは数学者（ジョニー）なので、その借りは返せたと思いますが。

「ちがいって何のことです？」とハイゼンベルク。「おっしゃる意味がわかりません」。

不確定性原理の発見者でさえ筋をたどれていなかったのだから、今まで書いてきたことを読者がわからなくてあたりまえ。おわかりいただきたいのはただひとつ、多くの数学者たちを量子力学の船に乗せるのにジョニーの腕が必要だったということ。彼らが乗りこんでくれなければ、船はあれほど速くは進めなかったのだ。

ただし、数学者が乗りこんでよかった船はもう一隻ある。ポール・ディラックの船だ。

反物質の理論的発見で三三年にノーベル賞をとったディラックは、名著『量子力学』（オクスフォード大学出版局、一九三〇年）で量子論を数学化した。おもだった物理学者は以後、数学面でずっと奥の深いジョニーの本より、ディラックのやりかたのほうを好む。ジョニーの本は、ゲラ段階でだいぶ手を入れたのち、『量子力学の数学的基礎』（シュプリンガー、一九三二年）の題で出る（ジョニーは二八歳）。アメリカのマーシャル・ストーンほかの最新成果もとり入れたので時間がかかった。

ディラックは初歩の微積分を巧みにつかい、デルタ関数（delta function）という妙なものをあみ出して量子の世界を説明した。xが0なら無限大、0以外ならゼロになる関数だ。そういう奇抜な着想に数学者はあっけにとられた半面、物理学者は、無限次元の行列など考えなくてもいいところを重宝とみた。ジョニーは『量子力学の数学的基礎』の中で、

「デルタ・フィクション（delta fiction）」という言葉をつかってデルタ関数を手ひどく攻撃し、数学者はそれに喝采を送る。ジョニーの定式化がなければ量子力学と無縁だった人たちだ。ジョニーにはバツのわるいことに、一五年ほどしてフランスの数学者ローラン・シュワルツがディラックのデルタ関数を、精密で、誰にも文句のない、有用なものにした。大戦前の論理の仕事はゲーデルに、量子力学の仕事はディラックにつぶされた、とジョニーは思った。

たいていの数学者はそう思っていない。ジョニーはヒルベルト空間を探検して数学に新しい強力な道具を生んだ。とはいえ、栄光もかげり始めたヒルベルトを味方にして出発したのは少々きまりが悪かった。ジョニーの振り出しの挑戦は、二六年にノルトハイム経由でハイゼンベルクの発想をヒルベルトの数学に翻訳したことで、翌年にはヒルベルトとノルトハイムを共著者にした量子力学の論文第一号を出している。だが同じ二七年、数ヶ月後の論文ではもう独自の境地に飛び出す。ヒルベルトの無限行列に心酔した初学者時代から、それを足手まといと思うプロになるまで、わずか一年の道のりだった。

ゲッチンゲンからベルリン、ハンブルクへ

一九二七年もなかばになると、若鷹ジョニーはヒルベルトのもとから巣立ちするほうがいいとわかってきた。学生のころヒルベルトは絶対に正しいと力説した彼も、卒業後ヒルベルトの誤りをとがめるまでに成長していた。それに生活費を稼ぐ必要もあったから、二七年秋、二三歳でベルリン大学の私講師の職につく。伝統ある同大学にとって開闢以来、最年少の講師だった。二九年には一時ハンブルク大学の私講師になる。こちらの方が正教授に早くなれる見込みが高かったし、もうひとつ、ベルリン大学の数学教授エアハルト・シュミットのもとからも巣立ちするほうがよくなったからだ。

ジョニーはどんな論文の中でも終始ヒルベルトをもち上げた。しかしルーテル校の同窓生ウィグナーが、二七年当時のその気づかいを筆者にこう語っている。同年ウィグナーはノルトハイムの後任としてヒルベルトの物理学助手になった。だがまもなく、ヒルベルトに会えるのは年にほんの数回しかないとわかる。もうかなり年寄りでしたからね、とウィグナー。ちなみに取材した一九八九年、ウィグナーは八七歳、かくいう筆者は六五歳だった。「ヒルベルトはまだ六四歳ですよね？」と筆者。「そう、あのころはみんな歳をとるのが早かったんでしょう」。当時を知る別の人が、愛するゲッチンゲン大学からユダヤ人教授が追放された三三年のヒルベルトについて語ってくれた。ヒルベルトは彼らを駅に見送って慰めの言葉を吐く。追放は長く続きはしないよ、「大臣に手紙を書いてる」。当局がどれほど愚かなことをしたのか説明してやろうと思ってな」。だがその大臣は第三帝国でも残虐なことで知られ、追放政策を立案した張本人のベルンハルト・ルスト教育相だった。他界する一九四三年まで一五年ほどをヒルベルトがぼけ状態で生きたのは、だからかえってよかったのかもしれない。

一九二〇年代の末、偉大な老将が去りゆくドイツの数学界に若獅子ジョニーは活を入れようとしていた。三〇年代、ベルリン大学、シュミット教授のセミナーで、自分の研究を語るある学生が、今やお決まりとなった台詞でこう話を切りだす。「Hをヒルベルト空間、Lを線形作用素とします」。すかさずシュミットがさえぎった。「きみ、無限行列と言ってくれんかね」。シュミットの数学言語で科学を語るのは、もうほとんど無理だった。そんなこともあってジョニーは二九年にベルリンを捨て、ハンブルクに向かう。

そのハンブルクにもジョニーは長居していない。二七年から二九年にかけ、アメリカを心に置きながらヨーロッパで研究会やセミナーに忙しく飛び回っていた。

7 疾風怒濤の時代、結婚、渡米（一九二七―三一年）

数学界の若き教祖

ジョニーが書いた数学の主要論文は、一九二七年の末（二四歳）時点で計一二篇あった。それが二八年末に二二篇、二九年末には三二篇とうなぎ登りに増えていく。こうした論文が、ヨーロッパの若手数学者のサークルに、ジョニーを教祖とする新興宗教のような雰囲気を生む。若手たちは、二八年、二九年と月々ほぼ一篇ずつ出るジョニーのすごい論文をわくわくしながら待った。

二七～二九年の論文はどれも型が決まって整然とした、プロイセンの厳格さをにじませるドイツ語だった。整然としていたから数学者たちは、たとえ中身が難解でも筋はつかめて自分の仕事に利用できた。中身まで理解できる何十人かはジョニーの着想に息を呑む。おれたちは今までいったい何をやってきたんだろう、と落ちこむ数学者もずいぶんいたらしい。中部ヨーロッパの某教授から筆者はそう伺っている。

このころ書いた論文の一部は、ヒルベルト空間を旅して量子論を精密な数学に仕上げたもので、物理学をゆるがすほどの力があったのに、数学者に比べると物理学者の反応はにぶく、とりわけ実験物理系の人たちは意外なほどそっけなかった。あたりまえの話ではないのに、そんなあたりまえのことを言って何になる、という気分で彼らはジョニーの言葉を受けとめた。ただ、二八〜二九年にウィグナーと書いた原子のスペクトル線の論文四篇だけには物理学者の一部も心酔する。

原子のスペクトル線は、ボーアが理論のもとにした水素原子なら単純でも、原子によっては数千本くらいある。見た目はでたらめなその中にひそむ秩序を、ジョニーとウィグナーの論文が明るみに出した。六〇年後の一九八九年でさえ、あれがジョニーの最高の仕事だ、とハンス・ベーテは言う。ジョニーは控えめすぎるウィグナーをしっかり補佐した。ふつうならきっかけをくれた人の五ブロック先までたちまち飛ぶところ、ウィグナー相手ではせいぜい一ブロックしか飛べない。彼がおずおずと切り出す話を数学化し、精密化し、論点を強調した。強調しすぎたとさえいってもいい。六〇年後にウィグナーが当時をこう振り返る。私たちの研究は評判の悪い面もありました。新しい数学を勉強しろと物理学者に命令するようなものでしたからね……。実験で新事実を見つけるのが大好きな物理学者たちは、「もういっぺん学校に戻ったら?」なんて言われたくはなかったのだ。

論文のうちには、二八年に初めて書いたゲームの理論（11章）のように、他人がすぐにはとり上げなかったものもある。ほかの論文はたいてい数学者がすっと理解して拡張したりもしたから、ジョニーは自分の発想をとことん追究する人ではなかった、と批判する向きもある。その逆の評価というべきだろう、「今どきの若手には、あれこれの名高い定理をフォン・ノイマンが見つけたと知ってる連中がほとんどいない」、とある同時代人が不満をもらす。数学界で若いジョニーは、仕事の対象を少しずつ変えながら同僚たちの多彩な専門分野を流星のように駆け抜け、残光は残してもこまごました仕事を残さなかった。そういうやりかたをけなす人もいれば活用する人もいて、活用してもらうのがジョニーの意図だった。「いちばんおいしいところをとる人」という非難もあるが、それは優れた精神にふさわしい行為だろう。

仕事をおしまいまで追わなかったのは、当時からもう睡眠は三〜四時間と決め、しっかり起きている二〇時間ほどをせいぜい楽しみたかったからだ。考えるのが最大の楽しみだったけれど、やや飽きっぽかったらしい。美しい着想はとことん追いかけても（ヒルベルト空間はずいぶん深追いした）、自分の独創を他人が先へ進めるのは気にしない。謙虚というか学者ならあたりまえというか、自分の独創だと世間が言うものをみんなひとりでやったのかどうか自信がもてなかった。当時始まった風潮に従い、セミナー（研究集会）で仕事を進める時代だから、とりわけそうだった。二七〜二九年のセミナー時代に見せたふるまいは、のちアメリカでやった数々の講演でも似ていた。場所は本章がぴったりだと思うので、両地の話をとり混ぜて紹介しよう。

数学セミナー全盛のころ

一九二〇年代、ヨーロッパの若手数学者はしきりに会合や会議やセミナーを開いた。数学はなにしろ安く上がる。実験装置や試料をかかえて旅する必要はなく、チョークが数本あればすむ。ジョニーはそんなセミナーによく出た。ふつうの人ならうんざりした顔で講演の準備をするところ、列車の中で考えにふけるのが好きだったから。原稿を用意して読み上げることはまずなくて、黒板に方程式を電光石火でなぐり書きする。ときには黒板がいっぱいになって、聴衆がついていけないうちに頭から消してしまう。だから「消すことが彼の証明だね」と苦笑いする人もいた。

他人の講演はおおむね退屈だったが、退屈でもジョニーは気にしない。心のスイッチを切り、小声でぶつぶつ言いながら別の数学を考えるか、眠りこんでしまう。机に片ひじを突き、手のひらを口にかぶせて、見た目は講演者に敬意を払って集中しているふうでもじつは別のことを考えていた。講演がすんでみんな部屋を出ていくころもそのままで、仲間につつかれたこともある。

話が気を引けば質問をした。講演者の心をぐさりと刺し、うろたえさせる質問だったが、たいていは講演者がうっかり言い忘れたポイントだから当人もうれしがった。本気で興味をもてば部屋の中をうろつき回る。俺は講演を一〇段階評価していた、とノーベル賞学者のベーテが言う。「おふくろにもわかる話が一点。女房にわかる話が二点。……七点は俺にわかる話。八点は講演者とジョニー・フォン・ノイマンだけにわかる話。ジョニーは理解できても講演した本人がわかっていない話なら九点。ジョニーにも理解できない話が一〇点だけど、それはまあめったになかったね」。

ロバート・オッペンハイマーとちがってジョニーは、「この阿呆をぶっつぶす」式の質問はしない。そんなことに意味はないと思っていた。だがこんな例外も言い伝えられている。ドイツには、学位の口頭試問のとき学生を「解けない問題」で試す習慣があった。「解けません」とすぐ答えれば冴えた学生だということになる。ある教授がお気に入りの「解けない問題」をいくつか黒板に披露したところ、ジョニーは二～三分ほど天井をにらんでぶつぶつ言ったあげく、なんと一部を解いてしまったという。

よく似た話をもうひとつ。ある教授が新発見をした。じつはとんでもないまちがいだった。教授はセミナーで出た質問の全部にみごとな受け答えをし、夕食会は「新発見」の話でもちきりになる。そのときジョニーが、たとえば次のa、b、cみたいな質問を受けたらどうしますか、とつぶやいて、新発見はすべて幻になってしまう。セミナーの主催者は「なぜあのとき質問しなかったんです」と彼に詰め寄る。人前の不作法は趣味じゃないから、がジョニーの答え。似た話は一九三五年にモスクワの研究会でもあった（次章）。ドイツのある教授が、トポロジー（位《い》相《そう》幾何学）に斬新な基本予想（Hauptvermutung）の概念を導入するというふれこみの報告をした。ジョニーは周囲の熱狂には乗らず、あの方は質問をみんな手際よくさばいたな、と感想をもらしただけ。一年後にその論文のボロがわかり、二〇年したら完璧な誤りだと判明。ジョニーはトポロジー屋じゃなかった、というのが一件のオチになる。トポロジーとは、形を変えても実質は変わらない図形や立体を考える学問をいうのだから。あるハンガリー人が「嘘すれすれ」のことを遠回しに「真実のトポロジー変体」と形容して、ジョニーはその言葉が気に入ったとか。

生涯を通じて人づきあいに不器用だったジョニーも、二七〜二九年のセミナー時代はちがっていた。理由がいくつかある。ひとつは専門で押しも押されもせぬ若獅子だったこと。次に、子供のころから議論で他人を傷つけまいと固く決めていたこと。そして第三、数学のセミナーに女性がほとんどいなかったことだ。ここぞと思えば、とてもここには書けない猥談をもち出して緊張をほぐす才があり、事実それがしょっちゅうだった。アメリカ時代もジョニーの外国語力はすごかった、なにせ同時に三ヶ国語でジョークを（猥談も）やるんだ、あんな人間は知らんね、とテラーも心底まいったという調子で一九八九年に話してくれた。二七〜二九年のセミナー時代はまだ二十代前半なのにその方面の腕はピカ一で、座を肩の凝らないものにするのに役立った。

今の事件を紀元前五世紀の事件にたとえて話す腕もよく、二三歳の数学天才をそうとうな博学に見せた。気さくな人間だと思わせるには猥談が役立った。また、仕事に行きづまった数学者をずいぶん助けてもいる。天井を見つめながらつぶやいて壁をぶち抜かせてやるか、ひとこと「ぼくならaかbかcをやってみるけどね」。アメリカ時代、学術誌の論文審査をしたときもそうで、いっとき評判になる。掲載は適切、と合格点をつけながら、ただし論点をくっきりさせるには、と数値や方程式をずらずら書き並べ、追加するよう著者にすすめた。それで論文の迫力もぐっと上がり、恐縮した著者は審査員の名前も入れた共著論文にしたいと言いだす始末。

ジョニーが希望の星として初登場した国際会議が一九二七年、ポーランド（現ウクライナ）のリヴォフで開催された。主催者は前もって某教授をドイツにやり、ジョニーが演者に適当かどうか探らせた。教授は感きわまった口ぶりで主催者に報告する。ベルリンのタクシーの中で集合論、測度論、実関数論を話し合ったときに若いジョニーがした話は、教授自身がそれまで一〇年も仲間と汗水たらして勉強した話より深くて広く、それも簡潔しごくの言葉で説明しきったのだという。

ご当地リヴォフには「カフェの数学」の伝統があった。二〇年代ヨーロッパの大学町では、数学教師と優秀な学生がカフェに集い、大理石のテーブルを囲んだ。大理石に方程式を書き、用がすんだら洗い流す。リヴォフの数学者がよくたむろしたカフェは屋号を「スコティッシュ・ハウス」といい、導師の親玉がシュテファン・バナッハ（一八九二～一九四五）。バナッハは、いったん議論を始めてしまうと、食事の休みをはさんで延々一七時間もぶっ続けにやるところが玉にきず。その間にタバコを四箱も五箱も吸い、飲むほうも輪をかけてすごかった。彼は戦後すぐの四五年に亡くなって、下手人はナチかロシアかと議論が沸いたが、じつは肺がんだったらしい。

ジョニーは健康に悪いからとタバコは吸わなかった。飲むほうも、人前ではラブレーばりの酒豪を装ったがそれほどでもない。ある日プリンストンのパーティーで、三歳の子がジョニーの膝によじ登って手元の飲み物をごくり。見た目がジンそっくりだったからまわりは青くなったけれど、ただのソフトドリンクだった。しかし先ほどの研究会でポーランドに行ったとき、バナッハがジョニーのグラスにこっそりウォッカを入れ、入れすぎたためジョニーは手洗いに駆けこんで吐いてしまう。吐いて戻ったら、中断した方程式の議論にぴたりと立ち戻ったらしいが。

政治観と人づき合い

セミナーでは政治談義も出る。そんなときジョニーは、後年のアメリカ時代と同じふるまいに出た。感情に走りがちな人間や、きっぱりした政治信念をもつ人とは絶対に議論しない。言い争っても意見が変わるわけではなし、反論するのも面倒だし、感情をこじれさせるだけだから。おもしろいことを言う人には探るような質問をぶつけた（彼の「おもしろい」は意味が広かった）。世間にうじうじ不平を鳴らす人より、世間を笑い飛ばす人を好んだ。何であれイデオロギーを奉じる人は、数学の事実にも社会の現実にも目を閉ざすからと、近寄らないようにしていた。

アメリカ時代、暗い人間より明るい人間を友に選ぶ人、とまわりは彼を見た。二〇年代のヨーロッパ時代は、愛想がよくて笑いじょうごの悲観主義者、の評判をとる。自分の前途もそんなふうに見ていた。一九二九年、以後三年でドイツの教授ポストに空きが三つ出るとはじいたけれど、二年以内に教授になれると自負する私講師を四〇人は知っていた。そのため早くから、アメリカから声がかかれば話に乗る腹だった。二〇年代の末は好景気だったし。ただ、三〇年代の大恐慌を予想していたわけでもないにしろ、好景気がいつまでも続くとは思っていなかったようだ。

二九年ごろジョニーは、ヨーロッパが恒久平和を生む政治体制に落ちついたとは感じていない。高い文明を誇ったアテナイ人がメロス島を蹂躙《じゅうりん》した古代の例を引いて、ドイツの「一九一八年の仕返し」もありうることをよく話した。音楽と数学を愛するドイツ人も、そのうち恐ろしいことをしかねない。祖国ハンガリーの領土分割という悲しい記憶もあったから、おだやかで思慮深い顔つきをしていても専門バカにすぎないゲッチンゲンのドイツ人が、チェコ(彼は Czecho をいつもドイツ語流に Tschecho と綴った)ごときがドイツ領をごっそり奪ったのに怒り心頭だと知っていた。戦いに疲れたハンガリーとドイツが新たな脅威の種にならないよう、英仏は中部ヨーロッパにきびしい戦後処理を課したのだ、と彼は書いている。

二八年に書いたゲーム理論の論文は、複数の主体が争えば終点は「鞍点《あんてん》」になると論証したもの。鞍点とは、こちらも相手もお互いにリスクが最小、利益が最大と感じるような状態をいう。第一次大戦後のヨーロッパには、国家主義のドイツが東進し、かつての領土を奪還しようとロシアに戦いを挑む気配があった。ヒトラーが現れたとき、ヨーロッパに戦争は起こるだろうがこの狂人にはまずソ連と戦ってほしい、とジョニーは折り折りに願っていた。そうなったら、はざまのハンガリーもポーランドもまずい立場に置かれるけれど。失地回復を願うハンガリーは国家主義ドイツの轍を踏むかもしれないが、自分は「そちら側で身動きとれなくなるのはいやだ」と友人に語っている。

そんな思いでいたからといって、若獅子ジョニーは不機嫌だったわけでもない。とはいえ、できればアメリカに行きたい、身につけた英語を武器にして、とずいぶん早いころから周囲には話している。英語など外国語の習得にはうまいやりかたをあみ出した。手ごろな本を短時間にうんと集中して読み、文章と単語の感覚を頭に刷りこむのだ。

一九五〇年代の初め（プリンストンでコンピュータ開発をしていたころ）、ディケンズ『二都物語』の冒頭十数ページを一語もたがわず暗唱してハーマン・ゴールドスタインの胆をつぶしている。英語の百科事典もあさって、興味をもった項目を一言一句覚え、フリーメーソン運動、初期哲学史、ジャンヌ゠ダルク裁判、南北戦争のいきさつなどをつぶさに知っていた。ドイツ語のほうは子供時代に同じことをオンケンの『世界史』でやった。だから彼は古代史を、ドイツ流の軍国主義に染まった見かたで身につけたらしい。

言葉や数学記号には抜群のセンスがあったのに、人の顔を覚えるのは苦手だった。自分を知っている人を自分のほうは知らない、そんな事態に生涯悩まされる。写真ふうの記憶機能を欠いていたらしく、それは数学をやるにも（形を思い浮かべるのが苦手で）少々まずかったけれど、別の側面では強みになる。写真型の人は四次元以上の空間をなかなか想像しにくい。ジョニーは、四分の一次元も一〇〇分の一次元も、数十万次元や無限次元もやすやすと思い浮かべ、そういう仮想空間の中にチェス盤を置いて、数学記号のコマを自在に動かした。

初対面の人の顔を覚えようとしなかった、という世評もたぶん当たっている。顔を覚えるのは、退屈なことしか言わない相手なら無駄な努力にすぎない。また生涯を通じ、女性の相手は苦手だった。つき合いの深い女性はみんな好意をもってくれたが、顔見知りだけの女性は彼におじけづく。何かに熱中しているとき、無意識のうちに女性の脚をまじまじと見つめる人だった。運転中、前方の道路に目を向けていながらしっかり見ていないのも同じ。ロスアラモス研究所にいたころ、秘書の机は前空きで、そこに目隠しのボール紙を張る秘書もいた。ジョニーがぶつぶついいながら前かがみになってスカートの奥を上目づかいにのぞいたからだという。

四時間の睡眠も無駄にすまいと、寝ながら仕事する手をあみ出した。眠る寸前に何か問題を考えぬき、朝四時に起きるやノートに突進してメモをする。体は休んでいても意識下の心がはたらいてくれたらしい。あるときこんな冗談を言った。自分の公理系をつかえば集合論が公理化できると夢の中で証明しようとしていたのに、途中で目覚めてしまう。翌晩も続きを夢に見て、証明完了の寸前まで行く。三日目は見なかった。見ていたら、後日ゲーデルが真実ではないと断じることを（夢の中で）自信たっぷりに証明してしまったかもしれない、神のお慈悲だった、と。

アメリカへの誘い

このあたりで、ジョニーをアメリカに引きとるゴッドマザー（母代わり。ただし男性）の出番となる。一九一〇年からプリンストン大学の教授をしていたオズワルド・ヴェブレン（一八八〇～一九六〇）だ。二九年、オクスフォード大学に客員教授として短期招聘された折り、アメリカ数学の近代化に手を貸してくれそうな数学者を求めて猛獣狩りみたいにヨーロッパをさまよった。すらりとして顔だちはスカンジナヴィア系、古典『有閑階級の理論』の著者ソアスタイン・ヴェブレンの甥だった。陽気で皮肉好きなところがジョニーそっくり。彼はイタリアの研究会でジョニーに話しかけた。先妻マリエットの記憶によればブダペストにも行ったらしい。ヴェブレンは父が子を思うような心でジョニーを好きになる。アメリカ数学改革の使命に燃えるヴェブレンと、アメリカに心を寄せながら先行きを悩んでいたジョニー。絶妙の出会いだった。

アメリカの大学は金はあっても数学がヨーロッパに立ち遅れていて、それがヴェブレンには気がかりだった。一九二〇年代の初め、ものわかりのよさそうなエイブラハム・フレクスナー(次章)を始めとする権威に、数学教授は学務の雑用が多すぎるとこぼす。低学年向けの講義が多すぎて研究時間が足りない。ヴェブレンは、セミナーや黒板や大理石のテーブルでやるヨーロッパ数学の口頭教育に心打たれた。その方式をアメリカが捨てようとしているのはまずい。状況を打開するには、アメリカに数学研究センターをつくり、大学なみの高給でヨーロッパのめぼしい数学者を誘ってセミナーを続けさせるべし。プリンストンの町を、うるわしき時代のゲッチンゲンのような数学の町にするのがヴェブレンの夢だった。気の滅入る三〇年代、なんとかその一部はやりとげた。

プリンストンに誘われた数学者の第一号が、かつてジョニーもいたチューリヒ・スイス連邦工科大学のヘルマン・ワイル。二八〜二九年にプリンストン大学の数理物理学教授を務めたものの、永住する気はなかった。ヒルベルトが教授としていよいよ無能になったらゲッチンゲン大学の数学科で後を継ぐことになっていて、そのヒルベルトの無能化がどんどん進んでいた。だから二九年にワイルは去り、あとがまを探すのがヴェブレンの仕事になる。

ひとつ問題があった。プリンストン大学の物理学者の一部は、ワイルのような数学ばりばりではない物理寄りの人間を次の教授に望んでいた。ワイルに似たジョニーには反対意見が出かねない。アメリカから見てヨーロッパはなんといっても量子革命を進めた本家だが、その量子論は数学というより物理の問題だ、というのが物理学者の言い分になる。ジョニーとウィグナーは、数学者ながら原子スペクトル線の共著論文を出していたため、物理学者の眼鏡にもかなった。そこでヴェブレンにひとつ名案がひらめく。ジョニーとウィグナーを一緒に呼ぶのはどうだろう。ウィグナーの控えめな回想によると、招聘状の内容はこんな調子だったらしい。

ひとりではなく、少なくとも二人、……お互い知っている研究者を。そうすれば、身内が誰ひとりいない異国でも寂しさが紛れる。もちろん当時ジョニーの名は世界にとどろいていましたから、当局はまずジョニー・フォン・ノイマンの招聘を決めたんです。そこでこんな話が出たんでしょう。論文の共著者は誰だって？　ウィグナーという男か。——というわけで私にも電報をくれたんですね。

二通の電報は一一月の同じ日に届いた、と書いている本もある。しかしジョニーが受けとったのは手紙で、その日付は一九二九年一〇月一五日だった。三〇年二月五日～六月一日の学期にプリンストン大学で数理物理学の講義をお願いしたい、「給与は三〇〇〇ドル、別に渡航費一〇〇〇ドルまでを支給。量子論の講義（週に二〜三回）が本務。基礎でも先端の話題でも可」。手紙は、ワイルがヨーロッパに戻ってプリンストン大学の「ジョーンズ教授」の席が空いた事実を物語る。うまくすればジョニーが先々そのポストを埋める目もある。ジョニーが三〇年後半はヨーロッパに帰り、契約ずみのベルリン大学の講義をすることは了解されていた。

手紙にはこうもあった。H・P（ボブ）・ロバートソン博士がプリンストン大学で担当している量子論の講義との調整はたぶん問題なくおやりいただけると思う。ウィグナー氏も一緒に招きたいが貴殿はそれをどう思うか、の打診もあった。ジョニーはヴェブレンに、給与もウィグナーの件も了解だと即答したが、「家庭の問題を片づけるため」まずブダペストに行きます、と返事した。三〇年一月にはプリンストンに着きます。次の手紙はブダペストの消印で、マリエット・ケヴェシと結婚の予定、とあった。以下この章は彼女の物語になる。

マリエットと結婚

マリエット・ケヴェシは一九〇九年生まれ。ジョニーの人生に入ってきたのは二歳半のときで、三輪車に乗っていた。三輪車は、マイケル・ノイマンの四歳の誕生祝いに招かれたときの正式な入場手段だった。マリエットの祖父は一八六六年以降の不動産ブームに乗って巨富をなした人。恰幅のいい大金持ちの老人で、ハンガリーの自動車第一号を買っている。父親は医師でブダペスト大学医学部の教授も務め、祖父のおかげで金持ちだった。母親は宗教心がたいそう篤く、マリエットが一六歳になってもまだパーティーは運転手つきの車を待たせ、門限までに帰るようきつく申し渡したほど。シンデレラが門限を破ると(ときどき破った)、ヒポコンデリー(心気症)になって一日か二日は寝室にこもりきってしまう。

ジョニーは、マリエットが一七歳になる前のチューリヒ時代から彼女の心の片隅にいた。ケヴェシ家とフォン・ノイマン家の別荘が、郊外の丘の中腹で近所どうしだった。ケヴェシの祖母はいつも丘の麓で車を降りたという。馬には優しくしなさいと小さいころからしつけられて、車を馬だと思っていたらしい。

一九二七年と二八年の夏、ベルリン大学の私講師時代、ジョニーが急にやさしくなってマリエットは首をかしげる。そのころブダペスト大学経済学部の学生だった彼女は仲間の女王様だった。ほっそりして(今もまぶしいほどスリム)機知に富み、服装の趣味がいいほがらかな女性だ。恋した男どもは彼女を「陽気」と形容する。五四年ほど連れ添った今のご主人に言わせると、その「陽気」さが昔ほどではなくなったのは残念、だそうだが。

ジョニーがやさしくなった理由は二九年の夏休みの初めにわかる。彼はそっと彼女にプロポーズした。恥ずかしそうにこう言ったらしい。「君とぼくは趣味が似てるね。たとえば二人ともワインが好きだ」。マリエットはそれほどロマンチックな気分にもならなかった。とはいえジョニーは今や押しも押されもせぬ世界的な大数学者、マリエットのほうはブダペストの若者社会で女王様だった。彼女の父親は二人を前世から約束された理想のカップルと見たし、母親もヒポコンデリーを起こさない。ジョニーはカトリック信者になると約束までしてくれた。事実、その年の夏前に父マックスが亡くなったのを潮に、ジョニーの一家は全員カトリックに改宗していた。プリンストン大学とのやりとりでジョニーは黒い縁取りの便箋に手紙を書いている。

休暇でパリへ行くケヴェシ一家にジョニーもついて行く話がまとまり、マリエットはパリでジョニーが大好きになる。博物館でみごとなガイドをしてくれたのが理由のひとつだったという。話題しだいでは並の歴史学教授よりも歴史を知っていた。いつもながらの集中力で、案内書の要点を頭にたたきこんでいたのだろう。

マリエットが洋服を買うのにかける時間にはあきれても、マリエットへの恋心はパリでいよいよつのる。正式発表はまだでも婚約はもう公認だった。三〇年六月にブダペストで盛大な結婚式を挙げる手筈になっていた。

その矢先の二九年一〇月、ハンブルクからケヴェシ博士に電話が入る。「ヤーンチだったよ。アメリカに一学期だけ行くことになって、おまえと一緒に行きたいんだと」。ケヴェシ夫人はそれから何日か寝室に引きこもる。二人は三〇年の元旦に式を挙げ、パリ経由で（またどっさり買い物したあと）シェルブール港に向かう。新婚旅行は、就航したばかりの豪華船「ブレーメン」号でニューヨークへ向かう船旅となる。海を見たことのなかったマリエットは、やせているから船酔いは大丈夫よ、と自信たっぷりだった。

ジョン・フォン・ノイマン一家にとって、その「船酔いなんか大丈夫」が、見込みちがいの第一号になる。シェルブール港を出て一月の寒風すさぶ大西洋に出た瞬間から、マリエットは船室のベッドにこもりきり（「ひどいハネムーンだったでしょ」と今では笑い飛ばす）。憧れの自由の女神像が見えだしたころやっと甲板に顔を見せた。

ニューヨークの埠頭にヴェブレンが出迎え、夕食のときマリエットはアメリカでの失敗第一号をやってしまう。桃の缶詰の話だった。アメリカ映画で見るだけ、ヨーロッパにはなかったその甘美な食べ物を彼女はデザートに注文する。ローズヴェルト・ホテルは天然の桃を出したのに、そんなものハンガリーで食べ飽きたからと缶詰を頼んだ。「ヴェブレンの奥様、きっと私をジャングル育ちと思ったわね」。

マリエットはニューヨークにぞくぞくした。胸にアメリカ讃歌がこだまする。ジョニーの反応も同じだった。一週間遅れでやってきたウィグナー（ジョニーの新婚旅行と同じ船だったという説は誤り）がこう書いている。「ジョニーは着いた最初の日からアメリカに恋をした。ここの人たちは正気だし、無意味なごたくを並べたりもしない、と思ったんでしょう。アメリカの物質主義はヨーロッパに輪をかけてひどいもんでしたけど、それさえ気に入ったんですね」。

ヴェブレンは翌日さっそくジョニーを数学の仕事に連れ出す。二〇歳のマリエットは、海の向こうで耳学問しただけ、一九三〇年のニューヨークでほうり出された最初の晩に何をしたかっただろう？　禁酒法時代のことゆえ、自然の勢いでもぐり酒場に行きたかった。家庭教師じこみの英語を試しに寄ったドラッグストアで、そんなことを口にした。さすがにアメリカ、連れてってあげるよとひとりの男が声をかける。ニューヨーク市の橋の建築に雇われた者だと自己紹介した。とっくに完成していたブルックリン橋だなどと出まかせを言わないところがまだ助かった。ハンガリーでワインしか飲んだことのない彼女がもぐり酒場に入ると、噂でしか知らないスコッチのソーダ割りを注文するのがぴったりの雰囲気だった。酒場を出て、がっくりする建築屋としっかり握手しながら、主人が待っているからと告げる。ジョニーは妻の冒険につむじを曲げた。彼は伝統を背負って新世界の征服にやってきた。だがマリエットはそうでもなかった。

プリンストンで彼女は、コンプトン家の夕食に呼ばれたとき二度目の失敗をやらかす。ハンガリーなら招待状に八時とあれば八時四〇分に伺うのが礼儀だった。さもないとヘアカーラーをつけた奥様にご対面となる。一緒に招かれたウィグナーはひどい姿だった。薄くなりかけた髪を復活させるにはすっぱり剃ればよい、あとはどんどん生えてくるという論文を読んで科学の香りに感動し、まさに実行した矢先だった。だがいっこうにその気配もなく、卑猥にてかてか光らせた頭で登場。マリエットはパリで買いこんだ洋服のうち、初のパーティーだからと、背中が大きく開いた夜会服を選ぶ。その年のパリモードだったが、プリンストンではそこまではいっていない。背中まる出しのマリエット、つるっぱげのウィグナー、タキシードをびしっと着込んだジョニー、この世のものとも思えない三人組がコンプトン家に着いたとき、ほかのお客はデザートに入っていた。

アメリカに落ちつく

量子論の講義担当ボブ・ロバートソンの夫妻とは肌が合い、ジョニーには生涯の友となる。マリエットは夫妻の子守りをかって出た。渡米してまもないある夕べ、赤ちゃんをお風呂に入れる仕事ができる。ヨーロッパで召使いのいる家だとそんなことは絶対にしないから、おっかなびっくりだった。赤ちゃんはなんとか生き延び、あとで生まれた妹は、姉の母代わり《ゴッドマザー》の名をもらってマリエットと名づけられる。

アメリカ人にとってプリンストンは古めかしい街だった。かたやヨーロッパ人にしてみればつい最近の一七七六年にできた新しい街。歴史の香りを残そうと配管工事の類は昔ながらの形でやられた。貸家も同じで、ジョニーはマリエットの家探しに初めのうち「そんな家じゃいい数学はできないよ」と不平を鳴らす。最後に落ちついたフロシンガム夫人の持ち家は、ヨーロッパ人の目には優美、プリンストン人の目には奇妙きてれつと映る調度がしてあった。

このころジョニーは、ほかのどの時期よりも学生とつき合う機会が多かった。とはいえヨーロッパのようにカフェでやり合う習慣はないから、マリエットは数学の議論好きな若者が加われるよう夜な夜な家を開放した。のちにプリンストンで名を馳せ、ずっと豪華になったフォン・ノイマンのパーティーは源がここにある。学生たちとはうまくつき合えても、当時の手紙をみると、どうやら英語のスペルをまちがえてばかりいた。プリンストン大学の物理学者たちが「ジョーンズ教授」のポストを数学者ジョニーに回す気のないのは明白だったので、それを手に入れようとするのはあきらめ、彼は三〇年の夏学期、まだ契約が切れていないベルリン大学の講義に出かける。

不況下のベルリンでジョニーは不吉な予感を覚えながらも、快調に進む講義を楽しんでいた。量子力学の講義で以前の相棒はうるさ型のシラードだったが、このたびの相棒は偉大なシュレーディンガーで、シラードは最前列に陣取っているだけ。マリエットはなんだか申し訳なさそうに、ナチ前夜のベルリンを満喫したと告白する。プリンストンに比べて女性の服装はぐっと華やかだし、知的な会話も生き生きとはずんだ。なかでもいちばん生き生きしている人物と、バスの中で彼女は出くわす。

「アルベルト、そんな大荷物があるのになんでタクシーに乗らなかったの?」。文句たらたらの大声がバスの通路を通りぬけた。「みんなあんたを見てるじゃないの」。「それなら荷物に腰掛けてもっとよく見えるようにしてあげようか?」とアインシュタインは、隣に座るマリエットにまぶしい笑みを送った。マリエットは一瞬でアインシュタインが好きになる。しばしば書かれている話とは裏腹に、ジョニーもそうだったと彼女は言う。四五年以降はアインシュタインの政治観にいらついたジョニーも、当時は、天才を尻に敷くのを気晴らしにしていたアインシュタイン夫人の根性を妻に見習ってほしくない、というのがいちばんの心配だっただろう。

一九三五年、マリエットが娘マリーナを身ごもって八ヶ月のころはもっとロマンチックだった。ある日フォン・ノイマン一家とアインシュタイン一家が一緒に夕食をした。アインシュタイン夫人の言うには、夫はその晩ニューヨークの演奏会の貴賓席に招かれているので夕食は途中で切り上げなくちゃいけない。アインシュタインも、すぐに出ないと間に合いません、と申し訳なさそうに言う。チケットは二枚あった。アインシュタイン夫人とジョニーが二人で残り(彼がまだそれに値した日々のこと)、アインシュタインとマリエットが演奏会に出かけることにした。開演間際に着いた二人は、用意された最前列の特別席めがけて小走りに急ぐ。聴衆の頭が、ウィンブルドンの観客席さながらに二人を追う。高名な老学者が(当時五六歳)、おなかは巨大でもすらりとした赤茶髪の若い美人に腕を貸している。翌朝の新聞は写真入りで大きく報じた。「ご老人のこの魅力、いったい誰が想像できたか？」。アインシュタインはマリエットに大きな花束と一篇の詩を贈った。

一九三一年のプリンストンに戻ろう。フォン・ノイマン家も車が必要になった。「みんないつかはフォードをもつのよ」とマリエット。問題は免許だ。マリエットはブダペスト時代に免許をとり、きびしい規則に従って車の修理まで覚えたけれど、いつも運転手つきの車に乗ったから自分ではまず運転しなかった。ジョニーはしじゅう運転していても、試験は受けたことがない。運転ぶりを知っている人は全員、ジョニーがアメリカで試験に通るはずはないと思った。そこでマリエットが耳よりな話を聞きこんでくる。ブルックリン橋の下にいる免許試験指導員の話だ。タバコをすすめてみて、シガレットケースをほめる指導員なら脈がある。不況時代ゆえ一〇ドルで合格させてくれた。ジョニーは試験に臨んだ。あんたのシガレットケースはたいへんたいへんすばらしい、と指導員。こうしてジョニーはアメリカの道路に野放しにされる。

プリンストンには彼に輪をかけてひどいドライバーがいた。ウィグナーだ。ジョニーはどんな道もまん中を猛スピードで走る。その反対にウィグナーはのろのろと、右側通行をきっちり守り、守りすぎて右の車輪はたいてい歩道に乗り上げ、ロードローラーが襲いかかったかと歩行者は飛んで逃げる。ウィグナーに運転を教えてやれ、といちばん辛抱強い大学院生に厳命が下る。陽気な男で、両足を頭の後ろにやりながら、コカコーラのビンの上に乗せた板に座る軽業ができた。

若者はホーナー・クーパーといったが、マリエットはデズモンドとあだ名をつけた。お気に入りだった焼きものの犬にそっくりで、その犬の名前がデズモンドだったからだ。一九三七年、彼女はジョニーのもとを去ってデズモンドと結婚し、そのまま幸せな人生を送る。

離婚する前、ルイス・バンバーガーとフェリクス・フルド未亡人、この二人の寄付でプリンストンに高等研究所ができ、フォン・ノイマン家とアインシュタイン家の暮らしを、そしてアメリカの科学をがらりと変える。その顛末が次章。

8　プリンストンの憂鬱（一九三一—三七年）

高等研究所の誕生、アインシュタインの着任

一八九二年、三八歳のルイス・バンバーガーがニュージャージー州のニューアークに小さな乾物屋を開く。ニューアークは、いまニューヨーク第三空港の町と言えば通りが早い。ルイスは腕利きの起業家で、やる気のある連中を集めた。妹は兄の片腕だったフェリクス・フルドと結ばれ、キャロライン・バンバーガー・フルドとなる。事業は大いに繁盛した。そのいきさつはエド・レジス著『アインシュタインの部屋』にくわしい。

好景気の一九二〇年代は取引高も年々うなぎ登り。二九年、店はニューアーク最大、全米でも小売業の四位にのし上がっていた。その年に七五歳のキャロラインは、夫に先立たれる。兄妹は店をニューヨークのR・H・メイシー社に売ることにした。尊大な同社に買いたたかれた末、二九年の九月初めに二五〇〇万ドル（訳注：二〇二〇年の相場で約三九〇億円）で商談が成立——絶妙のタイミングだった。株が大暴落する暗黒の木曜日（一〇月二四日）の六週間前、売却代金を危機一髪のところで銀行に預けた。

七十代の兄も妹も子がなくて、余生にはあり余る大金持ちだ。不況で庶民がどんどん貧しくなるなか、大富豪になってしまう。二人は同胞愛の伝統を継ぐユダヤ人だった。財産の一部なりと、買い物してくれたニュージャージー州民にお返ししたい。そこでまず、ユダヤ人の英才を優先して入れる医学校をニュージャージー州につくるのはどうだろうと考えた。当時の医学機関は学生も医師もユダヤ人を排除している、というのが二人の確信だったし、事実たしかにそうだった。

医学校をつくるなら相談相手に願ってもない人物がいた。六三歳のエイブラハム・フレクスナー博士だ。彼は一九一〇年、カーネギー財団の依頼で合衆国とカナダの医学校つごう一五五ヶ所を調査したことがある。結果をもとに、ひどすぎる一二〇ヶ所は即刻閉鎖せよ、残る三五ヶ所も多くはリストラが必要、ときめつけた。たちまち名誉毀損の訴えがどっと舞いこみ、一度は身の危険も感じたけれど、やぶ医者づくり学校がどんどんつぶれ、彼はいちやく有名人になるとともに、経営経験はないが医学校や研究所の類をどう設立すべきか熟知している人物、の評判もとる。

一九二〇年代、フレクスナーの関心は医学校から学術研究所のほうに向く。研究にあこがれる半面、学生は嫌いだった。ヨーロッパのように国内外の最新知識を数学者と物理学者が黒板でやり合う研究センターが必要だ、と主張するヴェブレンと意見が合う。ピラミッド型組織の大学で「未熟な学生どもを手とり足とり教える」のに偉大な学者をこきつかうのはばからしい。ダーウィンもファラデーもアインシュタインも、「かつて人類の知と生活の進歩に貢献した人物はみな、自分の内なる光に導かれた。どんな組織者、管理者、研究所も、開かれた知識ゆたかな精神が知の獲物を求めて休みなく突き進む環境づくりを第一にすべきだろう。規格化だとか組織化だとか、くだらぬ些事にかかずらうのは……気分ふさぎだし時間の浪費にすぎない」。

　そんな内容の本『米・英・独の大学』を書いていた矢先、フレクスナーのもとにバンバーガーとフルドの代理人と称する二人の人物から電話が入る。依頼人がニューアークに医学校をつくるために巨費を寄付したいと申しております。お会いできませんか。……塗料工場だらけの地区に医学校をつくるなんてばかげてます、とフレクスナー。ニューアークなど、これといった大学も病院もなし、学者が集まりたくなる所ではありません。川向こうはもろもろ完備した医学校のあるニューヨークじゃないですか。それに、ユダヤ人優先を条件にしようものなら、ただでさえ低下中の競争力もゼロになってしまいます。学校というのは、あらゆる差別を抜きに優秀な学者をそろえてやっと評判が保てるんです。ユダヤ人の逆差別などしようものなら、世間は新設ニューアーク医学校の卒業生をもっとひどい偏見の目で見ましょうし。

　とはいえ、未来のニュージャージー州と米国の歴史に二人が資産を輝かせたいと本心で望むなら、フレクスナーにはひとつ腹案があった。彼は慈善家二人の代理人に近著の第一章「大学の理念」を読ませた。一読してバンバーガーとフルドは乗り気になる。そこでフレクスナーはヴェブレンと、その金で、やがて高等研究所（IAS＝Institute for Advanced Study）と呼ばれる施設をニュージャージー州プリンストンにつくったらどうかと相談を始める。一九三〇～三一年当時のもくろみでは、三三年一〇月をメドに、まずは四、五人の数学者か物理学者（ヴェブレンを含む）を所員にし、高給を払って研究所を立ち上げる。教授は毎年一〇月～春は常勤とするが、夏はどこへ講義に出かけるのも自由。研究所には実験室も学務もいっさいなくて、考える時間だけたっぷりとある。給料の安い非常勤所員も一年か二年の短期滞在で招こう。膝をぐっと乗り出すバンバーガーにフレクスナーは切り札をつきつけた。この条件なら、世界でいちばん賢い、いちばん尊敬されているユダヤ人を呼べるかもしれませんよ。獲物はむろんアインシュタインだ。

一九三二年当時アインシュタインの仕事場は、ヒトラー出現前だとはいえどんどん居づらくなるベルリンだった。彼をぜひ宣伝看板にと、カリフォルニア工科大学（三一～三二年の冬に滞在）やオクスフォード大学（三二年夏、ベルリンの春学期と夏学期の合間にごく短期間滞在）などいろんな機関が言い寄っていた。この三二年フレクスナーは、横取りするつもりではないと周囲に確約しながらも、なぜかその三ヶ所すべてでアインシュタインと話をした。三二年六月、ベルリンでの会見が決定打になる。どしゃ降りの中を帽子もかぶらずよれよれセーター姿のアインシュタインが、ホテルへ戻るフレクスナーをバス停まで送りながら、けがらわしい学生のいない新研究所に「心が燃え立っています（Ich bin Flamme und Feuer dafür）」と言ったらしい。彼はその炎を冬季の非常勤だけで燃やすつもりだった。「プロイセンのアカデミーから今後五年間、五ヶ月ずつ休暇がもらえます」と、三二年七月にベルリンで記者発表。「その五ヶ月だけプリンストンに行きます。ドイツがいやになったわけではなく、自宅はあくまでもベルリンですよ」。

その五ヶ月間、机に座って考えるだけでいいのがアインシュタインには気に入った。金に淡白な彼は手当など問題ではない。ご希望はときかれて、年に三〇〇〇ドルならと申し出る。だが年俸は並の教授が一万ドル、上級教授（ヴェブレンを含む）が一万六〇〇〇ドルとフレクスナーは決めていた。アインシュタイン夫人がすかさず割って入り、亭主の年俸は一万六〇〇〇ドルに決まる。

不況の三三年、一万ドルや一万六〇〇〇ドルは目の玉の飛び出る高給で、税引きでも今の一〇万～一五万ドルに当たり、住みこみの家政婦もらくに雇えて王侯貴族の暮らしができる。それを聞きこんだ世界中の教授連が、伝統も基礎設備もないちっぽけな高等研究所は、欲の皮のつっぱった学者を袋小路に誘いこむ高給研究所（ＩＡＳ＝Institute for Advanced Salaries）じゃないか、と第一反応をみせた。やがて第二反応の大波が立つ。自分たちもどんどん応募してきた。

ジョニーの着任

人事権はヴェブレン（そう思っていただけ）とフレクスナー（正真正銘）の手にあった。一九三二年のクリスマス時期、創立時の教授としてヴェブレンが推薦した以下の五人にフレクスナーも同意している。①ヴェブレン自身、②アインシュタイン（ヴェブレンと同時に指名ずみ）、③ワイル（前年夏に予備交渉。ゲッチンゲンから承諾の電報をよこした）、④ジェームズ・アレクサンダー（プリンストン大学でヴェブレンの同僚。名だたる四四歳のアメリカ人数学者）、そして⑤天使のごとくにこやかで丸々とした二九歳のジョニー。

三三年一月九日の理事会はジョニーの採用を承認しなかった。話にも出なかったらしい。その日フレクスナーはジョニーに手紙を書き、指名できなかったわけを説明するとともに、プリンストン大学のアイゼンハート学部長に写しを渡す。学部長は、高等研究所が有力数学者を三人（ヴェブレン、アレクサンダー、ジョニー）も引き抜くのに悲鳴を上げていた。口約束ながら以前フレクスナーは、図書室などをつくってもらうのと引き換えに、プリンストン大学からは誰も引き抜かないと言っていた。スターはよそから引っ張ります、外国からアインシュタインとワイル、国内からはライバル他大学の掘り出し物を、と。他大学の候補がいなかったのでフレクスナーも一月九日は、プリンストン産のひとりは外そうと思い直す。ジョニーはいちばん若いし、フレクスナーも彼をよくは知らない。そこでフレクスナーはヴェブレンに申し出た。ドイツの二人（アインシュタイン、ワイル）とアメリカ人の二人（ヴェブレン、アレクサンダー）なら釣り合いがとれているだろう。

一月一一日、いつも心の揺れるゲッチンゲンのワイルから電報が舞いこむ。「約束を白紙に戻せないだろうか？」。その月ワイルは、ヒトラーがドイツの支配者にはならないと踏んで、外国に出たくはなくなった。これを受けて一二日から一四日、フレクスナー、ヴェブレン、学部長アイゼンハート、ジョニーの四人が何度か友好的な話し合いをもつ。ヴェブレンの権幕に屈したか、学部長もジョニーの採用に猛反対する気持ちを薄めている。たぶん彼は、プリンストン大学自体、ジョニーを長く引き留めておくのは無理と踏んでいた。春夏はドイツで過ごし、年の半分だけアメリカで教授をしたいジョニーの希望にぴったりだったので、たたき売りに近い値で買えた人間だ。セット販売のようだが、ウィグナーは春夏以外はドイツに行き、半分だけプリンストン大学の教授だった。ジョニーはやがてヒトラーがドイツを征すると読んでいた。そうなれば自分もウィグナーも、半分ドイツで過ごすのは無理になる。三三年一月一五日、ジョニーを年俸一万ドルで高等研究所の終身教授にする案が出る。二八日の理事会でそれが通った。

二日後の一月三〇日、ヒトラーがドイツの首相になる。案の定、ワイルが手紙をよこした。この前の約束を復活していただけないだろうか……。

ヒトラーの暴挙

ナチの突撃隊員がベルリン市街を意気揚々とたいまつ行進していた二月三日、ジョニーは半年のヨーロッパ滞在のためにアメリカを離れた。今や生まれて初の豪勢な収入がある。実家の援助はもういらないし（どのみち父マックスの死んだ一九二九年以後は余裕もなかった）、マリエットの実家の助けもいらない。ブダペスト行きの列車がベルリン駅に停まったとき、はためくハーケンクロイツ旗のもと、顔も曇りがちなシュミット教授と駅であわただしく面会をした。自分の順風満帆にひきかえヨーロッパは「暗黒時代に戻ろうとしていました」とプリンストンのヴェブレンに書き送る。ブダペストの消印がある手紙にはこう書いた。ベルリン大学の夏の講義の約束をどうしようか決めかねています。ベルリンも美しいゲッチンゲンも、もう一度この目で見たいのはやまやまですが、「それよりまだ北極に旅するほうが」暖かくて歓迎もしてくれることでしょう……。

一九三三年四月七日にはナチ政府が「職業公務員再建法」を公布する。「非アーリア系の人間、ことに両親または祖父母がユダヤ人の」公務員は、第一次大戦の前線で国家のために戦った人間を別にして、退職するか解雇されることになった。ドイツの大学は国立だから、その法令で、名の売れた一六〇〇人ほどの学者、とりわけ物理学・数学・医学分野の教授たちの生活に終止符が打たれる。おびえた民間機関も、クビになったユダヤ人を雇いたくないので、可能なら国を出るのがユダヤ人学者にとって最善の道になる。伝統の古い化学や文学、芸術の学部にはユダヤ人学者がぐっと少ない。ビスマルク以前に源をもつドイツの反ユダヤ主義は、頭の切れるユダヤ人を数物系の分野にどんどん追いやっていた。物理学者や数学者の優劣は誰が見ても一目瞭然だが、美術史あたりならいくらでもごまかしがきく。一九一九〜四五年当時、「ユダヤ人の物理学」という言葉を、ヒトラーだけでなく文科系のいわゆるヘル・プロフェッサー（教授閣下）たちも口にした。まったくもって狂気の沙汰、反生産的な偏見だ。三三年以降にドイツを追われた数物系学者の中には、ノーベル賞をもらった人といずれもらう人が合わせて一一人、四五年のアメリカの原爆開発を助けた人が十数人いた。「ユダヤ人の物理学」という流行語は、ヒトラーが第二次大戦に敗れた根本原因だともいっていい。

その三三年の夏、ジョニーは結局ベルリンには行かなかった。九月にプリンストンへ舞い戻り、新設なった高等研究所の教授に就任する。数ヶ月後にはアメリカ市民権を申請した。

娘マリーナの誕生まで

一九三四年から三七年まで、ジョニーの家庭生活、研究生活、高等研究所の状況がどうだったかをみよう。まず家庭生活をざっと眺めるが、いったいどこがまずくてああなったのかは、筆者にもよくわからない。若夫婦にはあり余るお金があった。二人は、不況にあえぐプリンストンの小さな池をゆうゆうと泳ぐ大魚だ。高等研究所がまわりから孤立するのはまずいと悟ったこともあり、名高いパーティーを開きまくる。「アレクサンダーさんのとこは」、と弁解ぎみに今マリエットが言う、「うちよりずっと豪華だったのよ」。

三五年の暮れ、ポーランドのスタン・ウラムがプリンストンに来た。彼の自伝『数学のスーパースターたち』が、知の興奮、まわりへのそこはかとない違和感、方程式、バラと白ワインの日々をよく伝える。「アキタニア」号を下りた田舎者のウラムはプリンストンに電話をかける。女性の交換手が「Hold the wire（しばらくお待ちください）」と言ったので、電話ボックスの中にあるコードのどれをつかむのかとあたふたしたが、なんとか切りぬけてプリンストンのおんぼろ共同アパートに着く。「まっすぐフォン・ノイマンを訪ねた。ものすごい大邸宅。黒人の召使いに入れてもらうと、居間にサロモン・ボホナーがいて、赤ちゃんが床をはいはいしていた」。赤ちゃんは今のマリーナ・フォン・ノイマン・ホイットマン博士。そのときはジョニーのおもな関心だった「群の上の概《がい》周期関数」（訳注：じゅうたんの模様のことか）と格闘していたのかもしれない。

プリンストンに落ちついたウラムは、ここの問題は孤立と孤独だね、というジョニーの言葉にうなずく。「講義やセミナーにはよく出て、モース、ヴェブレン、アレクサンダー、アインシュタインほかの話を聞いたけど、リヴォフのカフェの時間無制限セッションとちがって対話が少ないのに驚いた。リヴォフで数学者は互いの仕事に心から興味をもち、集合論を中心に話を弾ませたから気心もわかったのに」。三五年のプリンストンは、「数学と物理学の頭脳が世界でいちばん集まっていた」。だがウラムとジョニーは、その頭脳たちが「シカゴのギャングよろしく互いのシマを守りながら」こそこそ仕事しているのにあきれ返る。「トポロジー（位相幾何学）のシマは」、とウラム、「五〇〇万ドル規模でしょう。変分法のシマもだいたいそのくらい」。むかし変分法に手を染めたジョニーはにやり、「ちがうね。せいぜい一〇〇万ドル」。変分法の教祖、高等研究所の同僚マーストン・モースへの当てこすりか。教室ひとつしかないニューイングランドのちっぽけな学校が生んだ鬼才だけれど、彼の偏屈をジョニーは毛嫌いしていた。

ジョニーは渡米直後から、特許ばかり考えて仕事する実際派のアメリカ人も、何かを最初に思いついたり言ったりしたのが誰だとかののしり合う非実際派の連中も気に入らなかった。他人の仕事をとり上げ合って洗練するから科学は前に進む。アメリカの科学も第二次大戦のさなかにはそうなった。やっと田舎気質から抜けだしたということだ。ジョニーが大歓迎した状況で、戦後のコンピュータ革命もそうやって進んだ。当初は特許至上主義者に悩まされるのだけれど（12章）。

一九三〇年代中期の高等研究所は、ヒトラーを逃れてきたヨーロッパ科学者の待合室といった雰囲気。教授に比べれば雀の涙ほどの給料をもらって非常勤所員を一年やり、よそに仕事を見つけることになっていた。一年の中途に仕事の口が来て引きぬかれるほどの腕でないと、職も見つかりようがない。ジョニー家のパーティーはそのあたりで二つの役に立った。ひとつはきらめく先端科学の会話を楽しめたところ、そしてもうひとつ、高等研究所に短期滞在する貧しい俊英たちが未来の雇い主と会う場になったところ。

ウラムの自伝に、三五年のパーティーの一場面がある。ずいぶん年寄り（じつは五〇歳過ぎ）の男が大きな椅子に座って、若い美人を膝に乗せている。二人でシャンパンを飲んでいた。誰ですかとジョニーにきいたら、「テオドル・フォン・カールマーンさんだよ」。ジョニーは車でウラムを借家に送り、途中で雨の中を大渋滞にまきこまれる。「ウラムくん。アメリカの車はもう輸送の役には立たないけど、ぴったりの傘ではあるね」。優美なゴシック建築の大学礼拝堂のそばを通ったときにジョニーが解説、「一〇〇万ドルかけて物質主義に抗議しようというわれらの作品だな」。

一年後の一九三六年には、ウラムはジョニーの結婚生活がうまくいっていないようだと気づく。三四年のヨーロッパ行きは五月にずれ込んだ。フォン・ノイマン一家は、物騒なドイツはもう通りたくないからと、ニューヨークからイタリアのジェノヴァ港に着く。そこで車を借りて一路ブダペストに向かう予定のところ、ジョニーのあぶなっかしいハンドルさばきを聞き及んでいたケヴェシ家（マリエットの実家）は、そうはさせじと、五年前と同じ運転手つきの自家用車をジェノヴァの埠頭につけていた。ジョニーは自分が運転すると言ってきかず、猛スピードで北イタリアを駆け抜け、オーストリアから国境をつっ切って雨の中をハンガリーの森に入る。案の定、ジョニーの心はすぐ別のことに行ってしまい、立ち木にぶつけて車が大破。マリエットの頭はフロントグラスを突きぬけ、鼻を何ヶ所か傷つけてだいぶ手術した。あれで美貌が台無しになったわ、といま彼女は言うけれど、そんなことはありません。

マリーナは三五年に生まれた。ジョニーはそうとうな子煩悩《ぼんのう》で、ヴェブレンに体重をこまごま書き送ったりするかたわら、そんな自分を笑う余裕もあった。たとえば娘が六ヶ月のときの手紙はこう。「マリーナはまだ話せません。話せば両親がブリッジに誘うんじゃないかと心配してるんでしょう」。大人同様に扱ってほしい子供心を知っているジョニーは、よその家に行ったときも子供と一緒に床をはいずりまわる。ジグソーパズルは真顔で張り合い、組み立て玩具も必死に先を争った。自分の子と遊んでくれる人を友にした。ただ、おむつをかえてやるような父親ではなかった。家のことは何もしない。家事は主婦と召使いの仕事だと思っていた。あるとき後妻のクララがかるい病気にかかり、薬を飲むから水をもってきて、と頼む。だいぶしてから、グラスはどこだい、とジョニー。「その家に住んでまだ一七年でしたからね」がクララの感想。

マリエットと離婚へ

一九三五年の渡欧では、マリエットは時間の大半を実家で過ごした。ジョニーの講義とセミナーは、ケンブリッジへ、一週間のセミナーにモスクワ（九月四〜一〇日）へと、ヨーロッパを股にかけたもの。モスクワはスターリンの悪夢に後ずさりしつつあった。共産主義を失敗かつ恐怖とみるジョニーの心が、このときにしっかり固まる。世話役をしたロシアの数学者たちの頭脳は一流でも、生活のあやうさはナチスドイツの比ではない。荒涼としたモスクワの街に漂うウクライナ飢饉の影も、左翼がかった西の数学者は見て見ぬふりをした。共産主義が生んだのは専制政治と貧困だけ――それを直視しない同世代の科学者も（大親友も）多く、ジョニーの心は重かった。

同じ知識人としてジョニーは経済学者メイナード・ケインズの言葉にうなずいた。いわく、マルクスなど「科学といえないばかりか、近代世界でものの役に立たない時代遅れの経済学教科書」を書いた人物にすぎない。とりわけ悲しかったのが、陽気で山登りの好きな数学者ジェームズ・アレクサンダーが大不況時代にマルクス主義に転向したこと。生家が金持ちで罪の意識を感じたのだという。仕事では人後に落ちない学者たちが、眼の前でありありと見えているのに、スターリン治世で何が起きているのかをわかろうとしない。ジョニーは不思議でしかたなかった。

娘マリーナは生まれても、ジョニーとマリエットを隔てる微妙な六歳の年齢差が、三五年ごろに大きく口を開ける。二六歳の開放的な女性と、三一歳の世界的超有名教授。ジョニーの心にじわじわと不満の火がつき、火はときに相手を大きく傷つける。考えるのが趣味で、考えを中断されたときにしじゅう見せたいちばん気配りのある反応が、中断した人間を無視すること。そんな時間が多くなって、マリエットにしてみれば、それが自分に──賢くて機知に富み、魅力たっぷりでまわりもちやほやしてくれる若い女性に──ふさわしい人生だとは思えなくなる。プリンストンのパーティーの最中でも、ジョニーは何か思いつくや書斎にかけこんで方程式を書き始め、客の相手をマリエットにさせた。そうこうするうちマリエットは、軽業ができてずっと肩の凝らないデズモンド（親にもらった名はホーナー）・クーパーを次の伴侶に選んでしまう。

離婚後にマリエットはジョニーを「dull（にぶい）」と形容してまわりを面食らわせたが、「うわの空」というハンガリー語の翻訳だろう。二番目の妻クララは、知性で夫に及ばないのをいつも気に病んでいた。まあ人類のほとんどがそうだからしかたもない。マリエットはそんな心配はまるでしなかった。いつもわが道を歩こうとして、きっちりそれを貫いてきた。

破局は一九三六年のヨーロッパ旅行のときに来た。ジョニーはパリのアンリ・ポアンカレ研究所で講演し、そのあとブダペストまで一緒に行くはずだったのに、マリエットはパリからさっさとブダペストに里帰りしてしまう。ジョニーは何ヶ所かで用務をこなし、むっつりしてアメリカに戻る。離婚話は三七年、円満のうちにかたがつく。マリーナは高校に上がる一二歳までおもにマリエットと、そのあと教育が高度になってきたらジョニーと暮らす。離婚してすぐウラムにこんな礼状を書いた。「家のことをいろいろ心配してくれてありがとう。こうなったのは残念だが、ぼくに格別の責任はないと思う。君の楽観論のとおりになればいいが、幸せというのはなにしろ経験の問題だから、なりゆきを見守るしか手はない」。最後の一文はジョニーらしくもなくあいまいだ。そのころ書いたほかの手紙も似ていて、孤独で不幸な男の心中を語る。

以後の独身も長くは続かなかった。三七年にブダペストへ行って幼なじみのクララ（クラーリ）・ダンと再会する。彼女は二度目の亭主と離婚話をてきぱき進めていた。三八年一〇月にクララと再婚し、彼女は次章から私たちの物語に入ってくる。本章では次に、家庭生活はさておき、高等研究所勤務の初め数年ジョニーの仕事ぶりがうまくいったかどうかを眺めよう。筆者の私見ながら、とても順風満帆とはいえなかった。

ぎくしゃくする高等研究所

高等研究所は、当初の心配をよそに立ち上げは順調に進んだものの、集まった優秀な頭脳がフレクスナーの思い通りにはならないことをまざまざと見せつけた。当時アメリカの大学は、①講義が週平均一二〜一四時間、②研究は教授のやる気まかせ、③研究費かせぎの活動はそれほどしなくていい、といったところ。①がなくなって必ず②がよくなるわけでもないから、高等研究所は期待と不安のごた混ぜだった。

不安のひとつは、高等研究所がプリンストン大学の教授も名望も盗んでしまわないか、というもの。幸いそうはならず、きら星たちと同じ町に住みたい学者がどんどん群れて、プリンストンは世界に類のない活発な知の共同体になる。終身教授に加え、大物学者も折り折りにやってくる。一九三四年にはイギリスから一年間ケンブリッジ大学のディラックが来た。翌年夏にジョニーがケンブリッジに出向くのと引き換えだった。以後ディラックは、ほぼ一〇年に一度ずつ高等研究所に短期滞在する。誰も実験で見つけていないのに反物質の存在を予言した彼は、沈思黙考で孤高のところが高等研究所にうってつけだ。パウリも戦時中から終戦直後までの四〇〜四六年にやって来た。孤高の人とはまるで逆、あのボーアにさえ「バカを言いなさんな」などと抗弁できる人で、ニュートリノと中間子の分野に道をつけた。ボーアは高等研究所にごく短期間だけ滞在したが、もっと長くいたスターも多い。

若い（給料の安い）博士研究員を一〜二年受け入れたのも成功だった。けがらわしい学生を排除するのが初期の方針だったし、学位を出さない組織だということを思えば、妙に聞こえるかもしれない。高等研究所は一九三〇年代、学位をとっても不況のせいで大学の職にありつけない優秀な若手、とりわけヨーロッパ難民にとって待合室の雰囲気があった。教育の雑務なしに一〜二年受け入れる制度は今なお残り、若手研究者には、（エド・レジスの本を引くと）「仕事を変えるとか、出身大学のテニュア（終身教授）を目指すのに」おあつらえ向きの環境だ。若手には「新しい研究の芽をつかみ、論文にするのが以後の経歴にいちばん必要なことだから」。その状況は、フレクスナーのもくろみと真っ向からぶつかる。彼は高等研究所を、学者をせかせない象牙の塔にしたかった。しかし実のところは三〇年代、アインシュタイン世代の終身教授を駆り立てる火種はほとんどなくて、だからつぶれてしまう研究者もいた。

フレクスナーは高等研究所に実験室はいらないと言い張った。アインシュタインもワイルも、理論物理学にはそんなものいらないと同意する。「実験室は都会にあればいい。思索の場所に実験室など不要」。二人はその言葉を、研究所の教授にオッペンハイマーではなくパウリを推薦した文書に書いた（その時点ではどちらもその気はなかったけれど）。オッペンハイマーは三五年、実験室のない高等研究所を、十八番《おはこ》の慇懃《いんぎん》無礼かつ高尚な言い回しで「精神病院に等しい。唯我《ゆいが》主義に染まる発光体がおのおの孤立し、絶望的な荒廃の空間に光を放つのみ」と評する。

一九五〇年代、そのオッペンハイマーがなぜか高等研究所の第三代所長になったあと、やがてノーベル賞（六五年）をとるファインマンは高等研究所の教授就任要請を蹴った。文法をときたま外しても読み手を引きつける彼らしい文章が、その理由をオッペンハイマーよりもよく伝えている。

一九四〇年代、プリンストンにいたとき、かの高等研究所の偉大な学者たちがどうなっていたかぼくはわかってる。ものすごい頭脳を買われ、森のそばのこぎれいな家の中に座って、講義はゼロ、ほかのどんな雑務もない機会をもらう。そういう哀れなろくでなしどもが、ただぽつんと座り、自分だけで明晰に考えることができるのだぞうな。いいかい？　だから連中はしばらくアイデアが湧かない。何かをする条件はみんな揃っていても、アイデアはいっさい浮かばない。そんな状況だと、罪の意識やふさぎの虫が心にわき、アイデアが出てこないのが自分も心配になってくると思うよ。けど心配したところで何も起こらない。なんにもアイデアは来ないのさ。

彼は言う。自分が行きづまったときに助けをくれるのは学生たちだ。「思い悩んでいることと隣り合わせのことを学生が質問してくれて、想定外の問題に目を向けさせてくれる。自分だけじゃなかなか思いつけない問題だ。講義をし、学生とつき合うからこそ研究は前に進む。誰が発明したのか知らんが、教えなくていい幸せな立場なんて絶対にいやだね。絶対に」。ニューヨーク大学のクーラントも同じ意見だった。

一九三〇年代のフレクスナーは信じていた。終身教授は管理仕事をいやがるものだ、大物学者は真空の中でアイデアを生む、と。それは二つながらに誤りだった。「真空」には何もないから、熱い空気がどんどん入ってくると思っていたのだろう。三〇年代、彼が高等研究所に「万事をこころえて知の獲物を追い求める知識人」をどっさり入れたあと、やがて彼らの「獲物」は、同僚たちとか、所長フレクスナー自身になってしまう。オッペンハイマーは戦後、二〇世紀の学術振興に高等研究所が果たした貢献をまとめた二〇年史(一九三〇〜五〇年)の監修をする。原稿は差し止められ、ついに発表されることはなかった。二六人の教授どもがナイフで互いの背中を刺し合う物語さ、と某教授が評したらしい。レジスの本にそう書いてある。

三九年ごろ、終身教授の大部分(アインシュタインは含み、ジョニーは除く)はフレクスナーの追い出しをたくらんでいた。もうフレクスナーも逃げ出す腹を固めている。不幸にしてそのフレクスナーよりずっと辛い思いをした所長もいた。三〇年後(ジョニーの死後)に第四代所長となった人で、独占禁止の古典的研究『合衆国 対 全米製靴連合』の著者、経済学者のカール・ケイゼン。そのいきさつもレジスが活写している。

「あいつは靴工場《こうば》の話ごときで学位をとった人間さ」と数学の某教授。「権力に飢えているくせに、その権力を賢くつかう誠実さも知力もない」と別の教授。レジスは正しい疑問を発している。「穏やかな数学者がいったいなぜ、歴代の所長をむさぼり食う鬼になれるのか?」。ひとつの正答はこうだ。高等研究所の優秀な数学者は、ほかの誰にもできないような数学をみんな「昼前の二、三時間ですませ、残り時間は他人のアラ探しにたっぷりとつかえたから」。ジョニーは、朝食のあと二時間だけ考える同僚たちとちがって真夜中にゆっくり数学を考える人だったから、落とし穴にははまらなかった。

ケイゼンもついに「次の一〇年二〇年はもっと気楽に過ごし」たくなる。三九年、初代所長のフレクスナーが去るにあたって、後継者のクエーカー教徒フランク・エイデロットに贈った忠告も似たようなものだ。私をはめたのは、とフレクスナー、雑務のない学究生活が望みですなどと最初ぬかした奴らだったよ。「管理なんておくびにも出さなかった。……高給とりの学者になりたい一心のはずが、そのうち管理運営の権力もほしがるようになったんだ。……まず手始めに、君こそが親分だとしっかりわからせてやるんだな」。

冬眠するアインシュタイン

ジョニーは象牙の塔の内紛を知人には丁重な言葉づかいでもらしたけれど、口ぶりとは裏腹に毛嫌いしていた。プリンストンでの身の処しかたはアインシュタインと真逆だったが、まわりがそんなふうでも二人は敵対するどころか互いに楽しんでいた。一九三三年四月、ナチのユダヤ人排斥法公布を聞き及んでジョニーは、ドイツのいろんな学術団体に穏やかなドイツ語で退会届けを送りつける。退会の辞には、過去一〇年間ドイツの大学に満ちていたドイツ科学の継承者として、その経歴を誇りに思う、と強調している。退会理由はナチの極悪非道にあると述べ、犠牲になった学者の名前を書き連ねた。ドイツ人の教授たちが何かの折りに彼らを助けてくれるよう期待しながら。

アインシュタインもさっさとドイツを脱出し、ユダヤ人排斥法公布の瞬間はベルギーにいた。「燃え立つ心」(230ページ)でドイツ市民権を棄て、それをナチの機関紙がこう報じる。「アインシュタインより吉報。帰国の意思なし、と」。

彼は汽船「ウェストモアランド」号で三三年一〇月一七日ニューヨーク港に入る。接岸予定の桟橋には、フィオレッロ・ラ・ガーディアと選挙戦を争うニューヨーク市長ジョン・オブライエンが、横断幕と楽隊、ユダヤ人のご機嫌とり演説原稿をそろえて待ちかまえていた。フレクスナーはアインシュタインを検疫所の島で下ろし、小さな艇に乗せてニュージャージーの港へ連れ去った。彼をオブライエンだとか何だとか、政治の魔手にさわらせたくなかった。その心はやがて偏執の気味を帯び、ローズヴェルト大統領夫妻から来た夕食会の招待も、「喜んでお受けします」とアインシュタインの秘書は返事したのに断ってしまう。それに憤慨したアインシュタインは以後、便箋に所属を「プリンストン強制収容所」と書く。

そのアインシュタインも、ベルギーのエリーザベト女王宛ての手紙には、ずっと練れた調子でプリンストンを紹介している。「気どったつまらぬ半神半人の住む古風で格式ばった村です。いわゆる社会というものを構成するここの人々は、ヨーロッパにいたときより少ない自由を味わっています。でも窮屈さを感じているふうに見えないのは、人格形成を阻まれたまま大人になったからでしょう」。ジョニーは逆に、アメリカは偉大な物質主義のおかげでヨーロッパのような子供じみたところが少ないとみた。ナチズムやマルキシズムなど感情の教義が、金儲けに走る賢いアメリカの大衆に根を下ろすとは思えない。ただ、アメリカ学界の幼児性は気がかりだった。たいていは含み笑いに紛らせてそう言っただけだけれど。

教授で渡米したときは丸顔の二六歳だったから、ジョニーは面倒がらずにいつも背広をぱりっと着込んだ。ふだん着だと学生にまちがえられて、そんなときは自分よりもまちがえたほうのばつが悪いだろうと思ったからだ。プリンストンでアインシュタインはすぐに靴下もはかなくなり、フォーマルな服はショーみたいにおどけて着るだけ。ある日研究所のダンスパーティーに豪華な夜会服姿で顔を見せた。「フレクスナーさんがこの日のために買ってくれたんでね」。

アインシュタインは仕事にせっせと励んだ。妻は一九三六年の他界直前、死の床でこうつぶやく。「教授って、今の仕事がこれまでで最高だと思ってる人種なのね」。本人の心情は、当時エディンバラにいたマックス・ボルンに宛てたおかしな手紙によく出ている。「冬眠中のクマみたいなもの。今までいろんな場所にいたけど、今がいちばんくつろげるね。ぼくなんかより人類をずっとよく知ってた家内に先立たれて、ぼくの不作法も一段と磨きがかかってきた」。残酷な事実だけれど、アインシュタインはプリンストンで順調に仕事を進めていたわけではない。量子論の内部矛盾（現に存在する）を見つけようとしたのだが、九九のケースを調べ上げた末、「少なくとも九九の場合に私の方法はだめだとつって「同じ問題で別の阿呆が半年も無駄にするのを救ってやった」のが、成果といえば成果だったという。

一九三〇年代の高等研究所に着任した天才たちも五十歩百歩だった。四一年、モースとジョニーがまとめた数学部の成果報告に、ジョニーの礼儀正しさはあふれていても、進みの遅さが覆うべくもなく現れている。「数学は「人間の言語と比べ、単語の面が似ていて文法も瓜二つに近い。構文法は完璧に同じ」という調子で、漢詩に似たようなものというか、数学の研究そのものはきちんと述べられていない。どちらもおおむね美を評価基準にしている、といったところ。

バロックの大伽藍《がらん》を築きやすい同僚をかばうこうした言葉に続き、紹介してある「漢詩」の数もけっして多くはない。ひとつの成功物語は、非常勤のゲーデルが「四〇年以上もあらゆる挑戦を拒んできた連続体問題の（否定的な）解を見つけたこと」。つまりカントールに戻ったことだ。たしかにゲーデルはこつこつ仕事する孤高の人だった。マリエットの思い出によると、ゲーデルは前ぶれもなくぶらりとノイマン家に立ち寄り、ジョニーの蔵書を引っ張り出してその場で読み、ひとことも言わずにまたぶらりと出ていった。二五歳の女性にしてみれば、とりわけジョニーがその本を寝室に置いていたようなときは、少々あたふたしてしまう。プリンストンのほかの大物はもっと社交性があり、そのぶん真剣さに欠け、ろくな仕事をしていない。

高等研究所は一九九〇年代に六〇周年を祝う。この時点でも、特筆すべき発見として喧伝されたのは以下の三つしかない。①連続体問題に関するゲーデルの仕事、②パリティ保存則をくつがえして五七年のノーベル賞に輝いた楊振寧《ヤンチエンニン》と李政道《リーツンタオ》の仕事（二人の中国人物理学者は五〇年代にオッペンハイマーが呼んだ。三〇年代のフレクスナーは有色人種やアジア人を差別していた、という非難の声がある）、そして③ジョニーの仕事、つまりコンピュータの開発だ（13章）。

ジョニーの数学研究

一九三三年から五五年までの二三年間、ジョニーの高等研究所勤務はパートタイムだった。その間に七五篇の論文を出し、うち高等研究所がおもな仕事場だった九年間（三三〜四二年）には三六篇を出している。ほかの終身教授たちが仕事に行き詰まっていたとき、彼はどうやってこの生産量を維持したのか？　ちょっと斜めから答えることになるが、高等研究所以外の場所にいたらもっとたくさん書いたはず、というのがひとつの答えだろう。ドイツ時代は月にほぼ一篇ずつ論文を出していたのだ。

一九三〇年代のプリンストン時代、ジョニーは仕事にややためらいがあったようだ、とウラムが書いている。「新しく始めた連続幾何学と、ヒルベルト空間の作用素《さようそ》環の理論に専念していた。私にはそれほど興味もなかったが。……ジョニー自身ものめり込んでいたふうではない。ときおりなにか絶妙でエレガントなやりかたとか新しい道がひらめいたときだけは、迷いから解放されたようだったけど」。

だがジョニーは、賢い他人がちょっと口にした話に首をつっこみ、そのはるか先まで行く能力は維持していた。三〇年代で最重要だったのが、純粋数学ではコロンビア大学のF・J・マレーとした共同研究、また未来につながる仕事ではアラン・チューリングとの出会いだった。

三四年春、若いマレーはコロンビア大学で学位をとり、(九〇年の本人の論文によると)「まず偏微分作用素の多様なヒルベルト空間をつくって有用な成果を得た」。そこでマーシャル・ストーン教授は、ジョニーのベルリン時代の論文をひとつ読むようマレーにすすめる。ジョニー自身も、二つめの論文を読むようすすめた。その結果マレーは、ジョニーの初期の推論に誤りを見つけ、それを証明するためのさまざまな線図(ダイヤグラム)をつくる。「どの線図も、フォン・ノイマン好みの代数形式に書き直せた。彼は私の線図方式を認めはしても、高い評価はくれなかった」とマレーが五五年後に回想している。しかし、ひとたび代数形式に書き直すと、ジョニーはたちまちいつもの猛スピードで仕事を進めた。まったくもって電光石火、とマレーの言葉。「三〇分足らずの議論で、次元関数の値域として五つの型を書き下した」。

三〇年代、二人が次に書いた作用素環の論文は、ヒルベルト空間上の因子《いんし》(因子環)に少なくとも三つの型があると初めて証明した。Ⅱ型とⅢ型の存在には誰も確信がもてなかったころなので、そうとうな想像力を要したはず。今やⅡ型とⅢ型の因子（環）は無限に存在するとわかっていて、数学者たちはさらにその構造や分類を研究している。

ジョニーはヒルベルト空間の大家だから、ヒルベルト空間に手を染める研究者はみんな彼の論文を読んだ。三一年にB・O・クープマンがヒルベルト空間を基礎にしたエルゴード定理の定式化を仕上げて、ジョニーは「次の段階へのいい手がかりになる挑戦課題」と受けとめる。エルゴード定理は、いわゆる統計力学の基礎になるものだ。一九世紀、ニュートン力学に頼って液体や気体の性質を説明しようとした科学者は、せいぜい平均値を考えるだけだった。ジョニーの「素朴な」エルゴード定理は、統計力学を厳密な数学的基礎の上に乗せたものだと賞賛された。

やがてたちまち、ハーヴァード大学のG・D・バーコフがジョニーのエルゴード定理をぐっと強化し、改良してしまう。このとき、さっさと英語の論文を仕上げて発表できるバーコフをジョニーがやっかんだと思う人もいた。しかし彼は、バーコフが見抜いた段階にまで思い至らなかったことで自分を責めたにしても、やっかみどころか喜びを表した。なにごとにも個人の優先権を主張したがるアメリカの風土より、仲間どうし黒板を囲んでアイデアを進め合うヨーロッパのやりかたのほうがうまくいく。その点、ぶっ続けで飲むプリンストンのパーティーも、「カフェの数学」の代役にはならなかった。

またウラムの回想を引く。「ジョニーは抵抗のいちばん少ない道を行きたがる人。小さな障害や困難はらくに乗り越えるが、はなから難物のときはちがう。壁に頭つきをくらわせ、……砦のまわりをあちこちたたきまわり弱点を見つけて突破する、なんてことはしない。別の問題に移るだけ」。ただし作用素環の論文ではちがった。ジャック・シュワルツが言うように、「この仕事をやりとげるのに彼は三重四重の石壁を突き崩してずんずん進んだ」。この三〇年代、それ以外の課題では卓抜な着想をとことん追究しなかったと非難されたりする。三四年刊行の論文「群の上の概周期関数」はボーシェ賞（訳注：アメリカの数学者Maxime Bôcherを記念した賞）に輝く。いわゆる抽象的調和解析を格段に進めた仕事だが、当人はかなり飽きていた。三三年、彼はハンガリーの数学者アルフレート・ハールの早逝を悲しんだ。ハールが見つけた「群不変測度」は重要な道具になるとみていた。ジョニーが二七～二九年当時の活力のままヨーロッパに残っていたら、ハールの群不変測度もたぶん自分で見つけた、とみる評者もいる。

数学好きの読者は、プリンストン時代のジョニーの純粋数学の話にもっと踏みこめと言うだろうが、このへんでご勘弁いただきたい。まとめると、ドイツ時代もプリンストン時代も、ジョニーは数学にいくつも新しい道を見つけたり進めたりして、他人にもその道を遠くまでたどらせた。また数学だけに閉じこもっていたわけでもない。本書執筆用の取材でおもしろかったのが、アムステルダム大学哲学科のジョン・ドーリング教授のお話。ジョニーは二〇世紀最高の哲学者だった、と教授は言う。「哲学の六分野でフォン・ノイマンは抜群の貢献をしました。おぼろげだった問題を精密に数学化したわけです」。六分野とは、①数学の哲学（集合論、数論、ヒルベルト空間ほか）、②物理の哲学、とくに量子論、③経済学の哲学、④合理行動の哲学（③と④は11章に紹介）、⑤生物学の哲学、⑥コンピュータと人工知能の哲学、だそうな。

チューリングとの出会い

⑤と⑥の分野は、イギリスのケンブリッジ大学を出たあと一九三六～三八年にプリンストン大学大学院で学位研究をした変わり者のイギリス人、アラン・チューリングとの出会いをきっかけに始めた。ジョニーは彼を助手にしたかった。そうなればコンピュータはもっと早く生まれただろう。けれどチューリングは本国に戻ってコンピュータの先祖のひとりを生み、ドイツ軍の暗号解読にかけて第一人者となる（12章）。やがて、みさかいのない同性愛を不粋な官僚どもが機密漏洩の危機と判断したとき、彼は青酸カリのしみ込んだリンゴをかじって自らの命を絶ってしまう。

チューリングは、ジョニーと似た分野で仕事を始めた。まず書いたのが、ジョニーとゲーデルの論理学の仕事を広げる論文。数学や論理学の問題の一部はアルゴリズムに変換できない、だから万能自動計算機のようなものが現れても解けない、と証明した。機械はまだできていなかったため、長さ無限大のテープを入れて万能計算機にする方法を考えだした。今日のコンピュータプログラミングのほとんどは彼の理論を下敷きにしている。

筆者は当初、ジョニーは一九三〇年代、多少は関連のことを研究していたとはいえ、まだコンピュータには思い至っていなかったと思っていた。だがそうではなかった。爆発の威力を上げる方法を含め、乱流や流体力学に興味をもち始めていた。それが第二次大戦初期、彼の最重要の仕事になる。ヴェブレンは三三～三四年当時、ジョニーがもし高等研究所に就職していなければ、プリンストン大学で流体力学の講義をしてくれないかと彼に頼んだはずだ。いくつか予備研究をして、三〇年代の卓上計算機がこなせる計算などよりずっと大量の数値処理が必要だとたちまち見抜いていた。そこで、計算機がずっと進んだ日のために、数値解析の研究に手をつける。計算システムのまわりにたくさんの「ゲート」を設け、ゲートそれぞれの故障率が十分に低ければ、誤差を心配しなくていい大型計算システムはつくれる、と証明したのもこのころだ。

思い悩んだ日々

一九二八～三九年の間にジョニーがブダペストのルドルフ・オルトヴァイに書き送った手紙が、最近ハンガリー語で出版された。それを読むと、誤差論から計算機への道を考えている。手紙に見える政治情勢の予見力もとびきりだ。「一〇年内にヨーロッパで戦争が起こるでしょう」と書いたのが三五年。ドイツはフランスをあっさりつぶすと思う半面、中部ヨーロッパ人の想像以上にアメリカはイギリスを特別な友好国とみている、と書いてオルトヴァイを喜ばせた。「イギリスが窮地に陥れば――おそらくその気配が見えただけでも――合衆国にとっては開戦の理由になります」。ヨーロッパのユダヤ人を見舞う悲劇も見抜いていた。戦争になれば、一九一六～一七年にトルコのアルメニア人が受けたのと同じ大量虐殺に見舞われるでしょう、と。

そんな考えを書き記したり、ローズヴェルトのニューディール政策はヨーロッパ人の思うほどインフレにならないだろうと説明したりするかたわらジョニーは、数学者も「脳の解剖学」に関心をもつべきだと書いた。脳のしくみをまねた計算機への道が開けるでしょう。彼もオルトヴァイも、いずれそんな計算機が通信系、送電網、大型工場などの巨大システムと組み合わさる日を夢に見ていた。

とはいえ、そんな研究を本業にする気は当時たぶんまだなかった。一九三〇年代、アメリカの仲間に書いた手紙には、エルゴード定理の本や、(ウラムか誰かと)測度論の本を書きたいという願いがにじむ。「組み合わせ理論をもとに、トポロジーふうの記述は抑え、有限次元と無限次元の直積《ちょくせき》を最大限に活用し、とりわけ測度を量ではなく確率の問題として解釈した本」。超集合理論に進めないものか、またゲーデルの仕事は数学における公理化の終焉ではなく公理化へ通じる新しい道と解釈できないものか……。三七年の手紙にはこうある。「論理学が分配法則に従わない点を突いて騒ぎを起こそうか。そんな体系内の限定記号の扱いは知っている。それとも連続する環の代数と算術で素直な仕事をするか。まあ神の前では暇つぶしなんかに優劣もないのだが」。

だがそのどれひとつ、彼はやっていない。「神の前では暇つぶしなんかに優劣もない」というのは、プリンストンの沈滞ムードに向けたいらだちだったかもしれない。大物といわれる同僚たちにこれといった魅力がないのを彼は残念がっていた。ある時点ではずいぶん頼りない見通しを書いている。科学を前に進める気運が薄れたのではないか、「人類の関心が変わってしまうのかもしれない。今ある科学への好奇心もいずれ消えうせ、まったく別のことが未来の人類の心を占めるようになるのだろうか?」と。

プリンストンの憂鬱な日々、ジョニーは、理論物理学が日進月歩だったゲッチンゲン時代の熱気を懐かしんでいた。しかし次の新しい熱気が、近づく第二次大戦とともに姿を現す。そのときにまず引きこまれた仕事が、一発一発を競う砲撃戦という、そのむかし第一次大戦の塹壕《ざんごう》戦を彩った古典技術の解析だったのはやや皮肉ではあるけれど。

9　爆発計算プロフェッショナル（一九三七―四三年）

戦争の生んだ科学

第一次大戦（一九一四〜一八年）でドイツ軍は、大砲に兵器会社「クルップ」製の砲弾をおびただしく使った。その砲弾が、お抱え数学者の計算より二倍は遠く、何千フィートも飛んで軍部は大いに喜ぶ。最大サイズの砲弾は、クルップ創始者の孫娘でうぬぼれ屋の太っちょ、ベルタ・クルップそっくりなところから「ビッグ・ベルタ」のあだ名がついた。爆薬を調合したのは（お察しのとおり）かのフリッツ・ハーバー（4章）だけれど、実のところ飛びすぎは爆薬のおかげではなかった。砲弾が地表のはるか上、うすい空気の中を通るからだ。砲弾は勢いあまってパリあたりまで飛び、以前はここなら平気と安心していられた将軍たちの総司令部にも落ちる。弾道計算という新しい科学は、そんないきさつで生まれた。

弾道計算に研究費をどんどんつけろ、と陸軍の将軍たちが叫び始める。撃ち返してもこちらまで届かない距離にいる敵艦を撃沈させたい海軍の提督たちも、ふだんは仲の悪い陸軍に声を合わせた。数学者たちはバツが悪かった。進むにつれてまわりの密度が変わるときに物体がどう動くかを表す方程式をまだ解けていないのだ。それを非線形方程式という。何かが爆発してできる衝撃波も、非線形方程式に従う。

ふつうの森から家に帰る道を描いた地図を線形方程式の世界とすれば、一歩を踏みだすごとにまわりの木々がごそごそ動いてしまうのが非線形方程式の世界になる。一九四〇年代までの数学者は爆発の衝撃波を計算できていなかった、というのがジョニーの早くから口にしていた手きびしい持論だ。衝撃波は、砲弾・翼・プロペラ・舵のまわりやノズル内に生まれる流体の動きが、媒質（水や空気）の中を進むとき、あるいはぶつかり合うときにできる乱流から生じる。いろいろな材料の弾性や塑性《そせい》にも非線形方程式がからみそうだし、気象を手玉にとろうというお気に入りのプロジェクトを進めるにも非線形方程式が鍵になる。だからこそジョニーは、計算機の拓く可能性と対面する四四年、そういうやっかいな問題もついに解けるぞ、と心を躍らせる（12章）。ただしコンピュータが登場する前の三七～四三年は、その分野の数学がお粗末なのにあきれながらも、衝撃波と弾道の計算に精を出していた。

大砲の計算

コンピュータのはるか前、第一次大戦の西部戦線で大砲を撃つのにつかった射程表は、現象をそのまま表す方程式ではなく、ひどく単純化した解きやすい式で計算していた。軍事や経済など「実用」数学の世界は、今もたいていその域を出ない。

ヨーロッパ人は大砲をやみくもに撃ち合っているだけ――そう見てとった合衆国は、第一次大戦参戦前からもう、開戦後の新科学となる弾道学に鋭意とり組んだ。一九一八年ごろこの分野で世界の先頭を切っていたのが米国陸軍兵器局の組織、やがてメリーランド州のアバディーン実験場（射撃実験場）にできる弾道学研究所（BRL）だ。プリンストン大学から動員された数学教授のオズワルド・ヴェブレン少佐が一七〜一九年にそこで技術将校を務める。一八年以降は同じ大学のアレクサンダー、モース、R・H（ボブ）・ケントなどそうそうたる面々もいたところをみると、弾道学は賢人の戦時研究にぴったりだったのだろう。ケントは第二次大戦の前半、ジョニーの得がたい協力者になる。一八年当時は若いウィーナーも射程表にとり組んでいた。そのうちに、本拠ハーヴァード大学の誰かが研究を盗み、そいつが自分の教員採用を邪魔している、と全世界を敵に回すことになるのだけれど（5章）。

射程表とは、何キロも先の目標に命中させるにはどんな角度で発射したらいいのか砲手に教える表をいう。一九一七年から四半世紀たつうち、どんどん煩雑の度が増していく。ジョニーが興味をもった三〇年代、並の大砲でも三〇〇〇種類くらいの弾道候補が必要になり、弾道ひとつ決めるのに七五〇回もかけ算をした。戦場に行くとそれではすまない。

砲弾がどう飛んでどこに落ちるかは、いろいろな条件で変わってしまう。導火線と砲弾のタイプは何か、大砲の据えつけ場所は固い地面か柔らかい砂地か……。また、砲弾が失速して音速を切ると弾道はふらつきだす。ほかにも兵器メーカーが思いもしないさまざまな要因があった。

動く目標ならもっとやっかいになる。第一次大戦元年（一九一四年）のイギリスでは装備を誇る陸軍も動力車はたった八〇台しかなく、射程表をほしがるのは海軍だけだったが、やがてみんながほしがりだした。目標にぴたりと命中させる角度をはじき出すには何百万回の計算をして二年もかかるじゃないか、というやけくそ気分だったのが三〇年代。

とはいえそういう計算は、デスクワークの人たちが思うほど大事だったわけでもない。第二次大戦では当初、大砲の照準も爆撃機の照準も、兵士が期待したほど役には立たなかった。日本軍は照準など気にせずに撃って真珠湾の艦隊を沈めたし、ドイツのロケットも燃料切れでロンドンにたまたま落ちてくれた。第三次大戦ともなればまるでちがうだろう。核弾頭つき大陸間弾道ミサイルは、（ジョニーのつくったコンピュータで）人間ひとりにもぴたりと命中するようになったからだ。一九九一年の湾岸戦争でミサイルがいかに正確だったか、読者もたぶんご記憶だろう。

一九三九年ごろまで、次の戦争は「戦端が開くや一斉突撃型になる」、というのがおおかたの予想だった。だが予想は外れ、戦車の電撃作戦が花形になる。フランスの対独防衛線（マジノ線）で東をにらむ大砲も、シンガポールで海をにらむ大砲も、精度はあり余るほどあったのに、ドイツ軍はバイク、日本軍は自転車に乗って裏手から攻撃をかけた。

ヴェブレンは一九一八年以降、司令部で研究要員採用担当の将校として手腕をみせた。アメリカが孤立主義を守った二〇年代は採用経費も底をつくが、ヒトラーがのしてくるとそれも復活する。三〇年代の中期、結局はたいして役立たなかったとはいえ射程表づくりは軍からまだまだ要求があり、ますます複雑にもなって、ヴァニヴァー・ブッシュの発明した微分解析機をアバディーンに入れた。しかし四三年にはもうそれも役立たずになり、弾道学研究所は、フィラデルフィア市にあるペンシルヴェニア大学のムーア校（電気工学科）に電子計算機を発注することにした。それがコンピュータ時代の幕を開ける。

話を三七年ごろに戻そう。弾道学研究所では、ハンガリーから来た五六歳のテオドル・フォン・カールマーンの采配のもと、斬新な超音速風洞をつくり始めていた。その年ジョニーが、ヴェブレンの推薦でパートタイムの顧問にやってくる。

陸軍の採用試験、クララとの再婚

その一九三七年、ジョニーは開戦を必至とみていた。アメリカにいちばん役立つ仕事は何だろう。まずは、一七〜一九年にヴェブレンがやったような仕事かと控えめに考えた。そこで三七年末、つまりアメリカ国籍を手に入れたあと、そしてあいにく妻と娘が去ったあと、陸軍兵器局予備役士官の採用試験を受けようと思いたつ。予備役士官になれば、いろんな爆発データを目にできる。ケントと始めていた研究で爆発の魅力にとりつかれ始めてもいた。

陸軍士官の採用試験は、九歳ごろから受けてきた試験に比べて洗練度はぐっと落ちたけれど、いかにもジョニーらしく、すさまじい集中力で教本を丸暗記した。

まずは翌年三月にあった陸軍組織の試験。ジョニーはこんな答えを書いている。「合衆国の大陸部は九つの軍団から成る。陸軍の構成は、歩兵隊、騎兵隊、野戦砲隊、……」。満点だった。同じ月、陸軍の規律・儀礼・慣例の試験に臨む。ジョニーの答えはたとえば「この場合、きをつけの姿勢をとって敬礼する」。結果はまた満点で、ぼくは陸軍儀礼の専門官になれますね、と喜んでヴェブレンに報告している。四月にあった軍事刑法の試験では七五点しかとれなかった。軍規に反する行動がどんな罪に当たるか、といったような試験で、ジョニーの素直な常識が軍のがさつな形式主義とかるく衝突してしまう。ある問いに「この行動は無断外出にあたる」と答え、軍務放棄とするのは市民感覚に照らして重すぎるから、と補足しておいた。だがさしあたりジョニーのボスだった騎兵隊の試験官は、「いや、軍務放棄にあたる」。まあ七五点も合格圏内で、採用の暁には士官リストの上位に載るのはまずまちがいなかった。三八年の初夏には兵器局組織の試験が予定されていたが、問題づくりが間に合わない。ちょうど夏休みの直前で、ジョニー自身にも三つほど考えることがあった。

ひとつは、九月か一〇月にヨーロッパで戦争が起こるにちがいないこと。そして二つ目、クララ（クラーリ）・ダンの離婚がブダペストで最終段階を迎えていた。離婚の手続きがすみしだい結婚し、汽船でアメリカに連れてこよう。ついでに、「もう良識の火も消えた」ヨーロッパから母親と兄弟が引き揚げるよう手を打ちたい。次の戦争で「まちがった側から抜け出せないままでいる」のはまずいよ、と説得して。

三つ目は、例年どおりの講演会参加要請だった。しばらくは見納めになりそうなヨーロッパを旅し、懐かしいその文化に浸りたかった。講演会のひとつを、国際連盟の国際知的協力研究所（International Institute for Intellectual Cooperation）がワルシャワで開く。研究所のごちゃごちゃした呼び名を、「中高地ドイツ語から見れば品のない名前だね」とウラムに紹介している。だがプログラムの中身はとびきりだ。皮切りの講演がボーアで、ジョニーがうれしそうに「量子論で犯したぼくの若気の過ち」と呼んだ話が主題だった。数学者たちに量子論を受け入れさせる手助けができて満足してはいながらも、学生時代の「カエルとネズミの戦い」（4章）のように同じことをちがう言葉でやり合うのはくだらない。自分が悟りの境地にいるのを見せてやろうと思った。二番手にハイゼンベルクが最新の成果を話す予定。ワルシャワから帰れば、次の戦争でたぶんヒトラーの御用学者（第二のハーバー？）になる、その人間の話は聞いておいたほうがいい。三番手は「量子の理論」をまだ納得していないイギリスのアーサー・エディントン卿。ハイゼンベルクなど未来の敵と声を合わせ、未来の同盟者イギリス人に、エディントンが阿呆だと教えてやるのも悪くない。

一九三七年に得たアメリカ国籍のパスポートに守られ、暗雲ただよう三八年のヨーロッパを彼らしいやりかたで旅した。ヒトラーがチェコスロヴァキアを凌辱するのは目に見えていたが、ズデーテン地方（チェコ北部を含む山岳地方）併合の起こるその夏さえ、最終戦争《ハルマゲドン》がいつ始まるかの予測では、おおかたのヨーロッパ人と同じくジョニーの心も揺れている。あるときヴェブレンがなにか交渉を通じた戦争回避の話をしたとき、「世界は近ごろやけに複雑ですけど、正の整数をきちんと順序数につかわないでそう調子よくいきますかね」と得意の数学ユーモアで応じた。ワルシャワ入りした六月はもっと楽観していて、「戦争は起こっても半年後、ひょっとすると一、二年後でしょうか」と書く。チェコスロヴァキアなんて国は（ユーゴスラヴィアと同様）できるべきじゃなかった、とたいていのヨーロッパ人は思っていたくらいだから、ズデーテンの紛争などが開戦につながるとはとても思えなかったのだ。

彼はコペンハーゲンにボーアを訪ねた。動機が三つある。まず、三九年の前半ボーアをプリンストン高等研究所に、当時としてはやや破格の六〇〇〇ドル（訳注：二〇二〇年の相場で約一一〇〇万円）で招く手筈だったから、その手続きをすませる。戦争になれば、アメリカにとってボーアこそ喉から手の出るヨーロッパ人、とジョニーは早くから見抜いていた。第二に、ボーアのいた三八年のコペンハーゲンには、ナチを逃れた俊英たちや、ベルリン（原子核研究でその秋ひそかに怖い突破口が開こうとしていた）にまだ縁のある連中がわんさといて、彼らと会いたかった。第三に、ブダペストでクララ・ダンの離婚手続きが微妙な段階を迎えていた。離婚のあと再婚しようとしている相手が同じ町にいるのはまずい、と弁護士が忠告している。カトリックの国だと、再婚相手がわかっている女性は離婚できない。とはいえ雲行きの怪しい今、ぐずぐずしてはおれない。

そんな事情もあってジョニーは、九月三〇日の英仏の敗北（ズデーテン地方をドイツに与えたミュンヘン協定）を後ろめたい思いで喜んだ。「チェンバレン（英首相）がぼくを助けたがったんですね」と一〇月初め、ブダペストからヴェブレンに書き送る。「大戦の延期を心から願っています」。クララの離婚がまだすんでいなかったからだ。だがもう三九年の開戦が見えている。「ここ半年のでたらめなヨーロッパ政情があと半年で変わるとは思えません」。大戦が「始まっても、ぼくにはじつにいいことです。ヨーロッパの外で眺めるんですから。すてきな眺めでしょう……防空演習、灯火管制、ガスマスクの不足、楽しい瞑想の時……」と書いたのが九月の末。近づく開戦を予想しながらも、ジョニーらしくこんなことも書いている。

妙な話ですがいくらか数学もしました。非エルミート行列の統一スペクトル理論は確実につくれます。二次元でも新しいし、そうとうおもしろそうです。

ジョニーの「おもしろそう」は、たいてい他人のつかう意味とはちがっていた。

クララの離婚は一〇月の末に片がつく。二週間後、結婚してすぐニューヨークへの定期船に乗った。ミュンヘン協定で平和ムードいっぱいの時期だったから、自分の家族にもクララの家族にも、一緒に行こうと説得はしていない。

第二次大戦が始まる

二度目の花嫁とアメリカに落ちついた一九三九年の一月、陸軍予備役士官の最終試験に臨んだ。兵器局組織の試験だった。また満点をとって、「そのうち将軍だね」と友人に語る。すんなり予備役に入れたなら、アメリカが参戦したとき、彼はたぶん軍服に身を包んで歴史の舞台から消えていた。そうなれば、自由世界の武力にあれほど大きい貢献はできなかっただろう。歴史がまともな姿で進んだのは、陸軍のある事務官がもち出したおろかな官僚主義に司令部首脳もうなずいて、ジョニーの行く手を阻んだおかげだった。

そのいきさつを一通の書簡が語る。ウィリアム・スメイザーズ上院議員が、ローズヴェルト政権の戦争省長官ハリー・ウッドリングに宛てた三九年七月五日付の書簡だ。ジョン・フォン・ノイマン氏は、と上院議員、「陸軍兵器局の士官として弾道学研究への従事を申請しました。当人は試験すべてに合格しながら、試験中に三五歳になったため申請が却下されたと承知しております。世界屈指の数学者で、わが国の軍事力に大きな貢献をなしうる同氏を、たかが採用規程のみで却下するのは小職には理解しかねます」。

三九年七月二七日付のウッドリングの返書が、尊大な愚者の心をさらけ出している。「プリンストン高等研究所でアインシュタイン博士の助手《（ママ）》を務めるジョン・フォン・ノイマン氏の申請書を慎重に検討した結果」、「前向きには処置しかねる」。理由は……

> 予備役士官任用の年齢制限はあらゆる要因を考慮して設けたもので、これまで厳密に遵守されてきました。いかに有能な人物といえども、年齢条件で却下してきたわけです。フォン・ノイマン氏を特例とすれば、先例の処置に関して戦争省の責任問題ともなりかねません。

これで世界は、ジョニーに予備役の軍服さえ着せないまま三九年九月、第二次大戦に突入する。大戦の間じゅう自由主義の盛り上がりはなかった。上院議員を通じて予備役任命辞令をまだ画策していたジョニーは、三九年夏に妻クララをスカーレット・ピンパーネル（訳注：オルツィ『紅はこべ』で革命下のフランスから貴族を脱出させた秘密結社の名前）

よろしくヨーロッパにやり、両家の家族を開戦前にアメリカへ連れてこさせた。開戦の前月は、気をもむジョニーだけが陸上に、両家の家族全員は大西洋上にいた。みんな無事にアメリカに着く。

大西洋は無事に渡れても、渡米はクララの両親には悲劇となる。ハンガリーで裕福な暮らしをしていた父親のチャールズ・ダンは、ニュージャージー州の貧乏暮らしを楽しめない。その年アメリカで迎えた初のクリスマスに駅で足を滑らせて轢死《れきし》。まちがいなく自殺だった。いま彼はプリンストン墓地にある四区画のひとつ、娘クララ（ジョニー死後の六三年に水死。たぶん自殺）の隣に眠っている。あと二区画には、マーガレット・フォン・ノイマンとジョニーの母子が眠る。義母のダン未亡人は四〇年、戦下のハンガリーにどうしても戻りたいと駄々をこねたあげく戻ってしまう。ジョニーとクララは、ナチのホロコースト（大量虐殺）にやられたのではと気が気ではない。実のところは家に無事でいて、四四年のブダペスト包囲攻撃の最中も銃弾の飛び交う中、むかし娘のクララに男友達がよこした恋文をにやにやしながら読んでいた。彼女は戦後クララの妹を頼ってイギリスに渡り、九〇過ぎまで生きる。

チャールズ・ダンの不幸は、ハンガリー移民のみんながみんなジョニーのようにはアメリカに適応できなかった事実を語る。テオドル・フォン・カールマーンは老母をニューヨークに呼んだ。彼女は移住の半年後、「当地に来て初めて馬を見ました。車に乗ってました」と書いている（馬を運ぶトレーラーのことだろう）。同じころ渡米した作曲家ベーラ・バルトークはもう少し惨めだった。ガムをかんでいるアメリカ人を「まるで反芻動物だ」と毛嫌いする。ハンガリーの田舎は愛らしい小鳥のさえずりと虫の声にあふれていた。喧噪だけのニューヨーク市で美しい音楽はとうていつくれない。小切手帳のやりかたにもなじめず、みんな自分をだまそうとしていると感じた。コロンビア大学も講師の契約更新をしてくれなかった。

だから、自由世界の肝を冷やした一九三九～四〇年は、二度目の新郎ジョニーにも辛い時期だった。生前の父のようにカラ元気を出し、滅入る気分を論文書きで吹き飛ばす。軍の研究でケントと共著の論文のうちには、アバディーン実験場の報告一七五号という整理番号がつき、四〇年九月に出た「逐次差分の生む確率誤差の評価」がある。標的に何度か当てそこなったら次にどこをねらうべきかを計算ではじいたものだ。続く二年間にその流れで三つの研究報告を出し、砲撃計算にかけて全米一のプロ数学者、の評判をとった。とはいえその四〇年も、発表論文は相変わらず抽象ヒルベルト空間の作《さ》用素《ようそ》環《かん》の話が多く（いよいよ抽象の度を上げていた）、ほかにはウィグナーと共著の論文「極小概《がい》周期群」がある。

ヨーロッパ旅行はもう無理だからと、四〇年の夏休みは、クララには初体験の西海岸にプリンストンから二人で出かけた。カリフォルニア大学のバークレー校に幼なじみのフェルナーを訪ねるほか、シアトル市にあるワシントン大学の夏の学校で講義があった。この旅で、反共ばりばりのジョニーが共産主義にかるく触れ、あとで共産主義者との接触をとがめられることになる。

一九三六年のプリンストンでジョニーが目をかけていた学生のひとり（唯一の学生だった、と言う人もいる）が若いカナダ人で、のち「配景 mapping の推移性について」という共著論文を出している。mapping といってもスパイ捜査員がわくわくする見取り図づくりなどではなく、写像（まあ図や式の集まり）をいう。フランスが負けた四〇年の夏の学校では一緒に講師をした。あるいは前からそうだったのかもしれないが彼は少しずつマルクスに傾倒し、それにうすうす気づいてジョニーも気がかりになる。

六年後の四六年、若者は共産党スパイの容疑で逮捕され、カナダの法廷に引き出される。ジョニーはカナダの首相に署名入りの手紙を書いた。たしかに日ごろの話しぶりだけ聞けばそんな報告書もできましょうが、あれはほんの出来心で、数学を一心にやっていた人間です、と。当人は上級審で無罪になり、のち数学者として大成する。ジョニーは手紙を書いてよかったと思ったけれど、一九五五年、自分の原子力委員会（AEC）委員就任の資格審査公聴会で上院議員の某氏にこう言われてしまう。「貴殿がしたためた手紙のうち、もっとも賢明なものとはいえませんね」。

ジョニーが友人と交わした政治がらみの発言については、いろんな証言が残る。やや左がかっていた同僚のひとりに言わせると、どちらにもカドを立てないよう話を進めたから、いい会話仲間だったらしい。そのかたわら、政治談義はきっぱりと避け、猥談を小出しにしては話をそらしたと証言する人もいる。

この「どちらにもカドを立てない」が要点だろう。ジョニーは、相手が気分を害したり退屈がったりしそうなら、たちまち政治の話を切り替えた。共産主義は貧者を救う、と信じたがる人たちにも、一九一七年ごろからあべこべの実態をその目で見てきたのだが、かみつきはしなかった。共産主義や社会主義を信じる連中は、線形方程式も理解できない手合いに似た気の毒な人だと思った。もちろん問題は個人の力量で、共産主義者だからといって数学や科学ができないとはかぎらない。数学や科学になるべく有能な人間を集めようとだけ考えていた。

ときに立場がまずくなっても、左がかった意見のせいで機密がらみの仕事から追放されかかった人を助ける危険をおかしたり、私生活でアルコール依存症の人をひとり助けたりもしている。機密保持はいいが少しやりすぎじゃないか、と反発していた。

ヨーロッパ戦線の拡大、一九四〇年夏〜四一年夏

一九四〇年の夏、ほぼジョニーの予想どおりドイツ軍がフランスをバターのように切り裂く。友人たちほど驚きも怖れも感じなかった。ドイツ軍がどんどん進撃していく五月、

ヴェブレンにこう書いている。フランスの首脳は「奇跡を期待しているんですかね。私としてもそう祈りたいところですが、お得意の形而上学を捨てて戦争に当たればずっとよかったんです」。彼は英仏の軍事計画をいつも低くみていた（四〇年一月には、スカンジナヴィアでもダーダネルス海戦型の作戦をやればいい、と抜け目なく思いついたりしていた）。そのかたわら、アメリカは「シッケルグルーバー（訳注：ヒトラーの父アロイスを私生児として生んだ祖母の姓）の使用人」の知性を買いかぶるべきではない、と言ったりもしている。「シッケルグルーバーの使用人」は、ドイツの官僚主義と将校団をからかう言葉で、そのころ彼のお気に入りだった。

四〇年の七月には「イギリスはドイツの侵入にもなんとか耐えるか、侵入を思いとどまらすこともできそうだ」とやや意外な意見を吐いたものの、四一年に入ると、アメリカも一七年と同じく参戦せざるをえないと読んでいた。ただそれも、ジョニーの口から出るとこういうひねくれた言いかたになる。（当時オランダに亡命中で）八十代にもなったドイツ皇帝と妃に、「おそれながら両陛下、またひとがんばりされて王女をお産みいただき、それをドイツ国民に教えてやらねばなりませぬ。なんともはや遺憾なことではございますが」と宮廷医師が頼みこむ、そのせつない胸中をアメリカも察してやる日が来るのだ、と。

かたや、四〇年七月、ペタン元帥降伏の日にウラムがジョニーに書き送った手紙は、絶望の奈落に向けてまっさかさまといった調子だ。「世界の状況は恐れていた最悪の事態。

アメリカはもう信頼できません。混乱のきわみで、優柔不断……貴兄にもこの国のでためぶりは驚きでしょう。ソ連がヨーロッパに進撃する望みはまだもてるにしても」。ウラムのみるところ、アメリカの戦争準備は「実施段階に至るだけでもとほうもない時間がかかります。二、三ヶ月もぐずぐずすればもう手遅れ。貴兄も私も甘い期待をかけすぎました。お先まっ暗。それにどうやって耐えていくか、今までの経験をもとに考えるしかありませんが」。

ジョニーはそんなアメリカ批判を馬耳東風と聞き流す。四〇年の選挙でローズヴェルトとウィルキーのどちらが大統領になっても、四一年にはたぶん参戦する。そのころは自由の敵どうし（ドイツとソ連）が「うまいぐあいに対決しているはず」。ソ連のヨーロッパ侵攻を期待するウラムの逆で、むしろドイツがソ連に襲いかかり、広い大地で泥沼にはまるのを願っていたから、現実に侵攻が始まったときは喜んだ。その四一年夏、ヒトラーがソ連に猛攻撃をかけたあと、「戦争が危ない商売だというのは認めるしかありませんが」、とヴェブレンに書いている。「世界情勢は悪くない。予想よりずっとよさそうですね」。

このころは彼らしくもなく議員連に手紙や電報を送りまくって、アメリカの参戦につながるローズヴェルトの政策を支持すると叫び続けた。「小職の確信を披瀝《ひれき》しますと」、四一年九月のD・レイン・パワーズ閣下宛ての手紙。「ヒトラーを敵に回したこのたびの戦いは、対岸の火事ではありません。争い合っている原理は全文明国に共通ですし、ヒトラーと妥協でもすれば合衆国の未来は闇の中です」。四一年一二月、真珠湾の直後にアメリカが参戦したとき、小躍りする調子でウラムにこう書いている。「いつかも言ったとおり、やっちまえ（qu'on les aura）だよ。二年か三、四年はかかっても」。

なにか確かな技術的見通しをもとに気強い言葉を吐いたとは思いにくいが、そうだったかもしれないと匂わす資料がある。四〇年夏の日付、議会図書館に残る一通の手紙だ。フランス陥落のあとアーウィンという名のカナダ人がジョニーに宛てたもので、こう始まる。「世界情勢に関する貴兄の楽観主義は理解しかねます。前回お会いしたときは健全なご意見のようでしたのに、あの健全な悲観主義はどこかへ行ってしまったのですか。なにか技術の進歩が起きたためなのか、それともただの心変わりでしょうか？」。アーウィン氏はさらに、ウランの同位体にふれた『ニューヨーク・タイムズ』の記事について質問している。「技術の一部は貴兄ご勤務の高等研究所で進めましたから、新聞記事だとはいえ、一件が今後たいそう重要になるのは先刻ご承知でしょう。……どうか私を安心させてください。なぜ、どうやってこのたびの戦争にすぐ勝てるのか、またこの新発見をどう活用できるのか」。

たぶん、当時ジョニーの念頭にウランの同位体はまだない。けれども四〇年も初秋になると、合衆国はまだそうでもなかったが、彼自身は戦争をしっかと踏みすえていた。

爆発理論の研究

戦後すぐの一九四五年、ジョニーは高等研究所の当局に、戦時研究の履歴を秘密報告の形で提出する。四〇年九月にアバディーンで弾道学研究所のふつうの顧問から科学諮問委員会委員に昇格したのが最初の重い辞令だった、と書いてある。また四〇年一二月一二日、講義計画書に載せるためジョニーの戦時研究歴を要求したエドワード・M・アール教授にはこう返事した。


拝復　小生の国防関係の活動の詳細は下記のとおりです。

アバディーン実験場の弾道学研究所における戦争省の科学諮問委員会委員。

アメリカ数学会とアメリカ数学協会の戦備委員会における弾道学の首席顧問。

以上の肩書は、簡潔さは犠牲にし正確さを旨として書きました。このややこしい肩書をそのまま印刷なさるおつもりはないと拝察しますけれど。


アバディーンの科学諮問委員会には、本書でしきりに顔を出すフォン・カールマーンほか、ジョージ・キスチアコフスキー、I・I・ラビ、ジョニーなど一〇名余りの委員がいた。年に三度か四度集まり、陸軍兵器局で権威を誇る弾道学研究所の活動を評価し、次に何をして何をすべきでないかを戦争省に答申するのが任務だった。四〇年にウェッソンという少佐がジョニーに出した招聘状にはこう書いてある。「委員会には愛国心で参加いただく。ただし委員には鉄道の無料パスと日当一五ドルを支給」。

会合の雰囲気を当時の議題書で眺めよう。四四年四月一八日の会合では、一三時三〇分〜一四時三〇分にジョニーが「衝撃波の実験的研究法」という発表をして、フォン・カールマーンなど科学者四人とアバディーンの常勤職員が意見を言う。あと二つ、破砕理論と、弾道学へのエレクトロニクスの応用もその日に発表の予定。一五時〜一六時、最新のコンクリート爆破実験について常勤職員の話をジョニーとキスチアコフスキーが聞き、フォン・カールマーンが風洞実験の首尾を聴取する。翌日はジョニーが「微分方程式の積分法と、大砲内部の応力および大気中の衝撃波解析への応用」という題の討論で座長を務め、「スピン、空気抵抗および他の流体力学的係数」という題の討論に出て意見を述べる。

一九四〇〜四二年当時のジョニーは、プリンストン高等研究所ではポール・ハルモスを助手にして作用素環の研究をまだ続け、共著論文を書いている。宇宙物理にも手を出して、「星体のランダム分布が生む重力場の統計解析」という論文をシカゴ大学の名だたる物理学者S・チャンドラセカールと書き、空いた時間にミクロ経済学の革命を始めていた（11章）。しかし主力はまったく別のほうに向け、アメリカが参戦する少し前の四一年九月ごろは、衝突爆発のような複雑な爆発の計算家として第一人者になっていたのだ。

爆発の研究は、学術団体のもとにできた戦備委員会に加わってから手を染めた。戦備委員会の類はずさんすぎるから管理を強化せよ、の声もあったがジョニーは気に入っていた。「委員会の集合、はたまた集合の集合みたいなものさ」とウラムに説明している。「その日(アメリカ参戦の日)が来れば」戦備委員会の仕事も役に立つとみていた。ジョニーは戦後、アメリカの研究組織は発足時から、敵国を含めたほかのどの国よりも優秀だった、と口にしている。どういう分野だろうと、力のある科学者は目の前の仕事からいつも自分に合ったものを選べたし、現に戦備委員会の類が共同作業したから戦争に勝てた。この人間にこの年限だけこの仕事をさせる、といったトップダウン式のやりかたでは、日進月歩の知識にも情勢にもついていけない。戦時の当局が見て見ぬふりをした自由市場と同じしくみを、アメリカの研究組織はもっていたらしい。

一九四〇〜四一年ごろの状況をベーテからじかに伺った。彼も四〇年の夏、アメリカの参戦を前にして理論物理学者である自分は何にいちばん貢献できるだろうかと、さまざまな学術団体の戦備委員会に伺い状を出した。やがて魅力あふれる天の声(じつはフォン・カールマーンの声)が下る。「衝撃波の内部で平衡がどう達成されるのかまだ誰も知らない。衝撃波の中では圧力が急変する。急変とはいっても一瞬ではないはず。圧力の変化がどう進むのか、きちんとつきとめてほしい」。ベーテはテラーと共同でそれをやり、そのうちにジョニーも関心があると知る。「ジョニーは次の段階にとりわけ興味をもっていた。

気体などの状態方程式がどうなるか、それと衝撃波との関係はどうか、という問題だった」。

状態方程式とは、流体（水や空気）の圧力を密度や温度と結びつける式で、爆発現象を解くための鍵になる。おもしろいことに、ソ連のアンドレイ・サハロフが、一九八〇年代でさえ状態方程式の計算は悪夢に近い、それにひきかえ「原子物理や熱核爆発（核融合）は純粋理論家のパラダイスだ」と自伝に書いている。「ふつうの圧力・温度にある物質の状態方程式でも、理論を単純化しないかぎり計算できない（最先端コンピュータもたちまちパンクする）」。いっぽう核物理学者が「星の中心のように、何百万度という温度で何が起こるか」（ベーテがノーベル賞をとった研究）を書きくだすのはずっとやさしい。

一九四〇〜四一年、ベーテは状態方程式の計算を前に進め、とりわけ水を冷やしたときに起こる現象をみごとに説明した。「ジョン・フォン・ノイマンも似た分野で研究していて」元気いっぱいだったと彼は言う。ベーテはそのジョニーと仕事をしたかった。四一年の九月にジョニーは、戦備委員会のひとつを仕切っていたキスチアコフスキーにこんな手紙を出している。先輩の仕事をとりこんでさっさと先に進めるジョニーの知性の面目躍如といったところか。

カークウッド教授と私が、貴兄ならびにウィルソン教授とした議論で、衝撃波に関する私どもの理論研究（貴兄の爆発研究計画にからむもの）が行き着く先はおわかりでしょう。もうかなり進んだと自負しています。気体中にできる衝撃波の理論はさらに進めるべきです。今までの研究はたいてい単純な線形の平面衝撃波しか扱っていなくて……それなら、貴兄とウィルソン教授がご指摘のように、リーマン積分法はいい武器になります。……しかし……衝撃波がいつも密度可変の領域（たとえば気体爆発が生む衝撃波の裏面）と接し、現象が非線形（速度が可変）になると、リーマン法ではくわしい情報はまず得られそうにないため、まったく新しい方法を見つけなければなりません。

そこを目指し、「ある（正で有限の）エネルギーによる無限小爆発が生む衝撃波」という論文で一歩を踏み出したと説明してから、こう続けている。

この問題では、さまざまな側面を解明する必要があります。爆発が起きた媒質内のエネルギー発生（爆発波。ことにチャップマンとジューゲが論じたもの）、前進の途上で起こる球面波（三次元の場合）の減衰、理想気体からのずれ、などなどです。最後の点は状態方程式の一般論にからむため、カークウッド教授が調べた液体の状態方程式と接点をもつことになりましょう。

しめくくりに、助手二人の給与と研究費に三七〇〇ドル申請するつもりだが、コーネル大学のハンス・ベーテとビル・フレクスナーとの共同研究は快調に進行中、と書いた。二ヶ月後、ベーテはジョニーに衝撃波理論の論文の原稿を送り、「チャップマン－ジューゲ条件の解明に向かっていると思うけれど、確信はない」と書き添える。そこでジョニーはフレクスナーに、「貴兄と、カークウッド、ベーテ、ケナードの四人」で研究会をしたらとたきつけた。参加予定の研究者には、合衆国の身分証明書（守秘保証書）をまだもらえていない（たとえばドイツ国籍のままの）人もいたから、機密保持がらみで面倒が生まれないようにと、フレクスナーにこう助言した。

キスチアコフスキーやウィルソンの委員会がやった仕事は機密なので、こまかい議論はしないように。誰でも読める国際誌に載った話に限ること。われわれの委員会の存在と研究計画についてもいっさい口外は無用。以上のタブーさえ避ければ、アメリカの有能な研究者に流体力学を教えて得るプラスのほうが、誰でも知っている理論が敵に洩れてこうむる無限小の危険よりは確実に大きい。

陸軍から海軍へ、イギリス出張

戦後ジョニーが高等研究所の当局に提出した戦時活動報告によると、一九四一年九月〜四二年九月に国防研究協議会（NDRC）の顧問、やがてその第八部の委員になり、また高等研究所自身が国家非常事態管理局と結んだ契約に従って技術面の最高責任者（公式調査官）をしている。NDRCではおもに指向性爆薬（成形炸薬《さくやく》）を研究した。「爆薬の配置を精密に設計し、爆発の威力を修正、集中、または削減する」爆弾で、魚雷や対戦車砲に大きな意味をもつ。四一年以降、合衆国歩兵団が陸地戦に突入したとき、最新鋭の武器はバズーカ砲（対戦車砲）だった。ジョニー自身はバズーカ砲の開発に貢献したと公言してはいないが、ロスアラモスで同僚だった某氏に言わせると、ある型についてはジョニーもからんでいたという。指向性爆薬について彼が陸軍にした助言は（当初はみんな狂喜したが）、戦場ではさほど役には立たなかった。

四一〜四二年のジョニーは、純粋数学界では鬼才で通っていたものの、戦争省ウッドリング長官のような政治家は、たかがアインシュタインの助手ふぜいで（これは誤解）、軍規を曲げてまで士官になろうとした不埒者《ふらちもの》、とみていた。だが参戦から数ヶ月もたつと、爆発兵器の計算家としてのジョニーの名声はその筋で知らぬ人はいなくなる。とりわけ、メリーランド州アバディーンの陸軍兵器局、司令官のレスリー・サイモン大佐（のち将軍）が熱い目を向けていた。

陸軍兵器局での名声を聞き及んだ海軍兵器局がたちまちすり寄ってくる。「ジョニーは陸軍の将軍より海軍の提督が好きだったね」、と彼を中傷する同時代人。「将軍はランチに氷水を飲むくらいだが、提督は陸に上がれば酒を飲むからな。ジョニーも強いのが自慢だったし」。サイモンも似たようなことを言い、ジョニーの私信も提督好きを匂わせる。四二年八月三一日、ジョニーは科学研究開発庁（OSRD）のヴァニヴァー・ブッシュ長官に手書きの手紙を出した。OSRDは、陸軍や海軍の個別運営ではない国防研究の総本山で、そこに君臨する帝王がブッシュだった。ワシントンのラファイエット・ホテルの便箋に、「海軍兵器局の四二年九月一日よりの常勤要請を承諾しました」とジョニーは書いた。翌日からフルタイムで拘束される。「私の理解では、軍の被雇用者としてOSRDの規則に従い、OSRDともNDRCとも縁を切る必要があります。やむなくNDRCのB1B部（指向性爆薬の契約）委員を辞任し、契約OEM Sr 218（複雑な爆発を解明する高等研究所の特殊プロジェクトに資金を流していた業務）の公式調査官も辞任します」。「この契約の最終報告はいま準備中で、数週間内に提出いたします」。

その九月一日からの新しい職務でジョニーは、海軍の機雷戦部門に出向いてオペレーションズ・リサーチ（訳注：軍事作戦の効果的な実施方法の分析）を研究する。ひらたく言えばこの分野は、戦後の本人の解説によれば、「その部署が管轄する兵器の活用と敵の対抗手段を、物理学と統計学で解析したうえ、実地研究で確かめる」。契約では、年末までワシントンの海軍省にフルタイムで勤め、翌年一月〜七月はイギリスへ出張することになっていた。

一九四三年のイギリス出張とは、前線への突撃に等しいものだったから、ジョニーはまず自分に生命保険をかけた。死亡時保険額は当時として破格の二万ドル、受取人は七歳の娘マリーナにした。前妻マリエットの亭主クーパーの弁護士に宛ててだいぶかしこまった調子の手紙を書き、三七年九月の離婚でとり決めた自分の遺産相続の条項に何か手入れが必要かどうか問い合わせた。幸いすぐにマリエットが気楽な感じの返事をくれて、生命保険が失効するまでは何もしなくていい、とのこと。

後妻のクララもそれなりに気苦労があった。爆撃機で大西洋を横断する旅だから荷物はそんなにもてない。旅行かばんには海軍支給の大きなスズの兜《かぶと》を入れなければいけない。クララが入れるたびにジョニーはほうり出し、分厚い『オクスフォード英国史』をつっこんだ。むかし渡米してきたとき南北戦争の古戦場を訪ねたように、イギリスでも古戦場を訪ねて気晴らしにしたかったのだ。クララは『英国史』を見るたびにつまみ出して兜をつっこむ。爆撃機が飛びたったとき、かばんには歴史が納まり、兜は家に残っていた。

海軍がジョニーをほしがったのは、どうやらこんな話らしい。初期の機雷は、ドイツ軍がイギリス沿海に敷設する磁気機雷の手がますます込んできている。初期の機雷は、最初に感じた金属に引かれてそのまま爆発した。それだと掃海艇《そうかいてい》が金属片をトロール漁のように引いていけば、寄ってきた機雷がその場で吹っ飛んでくれる。ドイツ軍も考えて、掃海艇につかまる一度目では爆発せず、三度目や五度目、あるいは八度目に感じた金属のところで爆発する機雷をつくっていた。あの几帳面なドイツ国民のことだから、イギリスの護送海路に沿って一定のパターンで機雷を沈めたにちがいない。そこで、それがどんなパターンか、最善の対抗策は何かを数学で解くのがジョニーの仕事になる。彼はかるがるとやってのけ、船乗りの命をずいぶん救った。英国海軍軍艦の将校室に喜びの声が沸く。「大西洋海戦で大仕事してくれたのは、誰だったかな、その、フォン・アプフェルシュトルーデル博士とかなんとか、なんでもアメリカに渡ったドイツ野郎ということらしいな」。

イギリス出張のもっと大きな意味は、爆発を知りぬいているアメリカの男が、当時いちばん爆撃を見舞われていた自由主義国に乗りこんだところだ。英米両国はこれで大助かり。イギリスの科学者はすぐ、空気中や水中の斜行衝撃波の反射についてジョニーが自分たちよりはるかによく知っているのをつかむ。爆発の被害は、斜行衝撃波の起こすものが最大になる。ジョニーが見つけていた爆発の減衰を表す方程式は彼らに初耳だった。さっそくテディントンにある国立物理学研究所と、平時は「道路研究所」と呼ばれた研究所で、超音速風洞をつかう実験にかかる。

英国海軍省の対潜水艦局との接触も実りが多く、合衆国海軍がジョニーを雇った九ヶ月分の給与など問題にならない成果を生んだ。ジョニーは戦後、海軍の民間人功労賞（四七年七月）とトルーマン大統領の功績章（四七年一〇月）を受けたが、後者の授章理由はこうだった。「高性能爆薬の効果的使用に関する米国海軍の基礎研究を主導し、攻撃用の新しい武器使用原理を見いだした。爆発気体の威力増大につながるもので、日本への原爆投下でも有効性が実証された」。マスコミ報道を読むと、対潜水艦戦と爆発理論で功労があったらしい。「命中させるより外したほうがいい」のを見つけた男、つまり原爆も地表からうんと高いところで爆発させるのがいいと証明した男、と一部の新聞は紹介した。四七年一二月、ジョニーは『ニューヨーク・タイムズ』に書く。「戦時中にした斜行衝撃反射の研究で、大型爆弾はかなりの高空で爆発させたほうがいいと判明。目標に対し斜めに強い圧力がかかるからだ。ただ、『命中させるより外したほうがいい』というふやけた言いかたではなく、せめて『高空爆発の原理』とでも呼んでいただきたい」。その原理の一部はもう四三年にイギリスで洩らし、まだせっぱつまらないころの軍事作戦に役立った。

イギリス研究者との交流、帰国

ジョニーはイギリスの研究者からもそれなりに学び、一九四三年三月にこう書いている。「とくに道路研究所のマーリー、インペリアルカレッジのペニーから学んだ。二人の研究がアメリカにあまり聞こえていなかったのは不思議なくらい」。イギリスの科学者は爆発の威力増大に向けて前進している、とジョニーはみた。ヴェブレンに機密の外交郵便でこう書き送っている。

爆発作用とはふつう、爆薬の出す炎（というより燃焼ガス）が空気を外に押す現象をいいます。だから爆発現象には、というよりも爆発が生む爆風の中には、いつも境界面が二つあることになります。ひとつは炎の先端面（燃焼ガスと空気の境界）、もうひとつが衝撃の起こる面そのもの（面をはさんで空気層の速度・圧力・密度……が不連続）。……たぶん炎の先端面はスポンジのようにぎざぎざの形で、くぼみには空気が隠れています。領域の全体は、燃焼ガスと、高温の圧縮空気の混合物とみるのがわかりやすいでしょう。「燃焼ガス」は、爆発の開始反応だけ考えれば燃えかすですが、ゆっくりした後続反応で燃える（後《あと》燃焼する）成分も残っていて、まだまだ燃えている混合物です。まわりの空気は超高圧・超高温ですから、まあ「ゆっくり」でもありませんが。

だいぶ前から弾道学研究所科学諮問委員会のB・ルイスが、少しちがう観点でこうした現象の可能性と重要性を指摘しています。現象そのものは、空気中の高性能爆薬については十分に一般性のあるものでしょう。（イギリスの）マーリーとペニーも、空気中のTNT火薬爆発のときの衝撃が、爆発反応そのものより大きいエネルギーを出すと実験で確かめました。ですから前述の後燃焼は、破壊力の面からも必須だといえます。窒素の中だと、後燃焼がないだけTNTの威力も弱まってしまう。……こうした現象はみな、理論面でもたいそう興味深いものにみえます。

その着想をもとに、画期的なやりかたで爆発を表す方程式を書き下した。次に、イギリスの風洞実験でわかった情報をもらい、オクスフォードにいたフランス人研究者から爆発を検証する写真技術の話も聞いて、イギリスでの指向性爆薬の研究がどこまで進んでいるかをつかむ。写真技術のうちX線技術は役立ちそうだったが、ほかはアメリカより立ち遅れていた。

イギリス出張でさほど成果がなかったのは本命のオペレーションズ・リサーチで、アメリカ海軍第八航空隊の昼間爆撃の精度を上げるのがその目的だった。連合国間のオペレーションズ・リサーチは、対機雷と対潜水艦作戦についてはうまく組織化されている、とジョニーは報告。だが対地爆撃のほうは、イギリスは熟練しているだろうと思いきや、そうでもなかった。夜間の爆撃行では、若い航空兵に一度の遠征あたり二五〜三五回の爆撃作戦をやらせ、作戦のたび平均五機に一機を失っている。つまり二〇歳のイギリス兵は、次の数週間に生きて帰れる確率が五分の一から七分の一と、とんでもない状況だった。先導機の照明弾が見えたらそこでやみくもに落とすだけ。どんなタイミングで爆撃すれば成功するのか、また失敗するのか、科学的にはじき出せていない。ちなみに筆者は当時一九歳で、英国空軍の見習い航空士だった。五〇年前を振り返っても、ジョニーの報告はよく的を射ていると思う。

四三年に爆撃方法の研究でジョニーを補佐したイギリスの科学者に、ジェイコブ・ブロノフスキーという人がいた。のちテレビのキャスターになる。戦後、BBCテレビでブロノフスキーはジョニーをとり上げ、まずは月並みな感想をこんなふうに述べた。「魅力たっぷりで人間味にあふれ……私の知るかぎりいちばん賢い人間……天才」。しかし、

謙虚な人ではなかった。戦時中、一緒に仕事したとき、ある問題で私にぴしゃりとこう言った。「ああそんなじゃダメ。それじゃわからんよ。君の眼力じゃ本質は見えない。抽象的に考えなきゃ。ここ（注：爆発をとらえた写真）は一次微分係数が一様に消え、だから見えているのは二次微分係数の軌跡なんだ」。たしかに私はそんなふうには考えていなかった。そのあと彼はロンドンに、私は田舎の研究所に出向いた。夜のふけるまでその問題を考えあぐね、真夜中過ぎに彼と同じ答えを得た。ジョン・フォン・ノイマンは夜ふかしだと知ってたから、親切心というか、朝一〇時をだいぶ回るまで起こさなかった。ロンドンのホテルに電話したら彼はベッドで電話をとった。「ジョニー、たしかにそうだった」。そしたらこんな言いぐさだ。「ぼくが正しかったと言いたくて朝早く起こしたのかい？　電話なんか、ぼくがまちがってたときにして

くれよ」。一時の自惚れに聞こえるがまるでちがう。そんな姿勢が彼の人生そのものだった。

あいにくブロノフスキーはジョニーの日常をほんとうには知らなかった。彼は一〇時の何時間も前に起き、もっと面倒な仕事をしていて、それを中断したブロノフスキーをやんわりたしなめたのだ。数学者ジョニーの死後、その晩年をブロノフスキーはこう咎《とが》めている。「会社や産業界や政府の仕事にどんどん首をつっこんだ。そんな仕事は彼を権力の中枢に近づけたが、知識や交遊関係を豊かにするものではなかった。まわりは、今に至るまで、彼が本心で何をやろうとしていたのか何ひとつあかしてもらっていない」。また、コンピュータや脳の研究で「脳の部品が組み合わさり、計画や行為に向けて手順よく進むようなやりかたが生きかた全体となるような、人文科学でいう価値体系を生み出すための」方法をジョニーは追い求めていた、とみる。ブロノフスキーのような計画家なら、偉大な精神はものごとをそんなふうにしているにちがいないと考えるのだろう。だがヒトラーとスターリンの時代、ジョニーの関心は、人間にただひとつの価値体系を無理やり押しつける独裁者から世界を救うことにあったのだ。

四三年五月ごろ、ワシントンからロンドンに向けて打診が来た。全米一の爆発理論家を帰国させていただきたい。お願いです……。このころ当人は、おもしろい仕事をしている応用物理学者と交流を始めていたし、もう少しイギリスに残っていたかった。「ずいぶん理論物理を学びました」、とヴェブレンへの手紙にある。「とりわけ流体力学の理論で、成長はしても不純な人間になって帰国することでしょう。また、計算技術に猥褻《わいせつ》な興味をもちました」。最後のひとことはチューリングとの再会だろう（**12章**）。

このとき妻のクララはヴェブレンの妻エリザベスに、夫はまだイギリスで研究を楽しんでいるようだから無理に呼び戻さないようご主人にお伝えください、と書いた。帰国の意思を確かめもせずに呼び戻されたら機嫌をとても損ねます。海外で一人暮らしの夫に機嫌を損ねてほしくはない。家にいるときはしじゅう機嫌を損ねたけれど、操縦法はわかっている。連合軍が戦争に勝った裏には、やがて神経症にはなるが夫を鎮めることのできる彼女の力があった。

帰国命令は四三年の半ばにいきなり来た。人類史上で最重要の理由があった。核爆弾の開発だ。とはいえジョニーはいつものやりかたを変えず、原子爆弾とコンピュータの開発を助けながら、同時にほかのいろんなこともした。だがそれは次章に回し、終戦まで通常爆弾でどんなことをしたのかをもう少しだけ眺めておこう。

合衆国陸軍の爆発研究を率いる

帰米したとたん、ジョニーの身柄と、イギリス仕込みだが海軍のカネで得た新知識を、陸軍の兵器局がかっさらう。本人の言によると、一九四三年末から四四年初頭まで、陸軍とその航空隊のために航空力学で時間の二五パーセントを（短期間は時間の全部を）割き、高性能爆薬の理論と応用を考えていた。海軍時代のような水中爆発はもう守備範囲にはなく、大気中の爆発が主体だった。

もはやジョニーはいくつもの研究機関に足をつっこんでいて、時間をあまり割いてもらえない人たちが横手から咳払いする。四四年の初め、数学関係の軍事機密を一手に握っていたウォレン・ウィーヴァーが、彼を軍の応用数学検討会《パネル》と契約させた。ウィーヴァーはジョニーの重要な戦時任務あれこれを承知しながらも、検討会にどれほど時間を割いてもらえますか、とまずは打診してみた。ジョニーは少々つむじを曲げて答える。イギリスから帰国以来、時間の四割は高等研究所に勤め、そこでほとんどの時間はたいへん重要な応用数学の課題にとり組んでいた。「衝撃波どうしの衝突とか、衝撃波とほかの媒質の接平面との衝突」を研究中。こうした衝突が「単純な正面衝突のタイプからどう外れるか、一年前にはいっさい手つかずでした」。それを今や自分が調べあげ、成果に世界中の研究者が熱狂（当人いわく、大爆発）していた。

そのやりとりをきっかけに、同じ四四年の初め、応用数学検討会が高等研究所と新しい研究契約を交わす。テーマは爆発の数値解析の開拓だった。それがやがて、共同研究者だったヴァレンタイン・バーグマン、ディーン・モンゴメリーとの共著論文を生み、今のコンピュータ数値解析の歴史を拓くことになる。

ジョニーは今や陸軍の衝撃波研究者には頼みの綱だった。彼の役回りを、四四年四月一四日付で本人がカリフォルニア工科大学に出した次の手紙がよく語っている。

デュモン博士

三月三〇日付貴信への返事が遅れて申し訳ありません。プリンストンを離れて(注:ロスアラモスに)いたからです。衝撃波の問題は数人の仲間と研究し、いま私どもの中心テーマです。理論研究は、国防研究協議会(NDRC)の応用数学検討会との契約にのっとって海軍兵器局のグループがしました。一部は私どももおもにパンチカード機械で計算法を開発中です。流体力学の実験は、メリーランド州アバディーンの弾道学研究所とNDRCプリンストン支部の第二部で行い、昨年はイギリスの二ヶ所の研究所でもやりました。

水中と空気中、両方の衝撃波にかかわっていますが、大半は空気中のものです。実験としては、ミクロ規模実験のほか、実弾の生む衝撃波の観測といろいろな風洞実験もしています。おもに二〇ミリ弾と三七ミリ弾の衝撃波をつかう実験と、新しい非定常風洞の実験から情報を得ています。研究中の衝撃強度は圧力比で一・一から六の間、大半は一・二五から三の間です。貴殿がおもにご関心の領域は……おおよそ圧力比一・二から一・〇三までの衝撃強度と考えてよろしいでしょうか？　それなら私ども二グループが調べている領域は、あいにくそこを外れていることになります。いちばんの関心は、超音速衝撃波の反射と屈折にあります。異常な圧力と渦の発生がまったく新しい反射や屈折を生むのを見つけました。たしか貴殿のご関心は音響域かその近くでしたね？　とはいえ何かお役に立てるのではと思っています。NDRCの正式ルートを通していただくのがよろしいでしょう。その際、貴殿の課題についてもっとくわしくお知らせください。

衝撃波が減衰末期でもつ形状について貴殿が実験で見つけた結果はたいへん興味深いものです。現にH・ベーテの理論予測でも、三次元の爆発波の漸近形状はああいう形になり、Nの二辺が漸近的に等しくなって、……

このあと方程式がずらずらと続く。

当時ジョニーはNDRCにまた加わり、第二部（爆発波の相互作用と反射の解析が担当）を率いていた。一九四四年末から終戦にかけてNDRCでは、大型爆弾や超大型爆弾をできるだけ有効に爆発させる条件と、爆発がさまざまな構造物を破壊する威力を研究している。イギリスに出張していたころ、巨大な四トン爆弾の爆発実験が失敗した原因の解析を頼まれた。実験のひとつなど、厚み三〇センチほどの壁も吹き飛ばせなかった。「あれだけのTNTでたった三〇センチしか突き破れなかった？ いや、そんなはずはない」と書き残している。爆弾の威力は、爆薬の詰めかたと、爆弾の形や構造で大きく変わる。当時の手書きメモに、ドイツと日本の建造物がガラスとコンクリートをどんな割合で含むかを計算している。爆風の通り道にどんな障害物があると、爆弾の爆風圏はどれほどになるか……。また、第一次大戦のときにドイツが弾薬輸送船を爆破してカナダ・ノヴァスコシア州ハリファックスの町をほぼ丸ごと吹き飛ばした、そのくわしい調査報告書を読んで書いたとおぼしきメモも見える。

一九四四年から、「キロトン」や「コンピュータ」という用語が書き物にたびたび顔を出すようになる。コンピュータは当時、ジョニーがアバディーン実験場の弾道学研究所に出入りしたおかげで、現代の姿に向かう歩みを始めていた。またキロトン爆弾とは、一〇〇〇トンのTNTを詰めたばかでかい爆弾ではなく、むろん核爆弾を指す。四三年の九月以降、つまりイギリスから帰国後、ジョニーは時間の三割までロスアラモスの顧問業につかった。はなはだ的外れの暗号名「合衆国マンハッタン工兵管区（Manhattan District, United States Engineers）」と呼ばれたロスアラモスの地では、非公式名を「マンハッタン計画」という原爆開発プロジェクトが走っていた。

10　ロスアラモス、トリニティ、広島、長崎（一九四三―四五年）

シラードの着想、フェルミの「発見」

原子爆弾誕生のいきさつは、ピューリッツァー賞に輝くリチャード・ローズの労作『原子爆弾の誕生』にくわしい。ローズは冒頭にレオ・シラードを登場させた。原爆製造にかかわったハンガリー人のうちでいちばん癖のある人物だけれど、経済不況のどん底にあった一九三三年九月のある朝、ロンドン・ブルームズベリーの通りを横切ろうとしたときにふっと世界の終末を見た、つまりは原爆のしくみを思いついた人だから、ローズの見識はまず正しい。

一九三二年、ケンブリッジのチャドウィックが、電荷ゼロの素粒子、中性子をつかまえた。そこで科学者たちは思いをめぐらす。こいつなら、原子核を囲むプラス電荷の壁も突き破り、月が地球にぶつかったくらいの勢いで原子核をぶっ壊すんじゃないか？　翌三三年、シラードの頭に「ふっと浮かんだ」のは連鎖反応のアイデアだ。中性子を受けてこわれ、そのとき二個の中性子を出すような原子がもしあれば、次は四個、それから八個……

とネズミ算式に連鎖反応が進み、エネルギーがどかんと出るにちがいない。エネルギーは産業につかえるし、やりようによっては爆弾もできる。

「なにはさておきまず特許」のシラードは、すかさずこの着想を特許にしたいと英国海軍当局に申し出た。チャーチルの科学顧問フレデリック・リンデマンが応対し、海軍省にこう手紙を書く。あの小男の思いつきが当たる確率はいいとこ一〇〇分の一ですが、まあそこそこの物理屋ですし、頼みを聞いてやったところでわが政府の懐が痛むわけでもありません……。

一九三三〜三四年の物理学界を仕切っていた三巨頭（ラザフォード、アインシュタイン、ボーア）の反応は、リンデマンに輪をかけてシラードに冷ややかなもの。ラザフォードは「原子変換でエネルギーを得る？　たわごとさ」と吐き捨て、ボーアも論文の校正刷りに同じような文言を加えた。アインシュタインなど、原子核エネルギーの研究なんて闇夜に小鳥を撃ち落とそうとするようなもんです、とせせら笑っている。ところがところが、三四年暮れにはもう、進取の気性あふれるひとりの若手が、そうとは知らずに小鳥の親玉をたぶん撃ち落としていた。ローマのエンリコ・フェルミ（一九〇一〜五四）だ。

三四年の一月からフェルミと仲間は、手近な物質（水、リチウム、ベリリウム、ホウ素、炭素、フッ素、アルミニウム、鉄……）をかたっぱしから中性子の標的にしてみた。やがてウランにぶつけたら、原子核がみごと中性子をとらえたようで、別の原子ができたらしかった。そこでフェルミは、超ウラン元素（ウランより重い元素）をつくったと勘ちがいして論文にしてしまう。四年後のノーベル物理学賞（訳注：受賞業績「超ウラン元素の発見」）は、誰かが茶化したように、「フェルミが生涯一度だけやった解析のしくじり」に授与された。

性格がいろんな面で似ていたフェルミとジョニーは、のち無二の親友になる。オッペンハイマーがいつかフェルミを、「明晰を求める情熱の権化。とにかくものごとを曖昧《あいまい》なままほうっておけない人です。ものごとはみんな曖昧だから、いつも元気いっぱいなんですね」と評した。オッペンハイマーはたぶんジョニーをもそんな目で見ていたろうし、ジョニーはジョニーで、オッペンハイマーが「詩的な曖昧さ」にとじこもる癖（たとえばソ連に待ったをかけるべきかどうか、かけるならどうやるか、のときに見せた態度）を見て、だから戦後の原子力委員会で袋だたきにあったんですよ、と思っただろう。ジョニーに似てフェルミも政治にさほど関心がなく、まだ悪鬼には見えなかった三四年ごろのムッソリーニを「ファシズムの道化」と茶化している。権威はしょせん阿呆くさいとみるたちで、歴史家のローラ夫人に言わせると、権威に逆らうよりは権威を素直に受け入れる。三四〜三六年当時の後ろ盾だった上院議員オルソ・コルビーノは、フェルミの研究が軍事がらみの話につながればムッソリーニにご注進する立場の人物だった。

かりに、コルビーノの取り巻きのうち物理学者がひとりでも、フェルミの「超ウラン元素生成」実験でほんとうは何が起きたのかをつかんでいたなら、張り子の虎だったムッソリーニのファシスト軍は世界初の原子爆弾を手にできたかもしれない。そうしたらこの小ネズミはどんな声で吠え、歴史はどんなふうに変わっただろうか？

一九三八年ごろにはさすがのフェルミもムッソリーニを狂人とみた。ユダヤ人排斥も始まっていて、海軍将校だった養父はユダヤ人だ。危ない、と思ったフェルミは、ノーベル賞の賞金をはたいて一家でアメリカに移住しようと決める。一家は三八年のクリスマス、ストックホルムの授賞式をすますやそそくさとニューヨーク行きの定期船に乗りこみ、正月二日には上陸を果たす。群がる報道陣にフェルミは、「フェルミ家のアメリカ分家をつくりにやって参りました」と胸を張った。

研究室を出て渡航準備を終えたフェルミが船中の人となったころ、ベルリンにあるカイザー・ヴィルヘルム研究所（いまベルリン自由大学の一部）で核物理の大発見が起こる。よりによってヒトラーのおひざもとだから、まかりまちがえば最悪の事態を招きかねない事件だった。

核分裂が見つかる

カイザー・ヴィルヘルム研究所でいちばんの働き者が、六〇歳の独身女性リーゼ・マイトナーだった。小柄で気性が激しく、内にこもって解析好きな実験屋の彼女は、今の世なら（当時のフェルミに似て、だがジョニーとはちがって）ジョギング好きの研究者だろう。なにしろ六〇の峠も越しながら、思索にふけりつつ一五キロ歩くのも苦にしない人。第一次大戦ではオーストリア＝ハンガリー軍の東部戦線でX線技師を務めた。休暇のたびに、ドイツ軍の西部戦線で毒ガス担当将校だったオットー・ハーン教授と示しあわせ、カイザー・ヴィルヘルム研究所に立ち戻って共同実験に励んだ。

マイトナー女史はジョニーと同じ程度にユダヤ人で、両親はオーストリア＝ハンガリー二重帝国時代にキリスト教の洗礼を受けている。ヒトラー政権になっても、外国（オーストリア）籍のユダヤ人だから当座は問題なかった。だが一九三八年、オーストリア併合で彼女は「ドイツ籍ユダヤ人」になってしまう。ウランを中性子でたたくという、うす気味悪い実験をベルリンでやっていただけの彼女を逮捕しようと、秘密警察《ゲシュタポ》が忍び寄る。危険を察知したハーンと仲間は勇をふるって彼女をオランダ経由でデンマークに逃がし、迎えたボーアが、ぴったりの仕事でもなかったがスウェーデンに仕事を見つけてくれた。

ベルリンのハーンは、助手のフリッツ・シュトラスマンと一緒に相変わらずウランを中性子でたたいていた。ズデーテン地方の紛争が全ヨーロッパを戦争に巻きこみかけていた三八年九月、実験はいよいよ佳境に入る。そのころ見つけた妙な現象（訳注：じつはウランの核分裂）を論文にまとめて投稿する（三九年一月六日印刷）。校正刷りになる前に結果をマイトナーにも送り、何が起きたのか考えてほしいと頼んだ。マイトナーと甥のオットー・フリッシュは、三八年のクリスマスじゅう額を突き合わせて考えたあげく、結論をメモにして三九年一月六日夕刻、ボーアに渡す（ボーアは孤独な二人をコペンハーゲンに招いていた）。ボーアは翌朝アメリカに発つ予定。プリンストン高等研究所に中期滞在するためで、そのお膳だては前年の夏にジョニーがしていた。

アメリカ航路の「ドロットニングホルム」号に乗りこんだボーアは、船室に黒板を運びこませ、船酔いに苦しみながらも、たまたま同乗していた科学者ローゼンフェルトと毎日その問題にとり組んだ。一月一六日、ニューヨーク港に入った「ドロットニングホルム」号を、ぴかぴかのアメリカ人一年生、エンリコとローラのフェルミ夫妻が埠頭で迎える。ハーンとシュトラスマンの論文が印刷されたのを確かめたうえ、ボーアはそのニュースをアメリカの物理学界にばらまいた。三三年にソ連から亡命していたジョージ・ガモフがテラーに電話して、「ボーアもヤキがまわったらしい。中性子がウラン原子をこわすんだとさ」と言っている。おおかたの物理学者もそんな目で見た。だがテラーは、フェルミがローマでした実験で妙な放射能がつかまった話を思い出し、「俺は一発でわかったぞ」。

フェルミも一発でわかった。わかってそわそわし始める。一ヶ月前のノーベル賞受賞講演はまだ印刷に回っていない。すぐさまスウェーデンに国際電話をかけ、「ハーンとシュトラスマンの発見により、超ウラン元素の見直しが必要になった。超ウラン元素と見えたものの大半は、ウランの分裂産物だった可能性もある」と注を入れさせる。ボーアを除く物理の俊英たち、オッペンハイマーやテラー、ウィグナー、シラードと同じく、フェルミはそれ以上のこともつかんでいた。ローズの本によれば、コロンビア大学物理学部の高層棟に構えた自分のオフィスで、冬枯れのマンハッタン島を見晴らしながら、サッカーボールをつかむような手つきをしてボソリとこう言ったらしい。「これくらいの爆弾ができりゃ、みんな消えちまうんだよ」。

イギリス動く

ジョニーと同様レオ・シラードもヨーロッパの大戦をだいぶ前から予想していて、勃発の一年も前にイギリスからアメリカへの移住を願い出、一九三八年一月二日にはさっさと移住している。関連特許を出願していたがん治療の研究をするというふれこみだが、現実にしたのは、やはり特許を取得ずみの、放射線をつかって果物から虫を追い出すという珍妙な研究だ。だが頭の片隅ではいつも原子核の連鎖反応を考えていた。

ボーアのニュースを、シラードは三九年一月にウィグナーから聞き及ぶ。すかさずフェルミに、「核分裂で中性子が出るんなら、ドイツ人には秘密にしとこう」と相談している。だがなにしろ見つけたのはドイツ人だ。それならば、と次の仕事にとりかかる。アインシュタインをたきつけて、原子爆弾開発プロジェクトを始めるようローズヴェルト大統領に手紙を書かせたらどうだ。自分で運転できないシラードは、アインシュタイン訪問のうち一度はウィグナーを、もう一度はテラーを運転手につかった（俺はシラードの運転手として歴史に名を残すんだ、とテラーの言葉）。シラード、テラー、ウィグナーの三人はやがて「ハンガリー陰謀団」の異名をたてまつられる。アインシュタインは後年、その手紙を書いたのを「人生最大のしくじり」と悔やむ。

アインシュタインの手紙は、当人が期待したほどの力をすぐには発揮しなかった。ローズヴェルトは一件をライマン・ブリッグス博士（国立標準局長）の委員会に諮問するも、ブリッグスは極秘案件だと判断して箝口令《かんこうれい》を布き、まわってくる文書を次から次へ金庫にしまいこんだだけ。

戦争はまだ他人事とみていたアメリカにひきかえ、三九年九月に参戦したイギリスの科学者たちは、ウラン爆弾をひどく気にかけていた。そのひとりが、叔母マイトナーのもとを離れてイギリスに渡り、バーミンガム大学で切れ者のルドルフ・パイエルスと共同研究していたフリッシュだ。国籍はドイツだから敵性外国人になる二人は、天然ウランからゴルフボール大のウラン235を分離できたら何が起こるか、高速中性子でウランをたたけばどうなるかを計算してみた。一〇〇万分の数秒で、地球の中心圧を超す超高圧が生まれ、今まで人類が想像したこともない爆発が起こる、が答えだった。報告を受けたイギリス当局は思う。安上がりの爆弾だ、ぜひ開発しよう。ヒトラーのドイツなら文明を破壊するだけだが、わがイギリスが手にすれば文明の破壊をくい止められる。

一九四〇年四月、ドイツ軍はボーアともどもデンマークを手中にした。このときスカンジナヴィア半島にいたボーアは、文書を焼き捨てなきゃ、とナチが押さえたコペンハーゲンに舞い戻る。ほぼ同じころ、スウェーデンのリーゼ・マイトナーが、イギリス在住の甥フリッシュに電報を打つ。「ニールスとマルガレーテ（ボーア夫妻）に会いました。二人とも元気ですが本国の情勢に心を痛めています。コッククロフト（核物理学者）とモード・レイ・ケント（Maud Ray Kent）によろしく伝えて」。フリッシュたちは首をかしげる。「モード・レイ・ケント」って何だい？ 名前のようだが、誰も見当がつかない。アナグラム（文字つづりかえ文章）じゃないか？ 文字の順序を変えると「radyum taken（ラジウム奪わる）」になる。たぶんこれだ、ドイツは原子爆弾をもう完成まぎわにちがいない。だからナチはボーアを捕らえ、そのうちノルウェーも押さえて重水を確保しようという寸法だろう……。

そのころイギリスのケント州では、むかしボーアの子供の家庭教師をしたモード・レイ嬢が平穏な日々を送っていた。マイトナーの「絶妙なアナグラム」に膝をたたいた科学者たちが核問題検討会を「モード委員会」と命名したものだから、彼女は歴史に名を残すことになる。

出世して「チャーウェル卿」になっていたリンデマンが、モード委員会の報告書をチャーチル首相に差し出す。「二年以内に確率一〇分の一で成功する見込みあり、というのが当委員会の結論です。小職個人としては五分五分より悪い博打ならまず張りはしませんが、成功を信じて前進すべきでありましょう。ドイツ人にわが英国を蹂躙《じゅうりん》させてはなりませぬゆえ」。その週、ドイツ空軍の電撃空爆を命からがら逃れてきたチャーチルは、得意の尊大な調子でこうメモを残す。「個人としては既存の爆弾で十分と思うが、進歩の勢いはやはり阻むべきではない。チャーウェル卿提案の方向で進むべし」。

だが実のところ、原爆開発に必須の設備も資源もイギリスには何ひとつない。そこで妥当な次善の策として、モード委員会の議事メモと報告書をいっさいがっさい、たぶん原爆の開発をねらっているローズヴェルトのプロジェクト責任者、ブリッグスに送ることにした。だがいくら待ってもナシのつぶてで、みんな不安になる。四一年八月、パイエルスやフリッシュの上司にあたるマーク・オリファント博士をワシントンに派遣して状況を調べさせた。その報告、「ブリッグスを訪問。あいまいな発言しかせず、どこといった特徴もないこの男は、書類を金庫にしまいこんで誰にも見せていなかったもよう」。

そこでオリファントはアメリカ科学界の大物に次々と会い、大勢の人間に（そして、もらしてはいけない人間にも）モード委員会の要点をもらした。カリフォルニア大学バークレー校のアーネスト・ローレンスを説きふせたのが第一の突破口になる。ローレンスのサイクロトロンなどアメリカの巨大な設備を目のあたりにし、爆弾はアメリカで開発すべきだとオリファントが得心したのもバークレーでのこと。四一年の後半、ローレンスは国内を駆け回って大物たちを説得した。当時もう大権威になっていたアメリカ物理学界の重鎮たちは、いったん心を決めると——たがの外れた政府委員会がよくそうなるように——大車輪で動き始めた。四一年一〇月九日、ヴァニヴァー・ブッシュ博士がモード委員会の報告書をローズヴェルトに手渡す（イギリスでのんびり暮らしていたモード・レイ嬢は、それを知ったら腰を抜かしたかもしれない）。大統領もついに腰を上げ、当時の世界で最大規模の科学プロジェクト、原爆開発の試験研究を発足させた。アメリカがまだ参戦していないこの時点でローズヴェルトは、議会の承認も得ずに二〇〇万ドル（訳注：二〇二〇年の相場で約三六億円）の歳出を認めてしまう。ローズヴェルトは、たとえナチが全ヨーロッパを制圧したとしても（たしかに当時、その可能性は濃厚だった）世界の政治均衡を確保できるような武器が必要だと考えたのだ。そこでブッシュは、科学者たちに緊急指令を出す。

翌日、日本軍がハワイの真珠湾を奇襲した。一二月の第一土曜日、ワシントンに集結されたし……。

アメリカの動きとジョニー

この段階では、三人の同郷人（ウィグナー、シラード、テラー）は動員されても、ジョニーには声がかかっていない。理由はたぶん三つある。ひとつは、物理のプロジェクトに数学者は関係ないとみんな思っていた。第二は、陸軍も海軍も、ジョニーの頭をよけいな仕事に向けたくはない。そしてもうひとつ、当時ブッシュとプリンストン高等研究所の間がぎくしゃくしていたらしい。開戦の二週間後、あるいは原子爆弾開発プロジェクトの開始月といってもいい一九四一年一二月の中旬、ブッシュは高等研究所長のフランク・エイデロット博士にこう打診した。「おたくでいちばんの星、アインシュタイン博士をお借りしたい。ウラン235の分離に必要な計算をやっていただきたいのです」。二日後、クエーカー教徒のエイデロットは次のような返事をブッシュに送る。平和主義者のはずだったエイデロットもアインシュタインも、妙に舞い上がっていたようだ。

アインシュタイン博士は、なにか他にもやることがあれば……万事に最善をつくしたいと申しております。どんな仕事でも、お役に立てるならぜひお願いしたい。博士はお国に役立つことを無上の喜びとしておりますので。博士の自筆の手紙を同封させていただきます。機密保持が第一と考え、文書はいっさい第三者にコピーさせてはおりません。

一二月三〇日、ブッシュからエイデロットに宛てた返書には、歯切れの悪い調子で、「本件に全面関与をいただいた場合、アインシュタイン博士が当方の期待する方向で本件を推進されるかどうか確信がもてないので」話はなかったことにしていただきたい、とあった。ブッシュ自身はアインシュタインに洗いざらい話したかったのだが、「身辺調査をしたワシントンが懸念を表明した」のだという。エイデロットはあっさり袖にされてむっとしたから、四三年の中頃、ジョニーにお呼びがかかるまで、逸材をどっさりかかえる高等研究所も、原爆開発に関与しないままだった。

その四三年七月にイギリス出張から戻ったジョニーは、ワシントンのコスモス・クラブ（訳注：科学・文学・芸術の著名人を会員とするクラブ。一八七八年創立）からウラムに宛て、「なんだか不倫妻みたいな毎日だ。情夫が二人のままか三人になるのかもよくわからない」と書いている。このとき二人いた「情夫」は、陸軍と海軍の司令部だ。どちらも彼をフルタイムではたらかせ、イギリス仕込みの爆発学の知識を活用したがった。陸軍の顔も海軍の顔も立て、プリンストン勤務はせいぜい週二日に抑えよう、とジョニーは考えていた。

その矢先に三人目の情夫ができる。「爆発学の学識を提供いただきたい、勤務地は、今はお教えできぬが南西部のサイトY（注：ロスアラモス。サイトXはテネシー州オークリッジ）」──と政府の出頭要請が来たのだ。これで勤務地は四つ（海軍、陸軍、ロスアラモス、プリンストン）にふえ、それまでのまめな社交もめちゃくちゃになる。四三年九月、彼は「人に言えない場所」からウラムに弁解がましい手紙を書く。「イギリスから戻ってこのかた、週に三つか四つちがう場所で仕事している。今は南西部。……クリスマスまでにはまたイギリスに行けそうだ。……いつどれくらいの長さ行けるのかまだわからない。……君の手紙にきちんと返事を書ける文明生活にはとうぶん戻れそうにない」。

一九四三年から四五年まで、ジョニーは原爆開発にどんな貢献をしたのか？ そして、ロスアラモスのちょっと不似合いな管理職二人（グローヴスとオッペンハイマー）と科学の雰囲気（遺憾にも世界を破壊する方法を上品に議論し合う左翼っぽいセミナー）と、いったいどう折り合いをつけたのだろうか？ まず、あとのほうから眺めよう。

ロスアラモスの人々

ジョニーはロスアラモスの研究者たちと政治感覚ではソリが合わなかったものの、戦時の雰囲気は気に入っていた。交戦中の張りつめた空気が心にしっくりくる。このころローラ・フェルミがこんな文章を書き残す。「フォン・ノイマン博士は、誰からも批判めいたことを言われないところが、たいそう珍しい方です。見かけはこれといった特徴のないひとりの人間の中に、あれほどの沈着さと知性が共存できるなんて」。その沈着な心で、ジョニーはグローヴスともオッペンハイマーともつき合えた。

一九四二年九月、四二歳のグローヴス准将が、原子爆弾プロジェクトの軍側責任者に任命される。ルイス・アルバレス博士のグローヴス評――「しじゅう顔を合わすオッペンハイマーやローレンスは彼にぞっこんだったが、ほかの連中は内心で毛嫌いしていた」。やがてジョニー自身もグローヴスの応援団に名を連ねる。世慣れた軍人グローヴスも、ひとりシラードだけはどうにも我慢がならなかったらしい(どのみちシラードを許せる人間はそういなかったけれど)。

グローヴスは大胆にも、おおかたの期待を裏切って、ノーベル賞学者のローレンスではなくオッペンハイマーを研究所長にすえた。理由を本人がこう書き残している。「ローレンスはたしかに切れるが天才ではなく、ただの仕事人間にすぎない。それにひきかえロバート・オッペンハイマーは正真正銘の天才……何でも知っていて、どんなことでも話ができる……ただひとつ、スポーツはからっきしだが」。

グローヴスがオッペンハイマーを選んで、陸軍防諜部の番犬たちは心中おだやかでなくなる。なるほど世の評判はいい。最重要・最高機密のプロジェクトを安心して任せられる人物で、逸材を集める人望もあり、研究の指導力も抜群らしい。後世の歴史家も、「魅力たっぷりで指導力抜群、尊敬を一身に集めた理論物理学で当時最高の教師。学生たちは彼の癖を、なんと歩きぶりまで必死にまねようとした」とオッピー(オッペンハイマー)を評している。だがしかし……。

身辺調査をした陸軍防諜部は、オッペンハイマーが多感な青年期に何度か自殺を図った事実、身内に共産党員(それもスターリンの恐怖時代の)がいる事実をつかむ。婚約者に終わったジーン・タトロックも、オッピーを四人目の夫に選んだアルコール依存症の妻キャサリン（キティ）とその最初の夫も、実弟も義妹もそうだった。共産党員の同僚をかばってやったこともある。美人だが情緒不安定なジーンは四三年でもまだ党員だったというのに、オッペンハイマーはロスアラモス所長就任後も一度ならず彼女と不倫の夜を過ごしている。防諜部員は舌なめずりして一件を上司に報告した。直後の四四年、彼女は自殺の道を選ぶ。

オッペンハイマーの政治・経済面の信条は非科学的、とみていたジョニーは、戦後オッペンハイマーの高等研究所長就任に反対した。プリンストンで二人は野良猫のように互いを嗅ぎ合う仲だった、という某氏の証言もある。とはいえジョニーはオッペンハイマーの戦時中の業績は高く買い、戦後オッピーの告発側に回る友人のストラウスにもこう語っている。――ロスアラモスのロバートは偉大だった。イギリスなら伯爵にしてもらえて、ズボンの前ボタンをかけ忘れたまま町を歩いても「ごらん、伯爵さまがお通りだよ」ですむ人物だ。戦後のアメリカだからそんなことはなくて、「おい見ろよ、あいつ前を開けたまま歩いてるぞ」になってしまうんだけど。

ハンス・ベーテは、ジョニーをロスアラモスの超天才とみるかたわら、オッペンハイマーを理想の指導者とみた。ベーテが言ったとおり（ジョニーもうなずいた）、当時のロスアラモス研究所長は「自分の研究業績なんかどうでもよかった。大事なのはプリマドンナをどっさり集め、仕事の進みを隅々までつかんで、うまく組み合わせ、ベストの道を決めることさ。そのへんの腕がオッペンハイマーは絶品だったね」。

四二年の末にグローヴスとオッペンハイマーが選んだ研究所の立地は、ベーテとジョニーを喜ばせた。物理と田舎が大好きなオッペンハイマーは、二つを――それに、四二～四五年の機密保持の条件も――ぴしりと組み合わせ、ロスアラモスのランチ・スクール（牧場学校）をグローヴスに接収させる。冬場は氷点下二〇度を切り夏場は三〇度を超すというのに、少年たちを年がら年じゅう半ズボンで運動させて鍛え上げる学校だった。

四三年初めに軍が接収してから、ロスアラモスでは共同住宅の建設が急ピッチで始まり、オッペンハイマーは国内の大学めぐりをして有力科学者を勧誘した。使命感にあふれる教養人が集まったから、田舎のロスアラモスもたちまち文明化する。戦中から終戦直後にかけそこで働いた上級研究者のうち五人ほどが、一九九二年現在、引退してロスアラモスと近郊に住んでいる。家庭の安らぎにはやや欠けていても、ジョニーはロスアラモスの空気がことのほか気に入った。七〇歳あたりまで生きたとしたら、彼もロスアラモスに家を建てたにちがいない。

ジョニーの気持ちはよくわかる。メサ（台上地）の上に広がるロスアラモスにジョニーが顧問で来た四三年には、敷地内に科学の俊才たちが群れつどい、当時もっとも巨額な科学プロジェクトを進めていたからだ。かのボーアも、時の流れに翻弄《ほんろう》され、いっときその一員になる。

ドイツがデンマークを占領した四〇年以来、侵略者との接触をひたすら避け、抵抗運動の人々との接触が多かったボーアのところに、四一年の末、かつての教え子ハイゼンベルクが「あのころのようにお会いしたい」と言ってきた。散歩の道すがらハイゼンベルクは彼にウラン爆弾の可能性を語り、こうやればできます、と実験的な重水反応炉の絵を見せもした。ボーアの背筋が寒くなる。ヒトラーが原子爆弾をつくってしまう……。

その直後ハイゼンベルクは、ヒトラーの兵器軍需生産大臣アルベルト・シュペールつき御用学者たちの前で講演し、パイナップル大のウラン爆弾で大都市ひとつがふっ飛びますよ、と語る。会合には核分裂の発見者オットー・ハーンも顔を出していた。シュペールが一件をヒトラーに注進するも、総統は「ユダヤ人の物理」に大金をつぎこむのにご熱心ではなかったらしい。シュペールの自伝にはこうある。「核分裂は絶対確実に制御できるのか、それとも連鎖反応を続けてしまうのか、と小職が尋ねても、ハイゼンベルク教授は確答をくれない。総統は、ご自分の支配なさるこの地球が爆発炎上してしまいかねない爆弾などお気に入りではなかった」。

ヒトラーの心中を知るよしもなく、ハイゼンベルクの重水炉が（四三年のアメリカの核技術と比べて）どれほど粗末か知りもしないボーアは、情報を西側に知らせるべきかどうか——なにか決めるときはいつもそうだったように——うじうじと思い悩む。ナチ占領下のヨーロッパを逃れて敵国アメリカに渡れば、友人たちをナチの血の報復が見舞うかもしれない。悩んだあげく、やっと気持ちの整理がついた四三年の一〇月、漁船の底に身をひそめて隣国スウェーデンへ脱出。そこから英国空軍のモスキート機でイギリスへ、さらにアメリカ目指して出航した。上陸後、九月にジョニーが乗ったのと同じ輸送車に揺られてサイトY（ロスアラモス）にたどり着く。

ほぼ同時期、ジョニーの友達ビル・ペニーや、パイエルス、フリッシュなど、イギリス科学者の一団にもロスアラモスへのお呼びがかかる。かつてはゲッチンゲンの大教授、このときスコットランドのエディンバラにいたマックス・ボルンにも招聘状が届く。ボルン自身は軍事研究を拒否したが、研究室からは仲間のひとりがかけつけた。その名はクラウス・フックス、ロスアラモスでソ連の忠実なスパイとして動く人物だ。

ロスアラモスのジョニー

一九四三年から四四年にかけての冬、ロスアラモスに集まった科学者たちはだいたいこんな気分でいた。①俺たちは大量殺戮兵器をつくる。なんて罪深い仕事だろう、②だがナチスに先を越されないよう、やらねばならぬ、③戦争の幕が引けたら原爆の国際規制が必要だろう（それがやがてアメリカの外交政策になる）。ジョニー個人は、こうした「みんなの見解」のどれにも同調せず、もっと先を見ていた。

彼は思う。戦争なら殺戮を望んで当然だとはいえ、核兵器の殺戮力は天井知らずになる。

一九二〇年代に量子力学（原子物理学）が生まれたとき、殺戮力も「量子の飛躍をする」のは目に見えていた。このたびぼくらはまちがいなく原子爆弾をつくってしまう。戦争をできるだけ早く終わらせるためにはやむをえない。しかし第三次世界大戦は、テラーが四二年ごろ確信をもって予言していたもっと強力な水素爆弾ができれば、たぶん抑止できる……。

このころジョニーは、放射能の怖さをあまり自覚していなかったらしい。一九五五年に五一歳のジョニーを襲ったがんは、たぶん四六年のビキニ環礁の核実験（クロスロード実験）に立ち会ったのが原因だ。ビキニでは、がん発症率が正常者を一パーセントだけ上回る被曝量を広島のデータからはじき出し、被曝がそれよりずっと低いレベルを安全基準にしていたのだが、他の科学者と同じくジョニーも当時はリスクを低く見つもっていたのだろう。五四年には親友のフェルミが五三歳でがんに命を奪われる。調べてみたら、フェルミは三〇年代、まともな安全対策もせずにイタリアで実験をくり返していたとわかって、ジョニーも心穏やかでなくなる。五三年のソ連の核実験では、首尾を確かめようと、サハロフとマリシェフが実験区域を歩きまわった。五七年にマリシェフが白血病で他界し、その原因はあれにちがいないと気づいたサハロフもだいぶあとの一九八九年、たぶん同じ原因で亡くなっている。

そうした犠牲は、とりわけ自分の死は、ジョニーにしても無念だったろう。だが個人感情を云々している時ではない。誰でも原爆をつくれるようになった今、核兵器を無視するわけにはいかないし、独裁者の善意を信じるのも危ない。それに、蒸気機関・産業革命から自動車の発明まで、新しい技術にはそれなりの事故死がつきものだ。見返りに人類は、移動の不自由、低い生産性、独裁政治、若年死などなどを追放し、はるかに多くの人が豊かになって、寿命も延びた。核エネルギーも同じだろう。政情が安定し、商業利用の道が開ければ(戦後、あいにくそうはならなかったが)、核時代には安価なエネルギーが意のままになる、とジョニーは確信していた。

できるだけ安上がりに日本人を殺すため、史上初の核エネルギー解放が進められていたという事実は悲しいことだ。非道な目的だとはいえ、日本国民はそのころ「名誉の一億玉砕」を合い言葉に連合軍を迎え撃とうと腹を決め、軍部は兵士に「ひとり十殺」を言い渡していた。通常兵器で降伏させようとすれば、第一次大戦のフランスで散った命とほぼ同じくらいの犠牲が連合軍側にも出る。しかもその大半はアメリカ兵だ。もっと少ない犠牲で戦争を終結させるため、このたびは核爆弾をつかうしかない……。

世界が水爆戦争時代に突入する気配でもあれば、ジョニーもたぶんそんな発想はしなかった。しかし水爆が間もなくできて時代が変わると確信していた彼は、その前に核兵器を抑止力にする体制を自由世界の主導でつくるべきだ、そうなれば独裁国も開戦の意思をなくす、と考えた。自著『ゲームの理論』にもそんな心中がよく表れている。

戦争の抑止には国連をつかえばいいではないか、と楽観論者は言う。ジョニーはそうは思わなかった。国連の委員会でだらだら議論を続けたって実効はない。論理的にみて、パクス・アメリカーナ（アメリカの武力を基礎にする平和）の確立が最善の道だろう。アメリカは「二大敵国ドイツとソ連のどちらよりも早く」原爆を開発できる、と四三年秋にはもう確信していた。ハイゼンベルクのように優秀な科学者はいても、ユダヤ人の大量虐殺をやってしまってからのドイツにはろくな人材がいない。それに、なにより連日の空爆にあえいでいた四三年、原爆づくりのような巨大プロジェクトがあったとしても、発見されてたちまち破壊されたはず……。

ロスアラモスに着いたころのジョニーは、ヨーロッパの戦争はあと一年で終わると予想していた。連合軍は翌四四年のどこかでフランス上陸を果たし、ドイツ国内の内紛も起こるだろう（事実、四四年七月二〇日には将校の反乱が起こった）。四三年九月、ウラムにこんな手紙を書いている。「ドイツは来年に入ってもしばらくもちこたえるだろうが、春までに政治が崩壊する確率は一割、夏か秋にはたぶん臨終を迎える。ドイツ国内に革命でも起こらないかぎりソ連がドイツと手を組むとは思えないけれど、どっちにころんでも、米ソ間がうまくいくかどうかについてぼくは百パーセント悲観的だ」。「百パーセント悲観的」の「百」には、「～より無限小だけ小さい」を意味する数学記号を添えている。彼は日ごろ数学記号を好んでつかった。ウラムの妻フランソワーズが最初の子を身ごもったときも、お祝いの手紙の末尾に「君たち二人と、まだ見ぬ1/2²へ」と書いている。ロスアラモスの科学者には、スターリンのソ連に肩入れする一派もいた。だがジョニーの見るところ、今や故国ハンガリーを含めてヨーロッパの半分を飲みこみかねないスターリン主義は、恐怖と非効率と秘密警察のごった煮にすぎない。ちゃんとした科学者なのに、みんなそれがなぜわからないんだろうね、と同郷のテラーやシラードにこぼしている。とはいえ政治談義をしても何かが変わるわけではないからと、たいていは沈黙を守った。四三年ごろにはもう、何か口に出せばまちがいなくソ連に伝わるとジョニーはみていた。通報するのは、左翼かぶれの科学者だけではない。四五年のロスアラモスには一万人近い人がいた。ソ連は、工事現場の作業員にスパイを忍ばせてでも情報収集に血まなこだったはずだ。

ジョニーはロスアラモスの社交生活には溶けこみ、ポーカーにもよくつき合って、よく負けた。勝つ腕もないくせに「ゲームに勝つ方法」の分厚い教科書を書いたりしている(11章)。ゲームをしながらも、頭ではたいてい一〇くらい別のことを考えていた。

日曜には、ベーテとフェルミが散歩や山登りにみんなを誘った。山登りの苦手なジョニーは、「そばに三〇〇〇メートル級の処女峰でもあれば登る気になるけどね。物理でも同じだろ、みんなが登ってしまった山によく登る気になれるね」と負け惜しみを言った。山登りには一度だけ参加している。みんなはふだん着なのに、ひとりだけぱりっとスーツを着こんで。ジョニーに輪をかけた登山ぎらいがウラムだった。ロスアラモスに来てからのウラムは、日曜日になると前ぶれもなく仲間の家におしかけて、「それこそなんでもかんでも」議論したがった。ジョニーが山に行った日は、手持ち無沙汰のウラムもしぶしぶ山登りに加わった。が、二〇〇メートルほど登ったところでギブアップ。その場所を現地では今も「ウラムの到達点」と呼ぶ。

ウラムとの共同作業

ジョニーの呼びかけでウィスコンシン大学から来たウラムを、プリンストンから西部に向かう乗り換え駅、シカゴのユニオンステーションでジョニーが迎える。ジョニーの脇に立つゴリラのような護衛二人を見てウラムは、「プリンストンの数学屋もお国の宝なんだね」と感心した。うかつなことを口に出せないジョニーは、「西部で軍事がらみの大きな工学研究が走ってるんだ」とだけささやく。駅のトイレに並んで用を足し、アゴで便器を指しながらウラムがつぶやく。「ぼくは工学なんか知りません。このトイレの水がどうやって出るのかも知らない。なにか自動触媒作用といったものでしょうけど」。じつは自動触媒作用は核爆弾のカギになる反応だから、二頭のゴリラは、もし物理を知っていたら血相を変えたかもしれない。工学のだめなウラムも問題はなくて、一九四三年一一月にはジョニーが彼にこう書いている。「ヒューズ氏（ロスアラモスの人事課員）関係の手続きは無事に終わったよ」。

ジョニーは、ロスアラモスの原爆開発では二つ貢献をした。ひとつはウラムを呼んで数学がらみの作業をはかどらせたこと。もうひとつが、爆縮型の爆弾（長崎に落としたプルトニウム爆弾）の設計を進めたことだ。まずは数学の貢献のほうをみよう。

筆者の草稿を読んでくれた関係者のひとりは、最初の（広島の）原爆をつくるころは「いちおう仕事はしていてもたいしたことはなかった」と言っている。しかしジョニーは、アメリカの物理学者たちにいちばん重きを置かれていた数学者だった。簡潔な数学が必要になったちょうどその矢先にロスアラモスに加わって、地味ながら大仕事をしている。いくら実験に手慣れた物理学者でも、世界をぶっ飛ばす規模の実験などできはしない。そこでジョニーは、今でいう数値実験の考えかたをロスアラモスにとり入れた。爆発現象も、数値を正しく組み合わせれば、実験と同じように現象の大筋を再現できる。たとえば今の世の中、橋をどちらの構造にするのがいいか知るのに、実物大の橋を二つつくって比べたりはしない。コンピュータで計算する。月面の予定地点に宇宙飛行士をぴたりと着地させたのもコンピュータの力だ。

四三年当時のロスアラモスでも、数学モデルが必要になる。「こうすりゃあばっちり核爆発がいくんじゃないか。まあ一発やってみよう……ちぇ失敗だ……おお痛え！」というわけにはいかない。ジョニーはまさに願ってもない数学の立役者だった。ハーマン・ゴールドスタインが後日こう書いている。「物理学者がもちこんだ問題をなんとかするだけの応用数学者とちがって、フォン・ノイマンは基礎にまっすぐ立ち戻り、まず理想化と数学的定式化を目指した。とてつもなく複雑な暗算も電光の速さでやってのける才能がある……それも……並の人間ならせいぜい桁の見積もりがやっとの時間内に」。

原爆をつくるにあたり、高尚なこと（新しい概念を導入する）から俗なこと（作業時間を縮めて予定どおり完成する）まで、大ざっぱな見積もりがほしい場面はそれこそ星の数ほどある。すでに赴任していたベーテ、ファインマン、テラー、ワイスコフなどもラフ計算はお手のものだったが、ジョニーの強みは、賢い彼らが口にする並外れた着想をどんどん先に進めるところにあった。

理論部門を率いていたハンス・ベーテが筆者にこんな話をしてくれた。「ジョニーはたいていの問題を見通せたね。ロスアラモスではずいぶん教わった。俺の手に負えない微分方程式もすいすい解いたし、どんな質問にもきちんと答えをくれる。机に座りさえすれば、まず一発で解いたな」。物質を圧縮したときに粘度のせいで現れるマッハ反射という現象も、ジョニーが解決した。

大学院生の身分でロスアラモスに動員されていた某氏も、みんながジョニーを必要としたようすをこんなふうに言う。「計算に行き詰まっている人たちは、ノイマン博士の部屋の前で待機していて、出てきたらどっととり囲んだものです。廊下を歩きながらみんなの話を聞き、会議室に消えるころには、問題の答えか、答えに行き着く最短の道が見えていましたね」。

四三年後半のロスアラモスでは、計算はまだたいてい卓上計算機でしていた。四四年四月、デイナ・ミッチェルが理論部門にIBMのパンチカードソータ（選別器）を導入する。コンピュータの二世代前の計算機だ。当時ロスアラモスにいた某氏によると、ジョニーはソータが気に入って改良をすぐ考え始めた。ミッチェルは、ENIAC（世界初のコンピュータ、四四年夏に完成）の生みの親J・エッカートと親交があったようで、たぶんENIACの噂をジョニーの耳に吹きこんでいた。だからこそジョニーは、ENIACに対面したとき飛び上がらんばかりに感激したのだろう。その対面が世界を変えたといっても過言ではない（12章）。

四四年の春、スタン・ウラムはパンチカードソータと格闘していた。彼は自伝の中、四四〜四五年のくだりに「この新しい中途技術もなかなかのすぐれものだった」と書いている。当時の難題のひとつが、爆縮がたどる道すじの計算だ。ジョニーは仲間と一緒に課題にとり組んだものの、理論だけで解きほぐせるような問題ではなかったし、「ある物理状況で起こるものごとを推測する」気質は彼にはない、とウラムの観測。だから、ときには問題を「力ずくでねじ伏せる、つまり膨大な数値計算でやるべし」、とウラムは思っていた。

そんなときに到着したパンチカードソータをフル稼働させ、長崎に落とした爆縮型プルトニウム爆弾「デブ（ファットマン）」の作動に欠かせない「レンズ」を設計して対日戦を最短時間で終結させたのが、忘れてはいけないジョニーの手柄だった。

広島の原爆と長崎の原爆

核分裂物質、ウラン235とプルトニウムの生産も進んでいた。爆発させるには、核分裂物質を臨界量（数十ポンド）以上のかたまりにすればいい。初期の実験で、ウラン235の爆弾（広島型）なら「砲撃法（ガン・メソッド）」でできるとわかっていた。まずウラン235のかたまりを二つ用意する。片方をもうひとつの凹部にびしりと撃ちこめば、合体して臨界量に達し、ひとりでに爆発してくれる。ベーテの言うとおり「チャチな物理」だ。

とはいえウラン235の分離（濃縮）には手間がかかる。一九四五年の夏に一発つくって落とせたとしても、日本の科学者たちは「二発目は当分できない」と読んで、軍部にそう進言するにちがいない。事実、広島（八月六日）のあと長崎に落とされる八月九日まで降伏を決断しなかったのは、たぶんそのせいだ。ウラン235に比べ、原料がたやすく手に入るプルトニウム爆弾はもっと簡単につくれる。八月九日（長崎爆撃）の時点で、プルトニウム爆弾は八月中にもう一個、九月にはさらに三個、そして一二月には七個を仕上げる、という生産計画が組み上がっていた。

原料は問題なくても、プルトニウム爆弾に砲撃法はつかえないのが悩みの種だった。プルトニウムは融点も沸点も低いから、秒速一〇〇〇メートルでかたまり二つをぶつけ合うと「砲弾」も「目標」も一瞬で融け、合体前に蒸発してしまう。四四年七月ごろ、原料はあるのに新爆弾がつくれないジレンマに落ちこんでヤケになったオッペンハイマーは、所長辞任さえ考えた。それでもなんとか踏みとどまり、砲撃法の代わりに爆縮法の研究を最優先させることにした。

爆縮（インプロージョン）法では、臨界量に少しだけ足りないプルトニウムを爆薬でぐるりとかこみ、爆薬の全部に点火する。それで生まれる内向きの衝撃波が中心のプルトニウムをぎゅっと圧縮し、プルトニウムの密度が上がって、臨界量を超すからドカンといく。まわりをかこむ爆薬の量が多いため原爆の図体も大きくなる。だから「デブ」というあだ名がついた。

一九四三年九月にロスアラモス入りしたジョニーは、その晩さっそく爆縮法の議論に巻きこまれる。テラーが誘った夕食のテーブルで専門家どうし話し合ったところ、どうにかこうにか脈がありそうに思えてきた。

爆縮の実験は、カリフォルニア工科大学から来たセス・ネッダーマイヤーを主任にして始まった。彼は初めから爆縮法を提案していたが、乗ってきたのはテラーだけ。フェルミさえ「プルトニウムを圧縮する？　水を両手でぎゅっとやるようなもんで、あっちこっちに逃げちゃうさ」とからかい、オッペンハイマーもとり上げない。しかしジョニーはちがった。指向性爆薬（前章）を研究したときの経験で、爆縮はお手のものだ。ロスアラモス入りの直後、ハーヴァード大学化学科のキスチアコフスキー教授と爆縮の可能性を話し合っている。うまくいきそうなことは二人とも一瞬でわかった。すかさずジョニーとテラーはその月、連名でオッペンハイマーに「爆縮法をやるべきです」と進言する。

爆縮の鬼才と噂されるジョニーの肩入れにまずは喜んだネッダーマイヤーも、やや弁解ぎみにこんな言葉を吐いている。「フォン・ノイマンが大規模圧縮の物理をあみ出したとみんなは言うが、ぼくだって前から知っていた。まあぼくの素朴なやりかたと比べれば、ずっと水際だっていたけどね」。この逸話も、他人の着想をひっつかんではるか先に進めるジョニーのやりかたをよく語る。爆縮法を思いついたのはリチャード・トールマンとロバート・サーバーのようで、トールマンの講義に出たネッダーマイヤーがそれを学んだらしい。ジョニーはまず「デブ」の大きさを計算して、そうとう重いが爆撃機でなんとか運べる、とはじき出す。長崎に落とした爆弾は「長さが三メートル強、最大直径が約一・五メートルの尾翼つき大卵」だから、たしかに大きい。次にネッダーマイヤーは、どうすればもっとうまく爆縮を起こせるか考え始めた。初期のころジョニーが発案した方法はうまくいきそうにない。外層の爆薬に点火したら、圧縮波は、やがてプルトニウムが置かれる予定の金属筒をみごとに押しつぶしてはくれた。しかしフラッシュ撮影の写真を見ると、圧縮波の一部が本体に先行して噴出してしまっている。四三年初冬に撮った爆縮の写真を見ると、衝撃波の先端は、アルプスの稜線さながらにギザギザだった。

悩めるネッダーマイヤーの助っ人にと、オッペンハイマーは四四年一月、ハーヴァードのキスチアコフスキーを呼び寄せる。やる気のないキスチアコフスキーは人間関係をぎくしゃくさせたが、いいこともひとつあった。軍隊式にものごとを進めたい海軍軍需部長のパーソンズ艦長（のち提督）とネッダーマイヤーは、ことあるごとに対立していたところ、たったひとつにせよ意見の一致が生まれたからだ――「お互い、あいつ（キスチアコフスキー）にだけは文句を言わせないようにしようじゃないか」。そのころ、ベーテとテラーの間にもわだかまりがあった。ベーテの弁……

あいつ（テラー）はネッダーマイヤーの提案した爆縮法に飛びついて、研究所はこれに集中しなきゃいかんと演説をぶった。四四年には理論面の責任者になり、たしかにそれなりのことをして、爆縮で核分裂物質の密度が上がると言い当てたし、仲間と一緒にそういう高密度物質の状態方程式をつくり上げたりもした。だがあいつは、爆縮のこまごました計算をするグループから逃げ出しやがった。

ベーテの不満は、テラーが「思いついた爆弾の組み立て法を得意げに長々としゃべったり、俺たちの基本設計がまずいんじゃないかとくどくど議論したがる」ところ。「原爆開発を理論物理のセミナーみたいに進めたがった。しゃべるだけで研究所の実務はまるでしない。大仕事をかかえた俺たちにとっちゃ、彼の道草につき合うのはうんざりだった」ともベーテは言っている。

いっぽうジョニーは、誰とでも仲よくできる能力をいかんなく発揮していた。誰かが誰かの悪口を言い始めても、やんわりと話を当面の仕事のほうにもっていく。テラーとベーテの仲たがいで、研究員を補充する必要が生まれ、イギリスから何人か呼ぶことになる。そのうちのひとりはやがて悪名を馳せるフックスだったが、もうひとり、のっぽでちょっと調子はずれのジェームズ・タックは拾いものだった。母音を伸ばしてゆっくりとしかしゃべれないジョニーの英語をからかうそのタックが、「爆縮レンズ」の着想をもち出す。中心のプルトニウムをかこむ厚い爆薬のうち、外層は速く燃える。その内側、引火装置の真下に「遅い」爆薬をレンズ形に仕込めば、レンズの中心ほどゆっくり燃え進むようになって、まわりの衝撃波も追いつき、「レンズ」を通り終わった位置で衝撃波の足並みがぴたりとそろう。そのあと衝撃波はまた加速される。中心部ほど光がゆっくり進む虫メガネの凸レンズと同じ原理だ。

ベーテもジョニーもタックの着想にとびつき、レンズの設計にとりかかる。「俺はしくじったけど、ジョニーはばっちりだった」とベーテの簡潔明快な後日談。ベーテはローズの取材に応え、四三〜四四年の冬にジョニーが「理論的に完璧な爆弾設計を一瞬で思いついた」とも語っている。四四年六月オッペンハイマーがネッダーマイヤーの上司にすえたキスチアコフスキーは、数ヶ月かけてその理論を実用にした。

たび重なる失敗のすえ、四四年一二月にはまずまずのレンズ第一号ができた。四五年三月にジョニーが提案したものに近い設計でいこう、と決断したオッペンハイマーが、追加の指令をひとつ出す。手に入るプルトニウムの量がどれほど少なくても、日本に落とす前に「デブ」の爆発実験をしなきゃいかん、と。砲撃型の「チビ（リトルボーイ）」は、まちがいなく爆発するはずだから、組み上がりしだい日本に落とせる。だが「デブ」のほうは、いくら賢いジョニーが設計したものだとはいえ、あの妙なレンズがうまくはたらくかどうかあやしい……。

　爆縮研究チームの中には、レンズははたらくと確信していた人間が少なくともひとりいた。クラウス・フックスだ。彼はレンズのしくみをさっそくソ連に伝え、それがのちの有罪判決につながる。爆縮型の原爆を実験できるメドがついたのは四五年五月、ドイツ降伏の月だった。喧嘩っ早い物理学者たちでなくウラムの数学が最終解決に大きく貢献したと評価するジョニーは、六月六日付でウラムにこんな手紙を書いている。「物理学が集合論に無条件降伏したのを心から祝いたい。当然のことがそのとおりに決着したわけさ。Yは知の混乱状態だったのに、なんといっても君の力があのアイデアを生んだんだ」。

二種類の原爆をつくれるメドがついて、ジョニーは落とす高度と輸送がらみの計算を担当することになり、日本のどの四都市を標的候補にするかを決める政府の「標的委員会」にも出た。一九四五年五月一〇日にロスアラモスで開かれた標的委員会でジョニーの書いた貴重なメモが議会図書館に残っている。それを読むと、冷徹で整然とした彼の心中がよくわかる。

午前の会議では、オッペンハイマーが提出したにちがいない一一件の項目が議題にのぼった。項目それぞれの脇に、今となっては意味不明のものも多いけれど、ジョニーの書きこんだ数字やなぐり書きが見える。一一項目は次のとおり。①爆発の高度、②天候と作戦途上の交信、③爆弾の投下・着地、④標的の状況、⑤標的決定における心理要因、⑥軍事施設の攻撃、⑦放射能の影響、⑧航空作戦の統制、⑨リハーサル、⑩航空機の安全確保、⑪第二一部隊（通常爆弾をつかう空爆部隊）の計画とのすり合わせ。

ジョニーはまず、爆発の高度について意見を求められた。ベーテ、ウィグナーと検討するためにあらかじめつくっていたメモには二つの表があり、たぶんこれで十分と思った数字だろう、矢印がついている。爆発高度は目標ごとにちがうが、高すぎるよりは低すぎるほうがまし、と彼は提案した。爆発高度が一四パーセントだけ高すぎると破壊力は二四パーセントほど減ってしまうが、四〇パーセントくらい低すぎても破壊力は落ちない。爆弾の威力はまだわかっていない時点なのに、適切な高度で爆発させるために点火のタイミングをどう決めればいいか、表にまとめてある。いずれ広島に落ちる「チビ」の威力はTNT火薬にして五〇〇〇トンから二万トンの間、というのがおおかたの専門家の予想だった。実際は一万三〇〇〇トンだとわかるのだが、トルーマン大統領は、現地からのくわしい報告を待たずに「二万トン」と発表してしまう。「デブ」の破壊力はかいもく見当がつかない。爆発実験（トリニティ実験）でわかることになっていた。

ジョニーは、午前中に出たほかの議題に「審議ずみ」の印と、数値やOKマークを書きこんでいる。午後の会議では、標的をどこにするかを話し合った。通常型爆弾を落とす候補をまとめていた空軍が、原爆用に京都、広島、横浜、皇居、小倉軍需工場、新潟の六ヶ所を提案する。

防諜部も標的候補を申し出た。メモを見るかぎり、ジョニーは空軍案のほうを気に入っていたらしい。防諜部は原爆の破壊力を過小評価し、都市まるごとではなく個別の工場を破壊するものくらいに思っていた。ジョニーは防諜部のリストにギリシャ語で不賛成の文字を書きこんでいる。たとえば、八幡製鉄所（二一部隊が爆撃希望）、横浜の浅野ドック（二一部隊で十分）、東京の三菱航空機製造所（浅野と同様）、東京の圧延工場（浅野と同様）、大阪軍需工場（二一部隊が爆撃ずみ）、東京のダンロップゴム工場（目標として小さすぎ。二一部隊に任せればよい）といった調子。防諜部のリスト中、ただひとつジョニーがOKマークをつけたのは、空軍のリストにもある大きな目標、小倉軍需工場だけだった。

そこでジョニーのペンは空軍のリストに立ち戻る。彼は皇居への投下には反対した。もし空軍が皇居への投下をあくまでも主張するなら、本件を「われわれに差し戻せ」と書いている。三ヶ月後、天皇が無傷だったおかげで日本は無条件降伏をしたから、ジョニーに賛成した人たちは多くの人命を救ったわけだ。空軍のリスト中、ジョニーは「情報不足」と付記して新潟を削っている。

候補をいよいよ四つに絞ることとなって、ジョニーは京都、広島、横浜、小倉軍需工場に手を挙げた。その日の委員会の総意でもあった。

だが京都への原爆投下には、七七歳のヘンリー・スチムソンが猛反対した。タフト政権の陸軍長官とフーヴァー政権の国務長官を歴任したあと陸軍長官に返り咲いていた人だ。仏教と神道の聖地たる京都に原爆を見舞うのは、ヨーロッパならさしずめローマやフィレンツェ、アテネを焼け野原にするようなものですぞ。アジアに平和が戻っても、この先五〇年、わが国は総スカンをくらいます……。京都については、空軍のメモに、今まで空襲をしていないので「破壊された他の都市から多くの住民や工場が移ってきている」し、加えて「知の中心ゆえ、ここをたたけば原爆の威力を思い知る」という心理効果もある、と書いてあって、ジョニーはそれに納得していた。これはまあ、皇居に原爆を落とせと主張した情宣部と五十歩百歩の、良識のかすみだったろう。

横浜は、もうずいぶん空襲を見舞ったからと、八月の初頭までに候補から落ちた。別の港として長崎が浮上する。東京から遠いのがいい。このころまでには、降伏を決断する人物が住む首都の人命を過度に損なうのはよくない、という意見が支配していた。こうしてついに八月六日、「チビ」投下の候補として残った広島、小倉軍需工場、長崎のうち、たまたま晴れていた第一候補の広島上空で「チビ」が炸裂する。

八月九日に「デブ」の出番が来る。第一候補が小倉で、第二候補が長崎。掩護《えんご》機の一機が合流時刻に間に合わなかったし、小倉の目標地点がだいぶかすんでいた。やむなく爆撃機はターンして長崎上空へ向かう。長崎も曇り空だったが、雲の切れ目が見えた瞬間に落とした。目標地点からだいぶ遠い、起伏の激しい場所だった。七月一六日のニューメキシコ・トリニティ実験でうまく爆発するとわかっていた「デブ」の破壊力を、悪天候がぐっと落とした。

死神オッペンハイマー

トリニティ実験の前夜(七月一五日)、ロスアラモスの科学者たちは「デブ」の破壊力がどれくらいになるかで賭けをしたらしい。ジョニーは「デブ」をうまく設計できて十分だったから、賭けには張っていない。最大の見積もりがテラーのTNT四万五〇〇〇トン。

キスチアコフスキーはだいぶ小さくて一四〇〇トン、いつも控えめなオッペンハイマーは三〇〇トンと踏んでいた。ベーテの八〇〇〇トンがジョニーの腹づもりに近いか。爆縮型原爆の失敗を「証明」して賭けに張らない科学者もいるいっぽう、フェルミのように、原爆が大気を爆発させ、ニューメキシコ州どころか全世界を破壊するかどうか賭けようと浮かれ騒ぐ人もいた。夜が更けるとともに、それぞれが心の緊張を高めていく。

翌日の実験で破壊力はTNT二万トン相当とわかり、人口三〇万〜四〇万人の都市を「救護所と包帯と病院だけの焼け野原」にできる、と標的委員会に報告された。ちっぽけなダンロップの工場などに落としても意味はない。トリニティの光がニューメキシコ州の砂漠を照らし出したとき、グローヴス将軍は副官と言葉を交わした。「これで終戦ですね」「そうさ、日本に二発落とせばな」。

トリニティ実験成功の報は、広島から長崎を経て終戦の日まで、一〇日ほどのうちに世界を駆けめぐる。ジョニーはいつものとおり、自分の業績を強調はしていない。ウラン235のほとんどを分離したローレンスなどは自慢のかたまりだった。ロスアラモスでは、オッペンハイマーがヒンズー教の聖典『バガヴァッド・ギーター』を手に、「これで私は、世界を滅亡させる死神となったのです」と叫んで、自分もたっぷり仕事をしたと思っている科学者たちのいらつきを誘う。ジョニーはひとこと、「罪を自白して手柄に変えようっていう寸法だね」。

ロスアラモスの研究者がオッペンハイマーに向けたやきもちを、ウラムがおもしろいたとえ話でジョニーに解説したらしい。ベルリンの下宿屋、食卓の情景。誰かが大皿のアスパラガスをごっそりとって平らげてしまう。同席のひとりがおずおずと立ち上がり、「すいませんゴルトベルクさん、ぼくらもアスパラガスは好物なんですよ」と文句を言うが、もう後の祭りだ。このジョークはやがてジョニーの十八番になる。あるときジョニーが座長の委員会で、コンピュータや原爆のように大勢の共同作業でものにした仕事の場合、栄誉はいったい誰の手に落ちるかという議論になった。ジョニーはウラムの話をもち出し、ラテン語の警句ふうに「Per aspera ad asparagetica」(苦しみの道はアスパラガス教の悟りに通ず)、としめくくったとか。

だがそれは冷戦が始まってだいぶたってからのこと。つまりはジョニーが原爆開発のほかにいくつも仕事をなしとげたあとの話になる。

11　経済学に残る足跡

大著と小著

ジョニーは経済学の分野に大きな仕事を二つ残した。

ひとつはオスカー・モルゲンシュテルンと書いた六四〇ページの大著『ゲームの理論』（一九四四年）で、メイナード・ケインズ（一九四六年没）のおひざもとケンブリッジ大学のリチャード・ストーン教授がすかさず、「『一般理論』以降もっとも重要な教科書」ともち上げた。そうはいっても、その二冊（フルネームは『ゲームの理論と経済行動』『雇用・利子および貨幣の一般理論』）のどちらかでも隅々まで読みこなせた経済学者が何人もいるとは思えないのだが。

もうひとつが、一九三二年にプリンストン高等研究所の数学セミナーでやったわずか三〇分の講演だ。いつものとおり黒板になぐり書きしながらだったにちがいない。「経済学の方程式いくつかと、ブロウエルの不動点定理の一般化について」というぱっとしない演題だし、自分でもたいした話ではないと思ったらしく、講演メモもつくっていない。

その内容がやがて刷りものになる。三六年、ウィーンの位相《いそう》幾何学者カール・メンガー(訳注：同名の父君は経済学オーストリア学派の始祖)がジョニーに声をかけてきた。経済学のセミナーをやりたいので、講演してくれないか？　ジョニーは承知し、ぶっつけ本番で四年前の話をくり返すつもりだった。けれど妻のマリエットと大西洋を渡りパリに着いたまではいいが、道中マリエットとの仲がどんどんこじれ(8章)、ウィーンに行く気もなくなってしまう。ひとりになって気もふさぎながらパリのホテルで書いたのだろう、簡潔この上ない調子で数式を連ねた九ページのドイツ語論文を世話役のメンガーに送るだけはした。セミナーの論文集が出版された三七年当時、ジョニーの論文に注目した目利きの経済学者はほんの数人しかいない。

それから半世紀も経た一九八〇年代、デューク大学のE・R・ワイントローブ教授が「切れ味でみて過去最高の数理経済学の論文」とほめちぎる。ノーベル経済学賞受賞者二名を含む三大陸の一一名が書いた好著、一九八九年刊の『ジョン・フォン・ノイマンと近代経済学』(M・ドア、S・チャクラヴァーティ、R・グッドウィン編)にも、「フォン・ノイマンは経済分析手法を一変させた」との賛辞が見える。本章の初めの部分は、おおむね同書に寄りかかって書いた。

ジョニーがプリンストンの黒板にしたなぐり書きは、線形計画法・非線形計画法や経済成長の動的モデルなど、力強い方法論を経済学に導入したほか、計画経済と自由経済の未来を正しくつかむ道も開いた。のちにノーベル経済学賞に輝く学者の少なくとも六人、ケネス・アロー、G・デブリュー、ポール・サミュエルソン、T・C・クープマンズ、L・カントロヴィッチ、ロバート・ソローの仕事はこの「なぐり書き」を下敷きにしたものだし、経済学でつかう凸集合論とか数理計画といった新しい手法も同じ。また、ジョニーの純粋数学の論文も経済学分野で大いに役立った。その証拠に、ノーベル賞学者のこんな発言がある。「経済学論文で多用するダービン－ワトソン統計は、フォン・ノイマンが導いた『時系列《じけいれつ》に関する平均二乗隣接差分の表式』に源をもつ」。

三八年ごろはジョニーの九ページ論文を「たかが数学屋のお遊びにすぎない」と酷評したリチャード・グッドウィン教授も八〇年代に、「あれは生涯最大の誤りだった」と反省したうえ、こんな評価を述べている。

今世紀でもっとも独創的な論文……波及範囲の広い内容をぎりぎり切り詰めた論理構成で述べたところなど、まさに非の打ちどころもない。「生産コスト＝価格」「需要＝供給」の制約をつけながら、どんな商品にも、価格を最低、生産量を最大にする解が存在するとか、動的な均衡を実現するには最大成長が必須だとか、そういうことを、たぶん予備知識もなしに完璧な形でポンと生みだした頭脳には恐れ入るしかない。

筆者は一九六二年、日本経済を論じた最初の本を出し、その中にこう書いた。当時の日本は、西欧の経済学者の目には「インフレすぎる」と見えた「一〇年で所得倍増」計画の時代（訳注：池田勇人内閣）だ。動きの遅い国々はスタグフレーションの悪循環に足をつっこみかけていたのに、日本は「成長の良循環」にうまく飛びこんだらしかった。日本の経済学者たちは当時、「動的均衡の実現には最大成長が欠かせない」というジョニーのモデルを活用していた……と。西側の政策決定者の多くは筆者の論調に同意しないけれど、そのおもな理由は、自分たちよりもっと多くの人たちも理解しないからだ。

経済学と出合う

一九三二年の三〇分講演と三七年の九ページ論文が今後さらに広げる波及効果の大きさは見当もつかないが、幸いなことに源の見当はつく。二八～二九年ごろ、ベルリン大学の私講師だった二五歳のジョニーは、夏休みのたびブダペストに帰省していた。同じブダペスト帰省組のひとりに、ロンドンのスクール・オヴ・エコノミクスからケンブリッジ大学へ進もうとしていた二〇年代の左翼の俊英経済学者がいた。ジョニーがギムナジウム（ルーテル校）に通った八年間のうち四年間だけ重なって近くのミンタ校にいた五つ年下の男で、名をニコラス（ニッキー）・カルドアという。政治面では水と油だったのに、二人はたちまち意気投合する。

生涯を通じて社会主義者を貫いたカルドアは長じてから、イギリスの旧植民地だった諸国に、計画経済と人種平等主義の推進を勧告する（そんなことしたら、国中が大騒ぎになるだろうが）。新しい独立国の首脳に向けて「大金持ちなんか怒らせてもかまわない」といった調子の檄《げき》を飛ばす。だが国づくりの助けになるのは企業主で、そういう人々はたいてい大金持ちだから、少々あぶない助言ではあった。大金持ち抜きでやるなら、街なかで暴れだしかねない部族の長とか、王様の義兄弟とか、そんな連中を登用するしか手はないのだ。

一九六〇年代、イギリスで「カルドア卿」に出世したニッキーは、ハロルド・ウィルソン労働党政府の税制首席顧問をしていた。当時はちょうど、韓国あたりが能率のよい低賃金労働者をどんどん生んでいて、筆者のような自由貿易主義者は、英国民も方向転換しなければと考え始めていたころだ。カルドアはほとんど孤軍奮闘で、サービス産業の労働者を製造業へ引き戻そうと、不労所得に対する所得税率の上限をなんと九八パーセントまでつり上げ、選択雇用税も導入する。筆者のような批判者の目に映ったカルドアは、頭の回りが速く、ひどいヘソ曲がりで、まわりと同調しない、とはいえ他人の心をつかむ言葉を吐く人だった。だからジョニーも波長が合い、カルドアに尊敬の目を向ける。カルドアのジョニー評も、たいていの賢人のジョニー評と変わりない。たとえば死を目前にした一九八五年、絶筆となった論文に左翼のカルドアはこう書いている。「今まで会った人間のうち、天才にいちばん近い人間だといってまちがいはない」。

たぶん一九二八年の夏休み、ジョニーはブダペストでカルドアにきいた。今の経済理論が、最低価格で最大成長を目指すものなのかどうか、目指すならどんな手段でやろうとしているのか、そのへんを数式で書いた小さな本はないかい……。そこでカルドアは、元祖レオン・ワルラス(一八三四〜一九一〇)に始まる一八七四年以降の数理経済学史をまとめた本を貸してやった。

その本はざっとこんな調子だった。アダム・スミス(一七七〇年代に活躍)の弟子たちはほぼ一世紀の間、価格はおもに生産コストで決まると考えていた。完全自由競争を選んだ賢い国は、生産はできるだけ低いコストで行い、あらゆる資源を最善の用途と場所にまわす。そうしないドジな企業家は競争に負けて倒産してしまうからだ、と。だがそれは、何が必要で、「何を生産すべきか」に答える力のないところが難点だった。やがて一〇〇年後の一八七〇年代、消費者は「プラスアルファの最大満足(最大の限界効用)」を求めてお金をつかう、という思想が経済学者の心に芽吹く。その「限界効用」は、どんな商品でも必ず減っていく(限界効用逓減《ていげん》の法則)。たとえば冷蔵庫が牛乳パックであふれそうになったとき、新しい冷蔵庫を買おうとする人はちょっとおかしい。同じお金をつかうなら、あとゴマンとある欲望のどれかを満たすか、さもなければ貯金に回す。

供給側をひたすら重視するスミス理論に限界効用の考えを接ぎ木して、ワルラスは一八七四年、投入・産出の双方に需要と供給を考えれば経済の動きを方程式に表せる、と思い当たる(政府の経済計画担当者は、方程式いじりなど楽しいとは思わないだろうが)。方程式の数と未知数の数は同じにできると証明し、理屈のうえではこれで経済学の問題は解け、その解は完全自由競争になる、とワルラスは確信した。

ジョニーはいつもどおりの電光石火で本を読み終え、カルドアにこう感想をもらす。ワルラスの方程式なんか興味はないね——。理由が三つあった。まず第一、「限界効用」の考えは、代替可能性を強調しすぎる半面、生産活動の相互調整が経済を進める力をかるく見すぎている。たとえば、ある町のみんながみんな、車を明日買い換えるのが「プラスアルファの最大満足」だと思ったとしても、ワルラスの方程式では、町の道路が大渋滞になる事態がまるで見えない(そのことは近代経済学者にはわかっている。とはいえ、計画経済に走った多くの国々では、相互調整をやりすぎたあげく経済の混乱を招いたけれど)。

第二に、もっと奇抜な着眼だが、ワルラスの方程式によると、商品によっては負の価格で売るのがいちばん得だというケースも出る。そんな方程式が正しいわけはない。

そして第三。経済というものは、方程式だけでなく、不等式で動く場面のほうがたぶん多い。満足でも成長でも何でもいいけれど、なにかを最大にしたければ、それに伴ってほかの条件も変わることを数理計画屋はきっちり認識すべきだ。すでにこの二八年、二四歳のジョニーは、四四年の『ゲームの理論』につながる論文を書き進めていた。彼の関心は、ワルラスふうの方程式群ではなく、取引行動を表せる行列（マトリックス）だった。フォード社のとるべき経済戦略は、市場のいま現在の姿だけでなく、GMや、日本をはじめとする諸国の自動車メーカーの経済戦略が市場をどう動かすかでも変わってくる。

この年か翌一九二九年にジョニーは、経済学者J・マルシャークがベルリンでやった経済学の講演会に出た。同席した某氏の感想談として、ノーベル賞学者ケネス・アローがこんな文章を紹介している。

生産を表す関数群をマルシャークが板書したとき、フォン・ノイマンは興奮してやおら立ち上がり、黒板を差しながら「そこで必要なのは方程式じゃなく、不等式じゃありませんか？」というようなことを叫んだ。ノイマンが座席のまわりをうろつき、生産の線形計画理論を早口でぶつぶつやりだしたものだから、マルシャークは「おい君、今日はぼくの講演だよ。しまいまで話させてくれ」。

「ノイマンが話の筋をつかんで先に進める速さは、まったく噂どおりの電光石火だった」とアローの回想。経済の流れの中で次に何が起こるかは、人間が、つまりは読者や筆者やほかの人たちがいま何をしているかで変わってしまうわけだから、単純な線形方程式に乗らない部分がいくらでもあるのだ。

それがまさに、のちモルゲンシュテルンと書く『ゲームの理論』の骨子で、プリンストンの講演（一九三二年）と、行きそこねたメンガー・セミナー用の論文（一九三七年出版）にその芽生えが見える。三九年、ジョニーは三七年に出したドイツ語論文の抜き刷りを「つまらんものだが謹呈」と付記してカルドアに送った。カルドアは彼らしい素直さで「残念ながらこれは俺の手に余る」と認めつつも、三ヶ所だけはなんとかわかった、うち一ヶ所は自分が三七年に社会主義を論じた書き物に呼吸がぴったりだ、と感想をもらしたというが、それはカルドアの自惚れというものだろう。カルドアはこの論文を、イギリスに亡命してきていた人物に英訳させた。カルドアの回想談――「ジョニーは英訳にお墨つきをくれて、今は別の仕事（コンピュータ関係か?）に振り回されていて動きがとれない。できたら自分のモデルを世間に紹介してくれないだろうか、と言ってきた」。ジョニーは、たしかに「なにか別のこと」をしていたロスアラモスから、ほとんど手を入れずに論文の英訳を送り返してきたという。

その英訳が、カルドアの手回しで一九四五年の『経済統計学論文集』に載る。デヴィッド・チャンパーナウンの、優れた数理経済学者らしいコメントと、やや誤解めいた批判（後述）が添えられていた。論文は四五年の当時は「一般経済均衡モデル」と呼ばれ、そのうちに「フォン・ノイマンの経済拡大モデル（EEM＝Expanding Economy Model）」という名前がつく。以下でも略称のEEMをつかう。

経済拡大モデル（EEM）

EEMは、あらゆる商品をなるべく安いコストでなるべく大量に生産する、そういう方向に経済問題の解があることを数学できちんと証明したものだ。幸い、最大成長の状態では、動的な均衡が生まれて万事がうまく運ぶ。ただしそうはいっても、政府の財務筋がEEMを振りかざしさえすればユートピアがつくれるわけではない。むしろ、どういう経済政策はだめかを、政治家にもわかるように（馬の耳に念仏かもしれないが）説明したモデルだと思えばよい。

最初のころ、EEMをつきつけられた経済学者たちは、まったくの戸惑い、頭ごなしの拒否、といった反応を示した。ほかに、こまごまとした反論もあれこれ出たが、たいていはモデルを誤解したせいだった。

戸惑いの根は、簡潔きわまりない数学にある。ジョニーは、なにか数学の論文（ドイツ語）を書いたとき、読み手がそれをさっそく自分の仕事につかってみようとしないようなら、言葉のせいだろうと思って内容を誰かに英訳してもらった。だがこのたびは、EEMのなめらかな英訳も素直に伝わらず、読み手は口角泡を飛ばして政治を論じる方向に進んでしまう。ジョニーのいちばん嫌いな状況だった。

経済学者の不機嫌はよくわかる。ずぶの素人が、たった九ページの書き物で、自分たちが生涯かけてもできなかった仕事をやってのけたわけだから（六〇年ほどたった一九九〇年代、そうした反感はおおむね消えている）。一九四五年（終戦）の直後から、経済学者たちは重箱の隅をつつくような反論を出し始めたが、たいていは誤解の産物だった。さもなければ「経済理論で常識になっていることを今さら言ってほしくない」といった調子のもの。ある社会が何かを今までよりたくさん消費すれば、別の何かの消費量は下がるなど、そんなあたりまえのことを仰々しく言って何の意味があるか、というような反論だ。

ＥＥＭは、どんなものも別の何かが生む、ということを前提にしている。ノーベル賞学者ポール・サミュエルソンを引けば、最大生産は、「馬でも兎でも織機でも、あるいは人間でもいい、投入量よりも多い産出ができ、その産出をそっくりつぎこんで、もっと多くの馬を、兎を、織機を、人間を生産しようとする」ときに実現できる。ジョニーは、ある金利と同じ経済成長率になるのが理想だと書いて、誤解やあざけりを受けた。日々の経済分析に追われる人たちはこんなふうに言う。それはとんでもないことで、現実世界では、金利がたとえば一二パーセントに上がったら、経済成長率は一二パーセントに伸びるどころか逆にダウンするはずだ、と。

誤解のもとは「金利」の定義にあった。ジョニーの定義は古典経済学にのっとったもので、次のように表現できる。再びサミュエルソンを引くと、古典経済学者にはおなじみの定義だろうが、「ある閉じた系を考える。労働力も土地も無限にあり、ある期間を通じて商品どうしの価格比が変わらないとする。そんな条件のもと、一定期間内の経済成長率がたとえば一〇パーセントなら、ある商品が期間の終点でもつ価格は、その系の技術進歩に呼応して、期間当初の価格よりもぴったり一〇パーセントだけ高くなるはず」。

EEMに向けた最強の反発は左翼から来た。労働者の賃金を最低生活水準に合わせたものだ、奴隷経済の思想ではないか、と左翼の一部は受けとったのだ。むろん誤解もいいところ。ジョニーは——彼の死後まもなく日本で現実に起こったとおり——生産性の低い部門から労働力を吸い上げ、実質賃金を上げることなく新しい生産業にまわせば経済成長がもっとも速くなる、と指摘しただけ。たとえばアルゼンチンのペロン大統領（一八九五〜一九七四）の治世では、労働組合が実質賃金をあまりにも性急に上げようとし、かえって実質賃金を落ちこませてしまった。戦後世界で、日本は成功したのにアルゼンチンが失敗した原因の一端はそのへんにある。

市場利益率を確保できない生産活動は全面閉鎖になると仮定している、それは妙ではないか、という反論もあった。けれどもジョニーが言ったのは、経済成長を最大にしたければそんな生産活動はやめたほうがいい、ということにすぎない。EEMの仮定では、余剰生産物の価格がゼロに近づけばメーカーはその産業からどっと撤退する。現実にそうならないのは、政治が介入するからだ。たとえば昨今の国際貿易では、アメリカは余ったパンを、ECは余ったバターを安く輸出する。ジョニーの数学は、そんなことは馬鹿げていると正しく示しただけ。

EEMの「万物にほかの万物の要素が含まれる」という「循環フロー」を誤解して、ジェリービーンズの中に毒蛇の成分が入っているなんてありえない、などと反論した学者もいる。だがジョニーがやろうとしたのは現代ふうの「投入‐産出表」をつくることで、いちばん安い原料をつかえば経済成長の極大化につながる、と保護貿易主義者たちに教えたのだ。

チャンパーナウンは、カルドアの階級闘争理論に目がくらんだか、資本家は収益の全部を貯めこみ、労働者は収入の全部をつかい果たすのがEEMの結論だなどと、とんでもない理解をしていたらしい。また彼は、土地などの産業資本が無限に利用できると考えるのはおかしい、と批判もした。だがEEMが言っているのはたんに、次に必要となる生産要素の価格が上がらないかぎり経済成長は極大に向かうということだけ。

もっともな批判がひとつあった。それは、EEMでは財政というものを考えていないから、ボンクラ政治家や中央銀行が貨幣をどんどんつくって過剰需要を生みだしたり、貨幣の発行を縮小しすぎて景気後退をもたらしたとき、景気の先行きがどうなるかを読みとれない、という批判だ。たしかにその指摘は正しく、今日では――たいていEEMを下敷きにした――「動的経済モデル」に頼る場面が多い。ただしそこに至るまでは、古いモデルのどれがどの経済政策をつまずかせたのかについて、長々しい議論がくり返されたのだが。

マクロ経済政策（需要をいつ増減すべきかと財政当局がやる議論）は、数学に乗らない話だからジョニーの関心をあまり引かなかった。一九三三年ごろ、ローズヴェルトのニューディール政策について彼は、ドイツの大不況時代（二二～二三年）を体験した人たちなみにはインフレを心配していた。ローズヴェルトの需要拡大政策は、銀行システム崩壊の影響を軽くするのに役立つため大筋で支持するものの、価格を高く据え置こうとするローズヴェルトのやりくちはじつにまずい……それくらいの大ざっぱな感想を三五年、ブダペストのオルトヴァイに書き送っている。

『ゲームの理論』の共著者モルゲンシュテルンに、あるとき誰かがこうきいた。「経済学の外にいたノイマン博士が、ＥＥＭのように独創性・革新性あふれる強力な経済モデルを思いつくなんて、いったいどうやってできたんでしょう？」。「ジョニーは、なにげない話を交わしながら相手の頭の中をつかみとる鬼才があるんです」がその答え。時間をつかう価値があり、数学的関心を引く問題に気づいたら、誘導ミサイルみたいにまっしぐらに考えぬきます……。三〇年代にはケインズ一派が火をつけたマクロ経済学論争が起こったけれど、両陣営とも数学がでたらめだと見抜いたジョニーは、さっさと別の仕事に移ってしまう。

ゲームの理論（1）

その「別の仕事」は、経済学で「意思決定理論」という。とりわけ、企業がいちばん儲けるにはどんな行動をとればいいかを考えるものだ。もう一九二八年にジョニーは、相手が自分の出かたをどう思うかについて論理的に自問した場合、最善の行動は何かを論じた数学論文を書いている。たとえば一対一でゼロサムゲーム（自分の利益はちょうど相手の損、自分の損はぴったり相手の利益）をし、自分も相手も理詰めでふるまうとき、自分の利益を最大にし損失を最小にする戦術が実際にありうる。相手がどこかで論理的にへまをしたら、長い目で見ると必ず自分が勝つ。ジョニーのこの「ミニマックス定理（予想される最大損失を最小にする手法）」を紹介しよう。少々込み入っているので、こうしたことを考えたことのない読者におわかりいただけるかどうか心もとないが。

単純な例で、「モーラ」という子供の二人遊びを考える。自分も相手も、同時に指を一本か二本つき出し、相手の出す指の数を予想して「1」か「2」と言う。両方とも「当たり」か「外れ」だと無得点。自分だけが「当たり」なら、二人の指の数の合計が自分の得点。いつかBBCテレビで数学者のブロノフスキーが話していた「正しい戦術」を紹介しよう。ジョニーと仕事をしたとき（9章）に教わったらしい。

このゲームで、自分の得点になる選択肢としては次の四つ（A～D）がある。

A　指を一本だけ出して「1」と言う。相手がたしかに指を一本出していて「2」と言ったら、自分の得点は1＋1で2点。

B　指を一本だけ出して「2」と言う。相手がたしかに指を二本出していて「2」と言ったら、自分の得点は1＋2で3点。

C　指を二本出して「1」と言う。合っていれば、得点はBのときと同じ3点。

D　指を二本出して「2」と言う。合っていれば、得点は4点。

数学的にみると、選択肢AとDはとってはいけない。かりに一二回ゲームをするなら、Bを七回、Cを五回やると勝てる——というのがジョニーの結論だった。

この正しい戦術を知っている相手に、選択肢Aだけで立ち向かう、つまり自分はいつも一本の指を立てて「1」と言うとしてみよう。一二回だと、うち七回は相手が一本の指を立てて「2」と言うため自分が勝つ。ただし、勝ち一回あたり自分の得点は2点だから、合計得点は七倍の14点。残る五回は相手の勝ちで、毎回3点ずつだから、合計15点。これで負けになる。だから、最善の戦術を知っている相手には、選択肢Aはとらないほうがいい。

やはり正しい戦術を知っている相手に、選択肢Dだけで向かえばどうなるか？　一二回のうち、相手が選択肢Cをつかう五回は自分の勝ちで、得点は一回あたり4点だから、合計すればそれなりに大きい20点となる。しかし相手は残る七回に選択肢Bをつかい、そのたびに3点ずつ献上するので相手の総得点は21点だから、やはり負けてしまう。

自分も相手も正しい戦術をつかえば、同じように勝ったり負けたりはしながらも、回を

表1　ニャアの行列　（単位：億円）

ニャア社の戦術＼先行キャットフード会社の戦術	A 何もしない	B CMをがんがん	C 穏やかな宣伝	行の中の最小値
1. CMをがんがん	±90	±20	±40	±20
2. 何もしない	±10	±80	±30	±10
3. 穏やかな宣伝	±70	±60	±50	±50
列の中の最大値	±90	±80	±50 ←	鞍点

重ねると引き分けに近づく。自分だけが正しい戦術を知っていて、それを知らない相手とやれば、何回もやるうちには自分が必ず勝ちを収める。

ゲームの理論（2）

子供の遊びは切り上げて、もっと大きな話をしよう。会社に何億円儲けさせるとか、世界を救うとかいった話。つかうのは**表1**の行列（マトリックス）。ジョニーとモルゲンシュテルンが『ゲームの理論』に載せた行列を、エドウィン・マンスフィールドが少し手直しして『経済学――原理・問題・決定』という好著に紹介しているものだ。

表1の行列は、商品名が自慢の新製品をわが社が市場に出すとき、戦術を決めるときにつかう。新製品はキャットフードで、「ネコちゃんもその名で呼ぶほどお気に入り」がキャッチコピー。さて名前は何でしょう？　もちろん「ニャア」です。そこで**表1**を「ニャ

アの行列」と呼ぶ。

行列の中、行の1、2、3に並べてあるのが、「ニャア」側のマーケティング戦術だ。列のA、B、Cは、「ニャア」を迎え撃つ先行キャットフード会社（落ちついた市場を独占していると仮定）の戦術を並べたもの。先行商品の収入が減る分だけ、新参の「ニャア」が売れる（さもないと参入する意味はない）。そのことを行列の中に数字で書いてあって、プラスは「ニャア」の稼ぎ、マイナスは先行キャットフードの損失を表す。

第1行を横にたどったのが、「ニャア」社がCMをがんがん流すときの予測にあたる。A列は先行メーカーが何も手を打たないときで、「ニャア」はまんまと九〇億円の純益をせしめる。B列は先行メーカーも負けじとCM投資をふやすときで、「ニャア」の稼ぎは二〇億円に落ちる。またC列は、先行メーカーがテレビCMよりも穏やかな手段で宣伝を強めるときの予測で、「ニャア」の儲けは四〇億円。こうした数字だけ見ると、先行メーカーが損失を最低に抑えるには、B列の手を打ち、「ニャア」に負けじとCM攻勢に出るのがいい。広告業者も、そうなされば「ニャア」の純益は（つまりおたくの損は）たったの二〇億円ですぞ、と先行メーカーをたきつけるはず。

「ニャア」社にしてみれば、業界のそんな反応を見て、とる手は二つある。ひとつはCMをやめる。やめて、先行メーカーが相変わらずCM攻勢を続ければ（2行B列）、「ニャア」は涼しい顔で八〇億円の純益をせしめる。なぜかといえば、先行メーカーの損失は

「ニャア」の利得になると仮定していて、おろかにもCMを続けることで別の面（たとえば価格）の競争力を失うから。しかし他社も賢くて「ニャア」の「CM中止」に同調すれば（2行A列）、知名度がないぶん「ニャア」の純益は落ちこみ、たったの一〇億円になってしまう。

そこで「ニャア」社は、経費のあまりかからない穏やかな宣伝に走る（第3行）。そのとき他社がCMをぶっつりやめれば、知名度が上がるため「ニャア」は七〇億円の純益を得る。他社がCM攻勢を続けたままだと、その経費が価格と品質にはね返って、「ニャア」はまだ六〇億円の巨利を手にできる。そして、他社も安上がりの宣伝に走れば「ニャア」の儲けは五〇億円。つまり「ニャア」は、安上がりの宣伝で少なくともそれだけ稼げる。五〇億円という利益は、各列の最大値のうちでいちばん小さく、各行の最小値のうちでいちばん大きい。そういう点を、数学では鞍点《あんてん》という。今の場合は、先行メーカーがもっとも賢い反応を見せたとき、「ニャア」社が稼げる最善の利益だといえる。市場調査の結果が「ニャアの行列」どおりで、他社がおろかな行動をとらないかぎり、「ニャア」社は3の戦術をとるのがもっとも賢い。新参の「ニャア」社が「それなり」の宣伝をすれば、他社にとっても「それなり」の宣伝が、損失の低下につながる。両社とも賢ければ、「ニャア」社が先行メーカーから五〇億円をもぎとる鞍点で折り合いがつく。それ以外の戦術をどちらかの側がとると、賢い相手に儲けをもっとさらわれてしまうわけだ。

競争相手の双方が市場の動きを同じように評価するのはありえないから、そんな都合のいい鞍点などいつもあるわけではない、と思っている企業人も多い。しかし、一対一でやるゼロサムゲームには必ず鞍点があるし、市場の動向を抜け目なく評価しつつ、あるいは破産を避けようとしつつ前に進めば、ビジネスはたいてい鞍点に向かって進む。

こういう考えは、商売に役立つだけでなく、ときに世界を救ったりもする。たとえば一九六二年、フルシチョフがキューバに核兵器を持ちこんだ。フルシチョフは、東独との和平交渉にあたって、西ベルリンを併合するぞと西側を脅していた。ときのアメリカ大統領ケネディには選択肢が三つある（表2「キューバの行列」参照）。A列の戦術は「見て見ぬふりをする」。アメリカが手を出さないとわかればフルシチョフは、たぶんやすやす西ベルリンを併合し、おまけに軍隊を中東やアフリカの角《つの》、中米などの紛争地帯に進駐させただろう。事実、目論見どおりケネディが臆病にふるまえばソ連はそうするつもりだったと、のち複数のロシア人から筆者は聞いている。

アメリカの第二の戦術（B列）は、「すかさず攻勢をかけ、ミサイル基地を爆撃し、キューバに侵攻する」。そんなことをすると尊大なフルシチョフはミサイルの発射ボタンを押して世界を吹き飛ばす、と反対する人がいた。実のところフルシチョフは、たいして好きでもないカストロのために世界を吹き飛ばす気などさらさらなかったけれど、モスクワの側近たちは心の半分ではアメリカの猛攻を期待していたようで、フルシチョフにこうさ

表2　キューバの行列

	A	B	C
アメリカの戦術	見て見ぬふりをする	キューバに攻めこむ	海上封鎖して時間をかせぐ
ソ連の対応	西ベルリンを併合し，各地に攻め入る	西ベルリンを併合する恐れがある	おそらく撤退する

さやいたらしい。世界中の都市を抗議デモの隊列が埋めつくして、「核戦争につながるアメリカの爆撃・侵攻は許せない」のシュプレヒコールが湧き上がり、それに耳を傾ける政治家も出ましょう。そうなればヨーロッパはソ連の西ベルリン侵攻にも「過剰反応」することなく、ソ連が核の反撃をくらうこともありますまい、と。つまり、アメリカがキューバに「見て見ぬふり」をしても、猛攻をかけても、西ベルリンは併合できる。だからこそフルシチョフはキューバに核ミサイルを運びこんだのだ。

アメリカにはもうひとつの戦術（C列）があった。キューバの海上封鎖を宣言してソ連艦隊を閉め出し、時をかせいでフルシチョフに降壇用の梯子を恵む。ケネディはまさにそうした。これで、ベルリンの占領も核戦争も望まないアメリカの意思が貫徹され、フルシチョフが失うものも最小になった（船団を帰還させるかどうかの判断を迫られただけ）。フルシチョフにしても、本国の政治局員に腰抜けだとみくびられたくはなかったが、核戦争でその身を吹っ飛ばされたくもない。案の定、政治局員は彼を白い目で迎えはしたけれど、クビになったのは二年後のこと。

経済学者たちがゲームの理論に示す関心は、EEMほどは高くない。さっきのような行列を書いてみせると、各欄の中身のあいまいさが乗り移ったかのように、きまってあいまいな顔をする。「意思決定理論」屋は、わかりきったことがらの予測に、あるいは独立戦争の戦術を決めるのに、こんな行列をくり出してくるようだが、意思の決定はそんな複雑にしたくない、というのが経済学者たちの本音らしい。ウソつきどうし互いの腹を見抜いていると仮定するのは循環論法だし、誰もが知っている予測はたちどころに意味を失う。たとえば全国民が「次世代のコンピュータは今よりずっと速く、銀行業務にぴったりだ」と予見し、それならばとコンピュータ生産と銀行業務の拡大に走れば、コンピュータメーカーも銀行も、ものがだぶついて破産してしまう。それにまた、一対一でやるゼロサムゲームのように単純な形で決断する場面は、実生活にはほとんどない。関心の低さはそのへんから来ているのだろう。

『ゲームの理論』の後半では、一対一どころか、n人でやるゲームも論じてある。その意味をきちんとつかみ、意思決定に応用するのはずっとむずかしい。

まあ他人のことは言えない。理論と実生活のちがいはジョニー本人にもあって、たとえばポーカーはたいてい負けた。息抜きとはいえほかの大事なことを考えながらなので、頭に行列をいくつも思い浮かべるのに疲れるんだ、というのが言い訳だった。だからそのうち勝負は諦め、部屋にこもって数学で考えぬき、「ポーカーに勝つ方法」を、方程式をずらずら連ねた論文に仕上げた。強い手が来たら大きく儲ける。手が弱ければ、ハッタリで大きく儲けるか、小さく儲けたあと下りる。小さく儲けてようすを見るのは無駄、というのが結論だったが、ふつうは誰でもそうするだろう。

ジョニーの若いころ、第一次大戦でヨーロッパの戦いが長引いた原因のひとつは、ある歴史家が言ったとおり、鉄道の輸送計画がずさんで、兵士の動員が円滑にいかなかったこと。兵士満載の軍用列車を花束と楽隊で送り出してしまえば、順当に考えて敵が退散したはずもない以上、さっさと呼び戻すことはできない。一九四五年に始まり、ジョニーの死後も続いた冷戦時代になると、局地戦でもさすがにそのへんの手際はよくなって、世界が核爆発で吹っ飛ぶ場面もなかった。ジョニーは、ソ連に向けてもっと強気に出れば、スターリンに東欧を占拠させることもなかったと思っていた。このタカ派姿勢に反発した人たちは、ジョニーは『ゲームの理論』の行列をもてあそぶ「狂った戦術家」だと噂した。そういう人は、ジョニーとその問題を論じ合ったことのない連中だ。現にジョニーと話をしたハーバート・ヨーク（15章）が筆者にこうもらしている。「軍事や政治のやりかたの話で、ジョニーは一度も『ゲームの理論』をもち出さなかった。いつだって新聞用語をつかってましたね」。

とはいえ、たとえば九一年の湾岸危機のような大事件のとき、マスコミに顔を出す人たちの話を聞いていると、少なくとも行列理論ふうに考える習慣のある人は切れのいい発言をしていた。そうでない人たちは底の浅い意見しか口にしていない。

経済学を斬る

『ゲームの理論』の冒頭あたりに、「経済学では、大げさといっていいほど数学をつかってきたが、たいした成功は収めていない」というくだりがある。かつて経済学を学んだ筆者は心から共感するが、それにむっときた経済学者も多い。不成功の原因を分析した社会科学者は、人間が相手だし、心理要因も大きいし、大衆の行動は予測できないから、といった原因を挙げるが、ジョニーに言わせればそんな社会科学者は「見当ちがいもいいところ」。経済学者が数学をつかいそこねた最大の原因は、「問題があいまいしごくな言葉で記述され、何が問題かも見えないので、数学で扱おうとしてもはなから無理。概念や問題をはっきり提示しないまま、厳密な方法論をつかおうとしても無駄なこと」。一七世紀に物理の数学化がどうやってなしとげられたか、経済学者も勉強したほうがいい。ニュートンが力学を打ち立てた背景には天文学の発展があり、「数千年来の系統的・科学的な天文観察の蓄積を巨人ティコ・ブラーエが集約したからだ」。

そんな歴史は、経済学にはなかった。数理経済学者さえ、その事実をすっかり忘れている。経済学には、Aが起これば必ずBになる、それからCになって……というふうな科学の記述は存在しない。「強力だが手ごわい数学という武器を不十分・不適切につかったところで、経済学の根にあるあいまいさと無知を撲滅できるはずもない」とまでジョニーは書いた。

数理経済学は新しい数学の言語を必要としている、というのがジョニーの主張だ。

物理学に数学を応用する機がついに熟し、ニュートンが力学の合理世界を生んだとき、それと不可分の関係にあったのが無限小の計算(微積分)だ。……今日の社会現象は、スケールが大きく、顔つきがじつに多彩で複雑な構造をもつけれど、それは物理学も変わりない。だから数理経済学をまともな武器にしたければ、微積分と張り合えるほど強力な数学の技法を生み出す必要がある。

そんな「発見」を自分でできなかったジョニーは、『ゲームの理論』を脱稿するころには、モルゲンシュテルンと執筆を始めたときに比べて満足感も薄まっていったらしい。

数理経済学者の大半は、ジョニーのそういう酷評に気分を害する。糸一本で絶妙なジャズを演奏しようと必死になるように、場ちがいな分野で道具を下手くそにつかっていると言われれば、誰だっていい気はしない。だが筆者のみるところ、ジョニーの「経済学は新しい数学を必要とする」という言葉は、時を追って必ずや正しいと証明されるだろう。今のところは、コンピュータで経済予測をしても結果はたいてい芳しくない。ついでにいえば、そんな予測用にとコンピュータをどんどん生産するのも、経済予測を狂わす一因だ。銀行も、財政当局も、大学も、自分たちの予測モデルがいちばん正しかったと胸を張りたがる。しかしときには、予測すること自体が予測の当否を狂わせてしまう。たとえば、いろんな予測モデルで計算して、近々原油が足りなくなるというご託宣でも出れば、各国は北極海にまで探索の手を伸ばしてせっせと掘るし、省エネルギー装置もどんどんつくるから、「枯渇」の予測が「だぶつき」に化けてしまう。いちばんの問題は、コンピュータの出現から四〇年間、経済学の世界には、事実を収集しようとするティコ・ブラーエがいなかったところだ。予測狂たちは、いいかげんなモデルにガラクタをほうりこみ、コンピュータの吐き出すガラクタを盲信するだけ。株式市場のありさまも、そのレベルから出ていない。

半世紀以上も昔にジョニーが着想した経済拡大モデル（EEM）は、今なお経済学の論集にたびたび引用され、彼の高い評価を支えている。一九六三年に出たジョニーの論文集を経済学者たちは憑かれたように読みあさって、新しい数学の道具を掘り起こそうとした。たとえばジョニーが一九五四年の『季刊海軍研究報』誌に書いた論文「最適戦略決定のための数値的方法」や確率論の論文などが、昨今あらためて注目を集める。

そのかたわら「伝統の声」もまだ消えていない。ノーベル賞受賞者サミュエルソンは、「経済学は新しい数学を必要とする」というジョニー発言に眉をつり上げた学者のひとりだ。『ゲームの理論』を批判する文章の中で彼は、モルゲンシュテルンとジョニー、「この二人の科学者の小さな誤りが共振した書き物で、ニヒリズムとナポレオン時代の主張を合わせたようなもの」とこき下ろす。とはいえサミュエルソンも、ジョニーが「(一八世紀ふうのこの言葉が今も有効なら)天才」で、自分が見知った人のうちいちばん賢い人間、「鋭い眼力で万事を見通す」人間だとは認め、こんなふうに書いている。「ジョニー・フォン・ノイマンは、並ぶ者なき天才だった。なにしろ、私たちの分野に少し足を踏み入れただけで、経済学の姿を一変させてしまったのだから」。

12　フィラデルフィアのコンピュータ（一九四四—四六年）

コンピュータとジョニー

「コンピュータの歴史には」と、その道で英雄のひとりだったハーマン・ゴールドスタインが振り返る。「化石がごろごろ出るアウストラロピテクスみたいに、進化の細い道を歩んだあげく絶滅したのがごろごろいる」。コンピュータ進化の「太い道」は一九四〇年代に敷かれ、以後の世界をがらりと変えた。二〇年前の純粋科学研究が生んだ芽を、第二次大戦で軍が実用化しようとするうち、ある腕利きの若手技術者が、世界でいちばん賢い人間の（しかもパートタイムの）手助けをもらってとうとうモノにした。

純粋科学研究とは、ゲッチンゲンで花開きエレクトロニクス時代の幕を開けた量子力学のこと。戦時中に腕を発揮した技術者のうちあえて二人を挙げるなら、イギリスのチューリング（ただし作品はアウストラロピテクスの系譜に属す）と、フィラデルフィアのJ・プレスパー・エッカート（作品はＥＮＩＡＣ）だろう。そのＥＮＩＡＣが現存種のご先祖だが、エッカートは当時からずっと、ジョニーに家督権をかっさらわれたとぼやき続ける。

真相がどうであれ、ジョニーの関与が世界に恵みをもたらしたのはまちがいない。一九四四年ごろのコンピュータ開発には、高度なロジック設計ができる最高の数学力と、成果をすぐ他人に知らせる公共心と、モノにするには開発費がかかることの認識、その開発費をかせげる知名度、その他もろもろが欠かせなかった。四四〜五三年当時のジョニーの役目がまさにそれで、彼は過去の計算機が「アウストラロピテクス」になってしまったわけを見抜くとともに、未来に続く道もきっちり見通せた。

まずは歴史を振り返ってみよう。

ライプニッツからバベッジまで

ニュートン（一六四二〜一七二七）が物理に数学をもちこんで、対数表、三角関数表、航海表など、いろんな数表が必要になった。研究者は、観察結果を整理し仮説を検証するために、自前の数表をつくらなければいけない。退屈この上ない仕事だったから、かのライプニッツ（一六四六〜一七一六）も、「英明な学者が奴隷みたいな作業に貴重な時間をつかうのはもったいない。機械があれば助手に任せられるのに」と嘆いていた。

嘆いてばかりではなくライプニッツは、卓上計算機を考案した。といえば大げさだが、クランクで車輪を回すとかけ算や足し算のできる「ちょっと高級なソロバン」といったもの。フランスの哲学者ブレーズ・パスカル（一六二三〜六二）の卓上計算機よりはすぐれものでも、もっといい計算機をすでに一六二四年、経歴不詳のドイツ人がつくっていたという説がある。天文学・数学・ヘブライ語の教授を兼ね、三十年戦争（一六一八～四八）のどさくさで命を落とした人物だという。

ライプニッツばりの使命感に燃えた次世代の数学者が、イギリスのチャールズ・バベッジ（一七九二～一八七一）。ケンブリッジ大学の学生だった一八一二年、当時まだ誤りだらけの対数表は最先端の蒸気機関を動力にして計算できよう、と思いつく。約一〇年後の一八二三年、英国大蔵省はバベッジに巨額な研究費をつける。政府と科学者が交わす研究契約のはしり、つまり科学者がいいものをつくろうと発想したのではなく、国が何かをしてみたくて科学者にお金をばらまく営みの第一号だった。だから後世のおびただしい例と同じく、ろくな成果は出ていない。

バベッジは一八二七年から三九年まで、かつてニュートンが座ったケンブリッジ大学数学教授の椅子に座る。講義はめったにやらず、ロンドンの郊外にこもって「解析エンジン」の設計に取り組んだ。巨費を手にした研究者のご多分にもれず、プロジェクトにケリをつけようという魂胆はない。少しでも形が見えそうになると、「同じことを別のもっといい手でやれる道」を思いつき、「前のやりかたはもう意味がない」と考える。だからバベッジの伝記作者は、本の副題を「短気な天才」にした。バベッジは、器用なイタリアの手回しオルガン弾きと、英国大蔵省の役人にびくついていた。どちらも、あんなものしかできない奴に大金は必要ありません、と議会に告げ口しそうだったから。事実、政府高官ロバート・ピール卿のこんな述懐が残る。「わしが退職して田舎のこぎれいな家に引っこむまでに、$x^2+x+41=0$を解くための数表をつくれる木製人形の開発は是か非か、なんて投票を下院でやると思ってたんだが、その気配もなかったな」。

短気なバベッジも当時は賢者のひとりで、デジタル計算機につながる独創を温めてはいた。「デジタル」とは、人間の脳がするように数字を処理することをいう。一八〇一年にジョゼフ＝マリー・ジャカードが刺繡の編機を発明していて、それに見習えば数字を処理する機械もできるにちがいない、とバベッジの頭にひらめく。

ジャカードは、いわば革命期フランスのヘンリー・フォードだった。発明をすぐ商売にしたから、七年後の一八一二年、英国艦隊に海上封鎖されたナポレオン時代のヨーロッパ大陸で、もう繊維産業の高級品市場を独占していた。ジャカードは、蒸気機関で動く織機に、刺繡のパターンに合う孔をびっしり開けたカードをずらずらとりつけた。孔にちょうどはまった鉤針《かぎばり》（フック）が糸をひっかけ、杼《ひ》（シャトル）がパターンどおりの動きをして刺繡ができ上がる。

一八三〇年ごろ、バベッジの「解析エンジン」を大詩人バイロン卿の娘が、「ジャカード織機が花や葉を織るごとく、数の模様を織り上げる」とほめ上げた。バベッジ自身の解説によると、「解析エンジン」は二つの部分からできている。ひとつは倉庫《ストア》（今でいうメモリー）で、もうひとつが「数字を受けとって処理する」製粉機《ミル》（今でいうＣＰＵ）。一世紀以上あとのコンピュータ設計にも十分に通用する構成だった。

コンピュータは厳密な数学形式のロジック（論理）を基礎にするのが絶対、とバベッジは考える。そこはジョニーも同じだが、あとがちがう。バベッジの時代はちょうど、ジョージ・ブール（一八一五～六四）の代数など新しい論理構成の数学がひきもきらずに現れた時期だった。のちバートランド・ラッセルが得意の独断調で「純粋数学の発見者は、偉大な論文を一八五四年に発表したブールなり」と讃える。同時代人のバベッジはブールの仕事に感銘を受けながらも、自分で数学を学ぼうとはしなかったため、発明の完成もどんどん遅れてしまう。あとでわかるとおり、一九四四～五四年のジョニーは、新しい強力な数値解析法はコンピュータのような自動機械が生んでくれる、と期待した。解析法を洗練しつつ、装置のほうも考えてやる。このあたりで差がついた。

バベッジの論理も算法も設計法もそれなりに新しかったが、蒸気機関は新しくなかった。今の進んだ蒸気機関さえ、コンピュータを動かせるはずもないから誰もつかおうとはしない。バベッジ試作の「解析エンジン」は、方程式を解くスピードが人間といい勝負で、人間が疲れないだけまし、という程度のもの。一八七一年にバベッジが他界したとき、友人のひとりが嘆いている。「バベッジの業績を評価する委員会を政府が招集し、論文と試作品をこまかに調査した。どれもこれも中途半端で役立たず、が結論だった。委員は心優しい科学者ばかりだったのに」。

国勢調査とホラリスの機械、ＩＢＭの誕生

委員会は誤った。バベッジの死からわずか九年後、デジタル機械は彼の仕事を下敷きにして大きく進むのだ。初期のヒーローは野心満々のアメリカの公務員ハーマン・ホラリス（一八六〇〜一九二九）で、バベッジの孔開きカードを（蒸気機関ではなく）電気で動かし、もちまえのがめつさを武器にＩＢＭの父祖となる。

ホラリスは十代で一八八〇年の国勢調査に雇われ、そのとき五〇〇〇万国民のデータを何百人もの書記が羽ペンで表にする作業を愚かとみた。統計結果を出すのに何年もかかるから、その間に押し寄せる移民の群れが数字を無意味にしてしまう。そこでホラリスは考える。国民ひとりひとりのデータをパンチカードにして、ジャカード織機を改良した機械にかければいいではないか。パンチ孔には、男か女か、移民かアメリカ生まれか、白人か黒人か、英語を話すかどうか、子供は何人か、などなどの情報を入れる。

次回一八九〇年の国勢調査までにホラリスはそんな機械を発明した。当時六三〇〇万の国民に一枚ずつカードを配る。二八八ヶ所に孔を開け、カードをブラシでこすると孔のところだけ電流が通じる。その機械をつかったおかげで、カードをワシントンに回収した一ヶ月後に合衆国の総人口が発表され、こまごました社会統計もほどなく出た。世界のどの

国もまだできない快挙だった。ホラリスの機械なら「複雑な統計も安上がりにできる」と官僚も大喜びする。

だが官庁のホラリス讃歌も長くは続かない。一八九六年、彼は作表機械社という会社をつくり、国勢調査局を始めとする国内外の顧客から自分の機械の使用料をとることにした。その使用料が高すぎると政府が文句をつけて、会社は（今どきのコンピュータ会社と同じく）一時「大躍進か倒産か」の瀬戸際に立たされる。が、幸いなことに一九一四年、株主のなけなしの財産を死守していた経理担当がNCR（National Cash Register）社から有能な管理職トマス・J・ワトソンを引きぬき、かろうじて「大躍進」に傾く。ワトソンはホラリスの死を待たずに社名をIBM（International Business Machines）と変え、みごとな手腕で経営を進めた。

国勢調査局がホラリスと値下げ交渉をしていた一九〇四～七年当時、機械の設計担当はジェームズ・パワーズという人物だった。そのパワーズもやがて一一年、会社を飛び出して自分の会社をつくる。二七年にはレミントン・ランド社と、五五年にはスペリー・ジャイロスコープ社と合併してできたスペリー・ランド社が、IBM社のてごわい競争相手のひとつになる。

イギリス政府は一九世紀後半「天才科学者」バベッジに巨額の国費をつぎこみ、かたやアメリカ政府は二〇世紀初頭、公務員をやめて私企業をつくった人物と喧嘩をしていた、というのが両国の差で、このあたりが勢いの差になった。だがアメリカも一九六〇年以降には、ジョニーが四四〜五五年ごろに教えた心得を守らないせいで、日本に水をあけられる運命になる。

電気式から電子式へ

一九四三〜四五年のロスアラモスでウラムとジョニーが爆縮型原子爆弾の設計につかったのは、ホラリスの直系の子孫、IBM社のパンチカード式卓上計算機だった。ジョニーは四四年、もっと新しい計算装置はないかとロスアラモスの当局に打診した。そこで、数学がらみの軍事機密にかけていわば戸籍管理人だったウォレン・ウィーヴァーが、近ごろIBM社とハーヴァードの開発した「マーク1」コンピュータか、ベル研究所のコンピュータがあるよと教えてくれる。当時はどちらも、誇大広告か救世主かと、世評をまっぷたつに割っていた。もちろん、やがて始まる電子の時代が、機械部分をもつこの手の計算機をお蔵入りにしてしまうのだけれど。

ハーヴァードの「マーク1」は、トマス・J・ワトソン（初代トマスの息子）に言わせると「IBMの自信作、一本の軸に同期させた重厚な二トンの作表機」で、かたやベルの機械もなかなかのすぐれものだった。一〇桁どうしのかけ算（たとえば1,234,567,890×9,087,654,321）をするのに、紙と鉛筆なら一〇分かかるところ、四三年のIBM社のパンチカード式卓上計算機は一〇～一五秒だから、速さはせいぜい四〇倍。ベル社は一歩だけ先を行き、同じ年のコンピュータなら一秒ですんだ。翌四四年にはハーヴァードの「マーク1」も追いつく。つまりこの二機種は、それまでのパンチカード式計算機より一〇～一五倍も速かった。

機械は眠らなくていいし、印字などの機能がどんどん進むのも見えていたから、四四年当時、「人間が卓上計算機でやれば半年かかる計算も、新型計算機なら二四時間ですむ」と少々オーバーに言ってもあながち嘘ではなかった。それどころか、計算機に惚れこんでいた人たちは、計算が速すぎてとても商売にならない、と心配したほど。真偽のほどはわからないがハーヴァードの発明者のひとりなど、ぼくのコンピュータが五台もあれば全米の需要を満たしてしまう、と会社にご注進したらしい。当時の二〇億倍も速いコンピュータがいま世界中で数億台は動いている事実を思えば、まあ楽しい時代ではあった。

ジョニーは四四年、ロスアラモスで必要になった計算をハーヴァードに依頼してみた。首尾がよければベル社のコンピュータもつかいたかったが、どちらもだめそうにみえた。ロスアラモスにあったパンチカード式卓上計算機は三週間で答えを出したのに、五週間後にハーヴァードから来た連絡は「今ちょうど折り返し点」。理由は二つある。ひとつは、機密事項だからと計算目的を知らせていなかったため、操作員が計算を律儀に一八桁までやったこと。そしてもうひとつ、ハーヴァードの装置が試作品につきもののトラブル続きだったこと。ハーヴァードもベルも、ほかのコンピュータも、結局のところ幼児期を出ず、電子式コンピュータENIACの登場とともにあっさりお役ごめんとなってしまう。

一九四四年に産声を上げたENIACは、同年のハーヴァードやベルのような電気駆動コンピュータより演算速度が一〇〇〇倍は速かった。電気は電線の中を光の速さで伝わるから、「たった一〇〇〇倍？」と首をかしげる読者もいよう。しかしこのころはまだ、電気信号で末端のリレーを開閉する方式しかなく、リレーの重さが一グラムもあり、リレーの開閉に五〇〇〇分の一秒はかかったせいだ。ENIACの真空管（のちトランジスタ）の中ならば、一〇〇〇兆分の一グラムのさらに一兆分の一ほどの電子が、信号をすいすい伝えてくれる。

抵抗が小さいため、おびただしい数の真空管を同時にはたらかせても心配ない。ENIACの一号機では、真空管以外の回路は五〇〇万分の一秒で動き、四四年のハーヴァードやベルの電気駆動コンピュータ（五〇〇〇分の一秒）より一〇〇〇倍は速くなって、一秒間に三三三回のかけ算ができた。ハーヴァードのコンピュータだと、いちばん機嫌のいいときでせいぜい一回。この「電子の魔法つかい」はもっともっと速くなる、とみんな思っていた。

ENIACを見てすぐジョニーは、自分たちが死ぬまでに、当時の研究者が限界とみた速さより一〇億倍は速くなる、と正しく予想した。たとえば一九九〇年一〇月、イギリス気象庁に納品されたぴかぴかのクレイ社のコンピュータは毎秒二〇億回の演算ができ、八一年に入れた先客のサイバー205でも毎秒四億回。梱包を解いてほどなく、試運転期間の水曜日、新入りコンピュータが「来週の月曜にイングランド西部を暴風雨が見舞う」と予報する。「こいつには、証拠もなしに災害を予言する悪い癖があるんじゃないか」と心配になった予報官は、それを木曜まで伏せておいた。木曜にはサイバーも同じ予報を出し、翌週の『ロンドン・サンデー・タイムズ』が、「二つの電子箱が大西洋中部に幽霊を見たもよう」と報じる。月曜はすばらしい日和だった。だが、浜辺を行くビキニモデルの写真が朝刊を飾った火曜日に、まさしく暴風雨は来た。毎秒二〇億回の計算ができるせいで、新入りは中古のサイバー205より一日だけ早まって嵐を予報してしまった、というわけでもなかろうが。今まだジョニーが生きていて、相変わらずどんどんアイデアを出し続けたらどうだろう? 今のコンピュータでも落ちこぼれる私たちは、彼の早馬を乗りこなせず、馬たちはなだれを打って走り去ってしまうのではないだろうか?

チューリングの暗号解読機

一九四四年当時、そうした問題はまだなかった。それにしてもウォレン・ウィーヴァーは、年初には知っていたはずのＥＮＩＡＣの話を、なぜすぐジョニーに教えなかったのか。ひょっとしてウィーヴァー自身、ＥＮＩＡＣがまともに動くとは思っていなかったのか。

そしてもうひとつ、ジョニーがロスアラモスで担当していた計算は急を要するもので、当時のENIACはまだそこまでつかえないものだったからか。

そうはいっても、たぶんジョニーは、電子式コンピュータがいずれ現れると確信していた数少ないアメリカ人のひとりだった。たとえば三〇年代後半〜四〇年ごろ、ブダペストのオルトヴァイと手紙で脳の研究について意見を交わし、オルトヴァイは「電子の弁をもつ計算装置」のことを論じている。もうひとつの接点として、四三年の前半イギリスに出張したジョニーが、ENIACに先駆けてイギリスが極秘で進めていた世界初の大型電子計算機開発の噂を聞きこんだ可能性もある。確かな証拠はないけれど。

イギリスは「エニグマ(謎)」の名をもつドイツ軍の暗号作成機を手に入れ、一九三九年から翌年にかけ組み立て直した。当時それが最大の軍事機密だった。おかげでチャーチルは、ブリテンの戦い(四〇年七〜一〇月)の間じゅう、ドイツ軍の機密行動を手にとるようにつかんでいた。だがドイツ軍も四三年初めにはそれを察知したらしく、「エニグマ」の暗号表を日に三度も変えるようになる。なにしろ暗号表の組み合わせは一兆に近い。このころ、傍受したドイツ軍の暗号通信を変換して、ドイツ語で意味のある言葉が現れるまで洗い出すのにつかっていたのは、電気式の解読機だった。それを電子式に改良しようと、四三年一月、ジョニーがイギリスに向かっていたちょうどそのころ、オクスフォードとケンブリッジの中ほどにあるブレッチリー・パークで三人の男が日夜奮戦中。ジョニーはそのうち二人を知っていた。ひとりは戦前の三八年にプリンストン高等研究所で助手に雇いそこねたチューリング(8章)、そしてもうひとりが三五年にケンブリッジで見知ったM・H・A・ニューマンだ。

四三年一二月にチューリングが仕上げた装置は一八〇〇本の真空管をつないだもので、毎秒五〇〇〇文字のテープ情報を「エニグマ」の方式に合う多様な組み合わせにすばやく当てはめ、ドイツ語ふうの表現を見つけるものだった。見当がついたら操作員が微調整して文章を抽出する。この機械も「アウストラロピテクス」の仲間にすぎず、ほかの役には立たないしろものだけれど、チューリング自身はたぶんこれにコンピュータへの道を見ていた。同年ジョニーは、イギリスからプリンストンのヴェブレンに宛て、計算に「猥褻《わいせつ》な興味」をもったと書き送っている(9章)。戦時のイギリスで「猥褻な(obscene)」は口外無用の機密を意味し、そのころ「エニグマ」の一件は、洩らせば死刑にあたるくらい極秘中の極秘だった。このときの訪英でジョニーはイングランド西部の航海暦局を訪れ、NCR計算機の利用法について相談を受けているから、手紙はそのことを書いたもの、という見かたもある。英米両国で航海暦に差があると、どちらかが自分の艦隊に(とりわけ潜水艦の攻撃を受けてSOSを打電するとき)居場所を教えるのが遅れてまずいから、そのへんの調査に出向いたようだ。たしかに、ロンドンへ戻る列車の中でNCR計算機用の改良プログラムを書きもしている。だがそれしきの話にジョニーが「猥褻な興味」をもったとは思いにくい。

いずれにせよ四四年初めのジョニーは、前に出入りしたアバディーンの弾道学研究所（BRL）と、フィラデルフィア市・ペンシルヴェニア大学ムーア校（電気工学科）との間で四三年春にENIACの開発契約が交わされた事実はつかんでいない。つかんだのはやっと四四年八月、アバディーン駅のホームの上だった。

ブッシュの微分解析機

日本軍が真珠湾を奇襲した一九四一年一二月、アバディーンの弾道学研究所には、ヴァニヴァー・ブッシュのつくった微分解析機が一台あった。開戦の直後、フィラデルフィア市のムーア校にあったもう一台も弾道学研究所の管轄下に置かれる。微分解析機をコンピュータの前身とみる人もいるが、ご先祖ではなく、巨象みたいな機械化計算尺くらいなもの。重さ一トンの装置に、一五〇台のモーター、総延長三二〇キロのケーブル、数千個のリレー、光電池式の複雑きわまりない印字装置がついていた。解く問題を変えるたびに、軸も歯車もこまかく位置決めをやり直す。よほど熟練しないと扱えない機械で、ムーア校の管理担当教授連も手を焼いていた。

二頭の巨象と部屋じゅうのパンチカード式計算機をフル稼働しても、弾道学研究所の仕事場はひどい修羅場で、それがどんどん悪化する。開戦三年目でさえ、つごう一八〇名の職員が昼夜二交代で卓上計算機をいじり二台の微分解析機を操って、依頼された計算をすますのに三ヶ月もかかるていたらくだった。日にほぼ六件の割で砲撃と爆撃のための射程表（9章）の注文が舞いこみ、てんてこまいしても追いつかない状況だったから、いつも受注残がたまっている。開戦直後がとくにひどく、なんとか戦時体制ができて統計屋も弾道学研究所に揃い始めたのは、やっと四二年の中ごろ。

陸軍の兵器局が、徴集兵の中につかえそうな数学屋がいないかどうか調べろ、と命令を出す。四二年夏にひっかかった兵士のひとりが、一九一三年生まれで二九歳のゴールドスタインだった。シカゴ大学で数学の博士号をとったあとミシガン大学で教えた経験がある。一時はプリンストン高等研究所でマーストン・モースの助手に雇われてもいる。

四二年九月一日、ピカピカの新中尉になったゴールドスタインは、兵器局の切れもの技術将校ポール・ギロン大佐とムーア校の視察に出向き、微分解析機の性能が思いのほか悪い理由を調べて、いくつか改善策を提案した。ひとつは、その月のうちにゴールドスタイン自身がフィラデルフィアに来てカツを入れる。そしてもうひとつ、微分解析機を動かしている古手の教官どものクビを切って、聡明な若い女性（たとえば俺の女房みたいな、と当人の弁）を雇う。フィラデルフィア市は、ブリン・モーア大学など女子大がいくつもあって、美人の卒業生がたくさんいるのが強みだった。たしかに、後日ENIACのプログラマーに雇われた女性六人のうち四人までが上級エンジニアと結婚し、多くは幸せな一生を送った。

ゴールドスタインのカツ入れが功を奏して作業は加速した。彼はとりわけ、ムーア校出身の技術者、当時二三歳のエッカートに目をかけた。毎晩毎晩エッカートを現場に放し飼いにして、微分解析機の改良に励ませる。エッカートは何百もの真空管を装置につっこみ、増幅器・電磁装置・電子装置も組みこんで、間もなく「今までより一〇倍速く、一〇倍正確な機械式アナログ計算機」をつくり上げたが、ひどい騒音を出すのが玉にきずだった。エッカートとゴールドスタインが、微分解析機をつかうかぎり射程表の受注残は絶対になくせない、と結論を出したころ、悲劇のヒーロー、ジョン・ウィリアム・モークリーの登場となる。

エッカート、モークリーとENIAC

一九四一年当時、柔和で近眼の左翼シンパ、のちにあごひげを生やすモークリーは、フィラデルフィア郊外にある小さな学校、研究費などないに等しいアーシナス・カレッジで数学を教えていた。熱意は人一倍あっても成果は何ひとつ発表したことのない数学者で、腕利き技術者のエッカートに比べると、ゴールドスタインの評価は（そして後日のジョニーの評価も）高くない。四一年、アーシナス・カレッジでモークリーは、新しい研究課題を模索する道すがら、二六年から四五年までアイオワ州立大学の助教授をしていた無名の数学者ジョン・V・アタナソフに出会う。アタナソフは、電磁リレーではなく真空管で電子を送ればずっと速いコンピュータができる、と考えていた数少ない人のひとり。現にアイオワ州で、真空管三〇〇本をつかう電子式コンピュータを組み立てかけてもいた。ゴールドスタインに言わせると「設計思想が未熟で、ロジック構成もお粗末だから」たいした前進はできなかったようだが。

アタナソフと出会ってすぐムーア校に雇われたモークリーは四二年の秋、アバディーンの射程表の受注残をなくすには電子式コンピュータをつくるしかない、と悟る(北アフリカに上陸した米軍が、砲台の尻が砂にずぶずぶ沈むのに手を焼いて、砂漠でもつかえる射程表を要求してきたりするものだから、受注残はますますふえていた)。モークリーの発想にエッカートもうなずく。電子式コンピュータなら、発射した砲弾が落ちる前に弾道を計算できるな……。四三年の三月と四月、ゴールドスタインはギロン大佐と、ヴェブレンも委員をしていた委員会に、ギロンの命名したENIAC(Electronic Numerical Integrator and Computer=電子式数値積分・計算機)の開発に軍は研究費を割くべきです、と進言。それが通って、プロジェクトは四三年五月に立ち上がる。やがて軍の上級科学顧問たちが「ENIACプロジェクトなど愚の骨頂であります」という抗議メモを続々と送りつけたけれど、幸い、時すでに遅し。

顧問たちの気持ちもわかる。たかが大佐ひとりと中尉ひとりの発案で、たった十数人の連中が、よりによって仕事の遅いムーア校に、延長三〇メートルで高さ三メートル、幅一メートルのU字形をした怪物ENIACをつくる巨費をかっさらったのだ。真空管一万七〇〇〇本、抵抗七万個、コンデンサー一万個、スイッチ六〇〇〇個もつかう。なにせ戦時中のことゆえ、部品はなかなか回ってこない。来るのは軍の他部門が捨てたボロか、さもなければ欠陥品だ。一万七〇〇〇本の真空管は毎秒一〇万発のパルスを出すはずで、うち一本がパルス一発だけ誤動作しても、エラーはたちまち装置全部に響くから、装置がダウンする可能性は毎秒一七億回――と悲観論者がはじき出す。イタリアでお粗末な真空管にさんざん苦しんだフェルミも、電子式コンピュータなんか一〇秒も動けばおんの字さ、とみたひとりだった。四三年一一月、ベル社の電磁式コンピュータの開発責任者もウィーヴァーに「電子式コンピュータの開発には、時間が電磁式の五～六倍は絶対かかる」と忠告する。たぶんウィーヴァー当人もそう予感していて、ジョニーにENIACの件を伏せていたのだろう。

しかしその四三年秋、ウィーヴァーの予感はもう外れかけ、まともに動いたのは戦後だったものの、ENIACの完成はそれまでのコンピュータ開発よりずっと早まる気配が見えていた。ジョニーが加わる前の小さなチームは、どうやってそんなに速くことを運べたのだろう?

牽引車の主力はエッカートで、補助の動力がゴールドスタイン。初期にはモークリーも役立った。アタナソフの発想に発奮したほか、IBM-ハーヴァードほかの電磁式コンピュータの成果を知りぬいていて、「IBMはこの問題にこう対処した」と発言できたから。そのうち、周囲を恨みながら特許申請書を書き続ける人物になってしまうのだけれど。いずれ袂を分かつことになるゴールドスタインも、エッカートには最大級の賛辞を捧げている。「最高の目標をもち、エネルギーが無限で創意にあふれ、知力は抜群。終始一貫、プロジェクト全体の調和をとりながら成功にこぎつけた」。たとえば真空管を休ませるときは電圧を定格最大値の半分以下に保てと指示し、抵抗・コンデンサー・配線盤・ソケットなどの部品すべてをきびしい基準のもとに管理させた。真空管の故障も週二、三本に減って、どの真空管が壊れたかもすぐわかるようになる。もっとも、まだ仕事に無駄が多くて、ジョニーが後日「前線突出部の戦い」と呼んだ初期のころは、一度に一本ならず真空管が飛んだりした。

いっぽうゴールドスタインは、完成を延び延びにしたバベッジのしくじりを肝に銘じて、仕事の進みをきびしく管理した。ずっとすばらしい改良点を見つける努力は続けるにしても、原型機をつくり上げるまでは止まらずに突っ走った。ENIACで積み残した改良点は、やがて後継機のEDVAC（Electronic Discrete Variable Computer）に活きる。

ジョニー、ENIACに対面

ENIACが製作技術者たちの手を離れた一九四四年の夏遅く、ものづくりの情熱に駆られたムーア校のチームはもうEDVACのことを考えている。この年、八月のたぶん第一週、ゴールドスタインはアバディーン駅のホームでフィラデルフィア行きの汽車を待っていた。同じホームにたまたまジョニーが姿を現す。それまで面識はなかったが、ジョニーの講演には何度か出ていたゴールドスタインの回想――

不作法は承知しながらも超有名人に近寄り、自己紹介して話し始めた。たいそう温かみのある腰の低い人で、ちっとも肩を凝らせない。私の仕事の話になり、毎秒三三三回の計算ができる電子コンピュータをつくっているんですと話したとたん、くつろいだ楽しい会話から一転、なんだか数学の博士論文の口頭試問みたいになってしまった。

たぶん一九四四年八月七日、ゴールドスタインはジョニーをフィラデルフィアに呼んでENIACを見せた。ジョニーの来訪予定を知ったエッカートが、「皮切りに何をきくかで、フォン・ノイマンがほんものの天才かどうか見抜いてやる。装置の論理構成の質問なら信用するが、そうじゃなければ信用しない」と構えたらしい。もちろんジョニーの皮切りの質問はそれだった。

コンピュータ時代の幕が、ここに切って落とされた。

その出会いは、しかし感情のわだかまりを生む。筆者自身もおおかたと同じく、ジョニーがエッカートのみごとな着想を引きとってずっと先まで進めた、とみる。いずれ産業界が下した判断も、長い時をかけて法廷が下した判断も、たぶんジョニーの期待どおりだったのだが、エッカートとモークリーが「してやられた」と歯がみしたのは、わからなくもない。

エッカートは、活力にあふれ仕事をすばやく几帳面にやる、きらめく着想をもつ発明家だった。ENIACに手を染める前、改良型シネマオルガンの発明で大学から研究費をかせいだ実績もある。次に手がけたレーダー開発では、水銀をつかう遅延《ちえん》回路を発明する。電気パルスが電線中よりも液体中をゆっくり進む現象を利用し、望みのパルスだけ遅らせる回路だ。またエッカートは、ENIACづくりに目覚ましい貢献をしながら、欠点も早くからぴたりと見抜いていた。

おもな欠点は(唯一ではないが)プログラム内蔵の機能がないところ。新しい計算をするたびにプログラミングをやり直さなければいけない。操作員たちはあたふた走り回ってケーブルをつなぎ換え、スイッチを入れ直し、ダイヤルをいじり、周辺装置を組み替える。射程表づくり一筋なら同じプログラムを何週間も走らせておけばすむが、別の問題に移るときは大仕事になる。そこでエッカートは、次世代機用にと、プログラム内蔵の方式をいくつか提案した。ひとつはシネマオルガンの音を出す仕掛けから思いついたもの。もうひとつが水銀の遅延回路で、それは実際にEDVACに活用した。

ジョニーには、夢のような未来を空想しながらも、当座の問題は現実に即して処理する力があったのに、ムーア校の有能な連中には、初期のころ、ENIACについて現実ばなれした二つの心があった。巨富を夢見る発明家の心と、世間を甘く見る商人の心だ。エッカートもモークリーも、まずはENIAC、そのあとEDVACを特許化して、しこたま儲かると踏んでいた。そのために雇った特許弁理士たちも、どんどんおやりなさいとけしかけるだけで、じっくり構えることの美徳を教えない。今もそうだが、コンピュータのように斬新な製品は、一号モデルは売れにくい。やがて出る次のモデルはずっと進んでいるはず、とお客も思うからだ。

どうやら四四～四六年ごろは、企業人は次世代モデルの出現さえ念頭になかったらしい。たとえばENIACを視察したIBM社トム・ワトソン（息子）のこんな感想が残る。「だだっ広い金属の棚に真空管をずらずら並べて」「少しは切れるエッカートと、うすぼんやりしたモークリーのコンビが、わが社をもうすぐ蹴飛ばすなんてお笑い草だな」「ENIACなど、図体が大きいばかりでコケおどしにすぎない。維持費がかさむし、信頼性もまったくのゼロ」。

ENIACの先を考える

けれどジョニーは、ENIACに対面し、EDVACについて議論したとき、まったくちがう反応をする。彼の「夢想する心」は、一万七〇〇〇本の真空管をすぐさま「脳のモデル」とみた。エアコンもない真夏の部屋で熱く脈打つ脳の神経たち……。かたや「現実を見る目」は、話の核心にまっすぐ向かう。二人の若者（ゴールドスタインとエッカート）は、数学をすばやく論理的にやれるみごとな装置をつくり上げた……と。世界を率いる数理学者の頭に、ENIACのロジック設計を改良する手だてが浮かぶ。また、EDVACの設計方針を聞きながら、さらに先へ進めるための着想もどんどん湧いてくる。

脳をまねた機械をジョニーが考え続けたのは、ヒトの神経系（と心理学）の数学モデルについてW・S・マッカロクとW・ピッツが一九四三年の『数理生物物理学雑誌』に書いた論文に心を打たれたからだ。いま読み返せば、たいていの人はジョニーの友人と同じく「単純すぎる」と思うだろうが、とにかくジョニーは「頭をがつんとたたかれた」。

そんな背景もあって、ENIACはジョニーの心をとりこにする。数学者ゴールドスタインも、部下の技術者の仕事に満足するかたわら、やはり研究畑を歩いてきた人間らしく、装置をすぐ改良するためのあれこれを大数学者が数学の言葉で助言してくれるのに感激していた。そのへんのいきさつは、戦後ゴールドスタインが出版した『計算機の歴史――パスカルからノイマンまで』にくわしい。たとえば彼は、四四年八月二一日と九月二日、ギロン大佐に宛てて次のような手紙を書き送っている。

八月の手紙はこんな調子だ。ジョニーとはもう週に一度くらい話し合う間柄になってい て、爆風の流体力学計算にどうコンピュータがつかえそうかを検討中。今後の課題は、貴重な時間をプログラムの再設定に浪費しないようにすることと、アキュムレータよりずっと安上がりにデータを保存できる仕掛けをあみ出すこと。高性能のアキュムレータを数値の一時保存だけにつかうのはもったいない。そのへんにはエッカート案の安い装置がつかえそうだ……。

また九月の手紙は、やっかいな問題をついに解決、と知らせている。ジョニーが提案した方程式をＥＮＩＡＣにやらせたところ、計算時間そのものはＩＢＭ－ハーヴァードの電磁式コンピュータよりずっと短くてすむ半面、ＥＮＩＡＣには立ち上げ時間が長いという欠点があった。「級数の七項まで計算するのに、ハーヴァードの装置は合計一五分かかって、そのうち立ち上げ時間が三分。かたやＥＮＩＡＣだと、計算自体は一秒ですんでも、立ち上げ時間が一五分以上もかかる」。その解決法をついに見つけた、というのが手紙の趣旨だった。「中央管理型のプログラミング装置をつかい、ルーチンのプログラムを符号化して内蔵させる。そうすれば、どんなに複雑なルーチンもすいすい実行できる。今のＥＮＩＡＣにはそれができない」。

ゴールドスタインの本にはこうある。「八月の手紙から九月の手紙まで、その二週間のうちに、プログラム内蔵に向かう道が見えてきた。ENIACの中央制御部分をちょっと手直ししようというのが八月の手紙だが、九月の手紙の内容は、現代コンピュータの概念にきっちりふれている」。つまりその二週間のうち、新参のジョニーが、驚くべき頭の回転で本質に鋭く切りこみ、プログラム内蔵型コンピュータへの道を開いた、というのがゴールドスタインの見かただ。ただし、ちがう見かたの人もいる。たとえばムーア校の校長J・G・ブレイナード博士が四四年九月一三日にギロン大佐へ宛てた手紙はこんな調子だ。ENIACの保存容量は、科学者たちが願うような非線形微分方程式を扱えるほど大きくないが、開発チームは「二つの基礎原理をつかんだ。ひとつはフォン・ノイマン博士がRCA（Radio Corporation of America）研究所の（ウラジーミル・）ツヴォリキン博士に提案した撮像管《さつぞう》（アイコノスコープ）をつかう方法で、もうひとつが、実証ずみの（エッカートの）遅延回路をつかう方法だ」。

EDVACの一件で、ジョニーは自分の発想をつぎこんだのではなく他人の着想を盗んだ、と書く伝記作者もいる。そうした本にはたいてい、ジョニーのENIAC対面は四四年九月七日だと書いてある。だがその日は、プリンストンの同僚とともに、ENIAC開発現場に出入りする身分証明書を発行してもらった日だ。ここまでの引用からわかるとおり、ジョニーはその一ヶ月も前から、EDVACの議論ではもう中心人物になっていた。またジョニーは四四年八月二九日、アバディーンで開かれた弾道学研究所の会議、EDV

ACへの予算支出を決めた評議会に出ている（エッカートとモークリーは出ていない）。評議会には、ENIACよりもEDVACをつかうほうが効率のいい分野のリストが提出され、その大半はジョニーが格別の関心をもっていたものだった。

また、ジョニーをけなしたがる人は、彼はムーア校を訪れたときにしかEDVACの改良に貢献していないと書く。しかし事実はちがう。ジョニーはEDVAC開発に常勤で雇われたわけではない。世界最高の数学者を常勤で雇い、「本プロジェクトを最大の効率で推進する道を考えよ」などと命令できたはずはない。四四～四五年当時、ジョニーは四つのフルタイム仕事を抱え、それをこなすためにアメリカじゅうを飛び回っていて、EDVACの緊急課題に考えをめぐらしたのもたいてい大陸横断列車の中だった。

四五年二月一二日にジョニーがゴールドスタインに宛てた次の手紙から、そのあたりの雰囲気が読みとれる。

データを入力し、結果を出力する方法について補足したい。たぶんご記憶のように、入力データには二タイプの数値がある。ひとつはメモリー内の場所を指定する二進数のxとy、そしてもうひとつ、オペレータが二進法でタイプし、装置は十進数として認識しその形で打ち出すデータ。……xとyに問題がある、というのが共通の理解だったね。二つの数値はロジック制御用だから、装置内部で十進法に変換するのは無駄な手間。ぼくは前回、xとyをいつも二進数のままにしたらと言ったけど、君の言うとおり二進数は扱いにくいし覚えるのもやっかいだ。どうやら単純な解決法を見逃していた。つまりxもyも、つねに装置の外に置き、八進数の形で扱うようにしたらどうだろう……。

後継機EDVACの「一次稿」

一九四五年の春、ゴールドスタインはジョニーに、EDVACのロジック構成についてまとめるよう頼んだ。ENIACについてそんな文書はつくってなかったから大いに役立つだろうし、「そうなるとENIACは、ジョン・モークリーの心をつかんだだけが存在理由の、ガラクタの寄せ集めでしかなくなる」とつけ加えて。

ジョニーが四五年三月に書いた一〇一ページの「EDVAC報告書の一次稿」を、六月三〇日、ムーア校は謄写版で増し刷りする。ゴールドスタインなど多くの人は、「計算とコンピュータに関する今まで最重要の文書」と評価した。ジョニーの用語はバベッジの口調をいくぶんまねたもので、コンピュータには、中央計算（CA = central arithmetical）部、操作の順序を定める中央制御（CC = central control）部、そしてメモリー（M）部が必須、といった表現が見える。続けて、「三つの部分、CA、CC（合わせてC）、Mは、ヒト神経系の結合ニューロンに相当する。知覚（求心性）ニューロンと運動（遠心性）ニユーロンは、コンピュータの入力器官と出力器官に相当しそうだが、明確な対応は今のところつけにくい……」とある。

ゴールドスタインは「一次稿」を絶賛してこう書いている。「ジョニーは、コンピュータの本質が論理機能にあり、電気うんぬんは枝葉にすぎないと明確につかんだ初めての人間だ」。そして一次稿は「コンピュータのロジック設計に関する今後のあらゆる研究の基礎になる」。マッカロク－ピッツのアイデア援用についても、「論理の視点からコンピュータ回路の動作を視覚的に記述する本質的な方法」と評価した。ジョニーは「分別・合流ルーチン用の詳細なプログラミングを提示した初の人間」で、「今や常識になったプログラム内蔵の考えを完璧な図解とともに確立した」記念碑だ、と賞賛。ゴールドスタインがEDVACに直列演算モード（一度にひとつの命令を実行させる方式）を提案するかたわら、ジョニーはテレビの撮像管を記憶装置につかう道を提案した。ゴールドスタインの言葉を引こう。「ムーア校の誰よりも彼こそが核だった。むろん部分部分では各人が大切な貢献をした。たとえばエッカートは遅延回路をメモリーにする発明でユニークだったが、フォン・ノイマンはプロジェクト全体を前に進める牽引車だった」。

しかしエッカートとモークリーは、ジョニー讃歌に同調しない。時を追って苦々しさをつのらせていく。四五年九月時点でさえ二人は（特許弁理士も）、一次稿など「われわれの提案した計算構造と素子群」の焼き直しにすぎない、それをマッカロク－ピッツの妙な用語に翻訳しただけ、とみていた。「むろん彼は鋭い頭で本質をつかみ、われわれの発想を翻訳はしたが、ロジック自体に変わりはない。……同じことを別の記号で表しただけ。装置の能力も前どおり。われわれがEDVAC用に確立した基本概念を、ジョニーは何も変えていない」とモークリーの言葉。

著書『心のエンジン』で、EDVAC開発で名誉の大半を担うべきはエッカートとモークリーだと断じるジョエル・シュルキンは、ジョニーがコンピュータに自前の貢献をしたのは四六年以降、プリンストン高等研究所での仕事だけだと言う。「だけ」とはいっても、その仕事はシュルキンでさえこんなふうに高く評価している。

フォン・ノイマンの貢献は明らかで、疑う余地はない。彼のマシンは世界一速かった。……どのコンピュータメーカーもほぼ同じ方向に進んでいたが、ノイマンの鬼才は、誰よりもよく演算経路を解明し、記述した。……高等研究所におけるプログラミングと装置構成の進歩が、以後のコンピュータの進路を決めた。……ほかの研究者は原始的なデジタル命令に頼っていたのに、ノイマンと仲間は、少し手直しすれば未来のコンピュータ時代にも通用する命令法を開発していたのだ。

プリンストンのコンピュータ開発は、技術屋のエッカートが開発責任者になってくれたら(ジョニーは事実そう願っていた)進展はもっと速かっただろう。しかし「未来のコンピュータ時代にも通用する」というシュルキンの評価が力量の差を語る。エッカートとモークリーはEDVACが大儲けにつながると信じ、ジョニーはそうは思わなかった。彼の目は未来のコンピュータ時代をまっすぐに見ていた。

着想の面では、ジョニーのやりかたを万人が讃える。かたや金儲けの面では、エッカートとモークリーが不機嫌になるのもわかるけれど、しかしそれはジョニーの責任ではない。

話を少し戻そう。四五年の中ごろ、ゴールドスタインはジョニーの一次稿に驚嘆して、このタイプ打ち一〇一ページが歴史に残る文書だとたちまち見抜く。そこで世界各地からの請求に応え、コピーを気前よくばらまいた。表紙にあったのはジョン・フォン・ノイマンの名だけ。ジョニーがほかの人たちの名前を入れなかったのは、単純な理由からだった。四五年三月にも戦時プロジェクトとしてまだ終わりそうもなかったコンピュータ開発を、ほかの仲間がこれを参考にして続けていける道を示そうとして書いた個人的意見書のつもりだったのだ。「ノイマンの責任じゃないが、彼が一次稿を出版向けに改訂する機会は一度もなかった」とゴールドスタイン、「世界中にばらまかれたのを当人が知ったのも数年後だったし」。

一次稿執筆の四五年三月からほどなく終戦を迎えたのが、争いのもとになってしまう。

三月からの五ヶ月間ジョニーは、ロスアラモスで爆縮型（プルトニウム）原爆の開発を手伝い、原爆投下目標を決めるワシントンの会議に出て、投下高度を計算し、広島と長崎から報告されてきた数字の解析に追いまくられた。終戦などまるで見通せない時期、世界規模の事件の渦中に身を置いていたのだ。

エッカートとモークリーは、電子式コンピュータを世に生み出したのは自分たちの成果だと自負していた。軍事機密扱いも解かれることになった今世紀後半でいちばん重要な発明だからと、相応の分け前を手に入れるために弁理士を雇いもした。

二人の不満が起爆剤となって、コンピュータ開発の流れは分岐してしまう。だがそれは悪いことではなかった。競争を原動力にして開発が進むようになったのだから。

ENIACの引退

フィラデルフィアのコンピュータも、そろそろ話の幕引きに入ろう。ＥＮＩＡＣは、最後の製作に時間がかかったため、終戦まではつかいものにならなかった。初めて役に立ったのが、一九四五年末にロスアラモスでやった「ヒッポ計算」（14章）のとき。名義上は四六年六月三〇日、アバディーンにある陸軍のフィラデルフィア軍需特別区の管理下に置かれた。すぐにアバディーンへ移送する予定のところ、ロスアラモスの依頼した面倒な計算がなかなか終わらない。もう十分な影響力をもっていたジョニーが裏から手を回したおかげで、一連の計算もようやく同年一一月六日に終わり、スイッチが切られた。アバディーンへの移送と、現地で一万七〇〇〇本の真空管をまた組み直すのに九ヶ月もかかる難産だったから、ジョニーの手回しは大いに役立った。

アバディーンでENIACに再び電気が通じたのは一九四七年七月二九日。時をおかずジョニーは、瀕死の恐竜を蘇生させる。装置全体をつくり変え、まだ原始的ながらプログラム内蔵型のコンピュータにした。つまりENIACは、老いてやっとまともなコンピュータといえるものになったわけだ。演算速度は落ちたものの、プログラミングの能率はぐんと上がったから、以来、四七年以前の方式で運転されることはなかった。プログラム内蔵型になったENIACは一日二四時間フル稼働し、ずいぶん利用されたが、五五年一〇月二日、ついに何千というスイッチが切られる。部品たちは今、ほかの展示品と一緒にまばゆいライトを浴びながら、ワシントンのスミソニアン博物館に展示されている。

親より先に生まれた子供

かたやEDVACのほうは、反目しあう開発者たちの双方とも失ってしまう（どころか、後継機のほうが先に生まれてしまう）。というのも、戦後ジョニーとゴールドスタインはプリンストン高等研究所でコンピュータ開発を進め（13章）、いっぽうエッカートとモークリーは、ペンシルヴェニア大学の特許規則にもとづく署名を拒否してムーア校を去ったからだ。

一九四五年のムーア校に残っていたのは、陸軍のためにEDVACを完成させるべしとの契約書と、雛が巣立ったからっぽの巣だけ。ムーア校は、気乗りしないまま契約の履行に努める。新しく雇い入れた技術者は存外できる人たちだった。やっと五〇年に完成したEDVACは、まさにジョニーが四五年の一次稿に描いた姿でアバディーンに納入された。だがそのときはもう、一次稿の第一子でさえなかった。第一子の名誉を担ったのは、四九年六月にイギリスはケンブリッジ大学で産声を上げるEDSAC（Electronic Delay Storage Automatic Computer）だ。

四五年のジョニーの一次稿を入手した幸運な人々のうちに、数人のイギリス人がいた。そのひとりがチューリングだ。一次稿に手入れし、仕組みはずっと単純だがロジック設計はずっと複雑、そのため符号化システムが複雑になるコンピュータをつくろうとした。大成功とはいえなかった。ここにもジョニーの天分がのぞける。一次稿では、ロジック面をもっと複雑にしようと思えばできたのだけれど、当時の製作設備やプログラミング設備のレベルに合わせ、わざと単純な記述に抑えている。ケンブリッジの連中はその一次稿にぴったり従ってEDSACを組み上げた。彼らは、世界中で生まれつつある多くのコンピュータが共通の祖先をもっていて、一次稿をほとんど聖書とみなせるのを便利なことだと考えた。「ひとつのマシンに慣れた人間なら、次のマシンにもやすやす適応できるはず」。次の章で見るように、以後は、ジョニー、ゴールドスタインなど高等研究所のチームが書いた論文を「聖書」にして、世界中でコンピュータが次々に生まれていく。

ENIAC開発者の戦後

一九四六年にムーア校を飛び出したエッカートとモークリーは、エッカート－モークリー社を設立する。ノースロップ航空社発注のBINAC（Binary Automatic Computer）を五〇年八月に納品、合衆国国勢調査局発注のUNIVAC（Universal Automatic Computer）を五一年三月に納品した。どちらも当時としては成功に見えたが、そのころはもう、ジョニーの輝く知性と、ちょっとお粗末な技術陣が進めるプリンストンのコンピュータ開発から、新時代に向けた着想のほとばしりが始まっていた。

戦後のモークリーには波瀾万丈の人生が待っていた。四六年、大西洋岸に遊びに行って、真夜中に夫婦ともども素っ裸で泳いでいたとき、妻のメアリーが溺れかかる。モークリーは眼鏡をなくし、街灯のもとで手探りしながら素っ裸のまま近くの集落にかけこんで助けを求めたが時すでに遅し。再婚相手は、ENIACプロジェクトに雇っていた若い才媛で、願ってもない伴侶だった。しかしやがて、吹き荒れるマッカーシーの赤狩りに遭う。三〇年代に左翼と接触した過去をつかれ、国防関係の契約もボツになった。

モークリーは有能な営業マンでもなかった。四九年に会社の経営が左前になって、エッカート同道でワトソン（父）を訪ね、IBM社に身売りしたいのだがともちかける。立ち会ったワトソン（息子）の回想——「ひょろっとして服装はだらしなく、伝統にケチをつけるのが主義とみた。エッカートはなかなかの紳士なのに、モークリーは部屋に入るなりソファーにドンと腰を下ろし、テーブルに両足を投げ出すじゃないか。親父の毛嫌いした無作法だ」。ワトソン親子はこう言った。独占禁止法のせいで、うちがコンピュータ会社を引き受けるのはむずかしい。「エッカートはすぐ納得したのに、……モークリーの奴は黙りこくったまま。背筋をピッと伸ばしたエッカートの後ろを、でれでれ歩いて行ったね」。

一九五〇年から五一年にかけ、エッカート - モークリー社はレミントン - ランド社が吸収し、同社を五五年にスペリー - ジャイロスコープ社が合併した。これで生まれたスペリー - ランド社がなんと、十数年も前にエッカートとモークリーが出した着想をほかのコンピュータ会社が盗んでいる、と訴訟を起こす。二〇年近くもたって一九七三年に出た最終判決の骨子——ジョニーの四五年の「一次稿」でそんなことは公知の事実になっている。また、電子式コンピュータの基本構想を出したのは、モークリーではなくアタナソフのほうだ。

戦後のコンピュータ開発とジョニー

ジョニーにとっては、戦後のコンピュータ革命を率いてさまざまな課題に挑戦するのが、新しいパートタイム仕事になった。彼のつくったマシンよりも、書き続けた論文のほうが重い。ＥＤＶＡＣのために書いた一九四五年三月の一次稿はすぐ「公知の事実」になり、それを読んだ世界中の研究者が、ＥＤＶＡＣの息子をつくろうとして動き出す。それぞれ、開発責任者やチームが、考えながら、実験して手直ししながら。こうやってものごとは進歩する、とジョニーは思っていた。しかし彼は、自分で少し考えを進めたあげく、「ＥＤＶＡＣの息子」もたちまち時代遅れになると確信する。そうして、その確信もまた世間にすぐ知らせるべきだと考えた。

ジョニーの「確信」に接して、幸いまだ破産せずにいたコンピュータ屋の多くは、ＥＤＶＡＣのクローンづくりから足を洗い、高等研究所のクローンづくりに乗り換えた。世界市場でやっていくには、昨日の車は捨て、明日の車に乗るべし。ＥＤＶＡＣは、四四年八月以降は世界中の数学者が取り組み、着想をリストラして組み直し、ジョニーのような数学者がきちんと符号化したとはいえ、もともと十数人の寄り合い所帯が短時間で生んだものだし、戦時の秘密環境で運転されたものだ。ジョニーにしても、ＥＤＶＡＣのことはほんの数時間くらい、座り心地の悪い軍用列車の中で考えたにすぎない。適切な研究と実験さえやればコンピュータ設計は何段階も先に進められる、とジョニーはみていた。技術者がお粗末でも（高等研究所は事実ためだった）、座って考えるだけで自分はそれができる。

エッカートとモークリーを見る、そして彼らの儲け主義を見るジョニーの目は、このへんに関係している。技術の進歩が二人の製品をたちまち時代遅れにするのはよくわかってはいても、ともかく市場の要求に応えようとする二人の姿勢は応援したかったのだ。

ジョニーは、エッカートとモークリーが限定特許をとろうとしたときだけは抵抗した。限定特許が通ってしまえば、EDVACをつかう実験が自由にできなくなる。そうなると、もっと大事な後継機の開発がやりにくい。この件でジョニーは手きびしい手紙を何通か書いている。自動機械がみんなの手でダーウィン流にずんずん進化していく予想をはっきりもっていた。ジョニーは、まずEDVACをしのぐコンピュータをつくる気運を世間に生みたかったのだ。

そんなことはあたりまえだろう、と思ってはいけない。西側社会では、技術というものをそんなふうに扱わないのがふつうだから。今のアメリカで、大企業が虎の子の新製品の青写真を他社に洩らし、一緒にもっといいものを目指しましょうなんて申し出る場面はありえない。特許弁理士を雇って自分たちの知的財産と思うものを死守しようとしたエッカートとモークリーは、まことにアメリカ的な行動をとったわけだ。

一九六二年以来、筆者はかれこれ十数回日本を訪れた。現地で得た実感として、日本のやりかたは、ジョニーのやりかたにそっくりだと思う。アメリカに比べ、日本は弁護士も特許弁理士もはるかに少ない。産業の芽になりそうな発見があると、少なくとも大枠は、日本ではたちまち公知の事実になり、やがて多くの企業がいっせいに開発競争に走る。初期にその先導役を務めたのが、世界に名を（悪名を？）馳せた通産省だろう。通産省は日本の製造業に巨額な補助金を出す、と多くのアメリカ人はかつて思っていたが、政府予算を調べてみると、直接の補助金はたいしたことはない。六〇年代に比べると通産省のパワーもだいぶ落ちたとはいえ、相も変わらないやりかたはビデオの一件でも明白。西側で発明され、初期のころは、主審の三振の判定が正しかったのかどうかすぐ再生して視聴者にも見せてやる、そのためだけのむやみに高価な装置だった。

主力家電メーカー七～八社の代表が通産省に集まり、各社のビデオ開発研究の結果を公開した。そのなかで、お互いライバルどうしなのに、「これこれの期日までに一〇万円を切るビデオを開発できれば、世界で数億台の商売になる」といった共通の目標が浮上する。なんとなくケネディ大統領のスローガン「一〇年以内に人間を月に送りこむ」が頭にちらつく。筆者の知っている某企業では、訪問した当時、目標と期日の決まった開発プロジェクトが一二八件も走り、ビデオ開発はそのうちのひとつにすぎなかった。どのプロジェクトも、ちょうどＥＮＩＡＣのように十数人のチームが進めて、期限内に試作機を出すのが至上命令となる。試作機がライバル会社より劣るようなら、臨時に社内の技術屋トップを送りこむ。「完成寸前にトラブルでも発生しようものなら、土日もなしにトップの専門家が詰め、腕まくりしながら決着をつけるんです」。

目標と期日に追われるところは、戦時の原爆開発に似ている。芽吹いた発想をすぐ公開するところは、一九四五~五五年当時のジョニーがコンピュータ開発でとった姿勢にそっくりだ。今の西側諸国にはこの不眠不休の開発精神が欠けているのではないか。ジョニーが集産主義者だったからではない。彼は学者の誰よりも自由市場を信頼していた。たぶん彼はその考えを、どこかで別の仕事を全力で立ち上げたときにしっかり身につけたのだろう。一九五四年、IBM社が米海軍のために製作したNORCコンピュータの完成記念式で、ジョニーは祝辞をこう述べた。

なにか新しいことを計画するとき……ふつう、需要はあるか、価格はどれくらいか、大胆にやるべきか慎重にやるべきかを考えるし、むろん考えるべきです。そのへんがいいかげんだと、百のうち九九まで失敗する。しかし、百にひとつは、別のやりかたがふさわしいものもあります。……このたび合衆国海軍が、そしてIBM社がやったように、今の技術で望みうる最先端の装置をつくり上げようとすることです。それを忘れてはいけない。同じことはいつかまた必ず起こるはずですから。

戦後ジョニーがプリンストン高等研究所で進めたコンピュータ開発は、まさに「望みうる最先端のものをつくる」精神にあふれていた。場所はたぶん最善ではなかったし、技術の環境もお粗末だったけれど、時期は最善だった。その成果を次章で紹介しよう。

13　プリンストンのコンピュータ（一九四六―五二年）

未来を見つめる

一九四五年八月、日本が降伏する一五日（VＪデー）までにジョニーは、以後の仕事が何になるかを見通していた。しばらくは、たぶん年に数ヶ月のペースでロスアラモスほかの軍事仕事に駆り出される。スターリンの暴走はくい止めなければいけないし、情勢しだいでは予防戦争もやむをえない。かりに地球が吹っ飛ばされなかったら、いちばん大事になるのが大型コンピュータの開発だろう。他人にまねのできないやりかたでそれを進める自信が彼にはあった。

さしあたり決断すべき問題が四つある。第一に、開発の場所をどこにするか決め、世の気運を盛り上げて経費を手にしなければ始まらない。すぐあとでわかるとおり、ムードづくりと経費調達は上々の首尾で運んだ。

第二に、新しいコンピュータをつくるのに新しい論理設計が必要になる。それもやがてわかるとおり、ジョニーと仲間があみ出した強力なコンピュータ・アーキテクチャ（要素の組織化方式）は、またたく間に世界の共有財産となった。

第三に、自分専用のマシンをこしらえて大型科学研究を進めたい。が、本章の後半でわかるようにそのへんはだいぶもたついて、期待どおりにはいかなかった。むしろ彼の設計を下敷きにしたコピー機種のほうが世界のあちこちで先に動きだしてしまう。

そして四つめが、コンピュータの拓く未来を見通すこと。その点でジョニーほど眼力のある人間は、彼の前にはいなかったし、実のところ彼の後にもいない。ジョニーがコンピュータに託したのは今日の「高級タイプライター」機能ではない。実験科学でコンピュータを駆使し、世界を変える（お気に入りの表現で「ゆさぶる」）科学革命の道を拓くことだ。手始めとして気象学の分野にコンピュータをつかった。が、気象学はたしかに刷新できたが、以後の歩みはとても本人の満足する革命の姿ではない。ずばりいうと、この一九九〇年代ともなれば、ある場所の翌日の天気を自在に制御できるようになっている、というのが彼の読みだった。いまカオス理論家や環境科学者が口にする一般見解は、地球をまるごとゆさぶろうなんて無茶な、という調子。二一世紀になって、前世紀後半にろくな進歩がなかったことの理由づけをするとしたら、世間がジョニーほどの数学者を育てなかった（あるいは、数秒だけ意見を吐かせて画面をさっと切り替えるテレビの時代が世論形成の場から賢人を締め出した）せいだ、というのが一般見解になっていそうな気がする。そのあたりについても、筆者自身の考えを織り交ぜながら本章で考えていきたい。

開発計画の立ち上げ

一九四五年の時点でまず決断したのは、なにはさておき開発の場所。ムーア校はもう火が消えたも同然で、特許がらみの論争がくすぶっているだけ。かといって本拠プリンストンの高等研究所にコンピュータ開発をもち帰ろうとしても、ちっぽけな組織だし、お高くとまった学術の雰囲気が実用研究を許してくれそうにない。第一次大戦の西部戦線で見かけた「気球に乗りこむ騎兵将校は軍靴の金具を外されたし」の掲示に似て、コンピュータ開発のようなハード指向の研究は、エリート臭ふんぷんの高等研究所所員の好みではない。けれども幸いなことに、所長のフランク・エイデロットはちがった。

同じアメリカでも、大学はずっと前向きの姿勢を見せた。カリフォルニア大学でジョニーのコンピュータを論じる研究会に出たウラムが、「ジュール・ヴェルヌの『月世界旅行』に出てくるガン・クラブみたいにすごい熱気だった」と会の雰囲気を伝えている。四五年後半には、コンピュータの仕事をしてもらいたい各地の大学がジョニーを教授に迎えようと画策した。シカゴ大学とマサチューセッツ工科大学（MIT）は公式な依頼状で、ハーヴァード大学とコロンビア大学は人づてに。ウィーナーの書いたMITの依頼状が、コンピュータ開発のあるべき姿をよく突いている。「プリンストンの小さな研究所には合いません。開発には実験室が不可欠ですけれど、象牙の塔に実験室をつくるのは無理でしょうから」。

ジョニーは有力大学からの誘いをみな断った。所長のエイデロットが要求をたいてい呑んでくれたからだ。一九四五年一〇月、高等研究所の評議員会にエイデロットは、コンピュータ開発に必要な三〇万ドル（訳注：二〇二〇年の相場で約四・五億円）のうち一〇万ドルを、しかも（これが肝心）一括支出するよう推してくれた。エイデロットのこんな発言が残る。「この種の装置はまさに最先端の研究用で……完成の暁には、かつて夢でしかなかった問題も解ける。そんな装置は純粋科学研究をやる研究所でまずつくるべきだと思う。いずれは応用研究用の二号機三号機があちこちで次々に走るとしても」。

次の一〇万ドルは、同じプリンストンにあるＲＣＡ社が引き受ける。同社の研究所は四五年当時、やがて戦後のテレビ産業振興につながる真空管開発に乗り出そうとしていた。

ジョニーも、コンピュータのメモリーには真空管しかないと見抜いていた。真空管に蓄えた情報なら、エッカートの水銀遅延《ちえん》回路より素早く、しかもランダムにアクセスできる。ＲＣＡの看板研究者、近代テレビの発明者のひとりウラジーミル・ツヴォリキンの心をジョニーはそう言って燃えたたせた。またＲＣＡ社なら、ジョニーの発明や発見を特許で押さえたりはせず、世界に公表するのを許してくれそうだ。ただ、その点でＲＣＡ社とエッカートの関係はやや気がかりだった。というのも、四五年当時のジョニーはまだエッカートをプリンストンの技術責任者に迎える腹だったから。エッカートは賢い人間ですからご心配には及びません、と彼はRCA社に請け合った。そんなやりとりがエッカートの耳に入らないよう注意はしながら。

RCA社は、ジョニーの依頼で「セレクトロン」という特殊真空管の製作にかかる。針金を格子のように並べて無数の「小窓」をつくり、ある瞬間に小窓ひとつだけが開くようにしたものだ。その小窓に通した電子のビームを、今のテレビ画面のようなスクリーンに当てる。ジョニー後のコンピュータはみんなこの方式をつかった。

セレクトロンは斬新かつ複雑、信頼性は抜群でも、製作には手こずった。ほぼ同じころ、イギリスはマンチェスター大学のわずかな研究費で仕事をしていたF・C・ウィリアムズ教授も、電子ビームを当てる方式の真空管がコンピュータにぴったりだと見抜いている。

高等研究所でジョニーの試作機がなかなか完成しなかった理由は、ひとつは技術を軽んずる高等研究所の空気、そしてもうひとつが、先端技術にこだわりすぎるRCA社の姿勢だった。しかし幸いにも、残る一〇万ドルをくれた軍はずっとやりやすく、ジョニーが国境を超えて気ままにやりとりしても大目に見てくれた。高等研究所の同僚には、秘密主義と国家主義を持ちこみそうな軍を毛嫌いする人もいたけれど。

ふつうの学術財団は研究費をくれそうもなかったので（ロックフェラー財団は「欧州の復興支援で手いっぱい」と断ってきた）、ジョニーは早くから陸海軍の資金に目をつける。彼は軍の高官を説きふせ、たちまち熱烈な支持者にしてしまう。手のこんだロビー活動があたりまえの合衆国で、たったひとりの、しかも夢を語るだけのロビー活動を通じてだ。今日、連邦政府や州政府から大金を分捕ろうと四苦八苦している人は何百万人もいるし、それどころかジョニーは今のコンピュータでもまだ実現できていない夢を語ったという事実を思い起こせば、彼のロビー活動のことは特筆しておく価値があるだろう。

海軍でジョニーがまず接触したのは、戦時の准将、終戦時には提督となっていたルイス・L・ストラウスだった。ウォール街の銀行家をしていた三八年、がん研究をさせようとシラードをアメリカに呼び寄せた人物だ。彼はジョニー最後の十数年に大きな役割を果たす。それはひとえにジョニーが、手際がよくて合理性を重んじる公人ストラウスと、小心で執念深い私人ストラウスの性格をしっかり読んで、利用する手を心得ていたからだ。

周囲の説得

一九四五年の暮れ、ジョニーはストラウスにこう書き送る。いま数学では、計算速度の限界が壁になって近似計算が思うようにいきません。その速度が今や一万倍は上がるメドがつきました。そうなると次の三つのことができます。①かつてはひとりが一生をかけた計算も一日で、それも午前中ですむ。②研究チームは、一〇〇倍の仕事量を、一〇〇倍の速さでこなせる。③これまで想像さえできなかった斬新な研究分野が開ける。

非線形の偏微分方程式を解くには、線形方程式の一〇〇万倍ほど計算をこなさなければいけない。九〇の歳までひたすら手計算を続けたあげくに出た答えがまるで無意味、というような目にあいたい科学者はまずいない。だからこそ今まで科学者がせっせと励んでモノにした課題は、単純な線形方程式に乗るものだけ。量子力学もレーダーもテレビも、戦前と戦中に大きく進んだ技術はみんなそれだ。かたや非線形方程式で攻めるべき問題は「前線のそこらじゅうで前進を阻まれた状態にあります」、とジョニーは書いた。

いまわしい非線形方程式は、何かが変わると別の何かも変わるような現象を支配する。戦時中にした衝撃波（とりわけ水中の衝撃波）の研究でジョニーは、衝撃の段階それぞれで「方程式の性質が全側面で同時に変わる」格別なやっかいさを思い知った。非線形問題には、空気や水の運動、速度で変わる摩擦現象、弾性や塑性《そせい》に関係した現象などがある。人間組織のからむ問題も同じで、たとえば経済政策や事業計画をいったん決めても、ある費目に予算を回すことで市況が変わり、ひいては問題自体が根元から変わってしまう。そうした非線形問題が、いずれは気象学（まずとり組むべき主題だとジョニーが早くからみていたもの）や生物学、化学、脳科学を含めた多様な――誰もあえて口にしたがらなかったような――分野で重要になる、とジョニーは確信していた。射程範囲にまず入るのはどれかさえ自分にはまだわからないが、と正直に告白はしながらも。

もっと狭い科学界の仲間たちには、もっと歯切れよく、学問の香りあふれる言葉で説明した。

量子論を、運動の自由度が多い多粒子系にも拡張できる。……非圧縮性粘性流体の運動を支配する因子も……乱流現象や複雑な境界層現象も、数値計算で解明できる。弾性や塑性の理論も今までよりずっと処理しやすくなるだろう。たぶん三次元の電気流体力学にも大きく貢献できる。古典光学や電子光学で出合う計算上の困難も消えるだろうし、天文学にも役立つ。数理統計学にも、計算統計実験という斬新な方法を生むはず……

風呂敷を広げすぎのところもあるにせよ、まずは身近な数学者に狙いを定め、ぼくらの仕事はこれくらい根本から変わるべきだ、と彼は言いまくった。

ジョニーは言った。今の数学のやりかたは、のろくさい手計算を前提にしてでき上がっている。電子計算機は、可能性も壁の高さも、力点も境界条件もいっさいを変えてしまう。計算にかかる労力も経費も変わるから、道すがら出合う選択肢の性格も一変し、「数学として何が単純で何が複雑か、何がエレガントで何が愚鈍か、そのへんの基準がすっかり変わって」生まれ変わり、昔ながらのやりかたはゴミになるんだ……。

数学仲間に向けたそんな警告は、ジョニーの聖戦のなかでいちばん気配りのない部分だった。なにしろ、功成り名を遂げた五〇歳や七五歳の大学者の来し方を否定するとか、老犬に新しい芸を覚えろと命じるような話だから。先生がたが数十年に及んで正統の数学分野に残してこられた業績も、プリンストンの地下で真空管が組み上がれば時代遅れになるんです、と言ったに等しい。あとでもみるとおり、プリンストンにはジョニーの発言に気分を害する数学者もいたけれど、もちまえの賢さと人当たりのよさ、それにカクテルパーティーが（たぶんこの順で）反目感情の一部を洗い流してくれた。

いっぽう、四五〜四六年ごろジョニーが将軍や提督に向けた言葉は、彼らの心にたちまち火をつける。非線形問題が解ければ軍事がどれほど変わるはずか、ジョニーは将軍や提督に熱っぽく説いて回った。たとえば陸軍にはこんな言いかたをしている。今よりずっと高速のジェット機やミサイルにからむ流体力学も解けます。戦闘機の設計も、コンピュータ計算で選びとった見込みありそうなものだけを試作段階に進めればよくなるんです。そんな計算結果が手元にないと、新機種開発に予算をつけてほしくても、財政当局はありきたりの機種にしか首を縦に振らないでしょう。また、斬新な飛行機や武器を手がけるとき、コンピュータではじけば無駄だとわかるようなものの実験と試作に手持ち予算をつかい果たしてしまいがち。そういう無駄は国の軍事力を弱め、将軍、あなたの顔をつぶすことにもなるのですよ。

広島と長崎の原爆の設計につかった非線形計算は粗すぎて、爆発の威力が正確にどれほどになるか誰も知りませんでした。とくに長崎の原爆の弱さは予想外でした。ひとつはたぶん、爆発直後に爆薬の弾性と塑性が変わるのを考えに入れた爆発の形と状態の計算ができていなかったせいです。また、核爆発の生む放射線は、物理面でも心理面でも有力な武器になるとはいえ、コンピュータで計算しないかぎり、いま声の大きい平和論者も含めて誰にも正しい数値がわかりません。今後もし合衆国が広島型原爆をしのぐスーパー爆弾(水素爆弾)をつくりたいなら、おびただしい非線形方程式と格闘しなければいけないのです……。

ジョニーは海軍にも同じことを説くほか、海軍向けの話題をつけ加える。水中で爆発力がどうなるかは、「爆発が生む気泡や、水面と海底が生む不均一性と境界条件」があるため、大気中よりも計算の必要性が高いんです。コンピュータができれば、海洋学も地磁気学もまともな科学になりましょう。「複雑きわまりない流動状態にある地球の内核では、重力と電磁力がほぼ等分にはたらきます」。津波の予測にも、海上作戦の立案にも、コンピュータは大いに威力を発揮します。敵に向けた海上作戦は、敵の反応に多様な選択肢があることを想定しなければいけない。Dデー(ノルマンディー上陸日。一九四四年六月六日)では女神になった不順な天候とか、船荷をタイミングよく届ける補給の問題とか。

コンピュータがあれば、多様な偶然も含め一〇〇くらいの状況を想定した計算ができ、結果を統計処理すればパターンが見えてきます。今までの海軍も、そうした計画立案を演習などで小規模にはしてきました。けれども演習はやっかいです。一回ごとに貴重な時間と高価な装備を無駄にしますから、回数はこなせないし規模も大きくはできません。それに、演習が失敗に終わればきびしい処分も待っていますし。

　こうした問題は応用範囲がじつに広いのです、とジョニーは海軍の提督たちに語った。私的な会話では、実業界の人などはそのあたりの理解度が海軍よりずっと劣っている、と苛立ちの言葉をもらしている。「研究や調査の計画を立てる際、うまくいくかどうかわからないものには誰しも関わりたくないはず。ましてそれが、組織全体を半年も拘束するものだったら」。ジョニーは続ける。コンピュータは気象学もがらりと変え、気象の自在な制御さえ射程内に入ります。もしスターリンがそれを最初にやりとげ、気象変化を脅しの武器に、北米大陸を氷づけにするぞと脅したりするのはとうてい耐えられないでしょう。

　提督たちも将軍たちもジョニーの話に心を奪われた。高等研究所のコンピュータ開発を遅らせたのは、資金の多寡ではない。援助の手を差し伸べてくれたいろいろなスポンサーが、お互い自分だけがいい目を見ようとすることもなく、ジョニーをいつも励ましてくれた。その点では、ずる賢いキツネの役回りを演じたジョニーのまさに思うツボでことが運んだ。

　仕上がるはずのマシンには、どのスポンサーも所有権や優先利用権を主張しない。コンピュータ開発の途上で見つかった次の新しい道は、世界に向けて自由に公表することを邪魔しない――そんなジョニーの願いが、エイデロットに宛てた初期のメモからよく読みとれる。

また、海軍・陸軍それぞれと個別に契約しないように、とジョニーは高等研究所当局に抜け目なく釘を刺す。あいまいな公平主義からではない。個別に契約すると、そのうち連邦政府の財政担当が「どっちか一方にしようじゃないか」と言いだしかねないからだ。たぶん議会は、納税者に代わって官僚が手綱をとりやすいほう、早い話がプロジェクト推進にとってまずいほうを選んでしまう。最初のころ海軍はちょっと聞き分けがなく、総経費の三分の一は軍が出したんだから完成の暁には時間も三分の一だけつかう権利を保証せよ、という言いかたをして困らせた。たとえば某海軍大佐が、「当方の権利に関し、数学の博士号をもつ人間を雇って検討する予定」と言ってきた。ジョニーはストラウス提督に手紙で、「正直なところお話になりません。こんなことではまともな開発は無理」と不平を鳴らしている。

同じ手並みでジョニーは陸軍の暴走もくい止めた。たとえばエイデロットに向けたメモにこんな一節が見える。高等研究所で電子コンピュータが完成したら、政府はすぐあちこちの国立研究所につかわせたがるでしょうけれど、およそつまらない仕事をさせるにきまっています。本所としては科学研究用のマシンをしっかり立ち上げるのが肝要。実用機はＩＢＭのような企業に任せればよろしい。そういう会社は、旧来の慣例や思惑にとらわれ、斬新なマシンなどつくれないでしょうが……。高等研究所の成果が世界に公開された暁には、個別用途のコンピュータは連邦政府から手配させます、とジョニーは陸軍を説得した。W-36-034-ORD-7481の整理番号がついた陸軍兵器局との契約書に、彼が追記させた「研究上の発見は報告書にして公開する」という条項が見える。四六年六月に出た報告書第一号は、世界中の研究所や個人、つごう一七五ヶ所に送られた。以後の報告書には、「本報告にもとづく研究成果のうち、新知見はすべて公開していただきたい」と付記してある。

一九四六年から五一年までに高等研究所が続々と出す報告書が、世界各国で高速コンピュータの誕生を助けた。それが高等研究所のプロジェクトのほんとうの成果だった。

着想の全面公開

論文を読んだ各地の機関が、いつまでも完成できない高等研究所よりずっと速く、ジョニーの許しを得てチャイニーズ・コピー（欠陥まで忠実なコピー）をつくり始める。むろん各国のすご腕たちは、自分なりの改良を加えていった。新技術の船出というものはかくあるべし、の見本だが、残念ながら以後、ほかの技術ではそのやりかたが影をひそめてしまう。ただ近年、12章で紹介したとおり、それをみごとに復活させたのが日本だといえよう。アメリカにものを売るとか家電製品をつくるとかで通産省と大手各社が大枠をまず合意してから、熾烈な開発競争に突入するやりかただ。もっとも、終戦直後のコンピュータ革命で合意形成の核になったのは、小さな研究所にパートタイムではたらくたったひとりの男の頭からほとばしり出た青写真と言葉だったのだが。

初期のころジョニーの有能な助手を務めたのが、ゴールドスタインとアーサー・W・バークスの二人。ジョニーの論文集第五巻に、三人が書いた論文のリストが見える。ゴールドスタインに言わせると、ジョニーは論文のテーマを、会話しながら、あるいは黒板になぐり書きしながら伝えた。それをゴールドスタインが、ときにはバークスも加わって片端から書き物にしていく。読んだジョニーがゴールドスタインに手直しを頼む。ときにはジョニーがそっくり書き直すこともあったが、たいてい綴りや文法のミスだらけだったのでゴールドスタインが手入れした。ジョニーの文章がぶっきらぼうすぎるときは、これでは読者にうまく伝わらないと判断したゴールドスタインのほうからジョニーに手直しの注文を出す。

高等研究所からまず出た論文は二つ（二つ目は三部作）。論文をひとつ出すたび、ジョニーは講演会や非公式の討論会を開いた。聴衆の理解のずっと先を進んでいる話だったから、ついて行けた人はほとんどいない。西側で最速の頭脳をもつ男が、コンピュータのことを超高速で考えぬいた時期だ。論文のいちばん単純な部分——凡人には単純でもないが——は、新しいコンピュータの最善の姿と主要要素の結びつけかたをめぐってジョニーの頭から毎日ほとばしり出る発想との結婚を、全世界の科学者・工学者・数学者・論理学者に促すのが目的だった。メモリー、演算部（のちの呼び名がＣＰＵ＝中央処理装置）、制御のしかた、入出力のありかた……などなど。

なんといってもメモリーが斬新だった。ジョニーは、内蔵プログラムが演算を制御する初の多目的・完全自動のマシンをつくりたい。それまではどのマシンも、外から手でボタンを押したりスイッチを入れ替えたりするものばかり。たとえばＥＮＩＡＣは、まず操作員があちこちかけずりまわってスイッチとプラグを設定し、長い準備がすんでやっと電子の速度の計算に入る。ＩＢＭとハーヴァードが共同開発したコンピュータは、紙テープで命令を入れたから準備時間は短くてすむ半面、計算そのものの時間は電子式ＥＮＩＡＣの一〇〇〇倍もかかった。ゴールドスタインとジョニーは「二つの長所を合体させ、演算命令を数字の形で内蔵メモリーに入れておくやりかたを提案した」、とウィリアム・アスプレイが解説している。

理想のメモリーは、無限大の容量があり、完全なランダムアクセスのできるもの。「無限大」と「完全」は無理にしても、ジョニーは思いつくかぎりの手を打ってその理想に近づこうとした。エレクトロニクスの革新で計算自体のコストは大幅に下がっても、相対的にメモリーのコストが上がる。それならメモリーにヒエラルキー（階層構造）をもたせよう。高速のランダムアクセスができる一次メモリーはうんと小さくていい。次に控える大きな二次メモリーが必要な情報を自動的に一次メモリーに渡し、コンピュータ内部の処理はその二次メモリーを出入りしながら進む。二次メモリーに直接情報を入れるのも可。もうひとつ、不活性なメモリーをつけ加え、そこに入れた情報は必要に応じ手動で一次メモリーに移す。

水銀の遅延回路をつかうエッカートのメモリーは、真のランダムアクセスはできないし、目指す装置には遅すぎる。そこでブラウン管の出番になる。初期のブラウン管は、まだ階層構造のメモリーをつくれるしろものではない。階層構造のメドがついたのは、磁気ドラムが磁気テープに置き換わってからのこと。ＥＮＩＡＣの場合、計算を一回するたびに、その七〇倍の時間をかけた印刷が始まり、印刷が終わってやっと次の計算に入った。そこで高等研究所のチームは、最終結果の印刷をやるまで画面を読める状態にしようとした。今やそんなことはあたりまえになっている。ほかに、入力と出力のやりかた、制御部やＣＰＵの構成などなど、現在のコンピュータの姿はことごとく高等研究所の論文から生まれたものだ。

さらには、コンピュータ内部で進む複雑な流れ作業を簡単なメッセージにしてユーザーの目に見せるしくみをつくろうとした。計画中のコンピュータが完成した暁には、計算の性格に応じてユーザーが操作を自由に複雑化または単純化できるようにすることも決めた。高等研究所のチームが出した二番目の論文（三部作）はプログラミングを扱っている。プログラミングというものが数学問題のたんなる翻訳ではなく、「目的への進みかたを制御する動的な枠組みをこしらえる技術」で、だから「形式論理学の新しい一分野になるべきもの」だと世界に教えた。

チームの書いた一連の論文が、コンピュータの論理設計を隅々まで照らし出し、「フォン・ノイマン・アーキテクチャ」を確立した。以後ハード面の遂げた驚異の進歩はさておき、論理構造については、いま製造されるコンピュータほぼ全部の基礎となっている。だが、ちっぽけなチームに向けた手放しの讃辞も、彼らの「マシンづくり」には向けにくい。装置そのものの製作は、まったくのところバグだらけだった。

親と子が一緒に生まれる

どこかの時点でジョニーは、高等研究所のコンピュータは一〇人が三年もはたらけば仕上がると踏んでいた。ごく初期はもっと軽くみていた。完成のあと「実用に先立って」二年は手元に置く、と書き残す。二年ほど手元に置くのは、新しい演算方式を実地に試し、科学実験につかいながら「さらに改良を重ねる」のがいいと考えたからだ。

マシンが高速になれば、いきおい手の込んだ演算方式が必要になる。演算方式は、たぶん一九四九年には仕上がる新しいマシンをつかって見直そう。だがその機会はなかなか訪れず、正しいつかいかたを考える機会は延び延びになった。開発開始から五～六年後の一九五一～五二年でも、高等研究所のマシンはまだ「お出かけ前の化粧中」といった状態。それでも五二年にはとうとう尻に火がついた。ユーザーの一部、とりわけ水爆設計に追いまくられるジョニー自身がしびれを切らし、もう遅れは許されなくなったのだ。

高等研究所のプロジェクトの意義は、息子たち——親(高等研究所のマシン)より先に生まれたものもいる——を次から次へと生んだところにある。それはそれとして、本家のマシンがなかなか完成しなかった理由もみておきたい。

どちらかといえば小さい第一の理由は、技術者の問題だった。ジョニーは当初、ムーア校で見知った腕利きのエッカートを技術責任者にしたかった(面倒を起こしそうなモークリーは願い下げだったが)。エッカートは後日の訴訟で対立相手の誰かを「とんでもない大ボラ吹き」と罵倒するような人物だから、感情面の衝突をジョニーとゴールドスタインは心配したが、彼の腕があればプリンストンの開発もはかどり、それなりに楽しかろうと思った。しかしそのうち、エッカートは特許で武装して商売をしたがっているとわかって、申し出るのをあきらめる。

そこでジョニーはジュリアン・ビゲロウに白羽の矢を立て、ある日そのための面接をした。エド・レジスの本から面接の場面を引く(ほぼ事実どおり、と当人が請け合った)。ビゲロウはおんぼろ車でマサチューセッツからやって来て、約束の二時間遅れでジョニーの自宅、ウェスコット・ロード二六番地に到着。ジョニーが玄関を開けるや、芝生を跳ねていたグレートデーンが二人の足にまとわりつく。四〇分の面接の間じゅう二人の顔をなめ回り、家じゅうをわがもの顔にうろつき回った。追い出せばいいのに、とビゲロウは思ったが初対面の遠慮もあって口には出さない。面接がすみ、玄関口でジョニーがそっとひとこと、「君は犬を連れて旅する趣味があるのかい？」。「俺の犬じゃなかったよ」とビゲロウの後日談、「ノイマンの犬でもなかった」。あれはビゲロウの犬だと死ぬまで思っていたジョニーも、そこは礼儀正しい人間、被面接者のいっぷう変わった行為について以後ひとことも口にしていない。こういう、互いをそれなりに尊重する姿勢が、仕事を進めるのには役立ったようだ。高等研究所の謹厳な学者たちにはあまり通じなかったが。

やがてビゲロウのやりかたが、ジョニーとゴールドスタインにはお荷物になってきた。ビゲロウはかのバベッジ（12章）の上をゆく完璧主義者で、よさそうなことを思いつけば従来のやりかたをさっさと投げだす。ジョニーに言わせると「自分のカレンダーで仕事する人間」だ（訳注：ユリウス暦 Julian Calendar は「ジュリアンの暦」とも読める）。一九五一年、マシンが仕上がらないのに業をにやしたロスアラモス研究所が「水爆の計算をさっさとやりたいんだが」と言ってきたのを潮と、ビゲロウにグッゲンハイム研究助成金をとらせて外に出す。後任の技術委任者はジェームズ・ポメリーン。四六年にニューヨークのヘイゼルティン社からやってきた人物で、企業じこみの仕事ぶりが功を奏し、ついに五一〜五二年、念願のマシンも完成する。ノイマンは技術者を集め、マシンに何をさせたいか黒板でざっと説明しただけで製作にかからせた、とビゲロウは言っているが、ロスアラモス出張中のジョニーにゴールドスタインが書き送った手紙を見ると、技術面への対応が遅いビゲロウにゴールドスタインはだいぶいらついていたらしい。

時間がかかった理由の二つ目は、部品の発注が遅れに遅れたこと。受注した企業にしても、技術の最先端で仕事をするよう要求され、ときには製作法の見当もつかなかった。多くの会社は戦後の復興ブームのなかで主力製品の生産に追いまくられ、学者の妙な注文をこなす余力もない。高等研究所の情深い言い分は、こうした民間への製作委託は「まともに動くかどうかもわからない物づくりを本所に代わってやってもらう」というわけだったが。

第三の理由は、コンピュータ開発が高等研究所内で十分に認知されていなかったこと。上層部は理解があったのに、同僚の数学者にさえ白い目で見る人がいた。実験室にあてがわれたのはまず地下のボイラー室。次に移った先が、今の高等研究所で物置になっているらしい離れの小屋。移転したのは、騒音がうるさい、と所員が不平を鳴らしたから。ビゲロウに言わせると、ドアを閉めきれば音は洩れなかったし、消費電力も家庭用ストーブ二個分より少なかったのに。高等研究所に先駆けてロスアラモスのコンピュータを仕上げた某氏が、「ロスアラモスにはヒューズを直せる人間がいたからさ」と言っているが、ポメリーンがアスプレイにもらした感想はちがう。IBM社は別にして、高等研究所の雰囲気は、マシン開発をしていたほかの機関といい勝負だった。官僚主義がなくて、ジョニーもゴールドスタインも気兼ねなしに開発を推進できた。世界各地から見学にやってくる研究者たちも、プリンストンの魅力に感心しきりだったという。

遅れた第四の、そして最大の理由は、離れではたらくちっぽけな技術チームが、ジョニーの当初の見込みよりずっと幅広い仕事をこなさなければいけなかったことだ。終戦直後でろくな部品も手に入らず、手さぐりで進むしかない。きょう輝かしい発想に見えても、一夜明ければジョークになってしまう時期。スタート当初の一九四六年、ワックスを塗ったドラム（昔の蓄音機につかった蠟管）をメモリーにするのがベスト、という声もあったくらいだ。戦時中にナチが磁気テープ記録の技術を大きく進めていて、チームはその話をうまく取り込んで磁気ヘッドや磁気ドラムの再設計にかかったけれど、ヨーロッパで進んだ改良の一部をつかむのはだいぶ遅れてしまった。

最初のころ、情報の入出力にはテレタイプ方式しかない。今ならキーボードをたたいて三〇秒ですむプログラムの入力も、四七年のテレタイプで当時のメモリーに入れるのに二時間はかかった。RCA社に発注し、ジョニーの目論見ではたちまち仕上がるはずだったセレクトロンも、二年後の四八年初めでさえ納品はゼロ……といった悪戦苦闘をしつつも、高等研究所の技術チームはそれなりの成果を上げながら前に進み、問題点も含めて洗いざらい世の中に発表した。そのおかげで五〇年ごろには、高等研究所のクローンたちが世界各地で産声を上げる。

高等研究所のクローンはまず合衆国で七人生まれ、本家のマシン完成（一九五二年）の同年から一年半後までにフル稼働を始める（何を「フル稼働」とみるかは人さまざまにせよ）。ゴール寸前で高等研究所と並ぶか高等研究所を抜き去った機関は、ラストスパートを支える豊かな設備をもっていた。どの機関も、発走を助けてくれた高等研究所の論文に謝辞を捧げている。七人の子供たちは以下のとおり。ニック・メトロポリスとジム・リチャードソンを開発責任者にしたロスアラモス研究所のＭＡＮＩＡＣ、名前が愉快なランド社のＪＯＨＮＮＩＡＣ、アルゴンヌ国立研究所のＡＶＩＤＡＣ（Argonne Version of the IAS Digital Automatic Computer）、アバディーン実験場のＯＲＤＶＡＣ、オークリッジ国立研究所のＯＲＡＣＬＥ、イリノイ大学のＩＬＬＩＡＣ、そしていちばん肝心なのがＩＢＭの701。この701がＩＢＭに世界市場を制覇させ、同社は以後ジョニーに讃辞を述べ続ける。701は、生まれ落ちた五二年当時でさえ、ほぼ同時に動き始めた本家・高等研究所のマシンをしのぐ性能を誇っていた。

海外のクローンたちも、たいていは大学生まれなので商用に向けた改良の歩みは遅かったが、一九五〇年代の前半にはもう産声を上げていた。シドニー大学のＳＩＬＬＩＡＣ、イスラエル・ワイツマン研究所のＷＥＩＺＡＣ、ミュンヘンのＰＥＲＭ、スウェーデンのＢＥＳＫ、そしてなんとソ連でもモスクワ科学アカデミーのＢＥＳＭが。

一九四五〜四九年の期間に高等研究所から出た論文は、こうして実用コンピュータを生む革命の一時期を支えた。それを見守りながらジョニーは、次の仕事としてマシンの用途を考える。成功と言っていいのかどうか、かなりあやしいのだけれど。

マシンの応用――気象学の改革

ジョニーは、新しいコンピュータならではの仕事で科学研究に大きな一歩を印したかった。まず手始めに、気象学を職人芸の域から科学の域に昇格させたい。一九四六年の五〜七月にはもう気象学がらみで海軍と話を始めていた。熱烈なジョニーびいきは、彼がそのとき書いた趣意書に近代気象学の夜明けを見る。いっぽう口の悪い人はこんな言いかたをする。読んでごらんよ。むかしイギリスのリチャードソンが不細工なモデルで国際気球日（一九一〇年）の天気を予測しそこねたわけを、院生五人を二年ほどプリンストンに呼んで考えさせようという話じゃないか……。ジョニーと仲間は、目標の四八〜四九年にマシンが起動したら（そのあては外れたが）新しいモデルを試すつもりだった。

一九四二〜四五年当時の気象学では、理論物理学者がひどく舞い上がった楽観論を語る半面、現場の気象学者は（今のカオス派も？）ひどく悲観的だった。たとえばロスアラモスではウラムたちが、原爆でハリケーンに立ち向かえるかどうかを真剣に論じている。ハリケーンの莫大なエネルギーは、穏やかにゆっくりと動く大気団の頂上にある。ハリケーンの行く手で爆発を起こして進路をそらし、フロリダより被害の軽そうな場所に追いやったらどうだ……。それを小耳にはさんだ当時の環境学者でさえ眉をつり上げたらしいから、今のご時世ならどうなっただろう？ RCA社のツヴォリキンも悪天候の追放を願っていて、四六年の一月、新しい電子コンピュータならできるようになっているだろう、と『ニューヨーク・タイムズ』の記者に語った。ジョニーは取材に待ったをかけようとしたのだが、出た記事を見てフィラデルフィアにいるエッカートが血相を変える。彼はそれを、エッカート＝モークリーのマシンを出し抜いてジョニーが世間の注目を先取りしようとする行動とみた。相棒のモークリーもいきり立つ。太陽黒点の周期変化からコンピュータで天気を予測する着想を温めていたからだ（ジョニーは鼻で笑ったが）。

ジョニーは主流の気象学者と交わる環境にいた。四二年、海底鉱脈の研究にかかわって、全米一の気象学者、シカゴ大学のカール＝グスタフ・ロスビーに相談している（名前で出身地の見当がつく。当時、アメリカの気象学者はたいていスカンジナヴィア系かベラルーシ系だった。ロスビーはスウェーデン出身）。その際に、気象学が、整った物理学からほど遠い個人の職人芸だと知ってやや驚いた。データを集めて等圧線や等温線を描く人と、それを眺めて予報する人が、どちらも有能なのに、ある地域の天気がどうなるかについて正反対の意見を吐いたりしていた。

たとえば一九四四年六月六日、ノルマンディー上陸作戦のDデー、どちらも有能な連合軍とドイツ軍の気象学者が両極端のことを言っている。前日、ドイツの教授たちはロンメル将軍に進言した。運よく明日から大荒れになるので、連合軍の侵略はしばしお忘れになってよろしいでしょう。そのひとことが連合軍に奇跡の勝利を恵む。上陸の直後に大嵐が来たから、連合軍にためらいが少しでもあったらドイツの教授たちの思惑どおりになったかもしれない。長崎の原爆も（悪天候で第一候補の小倉に落とせず）、かろうじて雲の切れ間から落とせた。こうした事実をみて気象予測の立ち遅れを心配したジョニーは、ロスビーにこうきいた。ある瞬間、ある場所の気象データがすみずみまでわかれば、以後の天気の変化をきっちりつかめるんじゃありませんか？　そうなれば、別の場所についても天気の予測ができるようになりそうですが。

ロスビーは、気象学者として月並みな答えを返す。彼はイギリスのリチャードソンがした大しくじりを例に引いた。第一次大戦で平和主義者を演じた数学者ルイス・フライ・リチャードソンは一九二二年に『天気の数値予報』という本を出していて、その中にこんな話がある。一九一〇年の国際気球日、彼は気球乗りたちに気象データをとってもらった。催しのあと、前日までの気象データを調べ上げ、当日の六時間後の天気がどうなるはずかを当時の物理学と流体力学ではじき出す。結果を当日のデータとつき合わせたら、彼の計算があやふやなこともあって両者にはまるで関連がなかった、という話だ。がっくりきたリチャードソンは、次の天気を正しく予測するには、ある天気のもとで六万四〇〇〇人ほどの人間がひたすら計算するしかない、と結論する。

一九四五年当時のジョニーは、一〇万人分の計算力をもつマシンをつくろうとしていた。爆発の流体力学的数値計算にかけては世界最高の数学者になっていたし、物理もリチャードソンのころから長足の進歩を遂げている。気象学は、非線形で多次元、初期条件も境界条件も時間でくるくる変わる問題に見え、そんな問題の解決こそが自分のコンピュータの設計目的だった。コンピュータで解ければ、アイスランドをハワイに変えるのも夢じゃない。

四六年の五月、後ろ盾になってくれそうだった海軍のストラウス提督にジョニーはこんな手紙を書いている。高速計算は「大気循環や乱気流を研究する斬新な道を開き、……一週間以上前にきちんと天気予報が出せるようになるでしょう。うまくいけば気象の制御に向けた一歩にもなりますが、当面はそこまで欲ばらないほうがよさそうです」。

同年、海軍が資金をくれた一ヶ月後、ジョニーは名だたる気象学者を集めて助言をもらう研究会を開く。彼らの激励を期待したのに見込みは外れ、落胆だけに終わってしまう。ロスビーがこんな言いかたをした。気象の数学はまだ整備できていなくて、方程式より未知数のほうが多い。観測・実験・解析をもっと積み重ねないかぎり、計算しても成功するはずはない。

四八年にジュール・チャーニー（一九一七～八一）が加わって、高等研究所の気象学も格好がつく。第一次大戦の直前にベラルーシから移住してきた両親をもち、政治面はジョニーとちがって反戦運動に精を出したけれど、ジョニーをこう手放しでほめている。「フォン・ノイマンは飛びぬけて気さくな天才。……頭の回りが速く、人の言葉の先まで読む。……気持ちのいい、当たりのやわらかい人……みごとなロジック展開には脱帽でした」。

チャーニーは大学院のころ、一九一〇年にリチャードソンがつかった方程式がなぜだめだったのかを考えぬいた。ひとつは、地球の公転を考えていない。また、方程式群で気象をきちんと予測するには、「段階を追って精密の度を上げる大気の階層構造モデル」が必要だろう。そんなモデルをつかい、まずは単純な方程式で、二年前の一月三〇日の天気を予測してみることにした。結果を現実の天気とつき合わせ、合わなければ方程式をだんだん複雑にして試す。

モデルには、単純で扱いやすい「順圧」モデルと、複雑で面倒な「傾圧」モデルがある。順圧モデルでは、地球表面だけの観測データを入力し、運動エネルギーは大気下層の内部で保存されているとする。今もたいていの翌日予報はこれでいく。しかしその単純なモデルだと、大嵐が生まれ、成長し、衰えていく道すじは予測できない。それならと数学者が、上層も含む大気全体のエネルギー保存まで考えたのが傾圧モデルだ。

チャーニーは高等研究所に来たときには簡単な順圧方程式をもう仕上げていて、予定どおり四八〜四九年にマシンが完成すれば試す腹だった。しかしマシンができそうにもないので、アバディーン実験場のＥＮＩＡＣ——ジョニーが内蔵メモリーを追加していた計算機——を五〇年三月六日から三三日間借りた。ジョニーは口をきいてくれたほか、計算にかける偏微分方程式をＥＮＩＡＣが読めるよう改良もかなりしてくれた。さしあたり、四九年一～二月のうちばらばらの四日間について、ＥＮＩＡＣがはじき出す天気と、現実の天気をつき合わせるのが目標になる。

ＥＮＩＡＣはよたよた進み、四日間のうち二日半だけの結果をなんとか出した。一日だけ（一月三一日）の天気はぴたりだったのに、ほかは大外れ。なにしろＥＮＩＡＣは、二四時間の予報を出すのに三六時間もかけている。早い話、水曜の正午になって「わがコンピュータは火曜の天気を的中させました」と報じるに等しい。とはいえ、ＥＮＩＡＣなら三六時間ですむところが卓上計算機だと八年はかかるので、それさえなかった一九二二年のリチャードソンが失敗したのは理の当然だろう。チャーニーは、いずれ完成する高等研究所のマシンはＥＮＩＡＣよりはるかに速いと読んでいたから、計算時間は気にしない。しかし別の一日の予測がまるで外れた事実をみて、順圧モデルもまだまだ職人芸の予報に及ばないと悟る。次のラウンドでは、しっかり傾圧モデルもとり入れよう。新入りのノーマン・フィリップスと、なによりも手ごわい数学で助け舟をくれたジョニーと、三人が一丸になって突き進んだ。

一九五〇年の一一月二五日、合衆国東部を想定外の大嵐が見舞い、感謝祭の週末をぶちこわす。チームにはそれが傾圧モデルの試金石になり、五二年の夏、仕上がった高等研究所のコンピュータに二九万六〇〇〇回の計算をやらせてみた。結果は目覚ましい大勝利だった。

二四時間予報の計算時間は、ENIACで三六時間かかったところ、高等研究所のマシンが拓いた大道をさらに改良したIBMの701なら一〇分ですんだ。だから五二年八月、チャーニーも胸を張ってこう宣言。「順圧モデルをつかう予報は最善の従来法に及ばないが、傾圧モデルなら結果は格段によい」。そこで合衆国気象局と軍は共同出資でIBMの701を買いこみ、気象の数値予報が五五年五月一五日に始まって現在に至る。世界中の先進国が後を追った。加速度的に速くなるコンピュータをいじり、モデルを出たとこ勝負で改良しながら。

ジョニーの意に反して、高等研究所のコンピュータ開発は長期予報まではいかなかった。五五年夏、フィリップスが「大気の大循環――数値実験」という画期的な論文を出す。それをめぐる討論会をジョニーは一〇月に主催し、会合をきっかけにプリンストンの「地球物理学的流体力学研究所」に予算がついた。彼は討論をこう締めくくる。コンピュータをつかう気象の短期予報はもう確立できたと思う。今日の天気図を織りあげた変数を入れれば、以後二四〜四八時間の予報ならベテラン予報官よりも精度よくできる。フィリップスの大循環モデルは、はるか先の予報まで拡張できるだろう。天気のパターンが一般にどう動くかは、特別な攪乱がなければわかる。そういう特別な攪乱は、人の手で自在に制御できないかぎりいつも起こってしまうにせよ。

ジョニーは続けて、中期予報、つまり三ヶ月くらい先までの予報はずっとむずかしい、とも言った。やっかいなことに、中期予報には「地球全体、少なくとも半球全部を計算に入れなければいけない。……北半球と南半球の相互作用はかなり弱いとはいえ、二、三週間のうちには、どの場所の大気も互いに無関係ではなくなるから」。現代のカオス屋はもっと進んで、こんな言いかたをする。今日の北京でチョウが羽ばたけば、その羽ばたきは翌月の合衆国東部を見舞う嵐につながる。チョウを警官がとり締まれないかぎりどうにもならない、と。

一九五五年一〇月の討論会について、ひとつ大事なことを書いておく。聴衆は誰ひとり知らなかったが、ジョニーは自分が末期がんにやられているのを二ヶ月前からわかっていた。だから以後、自分の遺産を整理しようとしてやみくもに突っ走ったのだ（15章）。気象学では長期予報につながるモデル化も仕上げたかった。中期予報はむずかしい、気象の制御はもっとむずかしいとわかってはいたが、今のカオス屋ほど絶望はしていない。五五年一〇月からこのかた気象学の歩んできたスピードは、その前のわずか五年間に比べてまったく見る影もない。その原因がジョニーの他界にあるのかどうか、いずれ歴史が決めてくれるだろう。

細胞オートマトンの夢

コンピュータの誕生で、計算コストは一気に下がり、量もこなせるようになった。しかし当時はまだ計算を、とりわけ数値解析などというものを低く見る世の中だ。その状況をジョニーは改革し、計算が装いを新たにするのを手助けした。コンピュータは、人間の手出しなしに計算を進めるから、エラー（誤差）が心配になる。のろくさい手計算はエラーも少ないが、コンピュータだと、開始時の思わぬエラーがどんどん増殖しかねない。というわけで、いくつか新しい課題ができる。計算途中にエラーを生む確率はどれほどか、それをはじき出すにはどれだけの方程式が必要か。数値のランダム性を解明する研究や、新しい確率論の研究だ。ジョニーはこうした課題すべてに興味を引かれた。大型計算機ができ上がるたび、たいていジョニーの教えを請いながら、こうした問題に当たる研究者が生まれていく。

コンピュータは線形計画法の道も大きく広げた。線形計画にかけてアメリカの先駆者だったジョージ・ダンツィヒがある日ジョニーを訪れ、当面の問題をのんびりのんびり話し始める。いらついたジョニーが「ところで要点は？」と先を促したら、むっときたらしくダンツィヒは、素人にわからせてやろうと、簡潔きわまる幾何や代数の式を黒板に書きだす。ちらと見たジョニーが「ああそれなら」と九〇分の講義に入り、ダンツィヒにはそれがずいぶん勉強になったという。

ロスアラモスの成果と気象学の計算を別にすると、高等研究所のマシンは短い生涯のうちにごくわずかな問題しか扱えていない。よそのマシンがすいすい追い抜いていく。衝撃波の計算は時間がかかりすぎるとわかったこともあって、ジョニーはコンピュータ時代なればこその問題をじっくり考え始める。彼がやり残した最高の仕事だと評価する人もいれば、なんとも彼らしくない脱線だとけなす向きもあるけれど。

その問題を「セル（細胞）・オートマトン」という。ジョニーは死に先立つ一〇年ほど、本業の寸暇を盗みつつ考え続けた。一九五三年にプリンストンで行った講義では、いずれ人工細胞のオートマトンができる、ときっぱり言いきっている。

細胞ひとつひとつが、二九個の状態（完全な静止状態が一個、刺激を受ければ活動を始める静止状態が二〇個、活動状態が八個）のどれかにある。細胞どうしをパルサー（刺激を受けてパルス信号を出す仕掛け）が結びつけ、信号を受けた細胞たちが状態を変え、論理展開・推論・演算など望みの機能を出すオートマトン。それをさらに進めた「興奮－疲労の閾値《いきち》モデル」といったものも考えた。有限回の操作でどんな論理仕事もこなすオートマトンは、こんなふうに定義できるからには必ずつくれる。ゆくゆくは自己を複製するオートマトンも……。

一九九〇年代の今、そんなオートマトンは生まれる気配もない。ジョニーはたんに今のソフトウェアがやれることを目指したわけではなく、現代のコンピュータをずらりと揃えればできるような中身でもなかった。たしかに晩年のメモは雑で、具体的なつくりかたなど書いてないのだが、五三～五六年の短期間でジョニーの想念が達し、死が中断するまでの中途段階だったにすぎない。一歩を踏みだすごとに手直しし、それまでの考えを着実に前へ進めながら、まっしぐらに考えぬいてたどり着いた段階だった。

「セル・オートマトン」の着想は、終戦をはさんで開かれた二度の研究会（やがて四八年のウィーナー著『サイバネティクス』につながる）から芽吹いたらしい。一度目（四四～四五年）はろくな成果を生まなかった。参加者全員が最新の情報や考えを吐き出すはずのところ、たいていの参加者にとって「最新のアイデア」は軍事機密だったからだ（ジョニーもロスアラモスから直行している）。二度目の研究会は戦後の四六年にあった。このころジョニーは脳を「途方もなく複雑」と悲観的にみて、ウィーナーにこう書いている。「チューリングとピッツ－マッカロクの偉大な建設的貢献だと言われるものを咀嚼《そしゃく》したあと、状況はかえって悪化しました。……彼らは、ブロウエルがもち出すようなこと（訳注：決定不能のものごと。131ページ）だろうが何だろうが、どんなことも適当な仕掛けを用意しさえすれば実現できる、とまるで見込みのない一般的な言葉できっぱり語っただけ」。脳を理解しようとするのは「代数をまるで知らない」人間がＥＮＩＡＣを理解しようとするようなものです、ともジョニーは言った。

そこでジョニーは細胞の機能に目をつける。複雑な人間の脳をこまごま調べるより、細菌のコロニーをX線で解析したほうがよさそうだ……。複雑な脳もなく見た目は単純な細胞が、餌を見つけ、自己を複製し、望みの向きに泳いだりできるところに目をつける。

以後の数年、ジョニーは生体医学の専門家に次々と会った。生物学の成果をコンピュータにとり入れようとしたのだ。遺伝子に倣った形で指令を出し、自己複製やそれ以上のこともするコンピュータができるかもしれない。ワトソンとクリックが遺伝暗号のはたらきをつきとめる少し前、彼はほぼ同じことを語っていた。

一九五六年、イェール大学が春学期のシリマン記念講義の講師にジョニーを予定していたが、そのころ本人はもうがんで入院中だった。二回の講演用に病床で書き続けた原稿が死後、『電子計算機と頭脳』と題して出版された。その中には、新しい数学をつくり上げる可能性についての議論もある（1章）。

ジョニー後の世界は、五六年当時のみんなが「とんでもない」とみていたコンピュータ時代に突き進む。ジョニーが考えぬいたセル・オートマトンは、今なお「とんでもない」とみる人が多い。セル・オートマトンの基本構成を考えだす時間は彼にはなかった。計算力一般と、短期の数値天気予報を根底からくつがえすインフラは、プリンストンのコンピュータ開発時代にきっちりつくり上げたのだけれど。

象牙の塔の白い目

プリンストンに灯ったコンピュータの火は、ジョニーの死後たちまち消えることになる。いま振り返れば高等研究所の最大の業績なのに、当時はプロジェクトに向けたしらけムードが満ちていた。たとえば一九四五年の暮れ近く高等研究所の数学部門がもった会合の議事録に、次のくだりがある。

本件が、数学の進歩に、また本所の空気にどう貢献しそうかを議論した。個人の意見は、対数表をめくる手間が省けるので原則賛成（ジーゲル教授）から、必然性はあっても最善からはほど遠い（モース教授）もあり、行き着く先は読めないものの科学の進歩は大歓迎（ヴェブレン教授）まで、じつにさまざまだった。

議事録の署名人欄にはヴェブレンとある。仲間への当てこすりを書いたわけだ。

ただ、象牙の塔内でジョニーがつらい思いをしたとみるのは当たらない。セミナーでは、とりわけオッペンハイマーが新所長になった四七年以降、ジョニーはいつだってスターだった。彼もオッペンハイマーも、外来講師の話を手際よく解説し、どんなにおもしろいか、どれほど大事かを聴衆に伝える腕が抜群だった。その二人も、しかし政治面のソリは合わない。ジョニーは反共のタカ派と見られ、ことに五三年一月、アイゼンハワー政権になってからは、ほかの教授の誰よりもワシントンでの発言力を強めることにもなったから（次章）。それでも賢人たちの仲間意識は持続し、だからジョニーのカクテルパーティーも持続した。

コンピュータは当初、研究所本館地下のボイラー室で製作を進めた。資金に余裕ができて、近くに平屋の小屋を建てる話になる。小屋ができたあと、ひとつは空間的な距離が、もうひとつはものの考えかたが、ジョニーの仲間と高等研究所教授の間に溝をつくった。

一九四八年にチャーニーが加わって、気象学のグループもやっとまとまる。だが妙な騒動のタネにもなった。文字どおり「コップの中の嵐」もあって、お茶の時間につかう砂糖を気象学の若手が本館からもち出しすぎる、と所員が騒ぐ。前所長のエイデロットが仲裁に乗り出して一件も落着。チャーニー自身も騒ぎのもとだったし、初めのうち所員の間には気象の研究などうまくいくはずはないという空気があった。マシンづくりの立ち遅れは知れ渡っていても、チームの論文が世界じゅうで絶賛されたこともあって、ゴールドスタインとビゲロウはめでたく高等研究所の終身教授にしてもらえた。だが気象学者のチャーニーとフィリップスはだめだった。

一九五四年一〇月、ジョニーがワシントンに去って（次章）、高等研究所内に大論争が湧く。そのころ交わされた手紙の一部が議会図書館の「ジョン・フォン・ノイマン文書」に収録されている。たとえば年輩連のなかでもコンピュータ開発に肩入れするほうだったフリーマン・ダイソンが、世界の良識ある大物科学者たちに向け、高等研究所の内情をこんなふうに説明した。

（高等研究所の）数学部門は、純粋数学、理論物理学、フォン・ノイマン教授のチームと、三つに分かれています。フォン・ノイマンは四五年からコンピュータ開発を進め、高速のデジタル計算機を仕上げて起動にこぎつけました。運転経費と人件費の大半は本所の支出ではなく国費です。今のところマシンは、たまたまではありますが、もっぱら気象学者が利用しています。

手紙は続く。「もちろん気象学者の諸氏も、創立時からいる物理学者や数学者と同様、すぐ役に立つ成果を出す義務がない雰囲気を楽しんでおります」。所員の意見はまっ二つに割れた。気象学者を仲間とみるか、さもなくば（あからさまにそう言う人はいなかったが）蹴り出して、ジョニーのコンピュータ開発の幕を引かせるか。

世界各地の重鎮たちから舞いこんだ返事は、ジョニーが小さな研究所の外では今や世界的トップスターの座にあり、名誉あふれる預言者だと証明しきる。たとえばイギリス国立物理学研究所のエドワード・バラード卿は「大事なことを申し上げたい。フォン・ノイマン博士は研究所の抱える世界でおそらくもっとも聡明な方で、最終決断は本人の意向に従うべきだと確信します」と書いてきたし、シカゴ大学の名高い物理学者チャンドラセカールもこう応援した。

フォン・ノイマンがコンピュータ開発を担うかぎり、研究課題の健全性と価値を疑う余地はありません。彼は、いっとき小さな課題に関心を引かれたとしても、時が移れば臨機応変に最善の研究課題を選択する柔軟性をたっぷり備えた人物なのです。そのことは誰でも知っており、いまさら多言を弄する必要はないでしょうけれど。

だがジョニーのワシントン行きを待ちかねたように、所員たちは気象学以外の研究者を引っ張ろうとし始めた。たとえば「動物学レベルの気象学などより成熟度の高い海洋学の人間はどうか」。ほかに「地殻変形の力学をやっている人間も候補になりうる」。

こうした論議に高等研究所の教授連はすぐ応じたわけではなかったが、五七年、ジョニーの死をもってついにコンピュータ開発は打ち切られる。教授会の動議に従い、高等研究所はこの先いっさいの実験科学、いっさいの実験室と手を切ることになった。追放の身となったチャーニーとフィリップスはマサチューセッツ工科大学に職を見つけ、ややあってゴールドスタインもIBM社に出た。

一九五六年、末期がんで入院中のジョニーは所長オッペンハイマーに手紙をしたため、当面は伏せておいてほしいと付記しながら、高等研究所に復帰する意思はないと伝えた。カリフォルニア大学の教授就任を承諾しました。どの分校かは未定ですが、大学のそばに住み、民間の出資者を見つけてコンピュータとその未来の用途を研究するつもりです……。

それが実現していれば、私たちの暮らしは今よりどれほどか豊かになっていただろう。セル・オートマトンが、まったく新しい姿のコンピュータが、そして新しい数学が生まれた可能性も高いので。

とはいえ一九五二〜五六年のジョニーは、けっしてコンピュータ一本槍だったわけではない。この地球を破滅から守ろうと獅子奮迅の活躍をしていたのだ。

14 水爆への道

戦後をにらむ

日本が降伏した一九四五年八月、ジョニーは先行きをだいぶ暗く見ていた。ソ連とはいずれ対決の日が来る。決戦を避けるには、自由諸国が結束して守りをがっちり固めなければいけないのに、今のところはそれがむずかしい……。モスクワに先制核攻撃をかけろとわめきちらした戦争屋、とジョニーを見る人もいるが、それは当たらない。智天使ケルビムのように丸々として愛想がよく、いつだって平常心を失わない人だった。アメリカがソ連の核攻撃をくらうか、属国になるか、あるいは両方——そんな悲劇につながりかねない意見を吐く人たちともつき合っている。ただ、大物科学者のなかに「現実をわかっていない」人がいるのを嘆いていた。そのひとりがアインシュタインだ。

アインシュタインは四五年、「軍事力にたけた米・英・ソで世界政府をつくり、核の機密はそこが管理すればよい」と言いまわる。彼は、スペインとアルゼンチンのファシズムだけが平和への直接脅威と思い、それを軍事力で封じるのが世界政府の役目だと考えていた。あの柔和なアルベルトが、「ルール地方がドイツ領のままだと、英語圏のおびただしい犠牲者は犬死にしたことになります」、つまりドイツは工業力をもたない農業国に落とすべきだと力説し、終戦の間際にはこんなことまで口にし始める。「ドイツ人は当面、殺したり隔離したりはできても、民主主義ふうに考えたり行動できる民族に教育し直すのはまず不可能です」。

当時そうした意見を吐いた人は数学者のなかに少なくない。ジョニーの身近な科学者や、ひょうきんな親友にもずいぶんいた。あまりつき合いのない芸能人や文化人、マスコミ人も例外ではない。たとえば四七年、ワシントンの外国人記者協会が、「核の軍事利用を非合法化する必要性を各国に認識させた英雄的努力」を讃えてアインシュタインにその年の賞を贈っている。

もっともこの時期、ジョニーの気を滅入らせることばかりでもなかった。核エネルギーの国際管理を謳うバーナード・バルーク(ローズヴェルトの経済顧問)の提案をアメリカがソ連につきつけたときなどは、むしろ内心ひそかに喜ぶ。敬愛するオッペンハイマーとラビの手助けでできた提案だ。スターリンのソ連なら、こんな提案はにべもなく蹴るはず。……案の定、核武装に狂奔するソ連がバルーク提案を蹴って、アインシュタインの世界政府構想を「資本主義を世界に宣伝しようというだけの毒々しい看板」とこき下ろしたとき、同僚科学者の一部が親共のウロコをついに目から落とすのをジョニーは見た。

スターリンは必ずや協定の類を片端から反古にし、祖国ハンガリーを始めとする東欧のいまわしい共産主義諸政府にテコ入れする、とジョニーはみた。「ナチズムとボルシェビズムのどちらが悪か?」の問いに彼は、だまされる人の知的レベルが高い共産主義のほうが悪い、と答えている。けれどもおおかたの目には、少なくとも一九三〇年代末は、ナチズムのほうがはるかに物騒で手ごわく映った。四〇年代中葉ですらスターリンのソ連は敗戦の痛手にあえぎ、一部のアメリカ人が怖がるほどの存在でもなかったけれど、五年以内には連中もきっと原爆の製造法をつかむ、とジョニーは確信していた。

そうなればパクス・アメリカーナに新しい問題が生まれる。三〇年代のナチ封じはどうにかできた。共産主義封じも、ずっと手際よく完璧な形でできるだろう。四六〜四九年当時の彼は、そんな思いで軍の仕事を続け、政治的意見を吐き続ける。

軍の仕事は年に二ヶ月ほどのロスアラモス行きで、四五年の秋には、広島と長崎の原爆が爆裂した道すじの解析(通称ヒッポ計算)に没頭した。解析の結果をみてジョニーは確信する。原爆の威力を上げるのは造作もない。そうなると核分裂と核融合は平和維持の有効な武器になる。おまけに、いずれは核分裂と核融合が電力料金をゼロ近くまで下げ、電気を湯水のようにつかえる時代を開きもするだろう、と期待していた。

核分裂の時代に入って放射能や事故で命を落とす人の数は、核戦争が起こらないかぎり、自動車事故の死者(訳注:いま年間の死者は全世界で一三〇万人超)よりは絶対に少ない。

なるほど自分のように無茶なドライバーはいるにしても、自動車のない世界など考えられない。事故死は、利便と引きかえに人類が進んで払う代償だ。また、地球の気象を手玉にとる研究もできるようになろうが、そんな仕事は一国では決められないから、「世界政府」のようなものはやはり必要だという他の科学者の声にも一理あると思っていた。だがそれは二の次、さしあたりの問題は自由世界の存続確保だ。

核兵器をつかう戦争抑止

ロスアラモスでやったヒッポ計算の結果は、アメリカの核独占も長くないと告げている。「……はありうるか?」の答えはことごとく「イエス」だった。ジョニーのみるところ、核爆弾はもはやどの国もつくれる。ソ連は全米にスパイ網を張りめぐらし、ロスアラモスの存在もきっとつかんでいる。それどころか、ソ連は原爆製造にスパイの手を借りた可能性さえある。だからジョニーは、秘密維持にさほど重きは置いていない。

ソ連は一九四一年まで、イーゴル・クルチャトフ、ピョートル・カピッツァなど数十人の俊英科学者に核研究をさせていた。その年のドイツ軍侵攻で人材もいっとき緊急軍事研究に回したものの、四五年中葉からは大型核研究を再開する。占領した東独の核研究者をごっそり本国に連行し、強制労働所ではなく、なかなか快適な研究室に入れて仕事をさせた。ドイツのV2ロケット開発者も同じ目にあい、それらが不気味な脅威になっている。

原子力研究を仕切ったのが秘密警察長官のラヴレンティ・ベリヤ。ロスアラモスの花形科学者なら待遇はもっといいだろうね、とジョニーは悪い冗談を言ったりもしたが、（ロスアラモスにはソ連のスパイもいたから）当人の思惑以上にぴったりの冗談だった。ベリヤはカピッツァと喧嘩して彼を牢屋にぶちこんだりもしている。それでもジョニーは、ソ連も五〇年あたりには幼稚な原爆をつくる、とだいぶ前から読んでいた。

アメリカはもっと強力な爆弾を、なるべく早くつくるべし――それがジョニーの頭にある軍事対応だった。復員の波に乗ってロスアラモスを次々と引き払った科学者たちが大学で本業の教育研究に戻り、兵士たちも塹壕《ざんごう》から大学に戻って空前の大学ブームを迎えた時期だが、実現の目は十分にある。四六年の後半ロスアラモスにいた理論物理学者は、残留組が八人と、一ヶ月ほど滞在にやってくる戦時中のベテラン組がちらほら。ジョニーとテラーは同じ短期滞在派でも、当地でますます尊敬を集めていくジョニー、そんな気配はまるでないテラー、という大差があった。

テラーは、年に一二回くらい核実験をやりたい、スーパー爆弾（水爆）開発に集中したい、といきまいている。人手の少ないロスアラモスで年一二回の実験など資材面でも政治面でも無理にきまっていて、テラーの提案は片端から却下された。だから彼は四六～四九年を自分の不毛時代だったとみる。

同じその時期もジョニーには不毛ではなく、ロスアラモスの充実した時を過ごしていた。

ヒッポ計算で、広島の原爆はTNT火薬換算一三キロトン（一万三〇〇〇トン）、長崎は二一キロトンと判明。長崎の被害が意外に軽かったのは、投下場所の地形や二次要因のためだとわかる。四六年の南太平洋ビキニ環礁「クロスロード」実験（後年の発がんは、たぶんそれに立ち会ったせい）は、原爆の威力も信頼性も格段に上がると約束するものだ。四八年春のエニウェトク環礁「サンドストーン」実験で爆縮型が四九キロトンに届き、さらにスーパー爆弾誕生の寸前にやられた五二年のエニウェトク「キング」実験では、通常の核分裂爆弾が五〇〇キロトン相当に達していたらしい。五〇〇キロトンなら広島の四〇倍に当たる。

核実験の雑務は常駐スタッフに任せ、ジョニーの仕事はもっぱら問題解決になった。ロスアラモスに着くなり問題をきき、天井を見つめてぶつぶつ言いだしたらまず解けていた。プリンストン高等研究所で産声を上げたばかりのコンピュータも頼りにする。仕事の合間には、小型核爆弾をミサイルに、あるいは機雷や砲弾や魚雷に積んで戦術兵器にする日のことも考え始めていた。

ジョニーには、戦時中の超大型チームより、戦後ロスアラモスの小型チームのほうが仕事をやりやすかった。四六年当時の「殺風景なロスアラモスを選んだのは、太陽いっぱいのメサの暮らしが好きだった人たち、緊急問題を解く知的作業を楽しんだ人たち、冷戦のひんやりした風に心を向けた人たち」だった、とハーバート・ヨークが思い起こす。ジョニーはその三つながらにそうだった。妻のクララもニューメキシコが気に入って、スタンとフランソワーズのウラム夫婦と、引退したら隣どうしに家を建てようねと真剣に話し合ったほど。ジョニーはヒッポ計算後のいろいろな問題もたちまち道が見通せて好きだったし、そこはかとなく吹いてきた冷戦の風も頻に心地よかった。

ヨーロッパの終戦で、期待以上に多いジョニーの親類知人がホロコーストの地獄からこの世に生還する。いったんブダペストに戻っていたクララの母も鼻歌まじりで渡米してきた。叔父アルチュティの一家も渡米してマンハッタンに家を買う。アルチュティの娘、嫁いでペドローニ姓になったキャサリンは、他界する一九九〇年まで本書の執筆にずいぶん手助けをくれた。ヒトラーの暴れた国々とちがってハンガリーでは、とりわけ中流の上クラスの家にはユダヤ人虐殺の嵐がそれほど吹き荒れていない。噂によると理由のひとつは、四四年までハンガリー王国の摂政を務めたホルティ提督の妻がユダヤ系だったことらしい。だがそんなことは、ヒトラーはともかく戦後のスターリンには関係ない。スターリン独裁の世がどんなにひどかったか、ジョニーはハンガリー難民から聞き及んでいた。

ソ連の侵略の波はヨーロッパの東側からくい止めるのがいい、とジョニーは確信していた。アメリカがその戦術をとっていさえすれば、ポーランド・ハンガリー・チェコ三国を始め、ほかの諸国も一九八九年まで難儀することはなかっただろう。そんな戦術は米ソ開戦を招く、と非難する人も多かったが、四五年当時のジョニーは、「米ソ開戦が避けられないなら、ソ連が原爆をもたないうちにやるべき」と思っていた。そんな発言が、ソ連への先制攻撃を言い張った戦争屋、の評判をとらせた理由のひとつだ。

もうひとつの理由は、彼が抑止理論の正しさを確信していたこと。新しい強力な兵器がもたらす救いなどほとんどないが、ただひとつだけはある。核戦争になれば自分たちがどうなるか、それをソ連の指導者たちにしっかり自覚させることだ。核戦争が始まれば数分のうちに爆弾が飛んできて自分たちもみんな命を落とす——そのことを、最高会議に連なる連中に思い知らすべし。スターリン治世の末期か、交代の直後あたりがとくに危ない。ベリヤを後継者にしてはならない。

充電のころ

終戦から三年ほど、ワシントンでジョニーの発言力はまだ強くはなかった。東欧を襲った赤の恐怖が、毛沢東の中国制覇（一九四九年）を機にユーラシアを席巻していく。その四八年、アメリカ右派の大半とちがってジョニーはトルーマンの熱烈な支持者になる。スターリンのベルリン封鎖をくい止めた手並み、続くトルコとギリシャの安泰を保証するトルーマン・ドクトリンが、長かった引き潮も逆流に転じたことをジョニーに教えた。四八年一一月の大統領選でおおかたの予想に反しトルーマンがデューイを破ったとき、ウラムにこう書き送っている。「選挙の結果にほっとした。圧勝ではなかったけど、とにかく勝てよかった。ものを知らない連中を代表するデューイではどうにもあぶなっかしい」。後年、無内容なくせにもったいぶった科学論文を査読して、「トム・デューイ州知事の演説そっくり」とけなしたりする。マーシャル・プラン（ヨーロッパ復興計画。四七年）の実行と、朝鮮半島での侵攻に対する素早い対応（五〇年）を見て、彼のトルーマン株も急騰していった。

四八〜五〇年ごろのジョニーは、軍の顧問業六つと、実入りはずっといい民間企業の顧問業を同数かそれ以上かかえていた。プリンストン高等研究所でコンピュータ革命を進め、正教授を務めながらの副業なので、いつも仕事の山に埋もれていた。四九年三月、秘書のルイーズにこんな手紙を口述筆記させている。「雑務に紛れて返事が遅れました。あと二、三日ですっかり片づくと思います。ルイーズは噴き出しておりますが、いったいなぜでしょう？」。

当時の軍関係の仕事場は、アバディーンの陸軍兵器局、今はシルヴァー・スプリングにある海軍兵器局、ワシントンの研究開発局、テネシー州のオークリッジ国立研究所、それにロスアラモス研究所。かたや民間のほうはＩＢＭ、スタンダード石油、ランド研究所が主体だった。ランド研究所で見せた手並みを、のちにワシントンで開かれた委員会の席上、ストラウス提督がこう披露している。「超難問も要素にほぐし、簡単しごくの問題に見せてしまう手際がすごい。なぜそんな単純なことを思いつかなかったのか、と一同みな首をかしげたものだ」。

スタンダード石油も、ジョニーが黄色いノートの紙に書き連ねた数学記号を研究開発部の連中がなんとか解読できたおかげで特許をとれた。涸れる寸前の油井から最後の油を搾りとる方法の改良で、会合から帰る汽車の中で書きなぐったものだ。「残留原油は、トランプの『5』のパターンをとる隅の部分に大半が残る。そんな場所を掘れば……」。

ジョニーの仕事がいちばん進んだのは列車や車の中だった。「会議中はうっかりしていたらしい」に始まる車中のメモが残る。「あれはもちろん……」に続いて数式が延々と並ぶ十数ページを、ロスアラモス最寄りのラミー駅に着いて破りとったものだという。あるときは、ロスアラモスから運転手つきの公用車でウラムとラミー駅に向かう道すがら、ウラムがひとつ話をもちだした。モンテカルロ法(訳注：モナコ公国のモンテカルロでやる賭博のように、確率を基礎にして近似解を出す計算法)の話だった。当時は、国政選挙の折り、ばらばらに少しだけ開票してもかなり正確に当落予想を出せるようになっている。原爆のように複雑な問題でも、何百万という数値を扱うかわりにわずかな標本を抽出し、答えはだいたいこんなもの、誤差がこれくらい、答えが正しい確率はこれこれ、といった数学のやりかたは確立できないでしょうか？

いつものように最初は気乗りせずに聞いていたジョニーも、たちまち意義をつかんで何ブロックも先に跳ぶ。プリンストンで列車を降りたとき、「放物型微分方程式を処理するモンテカルロ法を見つけた」と切り出す十数ページのメモを投函していた。やがて妻のクララはモンテカルロ計算の得意なプログラマーになる。もっとも、モンテカルロ法の研究会に出たいときは、女性にそっけない亭主ではなく、ほかの誰かに同席してほしいと頼んだらしいが。

帝政ロシア時代に六日間のシベリア横断鉄道の旅で文献も参照せず雑なデータから定理を仕上げた数学者がいた、それは神業に近い、という話が、ある数学の研究会で話題になった。帰りの車中でジョニーは、データをもとに方程式をつくり上げ、「シカゴまで五時間三二分」と書き添えた黄色のノート五三ページをシンポジウムの主催者に送りつけている。また別の折りには、標準時をいくつかまたぐ片道一〇時間の汽車旅をした。到着駅から二〇分後に出る戻りの汽車を予約したはずのところ、気を利かせた旅行業者は、二四時間二〇分後に出る汽車を予約していた。誰にも邪魔されず二〇時間ぶっ通しで仕事したかったジョニーは、いざ帰ろうとして途方にくれたという。

ある汽車旅では仕事に没頭していて、ついさっき通った車内販売の売り子を見過ごし、検札に来た車掌に、「売り子に伝えてくれませんか。ぼくは一号車で、番号はこれこれ」と頼んだ。サンドイッチが食べたかったのだ。「見かけたら言っときますよ」とぶっきらぼうな車掌に、半ばむっときたジョニー、「列車はひと続きなんだから、見かけるにきまってますよね？」と皮肉っぽく言い返したらしい。

ロスアラモスの仲間と連れだってどこかからラミー駅に戻ったときのこと。「今回は帰りの列車と車でひと仕事を仕上げるんだ」とジョニーは気合いを入れていた。その日は洪水で、ロスアラモスよりも低い道路が水びたしになる。仲間のひとりがほんの冗談で、「帰りは当局の用意したラバ車がお迎えだろうな」。ラミー駅に着いた瞬間、(まるで関係なかったけれど)目の前にラバがいた。あのときの顔ったらなかったね、と仲間は今でも思い出す。

戦後、ロスアラモス‐ラミー間には軽飛行機が飛んだ。ある日、ジョニーは仲間と駅に着いて飛行機に乗ろうとし、そのときテラーも着いて別の機に乗るところ。ハンガリー人どうしで話をしたかったため、先発機にロスアラモスの仲間たち、ほどなく出る後発機にジョニーとテラーが乗りこんだ。飛び立った先発機の窓から乗客の誰かがスカーフを飛ばしてしまう。そこで仲間たちは心配になり、スカーフが後発機のプロペラにからまってハンガリー産の優秀な頭脳二つを失う確率はどれほどか、とやり合ったらしい。着陸後にからかい半分で、「これこれフィートだけ君たちの上、これこれヤードだけ前方で、風速は……」とその話をしたところ、すかさずジョニーが口を出す。「それならプロペラにからみつく確率は……だね」。あとで誰かが計算してみたらぴたりと合っていた。これも、熱烈なジョニーびいきが語り伝える伝説のひとつだけれど。

五二年ごろまでは政界有力者との交流はあまりなかったが、ジョニーの頭を借りたがった政治家は何人かいる。五二年の例で、ネヴァダ核実験の直後にマサチューセッツ州ウースターを見舞った竜巻の話がある。州議会議員の事務所から入った電話に応え、その日のうちに次の返事を送った。いつもなら方程式びっしりになるところ、お役人が相手だからやさしい表現にしている。

1　竜巻は、いくつもの条件が重なって生まれます。ほどよい上昇気流と、それを支える大気構造、高湿の空気、凝結核の存在です。以上がみんな揃う確率を考えれば、マサチューセッツ州を竜巻が見舞うのは、一九一五年から五〇年までの三五年間に一六回。だから年平均だと、確率は一六を三五で割った四五％になります。年ごとの竜巻発生数はポアソン分布に従うため、ゼロ回が二二年、一回が一〇年、二回が三年。つまりウースターの竜巻は、核実験なしでも起こりうるわけです。どの年も、マサチューセッツで竜巻が発生する確率は同じになります。

2　核実験と竜巻の発生はまず関係ありません。原爆のエネルギーはさほど大きくないし、マサチューセッツの大気は凝結核をふんだんに含んでいます。ペンシルヴェニア一帯に一時間三ミリの雨を降らすありきたりの前線でも、一秒間のエネルギーは五〇キロトンの原爆に匹敵するのです。

3　過去三〇回ほどの核実験で雨を降らせたのはただ一度、ビキニ環礁の水中実験でした。海水の飛沫が生んだ凝結核と、熱帯の湿った大気のため、三〇分ほど降ったスコールです。ビキニのような大気条件は北米大陸にはありえません。さらに疑問があれば、遠慮なくお申しつけください。

また四七年には、ジョニーと二人の教授に連邦議会から質問が舞いこむ。「各州が公平になるよう議席数を割り当てる方策は?」という質問だった。ジョニーは簡潔明瞭に答える。「公平」を実現する数学の方法には、少なくとも最小除数法(略号SD)・調和平均法(HM)・均等比例法(EP)・主要分割法(MF)・最大除数法(GD)の五つがあって、それぞれ意味あいがちがいます。どれを採用したら、ほか四つの「公平感」とどれくらい差があるか、また現職議員にいちばん有利(不利)になるか、お答えできるのはそれだけ……。もちろんそんなご託宣を読み解ける議員はいなかった。

政治の風

ジョニーが政治の世界に首をつっこむきっかけになったのは、本拠・高等研究所の人事、自分としては避けたかった人事だった。一九四七年、エイデロットが所長職引退を申し出る。それを受け、本書でしじゅう顔を出す人物、そのころ高等研究所の理事だったストラウス提督が、アインシュタインとジョニーに次期所長の人選を相談する。アインシュタインは「学者の思索に障らない静かな方を探してください」と答え、かたやジョニーは、医学と物理学の境界領域で業績のある名高い生理学者、いくつもの財団や研究所を円満に運営してきた四九歳のデトレフ・W・ブロンク博士を推薦した。そのうち、戦時ロスアラモスの所長だったオッペンハイマーが筆頭候補だと聞かされて、ジョニーはストラウスに、彼らしくもないあいまいな調子の手紙を書いた。「オッペンハイマーの才能は万人の認めるところで、私たちがその点を評価するなら本所の教授には最適でしょう。けれども所長職はいかがなものか。これは小生のみの懸念ではありません。お望みならば本件につき口頭でくわしくご説明申し上げたく存じます」。

それでもオッペンハイマーは高等研究所長に着任し、機密文書の詰まった大金庫を研究室に運びこむ。所長職を受けた理由のひとつは、プリンストンがワシントンに近いことだった。ワシントンでいろいろな委員会に顔を出し、自分の（トルーマンよりは左寄りの）政治や科学がらみの意見を通したい。とりわけ重要なのが、自分が委員長を務めている総合諮問委員会（GAC）で、新設の原子力委員会（AEC）に助言する有力科学者の集団だ。連邦議会は、核爆弾の件はもはや軍人だけに任せてはおけないゆゆしい問題だと判断し、ロスアラモスの業務を含め原子力がらみのありとあらゆる問題をAECの管轄にしていた。

高等研究所の所員たちは、オッピーの金庫に入った冷戦のにおいをいやがった。ジョニーはジョニーで、オッピーが冷戦というものをなにやら夢のように見ているところを心配する。とはいえ研究所の運営にかけて二人は得がたい同僚だ。あるときジョニーは、フラクタル理論の創始者、カオス派の元祖ブノワ・マンデルブローを高等研究所に招いて講演させた。マンデルブロー本人がその日を振り返ってレジスにこう語っている。聴衆が大物ばかりであがってしまい、しどろもどろで大失敗。「けど、話し終えてからオッペンハイマーとフォン・ノイマンが絶妙なまとめをしてくれました。二人のまとめのほうが私の講演より手際よかったくらい。そのおかげで講演会は大成功、私の名前も覚えてもらえたという寸法ですね」。オッピーもジョニーも科学の新しい着想には心底興奮するたちで、学問の話をするかぎり友情にひびが入ることはなかった。

だがストラウスとオッペンハイマーの間には、ジョニーが心配したとおり、やがて溝ができてしまう。オッペンハイマーは相手が阿呆な人間だと思えば手加減せずにやりこめる性分で、かたやストラウスは自分を阿呆のひとりだと思われたくはない。あるとき、何かをスカンジナヴィアに輸出するのが是か非かの議論が起きた。「輸出は禁止すべきだ。輸出すれば技術が他国の手に渡る。いったい諸君は、ソ連がそれを原爆製造につかう可能性を考えないのかね?」がストラウスの言い分。応じてオッピー、「もちろん考えましたよ。金づちもネジ回しもクリップもつかえる連中ですからね」。

四九年八月二九日、ソ連が核実験に成功する。核の独占に守られたアメリカの立場も、これで一気に吹き飛んでしまった。

ソ連、核実験に成功

ソ連領空すれすれの高空を、核浮遊物採取用フィルターをつけたアメリカ空軍の偵察機が前々から飛んでいた。ロスアラモスの言い伝えでは戦時のドイツ上空で原子炉の生成物を嗅ぎまわっていた偵察機の直系子孫だといい、また戦後の某高官の発言ではジョニーなどと相談のうえストラウス提督が配備させた偵察機だともいうが、ともかく一九四九年八月の末、見たくもなかった何かがフィルターに飛びこんだ。ワシントンにもち帰って三週間ほど調べた結果、「ソ連が核実験に成功したもよう」とトルーマンが声明を出し、爆弾には「ジョー1」のあだ名がつく。ジョニーのような科学者には予想どおりだったとはいえ、ほとんどの政治家と国民には寝耳に水だった。

当初は報道も正確ではなかったけれど、たちまちこれにどう対処すべきかの議論が沸いた。最後の審判さながらの会議が招集され、意見はばらばらで方針も何もないたった二〇〇人ほどが口角泡を飛ばして言い争う。そのなかでひとつの論点が浮上する。アメリカはスーパー爆弾(水爆)の開発に進むべきかどうか……。スーパーなら、爆撃機に積めるものでも広島原爆の一〇〇〇倍は破壊力をもつ。

原爆の中心部には一億度という途方もない温度が生まれる。その高温のもとでは、トリチウム（三重水素）を少し混ぜた重水素が燃え（原子核が融合し）、莫大なエネルギーが出てくることがもう四二～四三年ごろにはわかっていた。爆発の威力は、重水素の量をふやせば天井知らず。地球をまるごと吹き飛ばすにはどれだけ重水素があればいいかも、簡単な算術でわかる。

いちばん熱心に水爆開発を説いたのがテラーとローレンス。テラーは水爆の物理を考えだし、戦時中から備えを望んでいた。水爆は彼お気に入りのプロジェクトだった。オッペンハイマーは四四年、ロスアラモスではまず確実にできる原爆だけつくる、とテラーに釘を刺している。どのみち水爆づくりには――ある意味で幸いなことに――むずかしさがある。核分裂爆弾のエネルギーで重水素を燃やせるかどうか、まだ誰にもわかっていない。マッチ一本で石炭の塊に火をつけるのに似ていた。

戦後の四六年初頭、ジョニーもメンバーだった科学者三一人の秘密委員会でテラーは、いずれ「古典スーパー」の名がつく水爆の設計法を語った。たぶん原理は正しくてもおびただしい開発費を要する、と秘密委員会は結論をくだす。広島の原爆は一〇万人を殺した。殺戮力がその一〇〇〇倍の爆弾をつくろうとして何十億ドルもつぎこむことを、委員の大半は望んでいない。三一人の中にはクラウス・フックスもいて、テラーの（幸い、まちがっている）設計をさっそくモスクワに伝えた。

四九年八月、「ジョー1」の登場を見たテラーは、スーパー爆弾の開発を最優先せよとワシントンで説いてまわった。しかし、オッペンハイマー率いるGACの委員を含め、大半の科学者は首を縦に振らない。フェルミとラビのみるところ、スーパー爆弾は「どこから見ても悪いしろもの」で、「無辜《むこ》の人間を何百万も殺す。軍事施設の破壊だけならまだしも、莫大な放射能が広い地域を汚染して、その先長いこと住めなくしてしまう」。オッペンハイマーも水爆開発には「強硬に反対」した。論点は倫理面というより技術面だったらしく、「あのチャチな設計で完成するとは思えないが、かりに完成しても図体がでかすぎる。牛車でのろのろ運び、目標にぶち当てるような話だね」と友人に書き送っている。今は通常原爆の改良が優先、と彼は考えた。水爆がうまくいくかどうかの計算にコンピュータは間に合いそうもない、また地球を吹き飛ばすほどの武器なら「実験研究は不可能」、というあたりがいかにもオッピーらしい。彼はソ連がアメリカの後を追えるとは思わなかった。ソ連だって開発できるさ、と語る同僚には、「じゃあ、アメリカが開発してもソ連の抑止にはならないだろう」と言い返す。「水爆は、ロシア人が突きつけた問題への回答として政治家と軍人の想像力をとらえてしまったようだ。……国家と平和を守ろうとして水爆に手を染めるのは危険きわまりない」というのが、友人に向けたオッペンハイマーの心中だった。

「ジョー1」のニュースが飛びこんだ週、ジョニーもテラーもたまたまロスアラモスにいた。「スーパーがつくれるならぜひアメリカがつくる」のテラー発言にジョニーはすぐさまうなずく。原爆の爆発から一〇〇万分の一秒のうちに重水素がどうなるか、それをはじき出せるコンピュータはもうあるから、環境破壊につながる実験などせずにすむことを、ジョニーはオッペンハイマーよりもよく知っている。ジョニーの心はちょうどオッペンハイマーの裏返しだった。アメリカで水爆が「政治家と軍人の想像力をとらえ」たら、ソ連でも必ずそうなる。ソ連が水爆づくりをさっさと始められるはずはない、というのがオッペンハイマーの見かたで、連中は絶対にもう始めている、というのがジョニーの見かた。

事実、歴史が証明したとおり、サハロフはもう四八年から水爆に取り組んでいた。

水爆開発でソ連に先を越されたら、とジョニーは考える。オッペンハイマーの辞書にはない恐ろしい悲劇が次々と起こるはず。ヨーロッパ諸国にはソ連の力になびく動きが生まれよう。ジョニーのみるところ、西側の弱体化につながるどんな動きも戦争の恐怖を増す。スターリン治世最後の年にベリヤが配下の科学者に水爆をつくらせ、しかもそれがアメリカより先なら、彼は絶大な権力を手にしてしまう。ベリヤにスターリンを継がせてはならない、がジョニーの持論だった。

「ジョー1」から数週間、ジョニーはプリンストン高等研究所で「所長ロバート・オッペンハイマーを口説き落とす」のに腐心した。オッピーはあいかわらず聞く耳をもたなかったが、ワシントンでは強い逆風を感じ始めていた。国務長官ディーン・アチソンの発言が、当時の政界の雰囲気をぴたりと伝える。――オッペンハイマーのような人たちが「科学者は地球上に悪をもう十分にもちこんだ」と言うのはわからなくもないが、「アメリカが次の悪を生む一歩を踏み出さないかぎり、どこの国も踏み出さない」ときめつけるのはまちがいだ……。

トルーマン、水爆開発を指令

一九五〇年一月、トルーマン大統領は、陸海空軍の最高司令官として原子力委員会に、「水素爆弾すなわちスーパー爆弾を含む核兵器すべてに関する業務を継続するよう」指令した。それから四週間のうちに統合参謀本部は会合を重ね、やや手前勝手ながら以後の世界にとっては幸いなことに、トルーマンの指令を「水爆の理論、製造法および輸送法に関する総力を挙げての開発」と解釈した。

そこで科学者たちは再びロスアラモスに集結する。かつてスーパー爆弾に反対したベーテとフェルミもいた。政府が決断したからには個人の意見をさしはさむ余地はない、がフェルミの言い分。かたやベーテは相も変わらず、俺は「水爆は製造不能」の証明を見たくて戻ってきたよ、という調子。ところが来てみると、みんな一丸となって水爆製造を目指しているのにびっくり仰天した。大勢が水爆開発支持に傾いた原因は、ジョニーのような中心的科学者が熱意を見せたことはあるにしても、たぶんもっと大きい原因が、五〇年の中期に勃発した朝鮮戦争だった。

しかしほどなく、ベーテの読み、つまり「水爆製造は無理」という読みが正しそうな雲行きになってくる。少なくとも一九五〇年末の時点では、テラーの最初のやりかたはうまくいかないという結論になってしまった。原爆は一〇〇万分の一秒のうちに重水素を燃やしてくれそうもない。マッチで石炭に火をつけようとしても、石炭の温度がいっこうに上がらず、ふっと消えてしまうようなもの。

テラーを気落ちさせるその結論は、三つの仕事から出てきた。ひとつがウラムのやった計算だ。ウラムはT8グループを率いていた（グループといっても、ウィスコンシン大学の同僚C・J・エヴェレット博士と二人だけ）。ウラムはエヴェレットに頼りきりだったらしく、「ぼくは一般的で大ざっぱな発想を出しただけ。厳密な計算、くわしい証明、最後のまとめはみんなエヴェレットがしてくれた」という。「計算尺をすりへらし」ながらエヴェレットがやった計算は、「テラーのスーパーの仮面はぎ」と呼ばれたりした。ウラムもがんばったという声もあれば、がんばったのはエヴェレットだけという声もある。「仮面はぎ」の第二弾はウラムとフェルミが共同でやったもっと基礎的な部分の解析。そして三つ目が、ジョニーのコンピュータが吐き出す結果だった。彼はコンピュータが自慢で、このたびの（一〇〇万分の一秒間に何が起こるかの）計算はかつて人類がやってきた計算の総量よりも多い、と胸を張ったことがある（じつはそれほどでもなく、小中学生が学校でする計算の量を過小評価していたらしい）。運よく当時つかえた二つのコンピュータ、ＥＮＩＡＣと、電線を生やして「お出かけ前の化粧中」だった高等研究所の試作機に計算させてみたところ、ウラムが正しく、(ジョニーは勝ってほしかった)テラーが誤り、ということになってしまう。重水素は、燃えるどころか冷えるいっぽうになる。最初の計算結果が出たあと、がっくりきたジョニーが「心の中につららが生えた」とロスアラモスに報告してきた。

そういうなりゆきを見て、とベーテが思い起こす。「五〇年一〇月から翌年一月まで、テラーは大荒れだったな」。ベーテは手きびしく続ける。「テラーの発想はまあ一〇のうち九までがゴミ。天才でなくてもいいから、もっと冷静で判断力のある仲間を引きこんで、ゴミではない最後のひとつ(つまり水爆)をじっくり考えればよかったんだ。最後のひとつは、往々にして天才のひらめきということになるんだから」。「最後のひとつ」が半分まちがいだと証明した四人のうちの二人が、ウラムとジョニーだ。二人がテラーを当時どんな目で見ていたのか、二人の手紙で見ておこう。

二人とも、テラーの科学的想像力は大いに買うかたわら、個人的なつき合いでの立ち居ふるまいは(ほかの人なら激怒するところ)笑って許した。テラーが大物科学者の提案を「そんな奴らの意見なら一八〇度まちがってる」とけなしたことが手紙に見える。またウラムとエヴェレットの計算に「ここは一〇の四乗(一万倍)もまちがってる」と難癖をつけたりしても、エヴェレットは(まちがっていなかったから)つむじを曲げたのに、ウラムは笑い飛ばした。エヴェレットの一件ではプリンストンのジョニーに宛て、一月のある日こんな手紙を書いている「エドワード(・テラー)殿はまだクリスマス気分が抜けていません」。ジョニーの返書、「エドワードも、ロスアラモスでローマ人とつき合ううちに変わってくるだろうさ」(訳注:When in Rome, do as the Romans do「郷に入りては郷に従え」のもじりか)。ウラムがまた書く。「エドワードはついに委員会を結成しました。とはいっても自分ひとりで議論する委員会ですけど」。水爆開発反対派の一部(オッペンハイマーもそのひとり)は、一九五〇年後半のテラーの挫折に快哉を叫んだが、ジョニーとウラムはちがっていた。

そうこうするうち、五一年の一月から三月にかけ、やがて「テラー-ウラムの発明」と呼ばれる設計法がとうとうものになって、スーパー爆弾への道がつく。

水爆の製造法は、アメリカとロシアを含め少なくとも一部は今なお機密扱いになっている。カダフィ大佐のような人物に、広島の一〇〇〇倍も殺傷力のある爆弾をつくられてはまずいからだ。大まかにいえばウラムは、ジョニーと四四~四五年に取り組んだ長崎型原爆の爆縮レンズに立ち戻り、いくつか改良を加えて突破口を開けた。ウラムのやりかたを教科書ふうにいうと、爆縮は二段階で進み、重水素とトリチウムでできた二段目のコアを超高密度まで圧縮する。テラーとウラムの共著になる最終論文の標題は「流体力学的レンズと放射ミラーにおけるヘテロ触媒的起爆について」という難解しごくのものだった。

「触媒」は、四三年の晩秋にウラムがシカゴのユニオンステーションで用を足しながらジョニーと交わした会話に出てきた言葉だ（319ページ）。

このころテラーとウラムが不仲だったと言う人もいるが、事実ではない。ウラム当人が、ロスアラモスの先輩研究者たちに自分の着想を伝えたあとのことをこう書き残している。

テラーとは翌朝に話した。以前エヴェレットとやった仕事が彼の計画に水をさす結果になったとき、私を心底憎んだとは思えないが、彼との関係がはっきり緊張したのはまちがいない。今回、エドワードはすぐさま私の提案をとり上げた。最初はためらいがちだったが、二、三時間もすると熱狂したように。新しいポイントを見抜いたのみか、私の案に代わるもうひとつの解釈、たぶんもっと扱いやすくて一般性のある解釈に気づいた。この瞬間、絶望が希望に道を譲ったことになる。

もっと詳しい続報はテラーとフレディー・ド・ホフマンが書いた、とウラムが書き残す（ホフマンは亡くなる一九八九年まで、本書執筆用の取材をいくつも手配してくれた）。テラーが当時をこう振り返る。五一年当初の落ちこみ時期をくぐり抜け、「数週間のうちに希望のしるしが二つ見えてきた。ひとつはウラムの想像力あふれる着想、そしてもうひとつがド・ホフマンの美しい計算だ」。

当時ロスアラモスに勤めていて今も存命の某氏に言わせると、水爆への道はつごう六つの段階を経て進み、テラーは、おしまいから二つ目の段階の半分を除き、すべて自力でやりとげた。だからテラーはいま水爆の父と呼ばれる。「むしろ水爆の母と呼ぶべきだろう。妊娠期間がおそろしく長くて、産みの痛みに耐えぬいた母」がベーテの感想。

五一年三月にテラーとウラムが突破口を開け、その甲斐あってロスアラモスの水爆開発は快調に進んだ。テラーの嫌われぶりだけは変わりがなかったにせよ。

五一年五月の「ジョージ」実験が、小規模ながら地球上に初めて核融合の火をともす。もっともそれは「突破口」とはいえない実験で、巨大な原爆でほんのわずかな重水素を燃やしただけ。はっきり燃えるとわかっている石炭の微粉に火焔放射器で火をつけたようなものか。大きな石炭の塊にマッチで火をつけ、石炭をふやせば勢いもどんどん大きくなる、という話ではなかった。

そこをテラー–ウラムの発明が打ち破り、全員一丸となって水爆開発に突き進む。そうなると心も変わったオッペンハイマーが、こんな感想を残している。「四九年の設計は技術面がお粗末で、つくれるとしても誰もつくりたいと思わないしろものだった。だが五一年の設計はじつにスマートだったから、議論も打ち切りになった」。仕事は大車輪で進み、五二年一一月のエニウェトク環礁「マイク」実験を迎える。TNT換算一〇メガトン（一〇〇〇万トン）のパワーは、広島原爆（一三キロトン）のほぼ一〇〇〇倍に当たる。このときの装置は爆発前の重水素をまだ液体でつかっていたから冷却装置用の建物つきで、航空機に積める姿ではなかった。やがて五四年三月の「キャッスル」実験では航空機に積める一五メガトン爆弾もできてしまう。

ソ連の水爆実験

「マイク」実験と「キャッスル」実験をはさむ時期、スターリンを継いだゲオルギー・マレンコフ新首相が、もはや原爆はおろか水爆もアメリカの独占にあらず、と宣言する。一九五三年八月一二日、サハロフらの率いるソ連の研究陣が初の水爆実験に成功したのだ。推定規模五〇〇キロトンは「マイク」の二〇分の一に届いていない。そんな小規模に終わった原因は、フックス経由でソ連に伝わったのが、のちにうまくいかないとわかる四六年当時のテラーの未熟な原案だったこと。ソ連は五五年までテラー－ウラムの発明に肩を並べるものを手にできなかったが、以後サハロフの指導のもとに、テラー－ウラム型の水爆もつくる。

五二年一一月一日の「マイク」実験をみてジョニーは、アメリカが水爆開発レースを制したのに胸をなで下ろす。スターリン存命中にソ連が軍備でアメリカを追い抜くという悲劇を、一部とはいえ自分のコンピュータをつかって回避できたのだ。もっとも核戦争については まだ悲観的で、五二年末でさえストラウスに宛て、ソ連との決戦は依然ありえます、と書いている。だから合衆国は折りに触れてソ連の指導者に次のメッセージを送り続けるべきです。開戦に踏みきればただちに核攻撃をくらって貴国は壊滅する、被害は双方に出はしても最後はアメリカが勝つのだ、と。

「マイク」実験の翌週、ドワイト・アイゼンハワーが合衆国の新大統領に選ばれる。彼はストラウスを、まず原子力問題特別顧問に、そして原子力委員会（ＡＥＣ）委員長にすえた。またドナルド・Ａ・クワールズを、まず研究開発担当の国防省副長官に、そして空軍長官に任命。クワールズの部下（空軍長官特別補佐）がトレヴァー・ガードナー。この三人――ストラウス、クワールズ、ガードナー――はそろってこう考えた。合衆国の軍備を適切に進めるには、全米でいちばん賢い科学の天才をつかうのが最善だろう。

三人が三人とも、ジョニーに惚れこんでいた。

15　絶大な影響力（一九五〇―五六年）

軍の中枢組織へ

ジョニーは一九四八年のトルーマン再選を喜んだ。四五～四九年にトルーマンを補佐した科学者の誰よりも右派だったが、四九年ごろまで政界との縁は薄く、戦時中に引きこまれて力を見せつけたロスアラモスなどで軍の仕事をしていただけ。だが五〇年の一月、トルーマンの「水爆を開発せよ」号令が状況をがらりと変える。軍としては、オッペンハイマーのような夢見る詩人ではなく、ジョニーのように冷徹な人間がほしい。ジョニーは誘いに次々と応え、そのいそいそとした態度を、「ヘリコプターが庭にドシンと降りる」のや「自分より頭の弱い将官たちと飲み食いする」のが好きだったからな、となじる人もいた。しかし当人の書き残したものが、本心をよくうかがわせる。官僚主義でがんじがらめだった軍の非効率さに呆れ果て、科学の方法をとり入れなければ世界の平和は守れない、と危機感をもったのだ。

水爆開発元年の五〇年、ジョニーは軍の仕事を二つ引き受ける。武器体系評価グループ

（WSEG）と国軍特殊武器計画（AFSWP）の顧問で、勤務地はどちらもワシントン。同年四月、ヨーロッパ戦線の大立者だったオマール・ブラッドリー将軍がジョニーを昼食に誘う。陸軍きっての技術屋J・E・ハル中将と、第二次大戦で米軍の科学技術を率いたヴァニヴァー・ブッシュも同席したその昼食会で、WSEGへの参加を誘われた。

昼食会に先立つある日、ハル中将がジョニーに手紙をよこす。このたびWSEGは核時代の戦略爆撃のありかたに関する大部な一次報告をトルーマン大統領に提出した（あまり役に立たないしろものだったが）。次の段階をにらみ、「全米トップクラスの科学者各位」と連携を強めたい……。昼食会のあとではブッシュがこう書いてきた。「最高に切れる軍関係者との共同作業」は貴殿にとって、「責任ある軍当局が成果を真剣にとり上げる」問題に「科学の腕」を試す願ってもないチャンスだろう。「支援体制は万全」で、「国防の現実問題を厳格に処理してきた集団に加わるのは、貴殿にも大きな満足にちがいない」。そのあとWSEGの顧問就任とフルタイムの仕事をじかに頼んできたのが、カリフォルニア工科大学のH・P・ロバートソン教授。縁は異なもの、渡米直後の前妻マリエットがお風呂に入れてやった赤ん坊の父親だ（221ページ）。

ジョニーは、お受けします、とロバートソンには答えたものの、「最高に切れる軍関係者」などと甘い評価はしていなくて、軍にはむしろ失望ばかりだった。核が戦争の姿を一変させた事実を、原子力委員会（AEC）はどうやら陸海軍にきちんと伝えていない。たぶん仲間の科学者たちは、新爆弾で何百万人も殺せる事実を粗野な軍人どもに教えるのはまずいと思ったのだろう。だがそんな胸の内は抑え、ジョニーはロバートソンにこう返事する。

ＡＥＣと軍の支離滅裂な関係を立て直し、ＡＥＣの国防方針はどうあるべきか、武器開発の目標を何にして軍務にどう組みこむか、ＡＥＣと軍はどう情報交換すべきか――そのあたりの合理的基準を打ち立てられる組織はＷＳＥＧのほかにないと確信します。あるはずの場所で情報が利用できないために起こった従来の誤解や失策はお粗末にすぎ、部外者には仰天ものでしょう。貴兄もあるいはご高承のとおり、はっきり言って最悪です。あまりにひどい部分は徐々に直りつつありますが大半はまだ手つかずで、それを体系だてて賢い向きに正す立場にある組織はＷＳＥＧのみだと思います。現実をつぶさに調べてみれば（もうお調べかもしれませんが）、多様な軍務の立案・推進の途上で出合う同じように重大な岐路、多額の予算をつかう同様の局面で、同じことが起こっているようです。ＷＳＥＧは、貴兄に並ぶ力量の人材を絶対に必要としております……。

国軍特殊武器計画でも、顧問就任の矢先、巨額予算のついた事業計画をジョニーはぶっつぶそうとした。責任者だった将軍があわててたしなめる。「ペリカン報告（訳注：報告書の暗号名か）にはあなたの声も少数意見として付記しますので、当面は顧問の立場をわきまえてくれませんか」。

トルーマン政権下の五一年から五二年にかけて、ジョニーは国防関係の仕事をさらに四つ引き受ける。①中央情報局（CIA）の顧問、②原子力委員会（AEC）に助言する総合諮問委員会（GAC）の委員、③ローレンスとテラーが新設したリヴァモア研究所（ロスアラモス研究所のライバル）の顧問、④合衆国空軍の科学諮問委員会（SAB）の委員。うち②～④の三つは、よほどの駆け引き上手でないと務まらない仕事だった。

オッペンハイマー事件

ジョニーは、トルーマン大統領が直接任命するGACの委員になった。入れ替わりに、一九五二年夏まで五年間委員長を務めたオッペンハイマーが抜けて顧問になる。オッペンハイマーがしぶしぶ提出した委員長の辞表は、さっさと受理された。

それを受け、プリンストン高等研究所の所長室にあった金庫から機密文書の一部が抜きとられた。ところが、AECの委員長でオッペンハイマーの親友だったゴードン・ディーンは、まだ彼は顧問でGACに残るからと一部を手つかずのままにし、それがトルーマン政権の末期では大失敗になる。マッカーシー旋風が吹き荒れ、たとえ遠い過去の話だろうと共産主義に染まった人間は追放せよ、と議会が狂奔していたからだ。オッペンハイマーの家族がかつて、それもスターリン絶頂期に共産党と接触していた事実が、彼の精神的不安定を語るものだと見なされた。国家機密の問題とは別の意味で、ジョニーも個人的にはたぶんそうだろうと思っていた。

ジョニーはマッカーシー主義には無縁だった。魔女狩りは野蛮人の悪い冗談だよ、などと口にして、怒れる右翼の友とおびえた左翼の友の両方から顰蹙《ひんしゅく》を買う。友人たちに手紙を書き、科学者なら、過去だって今だって、共産主義に染まっていようがいまいが、職も研究費も能力しだいだと主張した。とはいえ、知り合いの「もと活動家」たちには、魔女狩りにやられそうな職にはつかないほうがいいよと忠告するのを忘れない。安全ないい職はまだあるはず。一九三〇年代のころスターリン主義にかぶれた連中はあわてふためき、当時の発言も行動も否定し始めていて、議会の委員会に引き出されたらおのずと偽証罪に問われかねなかった。

オッペンハイマーに追及の手が伸びるにつれ、ジョニーにも面倒が起こる。ディーンはトルーマンのAEC委員長を辞任した五三年、オッペンハイマーのGAC顧問職を一年だけ延長してやったから、機密文書もまだプリンストンの金庫に眠っていた。翌日、アイゼンハワーのもとで新委員長になったストラウスが仕事始めに金庫を開け、オッペンハイマー告発の火に油を注ぐ。やがてある陰険な議会職員が、「慎重に検討した結果、J・ロバート・オッペンハイマーはソ連のスパイだったと結論する」という文書を提出。五四年のAEC査問会の結論は、今後オッペンハイマーには機密事項に触れることをいっさい禁ずる、という多数意見に従う侮辱的なものだった。

オッペンハイマーの告発側証人になったのはたいてい、彼の「水爆開発はまだ早い」発言に不満たらたらの人たちだった。テラーの心も半分はそうだったし、ローレンスなど、当時もし病床になければ身を震わせて告発証言をしただろう。ジョニーはオッペンハイマーの弁護証人集団を組織する。「水爆反対」発言には不服でも、国家機密の漏洩には無縁だったと知っている人たちだ。組織化に必要な経費を補助したいとオッペンハイマーの弁護士から申し出があったものの、ジョニーは断って自力でやった。つまり彼は道の中央を歩いた。左右どちらにも友達がいて、両方から怒りの体当たりをくらいかねない役回りだったけれど。

道の片側にいたのが、ジョニーにとってアイゼンハワー当局に向けた窓口のひとつになるストラウスで、自分を見下したオッペンハイマーに敵意むき出しにしている。別の側にいるのが、かつての理事ストラウスを毛嫌いし、所長オッペンハイマーの肩をもつ高等研究所の教授たち。高等研究所ではある日、反ストラウスの嘆願書をまとめる教授会を開く。余計な摩擦を生みそうな文言は削らせようと、ジョニーは出先から車をすっ飛ばして戻ってきた。ゴールドスタインがホレイショー（訳注：ハムレットの親友。戯曲中で沈着冷静にふるまう人物）よろしく座をつないでくれている。共同声明のたぐいは大嫌いなジョニーも、このときは仲間に同調した。その場の雰囲気に押されて全員が署名したけれど、いやいやながらの若手もいたらしい。学者というのは、群集心理で共同声明の類に署名したりしない人間、いっせいに吠える犬ではなく、どんなにこみいった状況でも自分の言葉で意見を言う人間、というのがジョニーの信条だった。

ロスアラモスとリヴァモア

ジョニーがトルーマン時代の一九五二年に引き受けた第三の仕事（リヴァモア研究所の顧問）も、知性ある科学者がののしり合う中を綱渡りするようなもの。五一年の三～四月にテラーとウラムが水爆への道をつけてから、ロスアラモスでテラーは、所長ノリス・ブラッドベリーや上級所員たちと、開発方法をめぐって猛烈な言い争いをしていた。テラーは、無難な道を提案するほかの連中が歯がゆくてしかたない。そこでワシントンに飛び、ロスアラモスに肩を並べる第二の核研究所をつくれとロビー活動した。ブラッドベリーは（所長当時のオッペンハイマーも）第二研究所には猛反対する。つくればロスアラモスの成果も人も分散してしまう。ロスアラモスでは、五二年一一月の水爆「マイク」実験に向けた作業が順調に運んでいた。

ブライアン・マクマホン上院議員の原子力に関する議会合同委員会（職員のひとりが後

日、オッペンハイマーはソ連のスパイだと告発）はテラー支持に回るが、それは第二研究所新設にはあまり助けにならなかった。助けになったのはローレンスの申し出で、自分の勤務先（カリフォルニア大学）のそば、リヴァモアに海軍航空基地の跡地がある。そこに研究所を建てれば安上がりだし、職員もカリフォルニア大学から回せる、とローレンスはテラーと議会に申し出たのだ。

筆者がテラーからじかに聞いた話だと、ローレンスとは組まないほうがいいと忠告した親友が二人いたらしい。「エンリコ・フェルミとジョニー・フォン・ノイマンだよ」とテラー。あんなタカ派と一緒では君の意見を誰も聞いてくれないから、がジョニーの言い分だった。当時ジョニーは対ソ予防戦争をけしかけていたという話が事実なら、ローレンスに比べればハトみたいに優しい声で鳴くタカだったことになる。

リヴァモア研究所は一九五二年夏に竣工し、たちまち騒動の種になる。地上に核融合の大きな灯を初めてともす五二年一一月の「マイク」実験は一から十までロスアラモスがお膳立てした。成功したのは、テラーが五一年にロスアラモスを出てリヴァモアの新研究所に移ったからだった、と新聞や本がはやしたてる（「マイク」実験のころ、リヴァモアの研究所は立ち上げにおおわらわだった）。ロスアラモスの連中が新設のリヴァモアに抱いていた不快感は、やがて高笑いに変わる。五三年と五四年、リヴァモアがネヴァダでやった水爆実験がみごと失敗に終わったのだ。実験の一回など、爆弾を乗せていたかぼそい塔を壊しさえしていない。

そんななかで、ジョニーはロスアラモスの顧問をしながらなぜ五二年にリヴァモアの顧問も引き受けたのだろう？　理由は、コンピュータ開発の経験から、いったん突破口が開いた新技術を前に進めるには競争が最善の道だと知っていたからだ。テラーがリヴァモアを弁護して上げた次の声に、ジョニーも心から共鳴していた。

科学は、友好的な競争を通じて前に進む。競争は多様なものの見かたを育て、多様な環境に芽吹いた発想を交流させる。一集団の作業では、研究の一面だけにとらわれて、ほかの有望な道を見落としやすい。国家の安全を一ヶ所の核兵器研究所に任せてはおけない。たとえロスアラモスほど優秀な研究所でも。私はそう確信するに至った。

この意見が一から十まで正しいことは歴史が証明しきっている。初代所長ハーバート・ヨークの哲学に従い、リヴァモア研究所は「最小サイズ、最軽量で、材料使用量が最小――つまり重量あたりの威力が最大、別の言いかたをすれば、新開発の技術をはるかにしのぐ核兵器づくり」にとりかかる。潜水艦発射ミサイル用の軽い弾頭を海軍が望んだとき、リヴァモアの研究がポラリスミサイルを生んだ。一九五〇年代末から冷戦終結（八九年）まで、ロスアラモスにあった卵をあちこちに分散させたからこそ、自由世界の安全も保障されたといえる。

トルーマン政権の終盤二年間——正確には一九五一年以降——ジョニーが引き受けた四つ目の仕事は空軍の科学諮問委員会（SAB）の委員で、同じブダペスト生まれの大先輩フォン・カールマーンの頼みに応えたもの。フォン・カールマーンはカリフォルニアにいた三〇年代、卓抜な航空機設計をなしとげ、それが、近くのマーチフィールドではたらいていた若い操縦士ヘンリー・H・アーノルド少佐の心をとりこにする。終戦の折り陸軍の航空局長に出世していたアーノルドが、SAB委員長になって空軍技術の将来を考えるようフォン・カールマーンに頼んだ。五一年、七〇歳の誕生日を迎えたフォン・カールマーンは、同郷の人ジョニーを委員に誘う。ジョニーは加わってすぐ、空軍でさえ官僚主義に染まった技術管理をやっているのに仰天する。やがて五二年一一月、水爆「マイク」実験の週、ジョニー晩年の四年間を大きくゆさぶる事件が起きた。大統領選でアイゼンハワーが得た地すべり的な勝利だった。

フォン・ノイマン委員会

アイゼンハワーの当選は、以後二〇年間に進む合衆国の政治改革の道をつけた。ワシントンに結成された共和党の実業家集団が、「民主党の腐った小役人根性」の洗い出しと抜本改革に乗りだす。新しい国務長官フォスター・ダレスも、演説と政策の照準を「大量報復」に合わせる。朝鮮戦争ではっきりしたとおり、共産主義者は勝手気ままに自由世界をねらっていた。ダレスの政策はソ連の指導者たちに向け、かりにどこかで戦争を始めようものなら数時間内に諸君の命はないと思え、と警告するものだ。しっかりした──へたをすると自由圏を滅ぼしかねない──核抑止政策の立案に向けて、国防省内に新しい集団が結成されていった。

そんな人たちのうちでまずジョニーの崇拝者になったのが、ガードナー（空軍長官特別補佐）とクワールズ（ほどなく空軍長官に就任）の二人。以前クワールズは、核兵器の最終工程を業務としてニューメキシコ州のロスアラモス近くに設立されたサンディア公社の重役だった。あるときサンディア公社がジョニーに長々しい顧問就任の契約書を送りつけてあった。顧問の任務をくどくど連ねたあげく、ただし顧問料はゼロ、と最後のページに明記してあった。ジョニーは、中部ヨーロッパ人らしいユーモアと礼儀正しさで受け入れたが、後日サンディア公社の人間がさも秘密めいた口ぶりで明かしてくれた内容は、とっくに知っている話ばかりだった（一部は彼自身の発明だった）。クワールズはそんなジョニーが気に入って、「奴には目をかけろ」とガードナーに指示。

ガードナーもやり手で、国防政策の刷新に燃えていた。二人の意気込みを、同じ集団に誘いこまれた「テラーとローレンスのリヴァモア研究所」所長のヨークが手際よく解説している。

見直しはまず、さまざまな個別軍務を扱い、さまざまなレベルの計画管理部門に答申を出す多くの委員会で実施した。委員会あれこれのメンバーは互いに入り組ませ、軍務内では縦に、軍務間では横に情報がうまく流れるようにする。機密度・優先度・処理手続きの多様な情報を整理してうまくやりとりし合わないかぎり、技術の進歩にさしさわりが出る。こうした組織と運営法では、当然ながら、決断力に富む少数の人間が、組織全体のそうとう広い範囲を統括しなければいけない。

ヨークは続ける。

一年内(一九五四年まで)に改革推進の作業を加速するため、おびただしい委員会を整理統合し、扇のカナメとなる委員会の長にジョン・フォン・ノイマンを委嘱した。通称を「フォン・ノイマン委員会」といい、空軍直轄の諸計画について空軍長官に助言するほか、軍事ミサイル関係の大型計画についても国防長官に答申する委員会だ。……フォン・ノイマンは知性にあふれ、万事に好奇心を示す天使そっくりの人で、じっさい天使のようにふるまうこともあった。うちに招いたときなど三歳と五歳の娘が背中に登りたがったものだ。純粋科学と数学でみごとな業績を上げるいっぽう、実務能力も抜群……科学の才能と実務力を兼ね備えていればこそ、軍人、技術者、企業人、科学者から比類のない信頼をかち得た。とりわけ今日、核ミサイル問題にかけて彼の右に出る人間はなく、何ができるか、何をすべきかについて彼が吐く言葉は一同みな真剣に受けとめた。

ミサイル開発を率いる

一九五三年一月、アイゼンハワー新政権発足の週、ジョニーに最初の指令が舞いこむ。空軍の科学諮問委員会（SAB）の傘下にある「核兵器検討会《パネル》」の座長をガードナーが頼んできた。顔ぶれを眺めると、そのうち内部分裂を引き起こしてもおかしくない集団だ。テラー、その宿敵ブラッドベリーとベーテ、ヨーク、ランド研究所の二人、国防省《ペンタゴン》のひとり、というメンバーだったから。

ジョニーのような気質の人間でなければ、そんな委員会にさっさと決断させ、アメリカの国防政策と外交政策の方向転換を果たすことはおぼつかなかっただろう。新しい技術状況を手際よくメンバーに伝え、その意義をきちんと押さえた議論を進める手際のよさがジョニーの真骨頂だった。最初の会合で彼はもうこんなふうに主張している。

国防の基礎になる経済・政治・戦略の情勢は一変しました。もう核兵器は武器として高価でも珍しくもなく、合衆国の独占でもありません。ご承知ではありましょうけれど、そのことをしっかり腹にすえてかかるのが肝心でしょう。……核兵器を、兵器体系のうちでいちばん扱いにくい武器とみる時代は終わりました。今やいちばん扱いやすい、用途の幅もいちばん広い武器だといえます。

検討会に諮問された手始めの課題は、B52爆撃機に積める水爆の最大威力を見積もること。当時（五三年）まだ設計段階のB52は積載量一五〜二五トンの見込みだった。「マイク」実験の水爆は重すぎて航空機にはとても積めないが、B52には「ぐっと控えめにみて」TNT二〇メガトン（二〇〇〇万トン）の水爆を搭載可能、と検討会は自信たっぷりに答申する。リヴァモア研究所も、威力が広島の二〇〇〇倍もある水爆の製造法と実験法を検討中だ。アイゼンハワー自身は、無理もないか、「ありえない。二〇メガトンなんて大きすぎる」と書き留めている。

第二の課題はこうだった。一・五トン水爆は製造可能か、可能ならアトラスミサイルに積んで、半径五〇〇メートル以内を破壊できる武器になるが。検討会は冷ややかに答える。「二つの数値は個別に考えるべきもの」。重量一・五トン未満で爆発力二メガトンの水爆はつくれて、それをつかえば半径五〜七キロ以内を焼け野原にできる。したがって、現実をにらみ、もっと軽量の（製造しやすい）一メガトン（半径三キロ以内を破壊）水爆を検討されたほうがよい。

大量報復による威嚇の政策は、こうして具体的な姿をとるようになる。委員会のきっぱりした答申に喜んだ国防政策の大御所が、戦略ミサイル評価委員会の委員長になるようジョニーに要請してきた。彼は喜んで引き受け、以後ジョニーと仲間は国防関係者たちの意識を大きくゆさぶるかたわら、国防用の物資調達にも斬新な運営方式を導入した。

ミサイルは、一九五四年の一〇年ほど前ならさほど有効な武器でもなかった。第二次大戦の最終年、ドイツ軍はイギリスに向けて一万発に少し足りない二種類の無人ミサイルを打ちこむ。うち八〇〇〇発余りは、操縦設備がなくて命中精度の悪いV1型。目標のロンドンに落ちたのは半分もなく、あとは英国空軍に撃ち落とされるか、あさっての方向に飛び去った。

ドイツのミサイルのうち残る一五〇〇発ほどがV2型。弾丸型で、発射したあと弾丸のように運動量と重力との兼ね合いで決まるルートを選ぶため「弾道型《バリスティック》」と呼ばれた。撃ち落とされずにブリテン島には届いたものの、一五〇〇発が殺した英国民は二五〇〇人(ほとんどが民間人)しかいない。目の玉の飛び出るほど高価なロケット三発で五人しか殺せないという、なんとも不経済な武器だ。一九九一年の湾岸戦争でサダム・フセインのイラク軍が撃ったスカッドミサイルもそのレベル。V2の命中精度も「大ロンドンのどこかに落ちればいい」程度だった。四四〜四五年当時、V1もV2も、積めたのは通常爆薬せいぜい一トン、破壊半径はたった三〇メートルほど。だから連合軍も、理の当然で、V1やV2の類似品をつくろうとはしていない。四四年までに連合軍は制空権を得ていたから、その爆撃機は、V1やV2がよたよた三〇〇キロほど飛ぶなか、ずっと多くの爆弾をずっと精度よく、ずっと広い範囲に落とせた。

一九四五年の終戦で米軍は、バルト海に臨むロケット秘密基地ペーネミュンデで捕虜にしたドイツの腕利きロケット科学者たちを「ペーパークリップ作戦」という妙な「荷札」をつけてごっそり連行してきた。かたやソ連は同じペーネミュンデから若手を少しだけ連行し、たぶんそちらのほうがお買い得だった。彼らはさほど複雑でもないV1とV2の製造法をロシア人に教えたのに、米軍の手に落ちた年かさの研究者たちは未来の宇宙計画についてくだらない意見を吐くだけだったから。

おそらくロシア人たちはアメリカ人に先んじて、四五年以降には次の三つの戦略的事実が軍事と政治を支配することになると理解していた。①原爆や水爆を現実に爆発させなくても、その挙に出るぞと真顔で威した側がまんまと世界を支配する。②航空機はますます攻撃を受けやすくなる。③核抑止のカギは長距離ミサイルが握る。V2のように、TNT換算一トン、一発で殺せるのがたったの一人強、飛距離三〇〇キロなどというものではない。新しいミサイルは小さな弾頭に数メガトンの爆弾を積み、一地域をまるごと破壊し、地球を四分の一周後でも正確な（いずれは数平方センチの）命中精度をもつものだった。

一九四五年からフォン・ノイマン委員会結成の五三年まで、アメリカにそんな発想はまだなかった。当時のミサイル研究のお粗末さは、陸海空軍の硬直した官僚制度と無縁ではない。

空軍はＶ１型の無人機三種の開発をねらっていたが、でき上がるころはみんな時代遅れだった。空軍の始めていた弾道ミサイル開発も予算不足で立ち往生している。海軍と陸軍が別々に走らせていたロケット開発計画も、互いの協力関係がほとんどなく、成功の見込みも薄かった。

五四年の初頭、数度の会合を経てフォン・ノイマン委員会は次の答申を出した。①地球を四分の一周する飛距離と高い命中精度をもつ核弾頭つき弾道ミサイルは開発できる。②この分野はソ連が数年は先行している。③ソ連を抜くには管理体制の刷新が急務である。

五四年当時、戦略ミサイルを審議するフォン・ノイマン委員会は、無駄口をたたく人間はおらず、ジョニーの心を受けてやる気まんまんの集団になっている。委員の中にいた意外な人物、初の大西洋単独横断飛行（一九二七年）で名高いチャールズ・リンドバーグは、開拓時代に自分の縄張りを主張すべきではありません、と年輩将校たちを諭すのにぴったりの人。ほかは、のち大統領科学顧問になるキスチアコフスキーとジェローム・ウィーズナー、企業人サイモン・ラモとディーン・ウルドリッジ（やがて委員を辞し、ラモ‐ウルドリッジ・グループを創って大成果を上げる）、ランド研究所の創立者、未来のヒューズ航空機社長、カリフォルニア工科大学教授二名、ベル研究所代表、ロスアラモス研究所とリヴァモア研究所の代表だった。

戦略核ミサイルは製造可能、という答申は、一部は「核兵器検討会」の議論から出したのかもしれないが、ジョニーが顧問をしていたCIAの情報をつかった可能性もある。また彼は軍の開発部署あちこちに自分の息のかかった技術者を巧みに送りこみ、まともな仕事ができる部署かどうかを探らせている。

ジョニーは二つの理由で「戦略ミサイル開発の特別緊急性」を予見した。ひとつは「アメリカの通常戦略爆撃機団に向けてソ連の防御体制がどんどん強化されている」こと。「一九五〇年代の後半に予想される事態」として、五〇年代も末になると、モスクワへ向けて発進したB52をソ連は端から撃ち落とせるようになるかもしれない。第二は、ミサイル技術にかけて「ソ連独自のものも急速に進歩している気配がある」ことだった。もう絶対に始めていて、五〇年代のどこかでは、短期間にせよ、のっぴきならない形でソ連に水をあけられる時期が生まれるかもしれない。

ソ連がロケットで優位に立つ、という一九五三〜五五年ごろの推測に確かな根拠はなかったし、悲観的にすぎたとみる人もいる。だが事実そのとおりになった。五一年ごろからソ連は、ペーネミュンデで捕らえたドイツ技術者の一部を帰国させるという妙な行動に出ていて、それをジョニーは諜報機関など経由でつかむ。ここで彼はついに立ち上がり、その決断が世界の行く末を決めた。

フォン・ノイマン委員会の答申をもとに開発された六種類のミサイルが、五〇年代から冷戦終結までの長期間、世界の平和を守ってくれたのだ。うち三つがＩＣＢＭと略称される大陸間弾道ミサイル（アトラス、タイタン、ミニットマン）、二つが中距離ミサイル（ソア、ジュピター）、そして残るひとつが潜水艦発射のポラリスミサイル。開発計画は五三年から三年間で仕上がったものの、最初のミサイルが飛び立ったのはジョニーの他界した五七年よりもあとになる。

六つの開発を同時に走らせたのは無駄だった、と非難する向きも多い。けれどジョニーは、そうしなければいけないと考えた。コンピュータ開発の経験から、未来技術の開発は、一部は互いに競合させ、一部は協力し合って多様な計画を進めるのが最善だとわかっていたからだ。死後ゆえ知りようもなかったが、日本の大手家電メーカー八社が民生用マイクロエレクトロニクス製品で世界を制覇した手並みにつながる。ロケットの開発計画も、有望なモデルどうしを競争させるべきで、空軍・陸軍・海軍それぞれの自尊心など気にしている時ではない。

意外にも、競争と協力を混ぜ合わせたら開発はかえって安上がりになった。ミサイルに番号をふってそのあたりを眺めておこう。①アトラスはアメリカ初の大陸間ミサイルとして設計され、性能も開発期限も予定どおりにあがった。②ソアはアトラスの息子で、アトラスの部品と派生技術を活用した。飛行距離は約二五〇〇キロだから、ヨーロッパの同盟国から発射する。その国が同盟国のままでいてくれるかぎり、アトラスより先に発射態勢に入れるところがうまみになる。

③タイタンと④ミニットマンは、アトラス計画開始時点ではまだ見通せていない新技術を組みこむものだったから、アトラスの進みを邪魔しない併走計画の形をとれた。

⑤ジュピターにはちょっとややこしい事情がある。ソアの等価品として陸軍が開発しようとしたもので、開発初期のころ、スイス鉄道のトンネルも通る細身で、ヒトラーのロケット開発担当フォン・ブラウンが計画に加わっている、という点で世の注目を集めた。が、そのうち軍部間の綱引きが始まってしまう。海軍が「細身のジュピターなら戦艦に、たぶん潜水艦にも積める」と口を出したのだ。しかし、当初ご執心だった海軍もやがて思い直し、自身で管理できる別のミサイルをほしがった。リヴァモア研究所で一メガトン爆弾をどんどん軽量化できるようになっていたから、海軍は新たに⑥ポラリスを提案する。直径が一・四メートルしかなく、射程一六〇〇キロのポラリスなら原子力潜水艦に一六発は積める。一九六〇年代にはそれが実現し、ソ連の重量ミサイルが合衆国の真の脅威になるまで、対モスクワの核抑止に役立った。

ソ連にリードを許した危ない「ミサイルギャップ」の時期が一六ヶ月だけあった。ジョニー他界の半年後、ソ連の大陸間弾道ミサイルがシベリア横断実験に成功した五七年八月から、アメリカのアトラスが同じ射程を達成した五八年一二月までの一六ヶ月だ。

少し脇道にそれると、ひとつ劇的だったのが、重量級ミサイルを改良した重さ八〇キロのスプートニク1号を一九五七年一〇月にソ連が打ち上げたこと。アメリカも負けじと翌年一月、陸軍の（フォン・ブラウンの）ジュピターCを改良した推進装置で一四キロのエクスプローラを打ち上げる。当時こんなジョークが流行った。「こちらエクスプローラ。スプートニク応答せよ。もう邪魔者はいない。ドイツ語でやろうぜ」。ソ連は最重量のロケットで粗末な無線通信機を打ち上げ、アメリカは最軽量のロケットでずっと小さなボールを打ち返した、というところか。

ケネディが大統領になった一九六一年、アメリカ国民は、じつは二年前にやりすごせた「ミサイルギャップ」をかなり気にかけていた。五七年八月のシベリア横断ロケットから五八年一二月のアトラスまでの一六ヶ月は、恐れて当然の期間だった。就任式時点では、アトラスも後継種も、計画のスタートがずっと早いソ連のミサイルに比べ、信頼性、汎用性、正確さ、軽量性、多目的性のどれをみても進んでいる。ケネディ政権時代に、ソ連が長距離ミサイルでアメリカを抜いた時点は一瞬もない。だから六二年にソ連がキューバに運びこんだのは中距離ミサイル。むろんケネディもフルシチョフもアメリカの優位をわかっていたから、ケネディはミサイルの撤去を命令でき、フルシチョフはそれに従った。冷戦中のきわどいこの瞬間に平和が守れたのも、その一〇年前の五三〜五四年にジョニーのもとで仕事した二つの委員会のおかげだ。

二つの委員会の一次報告は、国防ほかの業務に新しい計画管理法を導入もした。国防計画を左右する数々の新技術が芽生えていたから、ロケット技術でソ連と張り合わなければいけないアメリカは、他部門の人には半分しかわからない多様な技術を融合する仕組みをつくり、同時に、そこから生まれる武器の開発・製造・配備系統を確立する必要がある。そんな仕組みはまだ何ひとつ存在しなかったところに、ジョニーの息のかかった二つの改革がきちんと道をつけた。

フォン・ノイマン委員会と共同作業したバーナード・シュリーヴァー将軍のもとに、空軍研究開発司令部（ARDC）があった。空軍はその下に西部開発局（WDD）を創設する。フォン・ノイマン委員会の委員だったヨークが、「いま当然のようにシステム開発とかシステム管理とか呼ばれる方法論は、ほとんどがシュリーヴァーの指導でできあがった」と振り返る。まだ存在しないがいずれ生まれる分野、そして既成の官僚制度の頂点にいる連中がしている仕事より重要になる分野、そんな分野の専門家を見つけるのは至難の業だった。まさにそれをフォン・ノイマン委員会はやりとげたのだ。

二つめの改革だったミサイル開発の進めかたを、当時の臆病な人たちは不適切とみたかもしれない。フォン・ノイマン委員会にいたラモとウルドリッジは、委員会を出てラモ－ウルドリッジ・グループを創り、いま武器交易の分野で総合システム工学技術指針（GS

ETD)と呼ぶものを提供した。グループはトンプソン・プロダクツ社と合併して名をTRW社と改め、やがて手広く重要な国防業務を請け負う組織になる。当初ヨークとアイゼンハワーは「軍・産の共同体」に手きびしく反対した。そのヨークが後日こう語っている。「運営に不適切なところは何ひとつなかった。……一度きりの歴史に『もし』は無意味だろうが、WDDとシュリーヴァー将軍、そしてラモ－ウルドリッジ・グループのどちらが欠けても、アトラス計画は完了までに一年以上は余分にかかり、だから経費も巨額になったはず」。こうしてアトラス計画のために節約できた歳月は、歴史上もっとも重要な歳月だったといえよう。

超多忙の日々

アイゼンハワー政権のもとでジョニーが引き受けた仕事は、並の人間ならとうに押しつぶされている肩に、さらに積まれた荷と見える。コンピュータと気象学の革命を陣頭指揮し、プリンストン高等研究所の雑務をこなしつつ、プリンストンからワシントンへ、ニューヨークへ、ロスアラモスへ飛んで、またプリンストンに舞い戻る日々だった。

一九五三年の一月、アイゼンハワーの就任式に間に合うようロスアラモスから東部に飛んで帰ったころ、ジョニーの予定表はこんなふうだった。

JvN予定表（A）

一月二九日（木）午前 九：〇〇 AFSWP主催のタンブラー・シンポジウム（ワシントン）
一月三〇日（金）午前 九：〇〇 タンブラー・シンポジウム
午前一二：〇〇 サイモン将軍・デイヴィース氏と昼食（サイモンの執務室）
午後 二：三〇 爆発高度検討会《パネル》の会合（ワシントン）
二月 二日（月）午前一一：〇〇 M・ホワイト博士来訪
二月 三日（火）午前一〇：〇〇 数学部の会合
二月 四日（水）午前一一：〇〇〜午後四：〇〇 国家安全保障局（ワシントン）
午後 四：三〇 ラビ、ホイットマンと会合
AECビル、GACの事務所（ワシントン）
二月五〜七日（木〜土） AEC-GACの会議（ワシントン）
二月一〇日（火） エンディコット市（ニューヨーク）
二月一一日（水）午前一〇：四五 高等研究所セミナーで講演
午後 二：〇〇 E・P・ウィグナー来訪
午後 六：三〇 高等研究所で夕食（G・リッターと）

二月一二日（木）午後　二：〇〇　ジョンソン氏（マグロウヒル社）来訪
午後　二：一五　リチャードソン博士来訪
二月一三日（金）午前一一：〇〇　物理部の会議
午後　二：三〇　ビル・カールトン（PU）来訪
午後一二：三〇　教授総会
二月一六・一七日（月・火）戦略空軍司令部の会議（アバディーン）
二月一九日（木）午前一一：〇〇　高等研究所セミナーで講演
二月二〇日（金）午前　九：三〇　ラッセル氏（エッソ研究所）来訪
二月二三日（月）午前一〇：四五　高等研究所セミナーで講演
午後　一：三〇　ホワイト博士来訪
二月二四日（火）午後　三：三〇　ニューヨーク（ストラウス氏）
二月二五日（水）午後　七：三〇　サパークラブ（ナッサウ・タヴァーン）
二月二六日（木）午前一一：四五　M・M・アンドリュー氏と面会（ボルチモア、ARDC）
二月二七日（金）午前一〇：〇〇　ラッセル、メイ両氏（エッソ研究所）来訪
三月　二日（月）午前　ワシントン（GAC）
午後　八：〇〇　ヴァヌーゼム講義

三月　三日（火）午後　三：〇〇　アロット氏（カムデン市ＲＣＡ）来訪
　　　　　　　　午後　五：〇〇　ヴァヌーゼム講義
三月　四日（水）午前一〇：四五　高等研究所のセミナー
　　　　　　　　午後　三：〇〇　ド・ラ・トーレ氏来訪
　　　　　　　　午後　五：〇〇　ヴァヌーゼム講義
三月　五日（木）午前一〇：〇〇　高等研究所・数値天気予報運営委員会
　　　　　　　　午前一〇：四五　アーベル氏（ワシントン）来訪
　　　　　　　　午後　五：〇〇　ヴァヌーゼム講義

実のところ、予定をこなしながら仕事量はほぼ倍増していく。新しい検討会《パネル》や委員会の結成をガードナーが頼んできたからだ。

原子力委員になる

一九五四年の夏には、ストラウスもジョニーが忙しすぎるのを気にしだす。そこで、自分が委員長をしている原子力委員（全米で五人）の一員にアイゼンハワー大統領がジョニーを指名するよう手を打った。指名は一〇月の予定、就任には議会の合同委員会の承認を要する重いポストで、任期は五五年三月から五九年六月までのはずだった。

ジョニーは生涯初ともいえるその常勤職をなぜ受けたのだろう？　決まった時間に出勤し、秘書と職員に仕事の手筈を決めてもらい、終われば家に帰る生活を。理由のひとつは原子力委員のポストの重さが気に入ったこと。そしてもうひとつが、常勤の仕事だとは思わなかったことだ。

五四年八月ごろのジョニーは、官僚や政治家たちを自在に動かせる自信があった。ストラウスはジョニーに手紙を書き、原子力委員の資格審査のために両院合同委員会であるはずのきびしい質問の切りぬけかたを伝授する。大丈夫です、キーフォーヴァー上院議員（反トラスト運動家）みたいな草の根民主主義者に、原子力利用の意義をきちんと説得するのを楽しみにしています、とジョニーは返事を書く。核融合はいずれ実用化し、世界中のエネルギー価格も水くらいまで下がる。彼は、その時が来たら、アメリカがこの世界を巻きこんだ大きな進歩を主導するのが大事だと思っていた。任期の切れる五九年までにはそんな動きもたぶん始まっている……。

このころは世界情勢をだいぶ楽観していた。スターリンの後は、話のわかる連中が継いでいる。彼らなら、自分がブレーンになって交渉すればいい。交渉はフルシチョフ体制のもとで始められるだろう。世界各国も、もはや開戦の無理を承知しているにちがいない。そのうち核などの技術を扱う世界政府のようなものが必要になる。極地の氷原に染料をまいて、地球表面が反射する熱エネルギーを制御する可能性もある、と真剣に考えた。近ごろの温暖化論者とはちがい、地球の気温を二〜三度上げて亜熱帯の惑星に変えるくらいの温暖化は人類の福音になると思っていた。しかしそんな決断は一国の手に余る。

ある記者会見ではこう語った。「かつては、新発明を運びこむ未開の地がありました。だがもうありません。今後は新しい着想こそが地球全体をゆさぶるのです」。そんな未来を見つめるジョニーは、針路決定者のそばにいたかった。原子力委員会の中では委員長のストラウスがアイゼンハワーと親しく、ジョニーびいきだったこともあって、たちまち発言力を強めていく。

任期五年のうちに原子力事業がたとえ期待どおりの飛躍的進歩を見せなくても、原子力委員会に残るつもりはない。ほかにもやりたいことがたくさんあった。議会にお伺いを立てたうえで、原子力委員就任後もフォン・ノイマン委員会の委員長は続け、ミサイル開発に助言した。一日二四時間労働も苦にしない活力でおびただしいプロジェクトを引っ張っていた。

原子力委員就任を機に、夫婦はワシントンへ引っ越す。ジョージタウン地区の、快適な黄色の木造住宅だった。五五年、取材に来た『グッド・ハウスキーピング』誌のサミュエル・グラフトン記者に、妻のクララがこう語っている。

主人は昼間は原子力委員会の事務所に出かけ、夜になると、自分が興味をもついろいろな分野の科学者をお客にします。私は夜の秘書で、お客さまにくつろいでいただき、順にひとりずつ主人のところにお連れするのが仕事。ふつうの人が眠る時刻には主人も床に入りますが、睡眠も仕事の一部みたい。数学の研究はたいてい意識下でやるんだ、なんてよく言ってますし。難問を思いながら熟睡して三時に目覚めたら解けている、といった調子。睡眠中に心が解いてくれるんでしょうか。すぐ机に向かって友達に電話します。真夜中にたたき起こされるのも平気でないと、主人の友達はつとまりませんね。蔵書の半分は寝室に置いていて、夜明けまで仕事したあと、ヒバリみたいにおしゃべりしながら事務所に向かうんです。

そのころジョニーが他分野の科学巡礼団を引きつけたわけを、クララはぴたりと見抜いている。彼らは一九五〇年代、科学の未来について自由闊達に想像の翼を広げていた。ジョニーは多様な分野に数学をもちこむのが得意で、友人の夢物語を正確な数字でたちまち裏づけてやった。また、原子力委員の仕事がすんだら挑戦したい大きな発想も温めている。コンピュータの設計と数値天気予報は、自分の手助けでもう始まった競争の流れに任せておくのがいちばんいい。オートマトンについては、二年前の興奮は薄れかけていたが、五六年にイェール大学でするはずだったシリマン記念講義「コンピュータと脳について」の草稿に、死の一年前に病床で考えついた着想が書いてある。

当時のジョニーは、自分の新しいコンピュータ（真空管は約一万本。やがて真空管時代も終わる）とヒトの脳（ニューロンの数は数十億）の対比に心を奪われていた。計算にかけて脳はコンピュータよりずっと遅いのに、視覚認識や想像力、別の側面から考える能力、ものごとの総合判断など、コンピュータにはない能力をもつ。それは脳内でどうプログラムされているのか？　脳と中枢神経系を支配するどんな言語も、と彼は書いた。「論理展開も演算も、計算機より遅い」。世界にある言語の多様性は、言語が歴史の産物だということを語る。「ギリシャ語やサンスクリット語は歴史の産物にすぎず、完璧な論理的必然性のもとにできたものではない。論理学も数学も同じく歴史的偶然の表現とみるのが正しい。したがって、われわれのまだ知らない変種も存在するはず。中枢神経系と神経伝達システムの性格がそれを語っている」。

だからジョニーは、死のまぎわ、「数学を語るときは、中枢神経系にある一次言語の上に構築された二次言語で話しているだけ」と確信していた。一次言語の正体をつきとめたい。それができれば人類の将来をまるごと改革できるだろう。その探求にコンピュータが役立たないものか？

プリンストン高等研究所勤務のころ、古い数学の刷新はむずかしかろうと感じていた。高等研究所は、古い数学界に巨大な既得権益をもつ優秀な頭脳の小さな共同体にすぎない。すばやく静かに動くコンピュータさえ、騒々しい、汚らしいと毛嫌いした人もいる。だから新しい数学に向けたコンピュータの改造も、別の場所で、十分な研究費をもつ大型チームでやるべきだ。そのために彼は一九五五年、原子力委員会を退いてからの勤め先を当たり始める。カリフォルニア大学の教授になってキャンパスのそばに住み、IBMの助成と協力を仰いで仕事をするメドをつけた（それを病床で高等研究所当局に伝えたのは五六年）。原子力委員になって顧問業などはみんなやめていたから資金も足りない。ジョニーのおかげで伸びていたIBMは、彼の指導が生んだいろいろなものの特許を彼の名前で登録し、その果実を研究資金に献上する腹づもりになっていた。

一九五五年夏、がんに倒れるまでの数ヶ月、ワシントンの生活を相変わらず子供のように楽しんでいた。クララは『グッド・ハウスキーピング』誌のグラフトン記者に、夫の運転のひどさを語っている。一九三〇年にブルックリン橋の下で免許をとったころから変わっていないんですよ。グラフトンの記事――「フォン・ノイマン博士はいかにも数学者らしい運転をする。おもしろい問題があるからと、混んだ道を好む。車種も多様なこれだけ多くの車が走っている。この空間を、車どうしが多様なスピードで通り抜けるにはどうすればよいか、という問題だそうな。ハンドルを左右に切りながら（奥方いわく、猛スピードで）まんまと走り抜き、計算が合っていたよと嬉しがる。車の姿もまばらな大通りは、解く問題もないから興味も薄れ、ゆっくりと運転するのだという」。

大通りはゆっくり走る、とマスコミに語ったクララは、夫が事故をしたとき裁判を有利にしようというつもりだったのかもしれない。ハンドルを握っていても数学の問題を考え始めると運転を忘れてしまうジョニーだから、時速一〇〇キロで林につっこむ恐れがまだまだあった。交通違反ではたびたび警官につかまってもいるし。

クララはグラフトンにこんな話もした。「家を買うとか、大きな話になると手際がいいんです。いろんなことを整理して、みごとな決断をしてくれます。終われば忘れてしまうけど。金づちやねじ回しにさわったことはなくて、家のことは何もしてくれません。でも、こわれたファスナーを直すのは天才。ちょっとさわっただけで直るんです。たしかに、引っかかったツマミの位置や嚙みちがったファスナーの歯列にはなんだか数学の匂いがします。それが数学者フォン・ノイマン博士の気を引くんでしょう。ほんとに一瞬で直りますね」。

幸せいっぱいだった幼少期の名残か、無頓着なところはずいぶんあった。「お昼に何を食べたかも覚えていないんです」とクララ、「一五年前に読んだ本は隅々まで覚えていてもね」。自分がつくり上げた数学さえ忘れ始めている。次にやりたい仕事にとてつもなく集中するからだ。数値天気予報をあみ出したばかりなのに、天気のことなど気にしない。チョッキは七月まで着込み、脱いだら二月までほうりっぱなし。「主人の服を買うときは必ずついて行きます。そうしないと、売り子のすすめるままに片っ端から買いこむんですもの。飛行機の出発が遅れているときなどはたいへん。制服の人を見かけると、ポーターでも電報配達でも新聞の売り子でも誰かれかまわずつかまえて、なぜ遅れているのかってかみつくんですから」。

夫婦がワシントンの有名人になると、ジョニーが凡庸な人間にそっけないのはやや問題だった。初対面のときは内気で礼儀正しいそぶりをしながら相手を値ぶみする。次に会ったときは、大物でも退屈だとわかった相手なら、「もうすっかりわかってしまっている古い話題はきっぱりやめて、ハリウッドで成功した映画の話とか、薬剤師がくすりをどんなふうに調合するとか」、そんな話だけもちだしたらしい。

ポケットの中は、どんどん増える政府機関通行証と、自分で楽しむパズルくらい。タバコをやらなかったのを別にして、健康には無頓着だった。「主人は何でも計算できるのに、カロリー計算はだめなんです」とクララ。夜の秘書だったから、亭主の朝食をつくってやれない。ジョニーはひとりで朝食をとり、メニューはヨーグルトとゆで卵に決め、それをがんこに守っていた。昼食や夕食では豪華な料理とクリームたっぷりのお菓子を食べる。一九一〇年ごろブダペストで過ごした子供時代からお菓子には目がなかった。ときには夜食もとってカロリーを増したが、いつも自分の都合のいいようにごまかしていた。クララが不在なら、食事の注意なんかどこ吹く風と朝からイングリッシュ・マフィンをむさぼる。もちろん医者は、肥満は心臓に負担がかかると警告していた。だが彼に襲いかかったのは心臓病ではなかった。

がんに襲われる

一九五五年八月、ストラウスはスイスに出張して、きたるべき核の時代で重要になる放射線障害を考える国際会議に出ていた。八月一一日付でジョニーから電報が届いた。

ホンジツ　ベセスダ（海軍病院）セイケイゲカノ　シンサツヲウク。モンシントレントゲンカラ　リョウセイ（キョサイボウ）シュヨウガ　ヒダリカタノ　サコツニアルモヨウ。ゼッタイデハナイガ　テオクレニナルマエニ　シュジュツガ　ノゾマシイトノコト。

ストラウスはすぐには電報の深刻さに気づかず、こんな返事を書いている。「八月二二日（月）のラドフォード提督との昼食会に出席してください。ただし当日、大統領がデンヴァーで小職の報告をご希望なら、その旨を提督に伝えて昼食会は断ってください。大統領のご意向は明日か木曜にはわかる予定です」。ストラウスは、大統領と協議するどんな話でも、あらかじめジョニーの意見を聞いておきたかったのだ。

スイスの会議には、放射線障害がテーマだから、がんの世界的権威が出ていた。権威たちはストラウスに電報の意味を教える。左肩鎖骨《さこつ》の巨細胞腫瘍《しゅよう》は、がんの恐れがきわめて高い。残念ながら初期症状ではなく、まず膵臓《すいぞう》あたりにできたがんが、この夏までに血液を通って骨に転移したと思われる。痛みはそうとうなはずだが、仕事にまぎれて気づかなかったのだろう。

同じ月に受けた検査用手術が、専門意見の正しさを証明してしまう。ジョニーは友人や家族にはそのことを伏せ、最後の力をふりしぼって、手をつけた大事な仕事の整理にかかる。五五年一〇月三日時点で、その後二週間の予定はこうなっていた。

JvN予定表

一〇月 五日（水）午後 四：〇〇 全米科学財団で講演（講堂）コンピュータ研究会「高速計算とコンピュータ」（講演四〇～四五分・質疑一五～二〇分）

午後 五：三〇 MITのキリアン博士［当時MIT学長。やがてアイゼンハワーの科学諮問委員会委員長］コスモス・クラブ地下ロビー

午後 八：〇〇～一〇：〇〇 講演共同フォーラム、「F」通り1110、NW

一〇月 六日（木）午後 五：三〇～ 七：〇〇 ランド研究所理事を接待のカクテル

パーティー、コスモス・クラブ
午後 六：〇〇～ 八：〇〇 妻同伴のカクテルパーティー（M・ド・ヒーンズに会う）、フォックスホール・ロード 2501（DE-2-1286）

一〇月 八日（土） プリンストンのホイーラー博士と朝食の予定

一〇月一〇・一一日（月・火） 科学諮問委員会、アバディーン。一〇日出席、一一日未定

一〇月一三日（木）午前一〇：〇〇 ICBM-5C-1040について請負業者の報告聴取

一〇月一三・一四日（木・金） サンディア行き
ワシントン発 UAL611便—午後四：三〇
デンヴァー着 午後九：三五（ホテル予約：ブラウンパレス）
デンヴァー発（金） コンチネンタル320便—午前八：〇〇
アルバカーキ着 午前一〇：二八

一〇月一五・一六日（土・日）

ロスアラモス

アルバカーキ発（日）コンチネンタル323便

—午後九：〇〇

デンヴァー着　午後一〇：五四

デンヴァー発（月）UAL730便—午前一：

三〇

ワシントン着　午前八：〇五（帰路は空軍機か）

一〇月一七・一八日（月・火）

WADC8c諮問委員会（JvN委員会）

一〇月一八日（火）午前　九：〇〇　原子力推進ミサイル科学諮問委員会（国防省5E

—997室）

二週間のうちに予定はいよいよ増えていく。一七日付で予定表はこう変わっていた。

JvN予定表（B）

一〇月一七日（月）午前　九：〇〇　ICBMの会議　国防省4C-1052室

午後　六：〇〇　原子力委員会会議（最低二時間）

一〇月一八日（火）午前　九：〇〇　ICBM科学諮問委員会　国防省4C-1052

室

午後　三：四五　ワシントン発　ＡＡＬ７５２便

ラガーディア着　午後六：〇〇

午後　六：三〇　ニューヨークでスローン－ケッタリング・ディナー（ウォルドーフ・アストリア・ホテル、スターライト・ルーフ）要ブラックタイ

午後　九：三〇　ラガーディア発　ＡＡＬ３３７便

ワシントン着　午後一〇：五〇

一〇月一九～二一日（水～金）　空軍科学諮問委員会　国防省5C-1040室

一〇月一九日（水）午後　七：三〇　トワイニング将軍主催の科学諮問委員会レセプション（男のみ）ボリング将校クラブ　略装

一〇月二六日（水）午後　八：〇〇　ストラウス夫妻主催の夕食会　妻同伴　センジエ氏・ロビリアート夫妻同席　「Ｆ」通りのクラブ　要ブラックタイ

一〇月二七日（木）

午後　六：一五　プリンストン：大循環研究グループ（気象学）

ＮＳＦ地区委員会の夕食会（タリー－ホー・レストラン、17番通り８１２、ＮＷ）

午後　七：三〇～九：三〇　NSF地区委員会の会議（NSF評議会室）（「H」通り1520、NW）

一〇月二八日（金）午前　九：〇〇～午後　四：三〇　NSF地区委員会の会議（航空学全米諮問委員会9階会議室、「H」通り1512、NW）

これが、激痛に耐えているがん患者の予定表なのだ。

一九五五年の一一月にはもう車椅子の人となる。「八月の手術のせいだよ。気のもちようで起こる不調さ」と友人には言っていた。当時のジョニーをヨークがこう振り返っている。

フォン・ノイマン委員会の仕事はやりぬく腹だったが、できるかどうか空軍当局は危ぶんでいた。ある日の会議で、委員みんなが着席したあと、軍の補佐官がジョニーの車椅子を押して入ってきた。いつもと変わったふうはなく、笑みを絶やさず快活だった。会議はいつもどおりジョニーが手際よくまとめ、議論も決定も無駄なく進んだ。だが先を悟ってからは絶望を深め、カトリック教会だけを慰めにしていた。

五六年一月、ジョニーはまた入院する。翌二月、大統領から手渡しで自由勲章を受けたときは、病院から車椅子のまま出てきて授章式に臨んだ。勲章を襟につけてくれるアイゼンハワーに、「この栄誉に値するよう長生きできればいいのですが」とつぶやく。余命いくばくもないと知っていながら親友にも黙っていたのに、大統領の前でつい打ち明けてしまった。「長生きしますよ」とアイゼンハワー、「私たちには君が必要なんだ」。その言葉は、アイゼンハワーには社交辞令だったかもしれないが、ジョニーの仕事はいろいろな形でしっかりと生き続け、二〇世紀後半を、血にまみれた前半に比べてずっと輝かしい歳月にしてくれた。

当時二〇歳の娘マリーナ・フォン・ノイマンは、ラドクリフ大学を優秀な成績で卒業し、すぐ結婚したいと言いだしたので、ジョニーは喜ばなかった。相手の男性は気に入っても、早すぎる結婚が研究者としての経歴を損なうのを恐れたのだ(五五年当時ならその心配もうなずける)。しかしそれが取り越し苦労だったとわかったとき、生きていたらジョニーはどんなに喜んだろう。マリーナ・フォン・ノイマン・ホイットマン博士は、ニクソン大統領に請われて女性初の大統領経済顧問になったのだから。五六年の初めにあったマリーナの婚約式に車椅子で出たジョニーも、六月の結婚式にはもう出席できなかった。

英雄の最期

ワシントンのウォルター・リード陸軍病院の病室に、軍や政界の大物たちが集まってくる。ストラウスも国防関係の大物とたびたび見舞った。ジョニーの言葉をついばみに来た黒いカラスの群れかと見えた。治療によって眠りながらうわごとを言うようになったから、フォード大佐は上官の命令に従って兵士に不寝番をさせ、軍の機密を口走らないかどうか監視させる。睡眠中に幻覚を見るようになったころにつぶやいたうわごとはハンガリー語で、警備の兵士は理解できなかったから、首尾万端ともいえなかったが。少なくとも一度ジョニーは真夜中に兵士を呼びつけ、ちょっとした思いつきを空軍に電話で伝えようとした。昔からの科学者仲間たちにはおなじみの行動だったが、何かよほど大事なことを最後に言いたいのではと考えた空軍の関係者は色めきたつ。

真夜中の電話の一件が、彼は死の床で闇をつんざく叫び声を上げた、「生きる道は知りぬいていたジョン・フォン・ノイマンも往生ぎわは悪かった」という伝説のもとになっている。見舞い客の一部には無念の気持ちを伝えている。ものを考える自分が欠けた世界を彼は想像できなかった。このころジョニーは妻クララにあたりちらしていた、という証言もある。そうかもしれない。死にかけている夫にものを考えさせようとする人を黙らせたい、と彼女は思っていて、いっぽうジョニーのほうは死の間際まで考え続けたかった。

がんの転移が進み、脳までおかしくなると、それももうかなわなかった。ベッドの脇には、イェール大学が頼んできたシリマン記念講義用の原稿（死後『電子計算機と頭脳』の題で出版）があった。その本の一部、ことに末尾あたりはすばらしい出来だが、ほかはジョニーらしい切れ味がない。がんが進むなかで書いた部分だ。それでも、口が悪いことで知られるアメリカのある大物科学者でさえこんなふうに言っている。「彼の頭の回転についていける人間は誰もいなかった。なんとかついていけるようになったのは、やっとあの最後の年だった」。

一族が病室に集まってくる。弟のマイケル・ノイマンは、ゲーテの『ファウスト』をドイツ語で読んでやった。ジョニーは、気に入りの登場人物が会話する部分に来ると弟をさえぎって楽しそうに、一言一句たがわず暗唱してみせた。夏には母のマーガレット・フォン・ノイマンもがんを宣告され、二週間後に亡くなる。ジョニーは宣告から他界まで一八ヶ月あった。

その一八ヶ月のうち、ジョニーはカトリックに戻る。今度は本心からの改宗だ。カトリックは、一九二九～三〇年に家族そろってユダヤ教から改宗して以来、母親にも心の支えだった。病院つきのカトリック司祭が教養人で、古代ローマやギリシャについて警備の兵士などよりずっと話ができたから、司祭の言うままに改宗したと言う人もいる。だが、だいぶ前から母親にこんなことを言っていた。「たぶん神はいる。いるほうが、いないよりも、いろんなことが説明しやすいから」。無信心者が地獄に堕ちる可能性があるならば、死の間際に信心者になるのは理にかなう、というパスカルの言葉に陽気な顔つきでうなずいていたらしい。古典ラテン語はまだ完璧で、ある見舞客が来たときラテン語の演説句の一節を朗唱して驚かせた。「裁き人イエスの席をとり去りしとき」に始まり、「惨めなる我は何を請うべきや。正しきもの自由になりがたき今、わがために請い願う者は誰」に終わる一節だ。

友人たちも、生前は意見がぶつかった人たちも見舞い状をくれた。プリンストン高等研究所数学部のマーストン・モースがくれた手紙にはやや自責の念がにじむ。「私たちはもう二〇年ほど一緒にやってきました。お互いにいやな思いをすることもありました。ときには考えがちがって、ときにはやむをえない事情もあってそうなってしまいました。……数学部がコンピュータ開発の中止を決めたのは、君の設計も応用もみごとに完結したと判断したからでした」。ゲーデルもドイツ語の手紙をよこし、見舞いの言葉もそこそこに、数学の超難問についてジョニーの意見をきいてきた。

九月に入るとジョニーは手紙も読めなくなったが、クララはかいがいしく返事を書いた。オズワルド・ヴェブレンに宛てた五六年一一月一三日付の手紙が当時のようすを伝えている。

拝復　主人へのお手紙ありがとうございます。読んでやったらあなたからの手紙だということに喜んでいたようですが、主人の反応についてお伝えするのはむずかしい状況です。もうほとんど話もできず、表情や目の動きで気持ちがなんとかわかるだけです。でも、あなたから手紙をもらったことは喜んでいたと思います。そんなふうにしていただいたことに心からお礼申し上げます。

一九五七年二月八日、ジョニーはついに帰らぬ人となる。葬儀には大勢の人たちが参列した。母親と、三九年に自殺した義理の父チャールズ・ダンと並べて、プリンストン墓地に埋葬された。六三年一一月に入水自殺した妻のクララも三人のそばに眠っている。墓地へ向かう車にはロスアラモス時代からの友人たちが乗りこんだ。戦後ロスアラモスの所長になったブラッドベリーがこうつぶやいたのをヨークは憶えている。カトリックの司祭が葬儀で述べた追悼の言葉より胸をうつ献辞だった。「苦しみのない天国に着いたなら、今ごろはもう、会いたかった人たちとおもしろい話をはずませてるだろうね」。

謝辞

まず、本書の出版に助成をいただいたアルフレッド・P・スローン財団にお礼申し上げる。同財団のアーサー・シンガーほかの方々は、今世紀の偉大な科学者たちの伝記・自伝の刊行を助けてきた。今までの著者各位より学識でずっと劣る身としては、本書の出来栄えが同財団の期待に背かなかったことを祈るしかない。

同財団は以前、ジョン・フォン・ノイマン伝の執筆をスティーヴン・ホワイトと故スタニスラウ・ウラムに頼んでいた。なにしろ難解な数学を平易に書くのはむずかしいため筆も止まりがちで、仕上がる前にウラム教授が永眠してしまった（一九八四年）。筆者は、草稿にあった調査・取材の内容と注釈の一部、それに一九二六年までの逸話をホワイトがまとめていたメモも受け継いだ。本書の四章までに載っているみごとな文章の多くは、許可を得てホワイトのメモから転載した。

もう老齢になられたフォン・ノイマンのご親族、マリエット・クーパー（ジョニーのすてきな先妻）、故キャサリン・ペドローニ（旧姓アルチュティ）、ニコラス・フォンノイマン（ジョニーの弟）にはお話を伺ってホワイトのメモを肉づけできた。ニコラスは、あとの文献リストにも挙げた洞察力あふれる自著『弟のみたジョン・フォン・ノイマン』の内容について、引用箇所を脚注でいちいち断らずに転載するのを許可してくださったほか、初めの数章にあった事実のまちがいを除いていただいた。ジョニーのお嬢さんで著名な経済学者のマリーナ・フォン・ノイマン・ホイットマン博士も、原稿に隅々まで目を通してさらに多くの誤りを直してくださった。まだ誤りが残っているなら、その責任はすべて筆者にある。

ジョニーは、専門の論文や講演では正確無比の言葉づかいをするいっぽう、いったん本題を切り上げたら相手の緊張を解こうとして冗談をしきりに飛ばしたようだ。冗談の類をじかに聞いた方々から伺うと、冗談も相手に合わせて脚色を変えたらしく、同じ題材でもニュアンスが人ごとに少しずつちがう。筆者はとびきり愉快な変種だけを選んで載せたから、その意味で「誤り」が残っている恐れはある。

死後三五年を経てジョニーは伝説の人になった。しかし彼は生前からもう伝説の人だった。取材に応じてくれた方々は例外なくジョニーを讃え、ほぼ全員が彼を好きだったと言う。取材といえば、本書の著者となった特権として筆者は、多くの超有名人や、アメリカ科学界に関係する方々に直接お話を伺う幸運に恵まれた。

そんな人たちを姓のアルファベット順に並べると、ハンス・ベーテ、ジュリアン・ビゲロウ、故フレデリック・ド・ホフマン（別の取材も手配していただいた）、フォスター・エヴァンス、ハーマン・ゴールドスタイン、カスバート・ハード、カーソン・マーク、ニコラス・メトロポリス、ジョゼフ・スマゴリンスキー、エドワード・テラー、フランソワーズ・ウラム、ユージン・ウィグナー（訳注：一九九五年逝去）、ハーバート・ヨークとなる。またピーター・ラックス教授は、本書の原稿を読み、ロスアラモス関係者への取材を仲立ちしていただき、数学の誤りを直してもくださった。それでもなお誤りが残っていれば全責任はやはり筆者にある。

腕利き編集者のマイケル・ベッシーは、本書が隅々まで一般読者にも理解できるようにと、ともすれば数学に深入りしがちな部分に手を入れてくれた。アメリカの議会図書館、アメリカ哲学会の図書館、プリンストン高等研究所の図書館、ロンドンのスクール・オヴ・エコノミクスにもお世話になった。

参照した出版物もおびただしい。出版物の中に見つかる興味津々の話題はたいてい、ジョニーを論じた先人の誰かがすでにつかっていた。調べた出版物は残らず末尾の「参考文献」に載せ、引用許可に感謝するとともに、許容範囲を超えて引用しなかったことを願っている。書き物を残した友人のうち、ジョニーの著作を筆者よりずっと学者らしい見かたで徹底的に調べたウィリアム・アスプレイと、最終章の生みの親ともいえるハーバート・ヨークにはとくに感謝したい。面識がない、あるいはほんの少ししかない方々の書き物では、編者モハメッド・ドアほか一〇名の著名な学者が著した本と、ハーマン・ゴールドスタイン、ジョン・ルカーチ、エド・レジス、リチャード・ローズ、ジョエル・シュルキンの本にずいぶん教えられた。そのほか、クレイ・ブレア、サミュエル・グラフトン、ポール・ハルモスの書き物も参考になった。

右に名前を挙げた方々すべてに心から感謝し、その旨はあとの「注記」にもくり返してある。

出版物の一部転載をお許しいただいた左記の団体と個人に感謝する。

アディソン・ウェズリー社（図書）Ed Regis, "*Who Got Einstein's Office?*"（1987）
［大貫昌子訳『アインシュタインの部屋』、工作舎、一九九〇年］

アメリカ数学会（論文）Stanislaw M. Ulam, "John von Neumann 1903-1957",
（*Bulletin of the American Mathematical Society*, Vol. 64, pp. 1-49, 1958）

マクミラン社（図書）Stanislaw M. Ulam, "*Adventures of a Mathematician*"（1976）
［志村利雄訳『数学のスーパースターたち――ウラムの自伝的回想』、東京図書、一九七九年］

ニコラス・フォンノイマン氏（図書）自著 "*John von Neumann: As Seen by His*

Brother”（1987）
オクスフォード大学出版局（図書）Mohammed Dore, Sukhamoy Chakravarty, Richard Goodwin 編“*John von Neumann and Modern Economics*”（1989）
プリンストン大学出版局（図書）Herman Goldstine,“*The Computer from Pascal to von Neumann*”（1972）［末包良太他訳『計算機の歴史——パスカルからノイマンまで』、共立出版、一九七九年］
サイモン＆シュースター社（図書）Richard Rhodes,“*The Making of the Atomic Bomb*”（1986）［神沼二真・渋谷泰一訳『原子爆弾の誕生』、紀伊國屋書店、一九九五年］

注記

第1章

大半はスティーヴン・ホワイトの取材メモとスタニスラウ・ウラムの書き物（一九五八年、七六年）をもとにして書き、ハンス・ベーテ、ピーター・ラックス、ニコラス・フォンノイマン（ジョニーの末弟）、ユージン・ウィグナーに伺った話も入れた。出版物で引いたのは（「参考文献」参照。以下同）ベル、ブレア、バークス、ドア（サミュエルソンの章が主体）、フェルミ、グリック、ゴールドスタイン、グラフトン、ハルモス、ナジ、ローズ、シュルキン、ストラウス、トーブ、ウィグナー（量子力学史料館のインタビュー記録＝聞き手トマス・クーン＝も含む）。たびたび引用したルイス・ストラウスの言葉は、フォン・ノイマン記念夕食会（一九七一年）の講演録から採った。

第2章

おもな資料はジョン・ルカーチとニコラスの本、加えてチャーチル、ハイムズ、ローズの本。故キャサリン・ペドローニ（旧姓アルチュティ）の鮮やかな懐旧談をもとに二次稿を手直しした。その手前の一次稿に残っていた数々の誤りはニコラスが消してくれた。ブダペスト時代の逸話をくわしく調べたホワイトのメモからかなり転載してある。

第3章

ホワイトのメモ（ブダペストでの調査と、ウィリアム・フェルナーおよびウィグナーへの取材）を下敷きにした。ウィグナーの回想談も入れたが、一九九〇年にお会いしたとき八七歳の氏は記憶がだいぶあやふやだった。弟ニコラス、ペドローニ、ラックスに聞いた話も盛りこんである。出版物はハルモス、ナジ、ローズ、ウラム、弟ニコラス、ウィグナーを引いた。

第4章

ホワイトの取材メモを下敷きに、ベル、クラーク、ハイムズ、ライド、トーブ、ウラム、ウィグナー（量子力学史料館の記録を含む）の書き物も参照した。ジョニーの在学記録の写しを送ってくれたスイス連邦工科大学（チューリヒ）の学長に心より感謝したい。

第5章

スティーヴン・ハイムズ教授もバートランド・ラッセル卿も、筆者とちがってノーバート・ウィーナーをジョニーよりずっと高く買うのだが、感謝しつつ二人の著作を引用した。数学史については カール・ボイヤーとダニエル・ボースティンの本で学んだ。数学史や研究の進めかたをジョニーがどう考えていたかは、トーブ編『論文集』から読みとった。今となっては、ジョニーの論文や講演録の現物よりもこの論文集に頼るほうがやりやすい。出版物ではカジミール、ドア（サミュエルソンの章）、レジス、ウィーナーも引いた。

第6章

参照資料はカジミール、ダイソン、ハルモス、ホーキング、ハイムズの本と量子力学史料館の記録。K・O・フリードリクスの逸話は、クーラント研究所（ニューヨーク）のピーター・ラックス教授と面談した成果。ベーテ、ダイソン、ウィグナーとの面談内容も加えた。

第7章

若きジョニーをめぐる逸話の類（冒頭部分）は、できるだけ楽しいものを選んだとはいえ、たぶん真実からそれほど遠くはない。おおかたの著者がウラムの本とトーブ編『論文集』に頼って書く時期の話だが、ホワイトの取材メモがまだかろうじてカバーする時期に当たり、議会図書館のフォン・ノイマン文書、ヴェブレン文書と重なり始めるころでもあるから、これらの内容もとり込んだ。ベーテ、ダイソン、ラックス、テラー、フランソワーズ・ウラム（スタン未亡人）、マリーナ・フォン・ノイマン・ホイットマン（ジョニーの娘）、ウィグナー（量子力学史料館の記録を含む）に伺った話も入れてある。しかしなんといっても大きいのが、一九九〇年、最初のフォン・ノイマン夫人（一九三〇～三七年）だったマリエット・クーパー（旧姓ケヴェシ）にお会いして伺った話で、これが本書全体に迫真力を添えたと思っている。

第8章

冒頭と、中ほどの一部は、プリンストン高等研究所の歴史を活写したエド・レジスの本からずいぶん引いた。ほかにはクラーク、ファインマン、ナジ、ウラムの書き物を参照している。前妻マリエットの思い出話と、ラックス教授に伺った数学の話も盛りこんだ。高等研究所の図書館とアメリカ哲学会の図書館（ウラム論文を所蔵）では司書の方々にお世話になった。とはいえ、ジョニーが文書の類をきちんと整理・保管していた時期の話なので、議会図書館のフォン・ノイマン文書とヴェブレン文書が最良の情報源になった。

第9章

おもな資料は議会図書館のフォン・ノイマン文書とヴェブレン文書。アバディーンの弾道学研究についてはゴールドスタインとシュルキンの本を引いた。グラフトン、サハロフ、トーブの著作、ベーテ、ゴールドスタイン、ラックスとの面談も役立った。

第10章

原爆開発についてはいまやみんなが頼るローズの労作『原子爆弾の誕生』にはずいぶんお世話になった。適切に引用できているよう祈る。アルバレス、クラーク、ウラム、ヨークの本も参照した。ラックス教授には昔の仕事場までご案内いただき、ロスアラモスや近郊に住む原爆開発の関係者たち、カーソン・マーク、ニック・メトロポリス、フォスター・エヴァンス、フランソワーズ・ウラムと面談できた。ベーテ、故フレデリック・ド・ホフマン、サム・ゴールドマン、ラックス、テラー、ヨークにも直接取材し、議会図書館のフォン・ノイマン文書も参照している。

第11章

筆者は英国空軍の航空士を経て一九四五年一〇月ケンブリッジ大学に入り、四七年に経済学の優等卒業試験を受けて最優秀賞を得た。四九年まで研究と若干の教育を続け、そのころ注目されだしたジョニーの『ゲームの理論と経済行動』と経済拡大モデルの紹介記事を書き始めていた（本章の下敷き）。しかしやがて読みの甘さを思い知る。経済学の分野でジョニーの名は没後にいよいよ高まったからだ。それもあって本章の冒頭部分は、ドア、チャクラヴァーティ、グッドウィン編『ジョン・フォン・ノイマンと近代経済学』（一九八九年）を読んでから手直しした。編者三名に加え、ノーベル賞受賞者二名（サミュエルソン、アロー）、アフリアット、ブロディ、ハルサニー、故カルドア卿、プンゾー、トンプソン、以上一一名の碩学がものした同書を誤りなく引用できていることを願う。故カルドア卿とは面識があり、ジョニーについてつれづれ話をしたことはあっても、同書に氏が書いている紹介のほうがずっとくわしい。ほかにブロノフスキー、マンスフィールド、ナジの本、そして当然ながら『ゲームの理論』も参照した。

第12章
ゴールドスタインとアスプレイの本が二大情報源。冒頭部分と歴史の話は大半をゴールドスタイン（自著と、フィラデルフィアでした面談）に負う。ナジ、シュルキン、ワトソンの本も参照した。

第13章
おもな情報源は再びゴールドスタインとアスプレイ（著書と面談）。ほかにバークス、ジョニー自身（『電子計算機と頭脳』）、トーブ（『論文集』中、高等研究所のコンピュータ関係の論文）、ケムニー、レジス、スマゴリンスキー、ウラム、ワトソン、ウィーナーも参照。ビゲロウ、ハード

（IBM）、スマゴリンスキー、フランソワーズ・ウラムに伺った話も入れてある。議会図書館のフォン・ノイマン文書を読むと、経費調達とプロジェクト承認に向けてジョニーが何を考えながら動いたのかよくわかった。

第14章

おもな資料はヨークの本。うち『*The Advisors*』（一九八九年第二版）にはベーテの書いた付録がある。クラーク、レジス、ローズ、サハロフ、ウラムの本も参照した。ベーテ、ド・ホフマン、ラックス、ペドローニ、テラー、ヨークの懐旧談も含む。八九年にはロスアラモス関係者（マーク、フランソワーズ・ウラムほか）を訪ね、午後のお茶と長い夕食会でずいぶん話を伺った。

第15章

ヨークの本（三冊）が最良の情報源で、たびたび引用した。ほかに弟ニコラスの本、ハイムズの本、当時の新聞記事も参看。一九五一～五六年、筆者は『エコノミスト』誌特派員として年に一、二度の訪米をし、五二年には『タイム』誌との交換滞在でニューヨークに四ヶ月いた。当時は『ゲームの理論』の著者ジョン・フォン・ノイマン氏を経済学者だと信じていたため、国家防衛戦略の中枢にいる人物だと事情通に聞いて面食らった覚えがある。政府のたいていの要人は『エコノミスト』誌のかけ出し記者でもらくに会えたのに、フォン・ノイマンへの取材申し込みはすべて断られた。当時と以後三五年間の論説誌記者時代を通じ、一九五二～五五年のジョニーの影響力について多くの方々と折り折りに話し合ってもいまひとつ要領を得なかったところ、本書の執筆にとりかかってヨークの本を読んだときにやっと合点がいった。ジョニーの晩年については、ヨーク、娘マリーナ、弟ニコラスとした面談、また五六年に病床のジョニーを見舞った方々との面談から多くを学んだ。晩年一〇年ほどのジョニーは並の教授にはありえない堅固な秘書官の管理下にあったという事実が、日程表を含めて議会図書館に残る文書から読みとれる。

自分が若いころに受けた訓練は、学者というより論説誌記者を育てる訓練だった——本書を書きながらそれをよく実感した。論説誌記者という人種は、日に一〇〇〇語くらいの記事を書き、出所をいちいち明記されなくても、誰かがそれをとり上げて議論を進めてほしいと願う。たとえ反論の中だろうと自分の言葉を引用してくれれば、その日の記事は論じるに値するものだったと確信できて心も安まる。それにひきかえ学者の世界には、書く分量は記者よりずっと少ないのに、自分の言葉を他人が無断でつかおうものなら気色ばんだりする方がいる。ジョニーはそんなところがいっさいなくて、切れ目なく浮かぶアイデアをみんなに（マスコミ経由ではなく、だろうが）すぐ伝えようとした。第二のジョニーが今後どんどん出れば、時間もお金も浪費せずに豊かな世界がつくれるだろう。そのことを、ジョニーも仲間のひとりだった学者各位の作法にかなう書きかた、お怒りを誘わない書きかたでお伝えできたのではと思っている。

著者の自己紹介

一九二三年生まれ。一九四二〜四五年、英国空軍航空士。四五年ケンブリッジ大学入学。優等卒業試験で最優秀賞を受け四七年に卒業。四七〜四九年、同大学で研究と若干の教育をしたが、もう執筆活動に手を染めていたし結婚もあって学位を取得しないまま四九年『エコノミスト』入社。計八冊の本を書いた有給休暇とコンサルタント業をした短期を除き、八八年の退職まで勤務。五四年よりアシスタントエディター、六五年から副編集長。『エコノミスト』誌の無署名記事を主体に記事三〇〇〇本以上を書くかたわら、五つの大陸で講義し、各国の雑誌にも多数寄稿。『The Neurotic Trillionaire』と『America's Third Century』(『エコノミスト』誌連載のアメリカ論をH・B・ジョヴァノヴィッチがペーパーバックにした本)、それに『The 2025 Report: A Concise History of the Future, 1975-2025』(マクミラン刊、一九八五年)をアメリカで出版。第三次世界大戦をテーマに、将軍ジョン・ハケット卿が監修し全世界で三〇〇万部を売った本(邦訳『第三次世界大戦』講談社、一九八四年)には、将軍や提督が戦いそのものを書き、筆者が開戦と終戦の章を書いた。

日本を論じたルポルタージュ三本（日本は正しい経済政策を選んだ唯一の国――と以後の展開を予言ふうに書いた六二年のものが一作目）はみな日本でも本になった（邦訳『驚くべき日本』『日本は昇った』『日本への衝撃』、いずれも竹内書店新社刊）。『エコノミスト』を退職した八八年（昭和六三年）、春の叙勲で日本政府から勲三等旭日中綬章をいただき、またエリザベス女王誕生日の叙勲でイギリス政府から上級勲爵士（Commander of the British Empire）に叙せられた。

訳者あとがき

残した仕事の大きさの割に知名度が低い人はどんな分野にもいますが、本書の主人公ジョニー（著者にならって以下こう呼びます）・フォン・ノイマンくらい、いくつもの分野に巨大な足跡を残しながら一般の知名度が低い人も珍しいでしょう。

とはいえ訳者も本書を読むまでは、学生時代ツンドクに終わった『量子力学の数学的基礎』の著者、コンピュータの基礎を敷いた科学者……くらいの認識でした。ところが、今も名著で通る同書を書き進めたのがなんと二十代半ばで、しかも三十代の入り口ではもう量子論と訣別していました。一七歳ごろから始めた数学研究の華々しい業績は、なるほど解析学の本をめくれば一目瞭然です。さらには、ゲーム理論の草分け、爆発現象や気象予測などの数値解析では元祖のひとり、原子爆弾の設計者、戦後はアメリカ政府中枢でソ連封じの布石を打った人でもありました。驚きはまだ続きます。彼の小論文が六人のノーベル経済学者を生んだとの指摘（11章）も、ケンブリッジ大学経済学部を出た著者の「（一九五二年ごろ）ジョン・フォン・ノイマン氏を経済学者だと信じていた」という述懐（15

章注記）も、訳者には青天の霹靂《へきれき》でした。

巨人ジョニーの一生は、繁栄の極にあったハンガリーの首都ブダペストで幸せなユダヤ人として過ごせた幼少期を除き、まさに波瀾万丈だったといえます。ギムナジウム入学と相前後して起きた第一次大戦の直接影響は小さかったものの、敗戦で祖国も生家も落ちこんでいた時期にヨーロッパの三ヶ国で化学と数学を学び、学位取得のあとドイツの大学で数学と物理学の研究・教育に当たるうち、その頭脳をアメリカに引き抜かれたのが二六歳のときです（終身教授は二九歳から）。移住後も数年間はアメリカとヨーロッパを股にかけた活動を続け、ユダヤ人排斥でそれもかなわなくなってからは、大仕事をいくつもかかえて広いアメリカ大陸を飛び回る人でした。

念入りな取材に裏打ちされたこの伝記から、ハンガリーの特異な歴史、ヨーロッパのユダヤ人が置かれていた立場とその変遷、二度の大戦をはさむ二〇年間の雰囲気、数学や物理学に沸いた知の興奮、新大陸へ向けたユダヤ人大移動（学術・芸術の重心移動）、亡命科学者たちのさまざまな身の処しかた、アインシュタインやワイルを始めとしてジョニーと交わった大物科学者たちの素顔、第二次大戦中の張りつめた空気、戦後の冷戦構造が形をなしていく経緯などなどが浮き彫りになってきます。主人公に惚れこんだあまり、ほかの人たちに向けるマクレイの切っ先が鋭すぎるところは少々気になるのですが。

足跡の紹介が柱の一本なら、本書のもう一本の柱は「巨人を生んだのは何か？」の分析です。もって生まれたものも大きいが、なによりも大きいのは幼少時の教育だった、というのが著者の結論に思えます。まずは、学校に上がる一〇歳までに家庭教師から外国語（ドイツ語・英語・フランス語・イタリア語・ラテン語・ギリシャ語）や数学をたたきこまれました。そして、ギムナジウム（一〇～一七歳）の英才教育は、ヨーロッパの二〇〇〇年を超す知の伝統をうけた、論理的思考力を鍛え上げるものだったにちがいありません。そんなきびしい知育を受けたからこそジョニーは（当時続々と出た傑物たちも）どんな種類の問題にも同じ気分で立ち向かえたのでしょう。

著者はもうひとつ、幼時の家庭教育の大切さも力説しています。父マックスは、食事どきの会話や読書の手ほどきを通じて、①落ちつきとユーモアの感覚、②考えるのが楽しいと思う心、を息子に植えつけ（144ページ）、そのおかげでジョニーは長じてから対人関係をみごとに切りぬけながら大仕事をこなせた、というわけです。

数学・物理・コンピュータ・経済・政治……と広い分野の話題が飛びかうのに加え、著者独特の凝った文体（左記のアスプレイ氏に言わせると「カラフル」な文章）にも手を焼きどおしで、一九九二年に出た原著の邦訳出版が遅れに遅れてしまいました。それはともかく、原著刊行のタイミングは絶妙だったと感心しきりです。三年も早ければソ連はまだ健在でしたから、戦後の「タカ派」ジョニーを讃える言葉も湿りがちだったでしょうし、反対に三年も執筆が遅れたなら、ジョニーの先妻マリエットや親友ウィグナーほか多くの関係者への貴重な直接取材に障りも出て、本書の迫力はぐっと落ちたはずですから。

なお著者マクレイは、技術開発にはジョニーがやったような「情報公開→自由競争」が一番で、そのいい手本が今の日本だ（399、414ページ）、日本は経済政策も一流である（338ページ）などとほめ讃えるのですが、昨今の泥沼を見るにつけ、だいぶ過分なお言葉に思えてしまいます。

訳者のうち渡辺は、このたびの翻訳で電子情報網の威力を実感しました。キーボードの先にたちまち現れたウィリアム・アスプレイ氏（13章注記）、ニコラス・フォンノイマン氏（ジョニーの実弟）、プリンストン高等研究所やアメリカ政府諸機関の方々に関係者の履歴などを教えていただいたほか、関連情報もネットから手に入れました（一部は邦訳に添えてあります）。ヨーロッパの知人三名、ジョニーも在籍したブダペスト大学のジェルジ・インゼルト教授、英国リヴァプール大学のデヴィッド・シフリン教授、ポルトガル・コインブラ大学のクリストファー・ブレット教授には、ハンガリー語の発音や原文解読についてメール経由の助けをもらっています。これほど便利になったのもジョニーのおかげか、と感じ入りながらの翻訳作業でした。

訳出は序～六章を芦田、残りを渡辺が担当したあと全体を渡辺がまとめました。まとめの折りには、巻末「参考文献」にある邦訳数点のほか、次の四冊も参照しました。

『現代数学小事典』（寺阪英孝編、講談社、一九七七年）

『ゲーデル・不完全性定理』（吉永良正著、講談社、一九九二年）
『囚人のジレンマ』（ウィリアム・パウンドストーン著、松浦俊輔他訳、青土社、一九九五年）
『ロバート・オッペンハイマー』（藤永茂著、朝日新聞社、一九九六年）

地名と人名は原語音に近いカタカナ表記を原則にしましたが（ローズヴェルトなど。なお Kármán は、ハンガリーの方々からぜひ「カールマーン」にしてほしいと言われたため、物理学で慣用の「カルマン」を採らず）、隅々まで統一できているとは思えません。ブダペスト（現地音はブダペシュト）、ヒルベルト（スイス以外ではヒルバートが近い）、ゲッチンゲン（ゲティンゲンが近い）など一部は慣用表記を採っています。本文中の小見出し、巻末の年表と地図は邦訳出版にあたって加えたものです。

訳稿を原文とつき合わせて数々の不備を指摘され、共訳者にも等しい助力を仰いだ朝日新聞社書籍編集部の山田豊氏、数学関係の記述を綿密にご検討のうえ貴重なご意見を寄せられた日本評論社の亀井哲治郎氏、渡辺と芦田を引き合わせてくださった丸善㈱出版事業部の小野栄美子さんに心よりお礼申し上げます。

一九九八年六月

渡辺　正
芦田みどり

文庫版への訳者あとがき

コロナ禍で何をするにも心穏やかでなかった昨年の暮れ近く、一九九八年に出した訳書『フォン・ノイマンの生涯』（朝日選書）のちくま文芸文庫化という、望外のうれしい話が舞いこみました。同書に目を留めて企画に上げ、編集作業を手際よく進めてくださった筑摩書房の渡辺英明氏に、まずは心よりお礼申し上げます。

世間は狭いらしく同氏は、旧訳の刊行でお世話になった朝日新聞社書籍編集部（当時）の山田豊さん、日本評論社（現・亀書房社長）の亀井哲治郎さんとは、以前から数学関係の定例研究会に顔を出す仲だったとのこと。お二人とも本件にエールを寄せていただいた旨、英明氏から伺っています。山田さんと亀井さん、ありがとうございました。

いまだ終息の見通せないコロナ禍は生物未満のウイルスが全世界にもたらした災厄ですが、本書の主人公ジョニー（ジョン）・フォン・ノイマンはその真逆、「世界をよくしたい」一心で折々の課題に立ち向かい、数学・物理系の学術界と、新知識を応用する技術世界のほか、移住先の米国政界にも大きな足跡を残す人です。

二〇世紀の前半を生きたユダヤ系ハンガリー人ですから、少年期に第一次大戦、三十代にはユダヤ人排斥と第二次大戦の波をかぶり（幸い、ナチスの暴挙をかわしてアメリカに移住）、四十代の前半からも終戦直後の荒波に翻弄されます。並の人間ならつぶれてしまう苦難続きのなか、今の平均寿命に比べて短すぎる五三年余の生涯を駆け抜けました。

数えきれない成果のうち、訳者の手に余る先端数学の話題と、被爆国民として手放しの絶賛は捧げにくい原水爆開発を脇に置かせていただくと、コンピュータの基礎づくりこそが、現代の暮らしにとって値千金の手柄だったといえましょう。ニュージャージー州のプリンストン高等研究所に勤めていた四一歳時点の一九四五年三月、アメリカ政府の他業務や、なお続けていた数学研究の合間をぬって、「高度なロジック設計ができる最高の数学力と、成果をすぐ他人に知らせる公共心と、ものにするには開発費がかかることの認識、その開発費をかせげる知名度」（363ページ）を武器に、たちまち仕上げた成果でした。いま働いているコンピュータはみな、ジョニーの頭脳から生まれたといっても過言ではない――そのことを原著者はたびたび強調しています。

モバイル機器だけを振り返れば、旧訳の出た一九九八年は、インターネットにつながり始めたころですし、普及中の携帯電話も垢抜けないものでした。けれど、あれよあれよという間に多機能化と軽量化が進み、二〇一〇年ごろからはスマートフォンが世に大増殖したのはご承知のとおりです。そういう便利なものへの道を最初に敷いてくれたジョニーのことを、ぜひ思い出してあげてください。

本書がカバーする二〇世紀の前半は、革命や二度の大戦で国際関係が揺れ動いたほか、量子論や相対論などの科学理論と半導体工学や遺伝子工学などの技術が空前の勢いで進み、文字どおり激動の時代でした。いわば現代史を学ぶ副読本の一冊として、科学技術や国際政治の流れを縦糸、存在感たっぷりな登場人物の発言と行動を横糸に織り上げた本書の心躍る歴史物語を、どうぞお楽しみください。

なお文庫化にあたっては、二十数年前のやや生硬な文章表現や、内容にかかわる軽微なミスの類、人名・地名のカタカナ表記などに、少しだけ手を入れました。その結果、旧訳よりも読みやすくなったかと思っています。

二〇二一年三月

訳者を代表して　渡辺　正

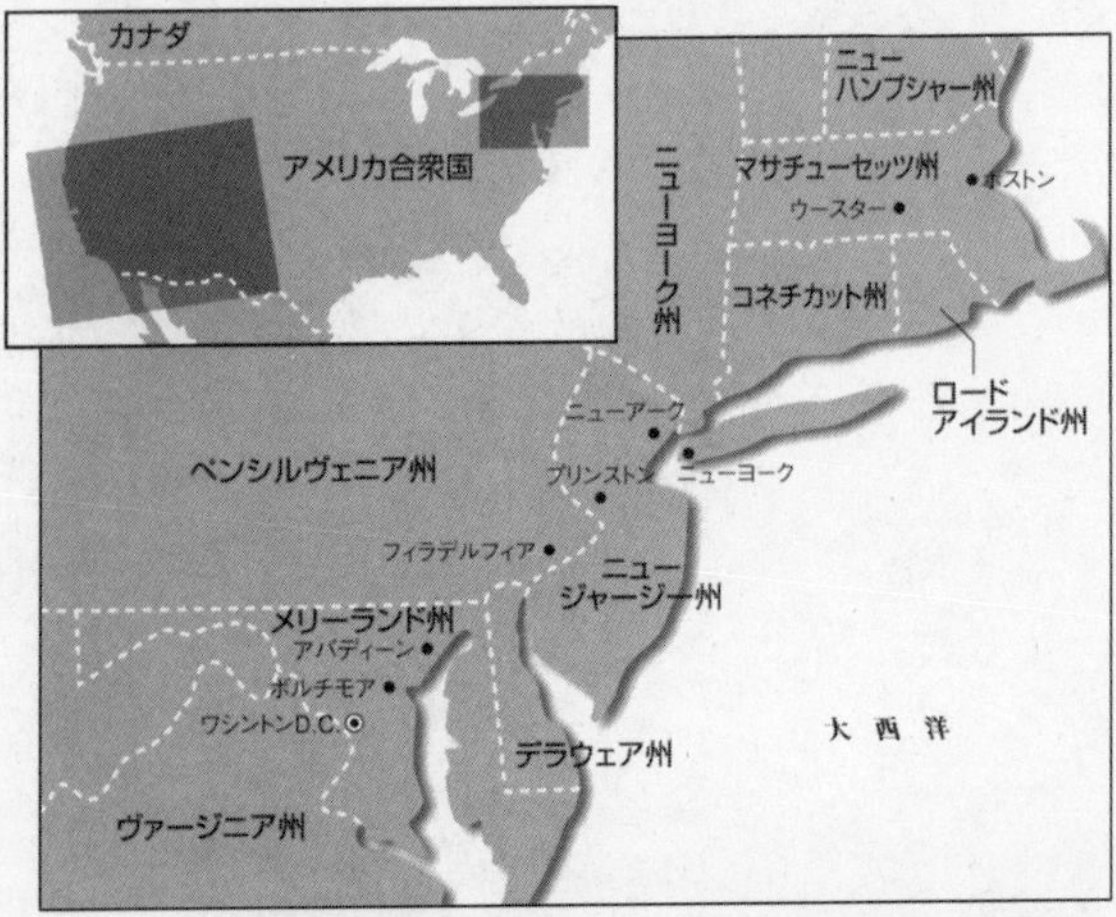
カナダ
アメリカ合衆国
ニューハンプシャー州
ニューヨーク州
マサチューセッツ州
ボストン
ウースター
コネチカット州
ロードアイランド州
ニューアーク
ニューヨーク
プリンストン
ペンシルヴェニア州
フィラデルフィア
ニュージャージー州
メリーランド州
アバディーン
ボルチモア
ワシントンD.C.
デラウェア州
大西洋
ヴァージニア州

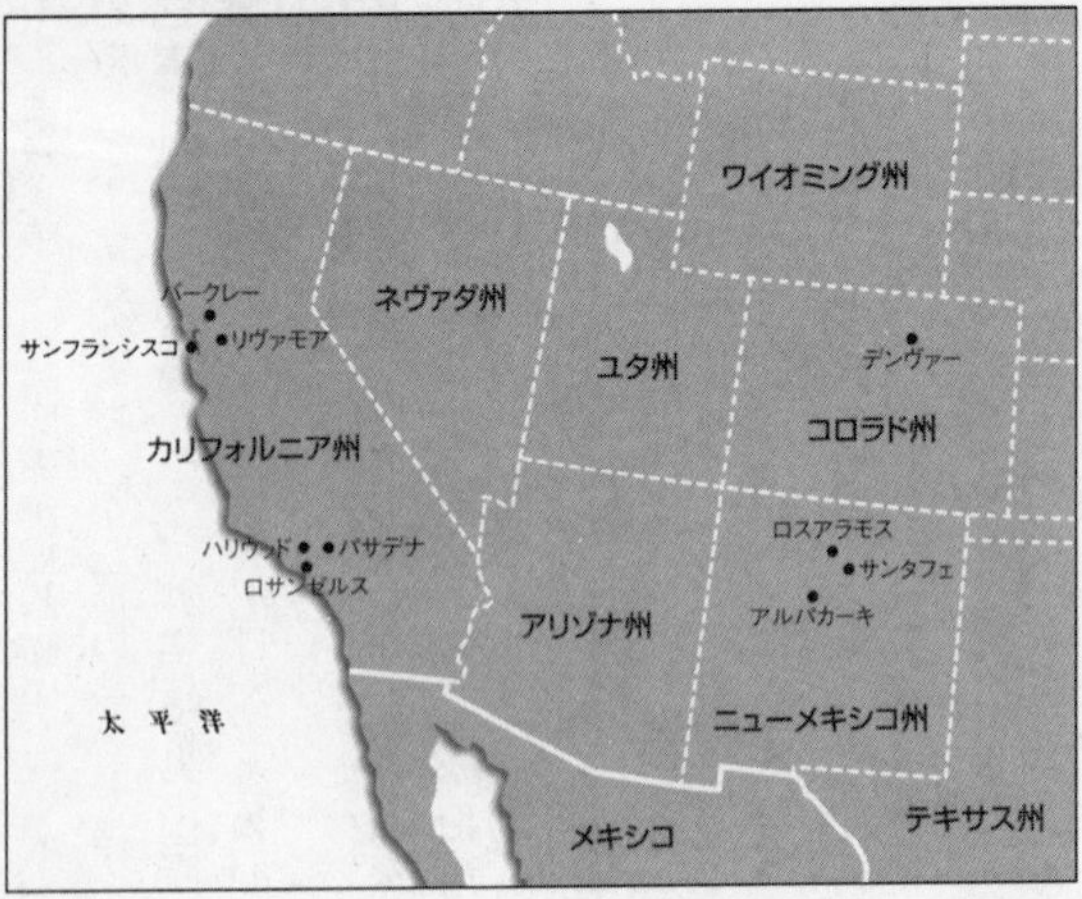
ワイオミング州
ネヴァダ州
バークレー
サンフランシスコ
リヴァモア
ユタ州
デンヴァー
コロラド州
カリフォルニア州
ロスアラモス
サンタフェ
ハリウッド
パサデナ
ロサンゼルス
アルバカーキ
アリゾナ州
太平洋
ニューメキシコ州
メキシコ
テキサス州

北海
ノルウェー
スウェーデン
ストックホルム
サンクト・ペテルブルク（レニングラード）
ロシア
バルト海
リトアニア
グラスゴー
エディンバラ
イギリス
コペンハーゲン
ベラルーシ
マンチェスター
リンカーン州
ハンブルク
ペーネミュンデ
アムステルダム
ベルリン
ポーランド
ワルシャワ
ブレッチリー
ケンブリッジ
オクスフォード
ロンドン
オランダ
ゲッチンゲン
ドイツ
ブレスラウ
ウクライナ
ベルギー
マールブルク
シェルブール
カールスバート
ズデーテン地方
チェコ
リヴォフ
タルノーポリ
パリ
スロヴァキア
ミュンヘン
ウィーン
ブダペスト
マルギータ
チューリヒ
オーストリア
ハンガリー
スイス
ペーチ
フランス
ルーマニア
ヴェニス
クロアチア
イタリア
ユーゴスラヴィア
ボスニア・ヘルツェゴビナ
ジェノヴァ
マルセイユ
ピサ
フィレンツェ
ブルガリア
マケドニア
スペイン
ローマ
アルバニア
ナポリ
ギリシャ
アテネ
地中海

索　引

人　物

■サ行

■ナ行

■ハ行

■マ行

■ヤ行

■ラ行

事　項

■タ行

■ナ行

■ハ行

年　表

ジョニー・家族・ハンガリー	年	関係者・世界情勢など
オーストリア＝ハンガリー二重帝国成立	1867	
	1868	明治元年
父マックス（ミクシャ）誕生	1870	
母マーガレット（マルギット）誕生	1880	
	1900	ヒルベルト，23 個の問題を提示 プランク，量子仮説を発表
ジョニー（ヤーノシュ）誕生（12. 28）	1903	
	1904	日露戦争（～1905）
	1905	アインシュタイン，光量子仮説と特殊相対性理論を発表
次弟マイケル（ミハーイ）誕生	1907	
	1910	ラッセルとホワイトヘッド『プリンキピア・マテマティカ』出版
末弟ニコラス（ミクローシュ）誕生	1911	
	1912	大正元年
貴族になる（von Neumann を名乗る）	1913	ボーア，量子論を発表
ギムナジウム入学	1914	第一次大戦始まる
	1917	ロシア革命（三月革命，十一月革命）
カーロイの革命政府	1918	第一次大戦終わる
クンの共産主義政府 ホルティの反ユダヤ主義政府	1919	パリ講和会議

トリアノン協定により国土縮小	1920	国際連盟設立
ギムナジウム卒業，ベルリン大学とブダペスト大学大学院に入学	1921	ワシントン会議
最初の数学論文，ドイツの雑誌に掲載	1922	ソヴィエト連邦成立
スイス連邦工科大学入学	1923	関東大震災
	1925	ハイゼンベルク，量子力学を発表
スイス連邦工科大学（応用化学）学士 ブダペスト大学大学院（数学）博士 ゲッチンゲン大学研究員	1926	昭和元年 シュレーディンガー，波動力学を発表
ベルリン大学私講師	1927	
学位論文『集合論の公理化』出版	1928	
父マックス逝去 ハンブルク大学私講師	1929	プリンストン高等研究所の設立構想 ニューヨーク株式大暴落
マリエット・ケヴェシと結婚 プリンストン大学非常勤講師	1930	ディラック『量子力学』出版
プリンストン大学客員教授（～1953）	1931	ゲーデル，不完全性定理を発見
『量子力学の数学的基礎』出版	1932	チャドウィック，中性子を発見
プリンストン高等研究所教授 アメリカ市民権を申請	1933	ヒトラー，総統に。職業公務員再建法 シラード，核連鎖反応の着想 高等研究所竣工。アインシュタイン，ワイルなど4名着任 フェルミ，核変換の実験を開始
訪欧時にモスクワ訪問	1935	ウラム渡米。高等研究所へ

娘マリーナ誕生		
訪欧時にメンガーのセミナー（欠席）	1936	日独防共協定締結
マリエットと離婚	1937	盧溝橋事件
アメリカ市民権を取得		
米陸軍の予備役士官採用試験	1938	ドイツ，オーストリア占領
訪欧時にボーア訪問		シラード渡米
クララ（クラーリ）・ダンと結婚		ハーンとマイトナー，核分裂を発見
ボーシェ賞受賞		ドイツ，ズデーテン占領。ミュンヘン会議
		フェルミ，ノーベル賞受賞，渡米
米陸軍の予備役士官採用試験に合格	1939	ドイツ，チェコスロヴァキア占領
夫婦の家族が渡米。クララの父が自殺		ドイツ，ポーランドに侵攻
		第二次大戦始まる
クララの母，ブダペストに帰る	1940	ドイツ，デンマーク占領。フランス降伏
弾道学研究所の科学諮問委員		日独伊三国軍事同盟締結
		ローズヴェルト，32 代大統領に就任
国防研究協議会の顧問	1941	スターリン，ソ連首相に就任
		モード委員会の報告書をローズヴェルトに伝達
		日本軍，真珠湾を奇襲
海軍兵器局の顧問	1942	マンハッタン計画始まる
前半，イギリスに出張	1943	ENIAC の開発始まる
ロスアラモス研究所の顧問		ウラム，ロスアラモス研究所へ
陸軍兵器局の顧問		
		イタリア，無条件降伏
『ゲームの理論と経済行動』出版	1944	連合軍，ノルマンディーに上陸
ENIAC と対面		ENIAC の試作機完成
経済学（EEM）論文，英文誌に掲載	1945	トルーマン，33 代大統領に就任

EDVACの一次稿を執筆，公表 高等研究所でコンピュータ開発開始		ドイツ降伏 プルトニウム爆弾のトリニティ実験 広島・長崎に原爆投下 第二次大戦終わる
「クロスロード」核実験に立ち会う	1946	「クロスロード」核実験（ビキニ） アメリカ原子力委員会の発足承認
トルーマン大統領の功績章受章	1947	オッペンハイマー，高等研究所長に
ランド研究所の顧問	1948	「サンドストーン」核実験（エニウェトク） ウィーナー『サイバネティクス』出版 トルーマン米大統領再選
	1949	ソ連，シベリアで核実験に成功 中華人民共和国成立
武器体系評価グループ（WSEG）と国軍特殊武器計画（AFSWP）顧問	1950	トルーマン，水爆開発を指示 朝鮮戦争（～1953） マッカーシーの赤狩り始まる
（翌年にかけ）CIAの顧問，政府の各種委員会の委員に就任 アメリカ数学会会長（～1953）	1951	水爆完成。「ジョージ」実験
高等研究所のコンピュータ完成 戦略ミサイル評価委員会委員長	1952	リヴァモア研究所竣工 水爆「マイク」実験（エニウェトク）
「フォン・ノイマン委員会」委員長	1953	アイゼンハワー，34代大統領に就任 スターリン逝去。マレンコフ，首相に ソ連，水爆実験に成功

原子力委員に指名される	1954	オッペンハイマーの査問会 水爆「ブラボー」実験（ビキニ，第五福竜丸被災）
原子力委員に就任 がん発症，入院。車椅子生活となる	1955	フィリップス，大気大循環モデル発表 ENIAC 解体
アイゼンハワーの自由勲章受章 アインシュタイン記念賞，フェルミ賞受賞 娘マリーナ結婚。母マーガレット逝去	1956	
ジョニー逝去（2.8）	1957	ソ連，長距離ミサイル実験 ソ連，スプートニク1号打ち上げ
	1958	米，エクスプローラ打ち上げ フルシチョフ，ソ連首相に就任 米，長距離ミサイル実験
	1961	ケネディ，35 代大統領に就任
	1962	キューバのミサイル危機
クララ入水自殺	1963	ウィグナー，ノーベル物理学賞受賞

参考文献

Alvarez, L. W. (1987) *Alvarez: Adventures of a Physicist.* Basic Books.

Aspray, W. (1990) *John von Neumann and the Origins of Modern Computing.* MIT Press. [杉山滋郎・吉田晴代訳『ノイマンとコンピュータの起源』産業図書, 1995年]

Aspray, W., and A. W. Burks 編 (1987) *Papers of John von Neumann on Computing and Computer Theory.* MIT Press.

Bell, E. T. (1937) *Men of Mathematics.* Simon and Schuster. [田中勇・銀林浩訳『数学をつくった人びと(上・下)』東京図書, 1997年]

Blair, C., Jr. (1957) "The Passing of a Great Mind." *Life* 誌 2月25日号.

Boorstin, D. (1983) *Discovering the World.* Random House.

Boyer, C. (1968) *A History of Mathematics.* John Wiley & Sons, Inc. [加賀美鉄雄・浦野由有訳『ボイヤー・数学の歴史(全5巻)』朝倉書店, 1983-85年]

Bronowski, J. (1974) *The Ascent of Man.* Little, Brown and, Company. [道家達将他訳『人間の進歩』法政大学出版局, 1987年]

Burks, A. W. 編 (J. von Neumann 著) (1966) *Theory of Self-Reproducing Automata.* University of Illinois Press. [高橋秀俊監訳『自己増殖オートマトンの理論』岩波書店, 1975年]

Casimir, H. B. (1983) *Haphazard Reality: Half a Century of Science.* Harper and Row.

Churchill, W. (1930) *My Early Life: A Roving Commission.* Charles Scribner's Sons. [中村祐吉訳『わが半生』中央公論新社, 2014年]

Clark, R. W. (1971) *Einstein: The Life and Times.* Avon Books.

Dore, M., S. Chakravarty, and R. Goodwin 編 (1989) *John von Neumann*

and Modern Economics. Oxford University Press. 編者3名の論文に加え，S. Afriat, K. Arrow, J. Harsanyi, N. Kaldor, A. Brody, L. Punzo, P. Samuelson, G. Thompson の論文を集成したもの.

Dyson, F.（1979）*Disturbing the Universe*. Harper and Row.［鎮目恭夫訳『宇宙をかき乱すべきか――ダイソン自伝』ダイヤモンド社，1982年］

Dyson, F.（1988）*Infinite in All Directions*. Harper and Row.［鎮目恭夫訳『多様化世界――生命と技術と政治』みすず書房，1990年］

Fermi, L.（1968）*Illustrious Immigrants:* The Intellectual Migration from Europe, 1930–41. University of Chicago Press.［掛川トミ子・野水瑞穂訳『二十世紀の民族移動（全2巻）』みすず書房，1972年］

Feynman, R.（1985）*Surely You're Joking, Mr. Feynman!: Adventures of a Curious Character*. E. Hutchings編，W. W. Norton and Company.［大貫昌子訳『ご冗談でしょう、ファインマンさん――ノーベル賞物理学者の自伝（全2巻）』岩波書店，1986年］

Gleick, J（1988）*Chaos: Making a New Science*. Viking Penguin.［大貫昌子訳『カオス――新しい科学をつくる』新潮社，1991年］

Goldstine, H. H.（1972）*The Computer from Pascal to von Neumann*. Princeton University Press.［末包良太他訳『計算機の歴史――パスカルからノイマンまで』共立出版，1979年］

Grafton, S.（1956）"Married to a Man Who Believes the Mind Can Move the World." *Good Housekeeping* 誌9月号（クララ・フォン・ノイマンのインタビュー記事）.

Halmos, P. R.（1973）"The Legend of John von Neumann." *American Mathematical Monthly* 誌4月号.

Hawking, S. W.（1988）*A Brief History of Time: From the Big Bang to*

Black Holes. Bantam Books.［林一訳『ホーキング，宇宙を語る——ビッグバンからブラックホールまで』早川書房，1989 年］

Heims, S. J.（1980）*John von Neumann and Norbert Wiener: From Mathematics to the Technologies of Life and Death.* MIT Press.［高井信勝監訳『フォン・ノイマンとウィーナー——2人の天才の生涯』工学社，1985 年］

Kemeny, J. G.（1955）“Man Viewed as a Machine.” *Scientific American* 誌 4 月号.

Kevles, D. J.（1987）*The Physicists: The History of a Scientific Community in Modern America.* Harvard University Press.

Keynes, J. M.（1963）*Essays in Persuasion.* W. W. Norton and Company.［救仁郷繁訳『説得評論集（新装版）』ぺりかん社，1987 年］

Lukacs, J.（1988）*Budapest 1900: A Historical Portrait of a City and Its Culture.* Grove Weidenfeld.

Mansfield, E.（1974）*Economics: Principles, Problems, Decisions.* W. W. Norton and Company.

McCagg, W.（1972）*Jewish Nobles and Geniuses in Modern Hungary.* Columbia University Press.

Nagy, F.（1987）*Neumann Janos and the Hungarian Secret*（ルドルフ・オルトヴァイほかに宛てた書簡集．ハンガリー語）．Orszáos Műzaki.

Philip, M., T. Szentiváyi（1973）*Neumann Janos*（アメリカ在住のジョニーの友人へのインタビュー集．ハンガリー語）．Társaság.

Regis, E.（1987）*Who Got Einstein's Office?: Eccentricity and Genius at the Institute for Advanced Study.* Addison-Wesley Publishing Company.［大貫昌子訳『アインシュタインの部屋——天才たちの奇妙な楽園（全 2 巻）』工作舎，1990 年］

Reid, C. (1970) *Hilbert*. Springer-Verlag. [彌永健一訳『ヒルベルト――現代数学の巨峰』岩波書店，1972年]

Rhodes, R. (1986) *The Making of the Atomic Bomb*. Simon and Schuster. [神沼二真・渋谷泰一訳『原子爆弾の誕生（全2巻）』紀伊國屋書店，1995年].

Russell, B. (1967-70) *The Autobiography of Bertrand Russell*. Unwin Hyman. [日高一輝訳『ラッセル自叙伝（全3巻）』理想社，1968-73年]

Sakharov, A. (1990) *Memoirs*. Alfred A. Knopf.

Shurkin, J. (1984) *Engines of the Mind: The Evolution of the Computer from Mainframes to Microprocessors*. W. W. Norton and Company.

Smagorinsky, J. (1983) "The Beginnings of Numerical Weather Prediction and General Circulation Modeling: Early Recollections." *Advances in Geophysics* 誌25巻.

Strauss, L. (1962) *Men and Decisions*. Doubleday and Company. [木下秀夫訳『真珠湾から核実験まで――現代史をつくった人々と「決定」（抄訳）』時事通信社，1963年]

Taub, A. H. 編 (1961) *Collected Works of John von Neumann*（全6巻）. Pergamon Press.

Ulam, S. (1976) *Adventures of a Mathematician*. Charles Scribner's Sons. [志村利雄訳『数学のスーパースターたち――ウラムの自伝的回想』東京図書，1979年]

Ulam, S. (1958) "John von Neumann, 1903-57." *Bulletin of the American Mathematical Society* 誌64巻所収.

Von Neumann, J. (1958) *The Computer and the Brain*. Yale University Press. [飯島泰蔵他訳『電子計算機と頭脳』ラテイス，1964年] な

お，フォン・ノイマンの学術論文については前掲 Taub 編の本を，コンピュータ関係の論文については前掲 Aspray & Burks 編の本も参照した。

Von Neumann, J., with O. Morgenstern (1944) *Theory of Games and Economic Behavior*. Princeton University Press.［銀林浩他訳『ゲームの理論と経済行動（全5巻）』東京図書，1972-73年］

Vonneuman, N. A. (1987) *John von Neumann as Seen by His Brother*. P. O. Box 3097, Meadowbrook, Pennsylvania, USA.

Watson, T. J., Jr., and P. Petre (1990) *Father, Son & Company: My Life at IBM and Beyond*. Bantam Books.

Wiener, N. (1964) *Ex-Prodigy: My Childhood and Youth*. MIT Press.［鎮目恭夫訳『神童から俗人へ――わが幼時と青春』みすず書房，1983年］

Wigner, E. P. (1970) *Symmetries and Reflections: Scientific Essays*. MIT Press. なお，アメリカ哲学会（フィラデルフィア）量子力学史料館所蔵のウィグナーのインタビュー記録も参照した．

York, H. (1970) *Race to Oblivion: A Participant's View of the Arm Race*. Simon and Schuster.

York, H. (1976) *The Advisors: Oppenheimer, Teller, and the Superbomb*. W. H. Freeman and Company.

York, H. (1987) *Making Weapons, Talking Peace: A Physicist's Odyssey from Hiroshima to Geneva*. Basic Books.

文書閲覧場所：

アメリカ議会図書館（おもにフォン・ノイマン関係の文書とヴェブレン関係の文書）

アメリカ哲学会の図書館（フィラデルフィア）（おもにウラム関係の文

書）

高等研究所（プリンストン）の歴史学・社会科学図書館

本書は一九九八年九月二十五日、朝日新聞社より刊行された。

熱学思想の史的展開3　山本義隆
隠された因子、エントロピーがついにその姿を現わす。そして重要な概念が加速的に連結し熱力学が体系化されていく。格好の入門篇。全3巻完結。

重力と力学的世界(上)　山本義隆
〈重力〉理論完成までの思想的格闘の跡を丹念に辿り、先人の思考の核心に肉薄する壮大な力学史。上巻は、ケプラーからオイラーまでを収録。

重力と力学的世界(下)　山本義隆
西欧近代において、古典力学はいかなる世界を発見し、いかなる世界像を作り出し、そして何を切り捨ててきたのか。歴史形象としての古典力学。

数学がわかるということ　山口昌哉
非線形数学の第一線で活躍した著者が〈数学とは〉をしみじみと、〈私の数学〉を楽しげに語る異色の数学入門書。（野﨑昭弘）

カオスとフラクタル　山口昌哉
ブラジルで蝶が羽ばたけば、テキサスで竜巻が起こる？　カオスやフラクタルの非線形数学の不思議をさぐる本格的入門書。（合原一幸）

数学文章作法 基礎編　結城浩
レポート・論文・プリント・教科書など、数式まじりの文章を正確で読みやすいものにするには？『数学ガール』の著者がそのノウハウを伝授！

数学文章作法 推敲編　結城浩
ただ何となく推敲していませんか？　語句の吟味・全体のバランス・レビューなど、文章をより良くするために効果的な方法を、具体的に学びましょう。

数学序説　吉田洋一／赤攝也
数学は嫌いだ、苦手だという人のために。幅広いトピックを歴史に沿って解説。刊行から半世紀以上にわたり読み継がれてきた数学入門のロングセラー。

ルベグ積分入門　吉田洋一
リーマン積分ではなぜいけないのか。反例を示しつつ、ルベグ積分誕生の経緯と基礎理論を丁寧に解説。いまだ古びない往年の名教科書。（赤攝也）

現代の古典解析　森　毅

おなじみ一刀斎の秘伝公開！　極限と連続に始まり、指数関数と三角関数を経て、偏微分方程式に至る。見晴らしのきく、読み切り22講義。

ベクトル解析　森　毅

1次元線形代数学から多次元へ、1変数の微積分から多変数へ。応用面と異なる、教育的重要性を軸に展開するユニークなベクトル解析のココロ。

対談 数学大明神　森　毅　安野光雅

数楽的センスの大饗宴！　読み巧者の数学者と数学ファンの画家が、とめどなく繰り広げる興趣つきぬ数学談義。　（河合雅雄・亀井哲治郎）

線型代数　森　毅

理工系大学生必須の線型代数を、その生態のイメージと意味のセンスを大事にしつつ、基礎的な概念をひとつひとつユーモアを交え丁寧に説明する。

新版 数学プレイ・マップ　森　毅

一刀斎の案内で数の世界を気ままに歩き、勝手に遊ぶ数学エッセイ。「微積分の七不思議」「数学の大いなる流れ」他三篇を増補。　（亀井哲治郎）

フィールズ賞で見る現代数学　マイケル・モナスティルスキー　眞野元訳

「数学のノーベル賞」とも称されるフィールズ賞。その誕生の歴史、および第一回から二〇〇六年までの歴代受賞者の業績を概説。

思想の中の数学的構造　山下正男

レヴィ＝ストロースと群論？　ニーチェやオルテガの遠近法主義、ヘーゲルと解析学、孟子と関数概念……。数学的アプローチによる比較思想史。

熱学思想の史的展開1　山本義隆

熱の正体は？　その物理的特質とは？　『磁力と重力の発見』の著者による壮大な科学史。熱力学入門書としての評価も高い。全面改稿。

熱学思想の史的展開2　山本義隆

熱力学はカルノーの一篇の論文に始まり骨格が完成した。熱素説に立ちつつも、時代に半世紀も先行していた。理論のヒントは水車だったのか？

数理物理学の方法
J・フォン・ノイマン
伊東恵一編訳
多岐にわたるノイマンの業績を展望するための文庫オリジナル編集。本巻は量子力学・統計力学など物理学の重要論文四篇を収録。全篇新訳。

作用素環の数理
J・フォン・ノイマン
長田まりゑ編訳
終戦直後に行われた講演「数学者」と、「作用素環について」I〜IVの計五篇を収録。一分野としての作用素環論を確立した記念碑的業績を網羅する。

フンボルト 自然の諸相
アレクサンダー・フォン・フンボルト
木村直司編訳
中南米オリノコ川で見たものとは？ 植生と気候、緯度と地磁気などの関係を初めて認識した、ゲーテ自然学を継ぐ博物・地理学者の探検紀行。

新・自然科学としての言語学
福井直樹
気鋭の文法学者によるチョムスキーの生成文法解説書。文庫化にあたり旧著を大幅に増補改訂し、付録として黒田成幸の論考「数学と生成文法」を収録。

電気にかけた生涯
藤宗寛治
実験・観察にすぐれたファラデー、電磁気学にまとめたマクスウエル、ほかにクーロンやオームなど科学者十二人の列伝を通して電気の歴史をひもとく。

科学の社会史
古川安
大学、学会、企業、国家などと関わりながら「制度化」の歩みを進めて来た西洋科学。現代に至るまでの約五百年の歴史を概観した定評ある入門書。

πの歴史
ペートル・ベックマン
田尾陽一／清水韶光訳
円周率だけでなく意外なところに顔をだすπ。ユークリッドやアルキメデスによる探究の歴史に始まり、オイラーの発見したπの不思議にいたる。

やさしい微積分
L・S・ポントリャーギン
坂本實訳
微積分の基本概念・計算法を全盲の数学者がイメージ豊かに解説。版を重ねて読み継がれる定番の入門教科書。練習問題・解答付きで独習にも最適。

フラクタル幾何学(上)
B・マンデルブロ
広中平祐監訳
「フラクタルの父」マンデルブロの主著。膨大な資料を基に、地理・天文・生物などあらゆる分野から事例を収集・報告したフラクタル研究の金字塔。

調査の科学　林知己夫

消費者の嗜好や政治意識を測定するとは？　集団特性の数量的表現の解析手法を開発した統計学者による社会調査の論理と方法の入門書。（吉野諒三）

ポール・ディラック　アブラハム・パイスほか　藤井昭彦訳

「反物質」なるアイディアはいかに生まれたのか、そしてその存在はいかに発見されたのか。天才の生涯と業績を三人の物理学者が紹介した講演録。

インドの数学　林隆夫

ゼロの発明だけでなく、数表記法、平方根の近似公式、順列組み合せ等大きな足跡を残してきたインドの数学を古代から16世紀まで原典に則して辿る。

幾何学基礎論　D・ヒルベルト　中村幸四郎訳

20世紀数学全般の公理化への出発点となった記念碑的著作。ユークリッド幾何学を根源まで遡り、斬新な観点から厳密に基礎づける。（佐々木力）

素粒子と物理法則　R・P・ファインマン／S・ワインバーグ　小林澈郎訳

量子論と相対論を結びつけるディラックのテーマを対照的に展開したノーベル賞学者による追悼記念講演。現代物理学の本質を堪能させる三重奏。

ゲームの理論と経済行動Ⅰ（全3巻）　ノイマン／モルゲンシュテルン　銀林／橋本／宮本監訳　阿部／橋本訳

今やさまざまな分野への応用いちじるしい「ゲーム理論」の嚆矢とされる記念碑的著作。第Ⅰ巻はゲームの形式的記述とゼロ和2人ゲームについて。

ゲームの理論と経済行動Ⅱ　ノイマン／モルゲンシュテルン　銀林／橋本／宮本監訳　銀林／下島訳

第Ⅰ巻でのゼロ和2人ゲームの考察を踏まえ、第Ⅱ巻ではプレイヤーが3人以上の場合のゼロ和ゲーム、およびゲームの合成分解について論じる。

ゲームの理論と経済行動Ⅲ　ノイマン／モルゲンシュテルン　銀林／橋本／宮本監訳　銀林／宮本訳

第Ⅲ巻では非ゼロ和ゲームにまで理論を拡張。これまでの数学的結果をもとにいよいよ経済学的解釈を試みる。全3巻完結。（中山幹夫）

計算機と脳　J・フォン・ノイマン　柴田裕之訳

脳の振る舞いを数学で記述することは可能か？　現代のコンピュータの生みの親でもあるフォン・ノイマン最晩年の考察。新訳。（野崎昭弘）

不完全性定理　野﨑昭弘
事実・推論・証明……。理屈っぽいとケムたがられる話題を、なるほどと納得させながら、ユーモアたっぷりにひもといたゲーデルへの超入門書。

数学的センス　野﨑昭弘
美しい数学とは詩なのです。いまさら数学者にはなれないけれどそれを楽しめたら……。そんな期待に応えてくれる心やさしいエッセイ風数学再入門。

高等学校の確率・統計　黒田孝郎／森毅／小島順／野﨑昭弘ほか
成績の平均や偏差値はおなじみでも、実務の水準とは隔たりが！　基礎からやり直したい人のために伝説の検定教科書を指導書付きで復活。

高等学校の基礎解析　黒田孝郎／森毅／小島順／野﨑昭弘ほか
わかってしまえば日常感覚に近いものながら、数学挫折のきっかけの微分・積分。その基礎を丁寧にひもといた再入門のための検定教科書第2弾！

高等学校の微分・積分　黒田孝郎／森毅／小島順／野﨑昭弘ほか
高校数学のハイライト「微分・積分」！　その入門コース『基礎解析』に続く本格コース。公式暗記の学習からほど遠い、特色ある教科書の文庫化第3弾。

エキゾチックな球面　野口廣
7次元球面には相異なる28通りの微分構造が可能！フィールズ賞受賞者を輩出したトポロジー最前線を臨場感ゆたかに解説。（竹内薫）

数学の楽しみ　テオニ・パパス　安原和見訳
ここにも数学があった！　石鹼の泡、くもの巣、雪片曲線、一筆書きパズル、魔方陣、DNAらせん……。イラストも楽しい数学入門150篇。

相対性理論（下）　W・パウリ　内山龍雄訳
アインシュタインが絶賛し、物理学者内山龍雄をして、研究を措いてでも訳したかったと言わしめた、相対論三大名著の一冊。（細谷暁夫）

物理学に生きて　W・ハイゼンベルクほか　青木薫訳
「わたしの物理学は……」ハイゼンベルク、ディラック、ウィグナーら六人の巨人たちが集い、それぞれの歩んだ現代物理学の軌跡や展望を語る。

一般相対性理論　P・A・M・ディラック　江沢洋訳

一般相対性理論の核心に最短距離で到達すべく、卓抜した数学的記述で簡明直截に書かれた天才ディラックによる入門書。詳細な解説を付す。

幾何学　ルネ・デカルト　原亨吉訳

哲学のみならず数学においても不朽の功績を遺したデカルト。『方法序説』の本論として発表された『幾何学』、初の文庫化！（佐々木力）

不変量と対称性　今井淳／寺尾宏明／中村博昭

変えても変わらない不変量とは？　そしてその意味や用途とは？　ガロア理論や結び目の現代数学に現われる、上級の数学センスをさぐる7講義。

数とは何かそして何であるべきか　リヒャルト・デデキント　渕野昌訳・解説

「数とは何かそして何であるべきか？」「連続性と無理数」の二論文を収録。現代の視点から数学の基礎付けを試みた充実の訳者解説を付す。新訳。

数学的に考える　キース・デブリン　冨永星訳

ビジネスにも有用な数学的思考法とは？　言葉を厳密に使う、量を用いて考える、分析的に考えるといったポイントからとことん丁寧に解説する。

代数的構造　遠山啓

群・環・体など代数の基本概念の構造を、構造主義の歴史をおりまぜつつ、卓抜な比喩とていねいな計算で確かめていく抽象代数学入門。（銀林浩）

現代数学入門　遠山啓

現代数学、恐るるに足らず！　学校数学より日常の感覚の中に集合や構造、関数や群、位相の考え方を探る大人のための入門書。（エッセイ　亀井哲治郎）

代数入門　遠山啓

文字から文字式へ、そして方程式へ。巧みな例示と丁寧な叙述で「方程式とは何か」を説いた最晩年の名著。遠山数学の到達点がここに！（小林道正）

オイラー博士の素敵な数式　ポール・J・ナーイン　小山信也訳

数学史上最も偉大で美しい式を無限級数の和やフーリエ変換、ディラック関数などの歴史的側面を説明した後、計算式を用い丁寧に解説した入門書。

シュヴァレー リー群論
クロード・シュヴァレー
齋藤正彦 訳
現代的な視点から、リー群を初めて大局的に論じた古典的著作。著者の導いた諸定理はいまなお有用性を失わない。本邦初訳。（平井武）

現代数学の考え方
イアン・スチュアート
芹沢正三 訳
現代数学は怖くない！「集合」「関数」「確率」などの基本概念をイメージ豊かに解説。直観で現代数学の全体を見渡せる入門書。図版多数。

若き数学者への手紙
イアン・スチュアート
冨永星 訳
研究者になるってどういうこと？ 現役で活躍する数学者が豊富な実体験を紹介。数学との付き合い方から「してはいけないこと」まで。（砂田利一）

飛行機物語
鈴木真二
なぜ金属製の重い機体が自由に空を飛べるのか？ その工学と技術を、リリエンタール、ライト兄弟などのエピソードをまじえ歴史的にひもとく。

集合論入門
赤攝也
「ものの集まり」という素朴な概念が生んだ奇妙な世界、集合論。部分集合・空集合などの基礎から、丁寧な叙述で連続体や順序数の深みへと誘う。

確率論入門
赤攝也
ラプラス流の古典確率論とボレル‐コルモゴロフ流の現代確率論。両者の関係性を意識しつつ、確率の基礎概念と数理を多数の例とともに丁寧に解説。

現代の初等幾何学
赤攝也
ユークリッドの平面幾何を公理的に再構成するには？ 現代数学の考え方に触れつつ、幾何学が持つ面白さも体感できるよう初学者への配慮溢れる一冊。

現代数学概論
赤攝也
初学者には抽象的でとっつきにくい〈現代数学〉。「集合」「写像とグラフ」「群論」「数学的構造」といった基本的概念を手掛かりに概説した入門書。

数学と文化
赤攝也
諸科学や諸技術の根幹を担う数学、また「論理的・体系的な思考」を培う数学。この数学とは何ものなのか？ 数学の思想と文化を究明する入門概説。

ブラックホール　佐藤文隆／R・ルフィーニ
相対性理論から浮かび上がる宇宙の「穴」。星と時空の謎に挑んだ物理学者たちの奮闘の歴史と今日的課題に迫る。写真・図版多数。

はじめてのオペレーションズ・リサーチ　齊藤芳正
問題を最も効率よく解決するための科学的意思決定の手法。当初は軍事作戦計画として創案されたが、現在では経営科学等多くの分野で用いられている。

数学をいかに使うか　志村五郎
「何でも厳密に」などとは考えてはいけない」――。世界的数学者が教える「使える」数学とは。文庫版オリジナル書き下ろし。

数学をいかに教えるか　志村五郎
日米両国で長年教えてきた著者が日本の教育を斬る！　掛け算の順序問題、悪い証明と間違えやすい公式のことから外国語の教え方まで。

通信の数学的理論　C・E・シャノン／W・ウィーバー　植松友彦訳
IT社会の根幹をなす情報理論はここから始まった。発展いちじるしい最先端の分野に、今なお根源的な洞察をもたらす古典的論文が新訳で復刊。

数学という学問Ⅰ　志賀浩二
ひとつの学問として、広がり、深まりゆく数学。数・微積分・無限など「概念」の誕生と発展を軸にその歩みを辿る。オリジナル書き下ろし。全3巻。

数学という学問Ⅱ　志賀浩二
第2巻では19世紀の数学を展望。数概念の拡張によりもたらされた複素解析のほか、フーリエ解析、非ユークリッド幾何誕生の過程を追う。

数学という学問Ⅲ　志賀浩二
19世紀後半、「無限」概念の登場とともに数学は大転換を迎える。カントルとハウスドルフの集合論、そしてユダヤ人数学者の寄与について。全3巻完結。

現代数学への招待　志賀浩二
「多様体」は今や現代数学必須の概念。「位相」「微分」などの基礎概念を丁寧に解説・図説しながら、多様体のもつ深い意味を探ってゆく。

ちくま学芸文庫

フォン・ノイマンの生涯《しょうがい》

二〇二一年四月十日　第一刷発行

著　者　ノーマン・マクレイ

訳　者　渡辺　正（わたなべ・ただし）

芦田みどり（あしだ・みどり）

発行者　喜入冬子

発行所　株式会社　筑摩書房

東京都台東区蔵前二―五―三　〒一一一―八七五五

電話番号　〇三―五六八七―二六〇一（代表）

装幀者　安野光雅

印刷所　大日本法令印刷株式会社

製本所　加藤製本株式会社

ISBN978-4-480-51043-3 C0140